I poleciał w świat daleki...

BIBLIOTEKA IBERYJSKA

pod redakcją Jerzego Mazurka

W serii ukazały się m.in:

Fernando Pessoa
MENSAGEM PRZESŁANIE

Andrzej Grabia Jałbrzykowski
GAWĘDY O KRAJACH I LUDZIACH

Jerzy Mazurek
KRAJ A EMIGRACJA
Ruch ludowy wobec wychodźstwa chłopskiego do krajów Ameryki Łacińskiej (do 1939 roku)

INTYMNOŚĆ I INNE SFERY
– antologia opowiadań brazylijskich

SZTUKA AZULEJOS W PORTUGALII
opracowanie zbiorowe

REESCRITURA E INTERTEXTUALIDAD
literatura–cultura–historia
Estudios coordinados por Urszula Aszyk

Edyta Waluch-de la Torre
PREPOSICIONES ESPACIALES EN ESPAÑOL, PORTUGUÉS Y POLACO:
Teoría y evolución

Mia Couto
NASZYJNIK Z OPOWIADAŃ

Fernando Henrique Cardoso, Enzo Faletto
ZALEŻNOŚĆ A ROZWÓJ W AMERYCE ŁACIŃSKIEJ
Próba interpretacji socjologicznej

Zdzisław Malczewski SChr
ŚLADY POLSKIE W BRAZYLII
MARCAS DA PRESENÇA POLONESA NO BRASIL

POLACY POD KRZYŻEM POŁUDNIA
OS POLONESES SOB O CRUZEIRO DO SUL
opracowanie zbiorowe

Katarzyna Moszczyńska
LA VIDA DEVORADA
(novela, mujer y sociedad en la España de los noventa)

Łukasz Grützmacher
¿EL DESCUBRIDOR DESCUBIERTO O INVENTADO?
Cristóbal Colón como protagonista en la novela histórica hispanoamericana y española de los últimos 25 años del siglo XX

Stanisław
Warchałowski

I poleciał w świat daleki...

Wspomnienia z Brazylii, Polski i Peru

Wstęp:
Jerzy Mazurek

Opracowanie merytoryczne tekstu:
Zuzanna Jakubowska

Warszawa 2009

Recenzenci
Dr Mariusz Malinowski – Centrum Studiów Latynoamerykańskich UW
Prof. dr hab. Tadeusz Paleczny – Uniwersytet Jagielloński

Skład, łamanie, opracowanie graficzne i projekt okładki:
Bartosz Mielnikow
email: bartek@fogar.eu

Druk i oprawa:
First Group
e-mail: info@firstgroup.net.pl

Redakcja:
Zuzanna Jakubowska

Korekta:
Bartosz Mielnikow

Wydawcy:

Instytut Studiów Iberyjskich i Iberoamerykańskich UW
ul. Oboźna 8, 00-927 Warszawa
tel. (022) 552 04 29; (022) 552 06 83; tel./fax (022) 828 29 62
e-mail: iber@uw.edu.pl; www. iberystyka.uw.edu.pl
ISBN 978-83-60875-56-8

Muzeum Historii Polskiego Ruchu Ludowego
Al. Wilanowska 204, 02-730 Warszawa
tel./fax (022) 843 38 76, 843 78 73
e-mail: mhprl@mhprl.pl; j.mazurek@mhprl.pl
www.mhprl.pl
ISBN 978-83-60093-83-2

Słowo od wydawców

Do publikacji niniejszego tomu wspomnień doszło z potrzeby serca. Autor, który z rzeczywistością polską zetknął się jedynie przelotnie – przebywał tu niespełna cztery lata – pozostał wierny polskim wartościom w swoim dalszym życiu, które upłynęło mu w Brazylii. Wychowany w patriotycznym środowisku polskim w Kurytybie, odległą Ojczyznę poznał w pierwszych latach jej niepodległości. Nieustannie gnany żądzą poznawania świata, przerwał studia na Politechnice Warszawskiej i z rozdartą duszą opuścił swoich najbliższych, by wrócić do kraju, który w istocie go ukształtował. Wyjazd – w założeniu krótkotrwały – okazał się ostatecznym rozstaniem z Polską. Tym niemniej polskość nie tylko tkwiła w jego sercu, ale również zaciążyła na jego życiu. Uczestniczył bowiem, wraz z ojcem i matką, w polskich przedsięwzięciach kolonizacyjnych w Peru, tam też wstąpił w związek małżeński ze swoją polską narzeczoną.

W latach następnych, mimo iż autor książki bezpośrednich związków z Polską nie miał, obecna była ona w domu Warchałowskich, najpierw w Rio de Janeiro, później zaś w Vila Velha, w stanie Espírito Santo. Zaangażowany zawodowo w rzeczywistość brazylijską, w wolnych chwilach spisywał Stanisław wspomnienia z burzliwych czasów młodości – co znamienne, w języku polskim. Ukazują one bogatą panoramę środowiska polonijnego w Kurytybie pierwszych dziesięcioleci XX wieku, gdzie ojciec autora, Kazimierz, był jedną z ważniejszych postaci tamtejszej społeczności, jako założyciel i wydawca gazety „Polak w Brazylii", twórca polskiego szkolnictwa ludowego, aktywny działacz na rzecz odzyskania przez Polskę niepodległości. Wspomnienia te, przez fakt, iż zawierają obserwacje z pierwszej ręki, mają dużą wartość historyczną w badaniach nad Polonią brazylijską.

Rękopis, przygotowywany do wydania, nie został opublikowany za życia autora. Ukazuje się dzisiaj, dzięki niezłomnej woli i determinacji córki Stanisława Warchałowskiego, Beatriz, która – chcąc wypełnić wolę ojca i uczcić jego pamięć – po raz pierwszy przyjechała do Polski właśnie z tekstem książki, w 2008 roku. Zrządzeniem losu jednym z wydawców jest instytucja, która dokumentuje i upowszechnia wiedzę o wychodźstwie chłopskim w Brazylii – wychodźstwie, dla którego tak wiele uczyniła rodzina Warchałowskich. W merytoryczne opracowanie tekstu zaangażował się z kolei instytut, który w naukowy sposób rozpoznaje i interpretuje rzeczywistość iberyjską i latynoamerykańską.

Publikacja ukazuje się w 140. rocznicę przybycia pierwszej zorganizowanej grupy kolonistów z ziem polskich do Brazylii, choć z gościnną ziemią brazylijską stykali się Polacy już w okresie kolonialnym. Pojedyncze jednostki przenikały do tego kraju także przez cały wiek XIX i XX. Nie sposób wymienić wszystkich wojskowych, inżynierów, lekarzy czy artystów, którzy – przy niedoborze kadr – odegrali znaczącą rolę w różnych dziedzinach brazylijskiego życia. Jednakże indywidualni emigranci szybko wtapiali się w miejscowe środowiska, nie tworząc skupisk zwartych, które miałyby późniejszą kontynuację. Początek zbiorowości, która okazała się trwała, dali dopiero polscy chłopi.

Przed 140 laty, w sierpniu 1869 roku, do portu Itajaí położonego u wybrzeży prowincji Santa Catarina przybyło pierwszych 16 rodzin z Górnego Śląska. Zapoczątkowali oni masową emigrację osadniczą z ziem polskich do Brazylii, trwającą nieprzerwanie praktycznie do wybuchu II wojny światowej. Jak się szacuje, w tym czasie do kraju pod Krzyżem Południa przybyło nie mniej niż 120 tys. polskich chłopów.

Prezentowane wspomnienia nie koncentrują się wyłącznie na wątkach polskich, ale również ukazują realia rzeczywistości brazylijskiej – stosunki społeczne i życia codzienne w różnych regionach kraju w latach 20. i 30. XX wieku. Poświęcają uwagę mieszkańcom kraju, który przechodził poważne przemiany wewnętrzne. Kryzys ustrojowy, wynikły ze sprzeczności między rozwijającym się w kraju kapitalizmem a przestarzałymi formami gospodarki rolnej, opartej wciąż jeszcze na latyfundium, był coraz widoczniejszy. Rządząca krajem od wielu dziesięciolecі oligarchia ziemska nie znajdowała sposobu wyjścia z kryzysu. Korzystając z niezadowolenia społecznego, gubernator stanu Rio Grande do Sul – Getúlio Vargas – 3 listopada 1930 roku, w wyniku zamachu stanu, objął urząd tymczasowego prezydenta Stanów Zjednoczonych Brazylii. Rozpoczął się nowy okres w dziejach tego kraju, którego głównym przesłaniem będzie słynne zdanie: „Zróbmy rewolucję, zanim zrobi ją lud".

prof. dr hab. Grażyna Grudzińska
dyrektor Instytutu
Studiów Iberyjskich
i Iberoamerykańskich UW

dr Janusz Gmitruk
dyrektor Muzeum Historii
Polskiego Ruchu Ludowego
W Warszawie

Rodzina Warchałowskich: próba portretu zbiorowego

Ważnym momentem w dziejach osadnictwa polskiego w Brazylii było pojawienie się na tamtejszej scenie Kazimierza Warchałowskiego. Warto w tym miejscu przypomnieć, że podstawową masę imigrancką w Brazylii, wynoszącą przed 1914 rokiem ponad 100 tys. osób, tworzyli chłopi, przeważnie o niskim lub żadnym wykształceniu. Nieistnienie państwa polskiego powodowało, że pozbawieni byli oni opieki i pomocy konsularnej. W pierwszych latach formowania się Polonii, zwłaszcza w okresie pierwszych „gorączek brazylijskich", jedynymi inteligentami wśród polskich osadników byli księża. Oprócz posług religijnych księża pełnili tam rolę doradców, opiekunów, którzy poprzez kultywowanie polskości, uświadamianie naszym rodakom ich przynależności narodowej, zmniejszali ich poczucie zagubienia w nowym, obcym otoczeniu. Kościół pełnił również funkcje wychowawcze i integrujące, a także przyczynił się do rozwoju szkolnictwa polskiego.

Z czasem wśród Polonii brazylijskiej zaczęły odgrywać rolę osoby świeckie. Najważniejszą spośród nich był „człowiek-instytucja" – Sebastian Edmund Woś-Saporski[1]. Był on nie tylko opiekunem, mierniczym, który wytyczał działki polskim imigrantom, ale także organizatorem życia społecznego Polaków. To on był współzałożycielem i długoletnim prezesem pierwszej polskiej organizacji – Towarzystwa im. Tadeusza Kościuszki – oraz współwydawcą i redaktorem „Gazety Polskiej w Brazylii", wychodzącej od 1892 roku w Kurytybie. Położył on ponadto ogromne zasługi również dla swej nowej ojczyzny. Saporski jako pierwszy Polak wszedł w 1911 roku z listy rządowej do kongresu stanowego, gdzie w kadencji 1912-1913 pracował w Komisji Robót Publicznych, a następnie w Komisji Policji Wojskowej[2].

[1] O Wosiu-Saporskim pisali m.in.: J. Pitoń, „Saporski w ramach dat" [w:] *Kalendarz „Ludu"*, Kurytyba 1971, s. 74-80 (tekst ten, pod tym samym tytułem, ale w nieco zmienionej formie, ukazał się w książce *Emigracja polska w Brazylii. 100 lat osadnictwa*, Warszawa: Ludowa Spółdzielnia Wydawnicza, 1971, s. 81-89); E. Miś, „Losy i rola siołkowiczan w Brazylii ze szczególnym uwzględnieniem działalności Sebastiana Edmunda Wosia-Saporskiego" [w:] *Konferencja popularnonaukowa „100 lat Polonii brazylijskiej"*, Opole 23-24 października 1969, Opole [b.r.w.]; zob. ponadto przedmowę R. Hajduka w książce: E. S. Woś-Saporski, *Pamiętnik z brazylijskiej puszczy*, Katowice: Śląsk, 1974, s. 5-51.

[2] B. Ostoja Roguski, „Pierwsi deputowani etni polskiej" [w:] *Kalendarz „Ludu"*, Kurytyba 1971, s. 197-202. Tekst ten, pod tym samym tytułem, ale w nieco zmienionej formie, ukazał się w książce *Emigracja polska w Brazylii...*, s. 155-158.

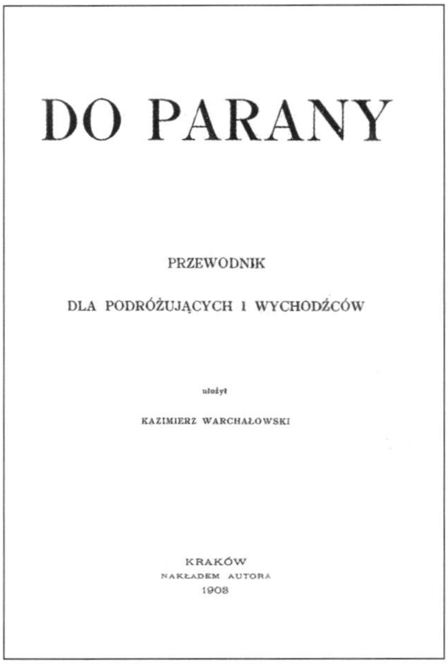

DO PARANY

PRZEWODNIK

DLA PODRÓŻUJĄCYCH I WYCHODŹCÓW

ułożył

KAZIMIERZ WARCHAŁOWSKI

KRAKÓW
NAKŁADEM AUTORA
1908

K. Warchałowski, *Do Parany*

Życie społeczne i duchowe chłopa polskiego w Brazylii ulegało wzbogaceniu, gdy podejmowano pierwsze próby szerszej organizacji życia wychodźców polskich w Brazylii. Jak wiemy, uczestniczyła w nich zarówno Liga Narodowa, część kleru, jak i działacze lewicowi[3]. Ci ostatni do Brazylii docierali w pierwszym dziesięcioleciu XX wieku, szczególnie po rewolucji 1905 roku. Najwybitniejszymi przedstawicielami tego nurtu byli: Jan Hempel (1877-1937), Janina Kraków (1852-1935), Szymon Kossobudzki (1869-1934), Jadwiga Jahołkowska (1863-1931), Michał Sekuła (1884-1972), Juliusz Szymański (1870-1958), Józef Czaki (1857-1946), Wacław Radecki (1887-1953), Witold Żongołłowicz (1879-1928) oraz wielu, wielu innych.

Najwybitniejszą postacią, od początku związaną z Ligą Narodową, był Kazimierz Warchałowski, którego zainteresowania Brazylią datują się na początek XX wieku. Urodził się 24 listopada 1871 roku w Woroneżu na Ukrainie, w rodzinie szlacheckiej. Jego rodzicami byli Piotr Warchałowski (1832-1911)[4], sędzia śledczy w pow. kaniowskim, sekretarz i podprokurator w Woroneżu, prokurator w Kazaniu, a wreszcie przez 24 lata (1884-1906) prezes Sądu Okręgowego w Chersoniu[5] – oraz Helena Spława Neyman, córka Hermogenesa Neymana[6], marszałka szlachty w powiecie kaniowskim.

3 K. Groniowski, *Polska emigracja zarobkowa w Brazylii 1871-1914*, Wrocław: Ossolineum, 1972, s. 210 i nast.

4 Piotr Warchałowski był jedynym synem Józefa Warchałowskiego i jego żony z domu Blazer. Józef Warchałowski był właścicielem fabryczki powozów konnych w Mirgorodzie, koło Złotopola, na granicy guberni kijowskiej i chersońskiej.

5 „Piotr Warchałowski", *Świat*, nr 13 z 1 IV 1911, s. 20 [notatka pośmiertna z fotografią].

6 Hermogenes Neyman (1802 – 1863) za udział w powstaniu styczniowym został spalony żywcem w swoim domu, jego majątek skonfiskowano, a wszystkich synów, poza najmłodszym Czesławem, zesłano na Syberię. Najwybitniejszym przedstawicielem rodziny Neymanów był Jerzy Spława Neyman (1894-1981), syn wspomnianego Czesława i Kazimiery Lutosławskiej. Studiował matematykę w Charkowie. W 1921 roku wrócił do Polski, gdzie objął stanowisko statystyka w Instytucie Badań Rolnictwa w Bydgoszczy. W dwa lata później, w 1923 roku, był już kierownikiem Laboratorium Biometrycznego Instytutu Nenckiego i kierownikiem Laboratorium Statystycznego Szkoły Głównej Gospodarstwa Wiejskiego (SGGW) w Warszawie. W latach 1924-1926 przebywał w Londynie i Paryżu. Po powrocie do Polski prowadził wykłady na SGGW i Uniwersytecie Jagiellońskim. Był to jeden z najbardziej twórczych okresów jego pracy. Prace badawcze Neymana wytyczyły kierunek rozwoju statystyki matematycznej na wiele lat. Neyman tak wspomina powstanie pewnego fundamentalnego pomysłu z teorii testów statystycznych: „…myśli te przyszły mi do głowy w ułamku sekundy, zanim wyjrzałem przez okno, by dać znać o sobie żonie". Zaangażowany był także w działalność antyklerykalnego Polskiego Związku Myśli Wolnej. W 1934 roku Neyman wyjechał na zaproszenie do Londynu. Odtąd datuje się jego stała emigracja. W University College w Londynie prowadzi wykłady przez 4 lata. W 1937 roku dostaje propozycję profesury w Ann Arbor, w stanie Michigan, oraz w Berkeley w Kalifornii. W 1938 roku przeniósł się już na stałe do Berkeley, gdzie prowadził badania i wykłady. Od 1966 był członkiem zagranicznym Polskiej Akademii Nauk. 9 grudnia 1974 roku Uniwersytet Warszawski uhonorował go tytułem doktora *honoris causa*. W swych pracach zajmował się głównie statystyką (zwłaszcza metodami weryfikowania

Jerzy Warchałowski – artysta

Portret Jerzego Warchałowskiego autorstwa L. Wyczółkowskiego

Kazimierz miał dwóch braci i dwie siostry. Maria wyszła za mąż za Mokrzyckiego, Zofia zaś za Jacka Bobińskiego[7]. Brat Kazimierza, Jerzy Warchałowski (1874-1939), był wybitnym teoretykiem i propagatorem sztuki[8], współzałożycielem Towarzystwa Polska Sztuka Stosowana (1901-1912), Warsztatów Krakowskich, Spółdzielni „Ład", Rady Towarzystwa Szerzenia Sztuki Polskiej wśród Obcych oraz Instytutu Propagandy Sztuki, redaktorem czasopisma „Architekt"[9]. Wszystkie te przedsięwzięcia miały na celu – jak zapisano w statucie pierwszej z wymienionych wyżej organizacji – „szerzenie zamiłowania do polskiej sztuki stosowanej, ułatwianie jej rozwoju i wprowadzanie jej do przemysłu". W latach międzywojennych odkrył i propagował twórczość polskich artystów: Zofii Stryjeńskiej (1891-1976), Jana Szczepkowskiego (1878-1964) i Jana Wałacha (1884-1979)[10]

Drugi z braci Kazimierza, Józef Warchałowski (1877-1919), związany z ruchem socjalistycznym, był m.in. towarzyszem wielu działań Józefa Piłsudskiego. W roku 1906 wyjechał do Brazylii. Pracował jako inżynier przy budowie linii kolejowej São Francisco – União da Vitória. Nadsyłał stamtąd do prasy krajowej korespondencję[11], w której przedkładał emigrację do Brazylii nad emigrację do Kanady czy Australii. „Lepiej jest – pisał – by nadprodukcja siły roboczej skierowała się do Brazylii, gdzie znajdzie dawniej osiadłych rodaków, w skupionych osadach uniknie wynarodowienia, dojdzie do pomyślnych

hipotez statystycznych) oraz teorią mnogości i rachunkiem prawdopodobieństwa. Wprowadził pojęcie przedziału ufności. Dokładny życiorys Neymana znajduje się w książce Constance Reid, *Neyman – from life*, New York: Springer-Verlag, 1982.

[7] Mieli dwóch synów: Władysława i Kazimierza, którzy mieszkali w Paryżu i Londynie.

[8] Opublikował m.in. takie prace, jak *O sztuce stosowanej*, Kraków 1904; *Polska sztuka dekoracyjna*, Warszawa, Kraków 1928 [po francusku: *L'art décoratif moderne en Pologne*, Varsovie 1928].

[9] A. Ekielska-Mardal, „Wartości etyczne a sztuka stosowana. Idee i działalność Jerzego Warchałowskiego", *Pokaz. Pismo krytyki artystycznej*, 2004, nr 37; K. Czernik, *Jerzy Warchałowski – propagator sztuki stosowanej*, praca magisterska napisana (i obroniona w 2001 roku) pod kierunkiem dr hab. L. Lameńskiego w Instytucie Historii Sztuki KUL.

[10] J. Warchałowski, *Zofia Stryjeńska*, Warszawa 1929; tenże, *Jan Szczepkowski. Snycerz i rzeźbiarz*, Warszawa, 1932; tenże, *Jan Wałach z Istebnej na Śląsku Cieszyńskim. Rysunki, malowidła, drzeworyty wybrane z okresu 1903-1934*, Warszawa 1935 [po francusku: *Jan Wałach. D'Istebna, village de la Silésie de Cieszyn*, Varsovie-Cracovie, 1936].

[11] Tenże, „Nowa kolonizacja Brazylii", *Polski Przegląd Emigracyjny*, nr 1 z 10 X 1907; tenże, „Nowe zadania wobec kolonizacji Brazylii", tamże, nr 3 z 10 XI 1907; tenże, „Zadania Polaków w życiu politycznym Parany", tamże, nr 1 z 10 I 1908.

warunków materialnych". W 1908 roku wrócił do Europy, a następnie zamieszkał w Kijowie. W roku 1914 wstąpił do Legionów Józefa Piłsudskiego. Zginął 15 czerwca 1919 roku podczas walk z Ukraińcami w okresie kształtowania się granicy polsko-ukraińskiej w Małopolsce Wschodniej[12].

Kazimierz Warchałowski gimnazjum ukończył w Chersoniu, a następnie w latach 1889-1894 studiował botanikę na Wydziale Nauk Przyrodniczych Uniwersytetu w Petersburgu[13]. 19 stycznia 1897 roku, w miejscowości Antonówka na Ukrainie, zawarł związek małżeński z Janiną, córką Ludwika Jenicza i Olimpii Wierzbickiej. W tym czasie Warchałowski – pod wpływem kataklizmu głodu w południowej Rosji – zaczął interesować się kwestiami społecznymi, w tym emigracją polską do Brazylii. Z tej przyczyny odbył pierwszą podróż badawczą do Parany; miało to miejsce w 1901 roku. Spędził tam trzy miesiące (lipiec-październik), zapoznając się z życiem polskich emigrantów osiadłych w Kurytybie i okolicznych koloniach. Po powrocie do Polski przeprowadził w kraju – między innymi w Warszawie i Krakowie – kilka publicznych odczytów o Paranie oraz opublikował swoje wrażenia z pobytu[14]. Opracował także niewielką

---

[12] „Dnia 15 czerwca r. b. [1919] podczas ataku przeważających sił ukraińskich pod Denysowem w pow. Tarnopolskim, kapitan Józef Warchałowski, dowodzący wówczas II batalionem 7 pp 3 Dywizji Legionów Polskich, wystąpił przed front swego odcinka, celem naocznego sprawdzenia sytuacji i wobec nieotrzymana formalnego rozkazu odwrotu, i nagle dopadnięty przez nieprzyjaciela, broniąc się z leworweru [sic], padł przeszyty kulą karabinową". „Józef Warchałowski", *Tygodnik Ilustrowany*, nr 35 z 30 VIII 1919, s. 577 [notka pośmiertna]. S. Zieliński w swoim *Słowniku pionierów polskich kolonialnych i morskich*, Warszawa: Instytut Wydawniczy Ligi Morskiej i Kolonialnej, 1932, s. 575, podaje, że Józef Warchałowski zmarł w czerwcu 1918 roku, co jest ewidentną pomyłką.

[13] Z. Malczewski i R. C. Wachowicz w swojej książce *Perfis Polônicos no Brasil* (Curitiba: Vicentina, 2000) piszą, że studiował fizykę i chemię, co nie pokrywa się z tradycją rodzinną, przekazywaną przez wnuczkę Beatriz.

[14] „Zwiedziłem w ciągu trzech miesięcy kolonii polskich niemało w różnych miejscowościach stanu, pod względem obszaru przewyższającego Królestwo Polskie i nigdzie, ale to literalnie nigdzie, między kolonistami nędzy nie znalazłem. Koloniści najdawniejsi, osiadli w pasie okalającym Kurytybę (sprzed lat 25 – 20-stu) przeważnie z Poznańskiego i ze Śląska zagospodarowali się już doskonale; nie tylko, że spłacili grunta, ale ustawicznie rozszerzają kolonie swoje przez dokupywanie nowych; koloniści z czasów pamiętnej emigracji masowej z roku 1890-1891 przeważnie z Królestwa Polskiego, albo już stali się ludźmi zamożnymi lub też są na dorobku; późniejsi wreszcie pracują gorliwie, aby pójść za przykładem poprzednich. (...) Lepszych warunków osiadania na roli koloniści polscy nie znajdą nigdzie, jak w Paranie. Oczywiście mam tu na myśli nie tylko warunki materialne, ale i możliwą gwarancję zachowania po wszystkie czasy odrębności narodowej. Prawie na całym obszarze Parany ziemia jest doskonała, o ile się ją pracą żmudną przygotuje pod uprawę rolną po wykarczowaniu, a raczej wypaleniu lasu; nie brak wody i siły wodnej, nie mówiąc naturalnie o najrozmaitszych gatunkach drzewa budulcowego, co jednak my nawet pojęcia nie mamy, którego kolonista może mieć darmo *ad libitum*. Dodać należy, że ziemi w całej Paranie nie obciążają żadne podatki. (...) Dzieci kolonistów polskich, zrodzone w Paranie mówią wybornie po polsku, bez względu na wiek ich, aczkolwiek większość zna język portugalski, którym zupełnie płynnie posługuje się w stosunkach z Brazylijczykami. Następnie ludność polska przewyższa znacznie ludność miejscową pod względem kulturalnym (naturalnie nie mówię o inteligencji parańskiej) i stanowczo ma się od tej ostatniej za coś wyższego, a więc wpływom jej się nie podda. Zresztą nie ma obawy, aby słaby rząd parański mógł się skusić o usiłowania wynarodowienia Polaków, których ceni wielce za kulturalne podnoszenie kraju. (...) Przede wszystkim daje się odczuwać ogromny brak nauczycieli ludowych. Wszystkie kolonie liczą ich bodaj nie więcej niż 12-tu, a z tych zaledwie siedmiu stoi na wysokości zadania. Poza tą liczbą widziałem kilku i takich, którzy sami nawet znośnie pisać po polsku nie umieją. Sprawa szkolnictwa ludowego w Paranie jest istotnie sprawą palącą, nie widzę jednak szans, aby mogła ona być wkrótce załatwiona pomyślnie dla braku ludzi odpowiednio wykwalifikowanych i wobec wielkich obszarów, utrudniających zbieranie się dzieci w szkołach w większej liczbie.

książeczkę pt. *Do Parany. Przewodnik dla podróżujących i wychodźców*, którą wydał – własnym nakładem – w 1903 roku w Krakowie[15].

Kazimierz Warchałowski uważał, że emigracja polska do Parany miała realne perspektywy. Zwracał uwagę, że redagowana w tym czasie przez Leona Bieleckiego „Gazeta Polska w Brazylii" pozyskała zaledwie 500 prenumeratorów, co – według niego – spowodowane było wysokim poziomem analfabetyzmu wśród kolonistów[16]. Postulował także utworzenie Banku

---

Dlatego też ze wszech miar byłaby pożądana jakaś organizacja szkolnictwa w Paranie. Sądziłbym, że kwestię mogłoby rozwiązać zakładanie internatów przy kościołach, do których koloniści niewątpliwie chętnie by dzieci oddawali. Coś w rodzaju takiego internatu istnieje przy kościele w Água Branca, dzięki inicjatywie jednego z kapłanów prawdziwie dobrej woli, ks. Wróbla, gdzie pobiera naukę polską 128 dzieci płci obojej. Tylko w takich warunkach nauczyciel, odpowiednio wynagrodzony, może oddać się pracy z zamiłowaniem, boć trudno wymagać sumiennego wypełniania obowiązków od nauczyciela, który od rodziców 10-20 dzieci pobiera około 20 rubli miesięcznie". K. Warchałowski, „Trochę wrażeń ogólnych z pobytu w Paranie", *Gazeta Polska*, nr 327 z 16/29 XI 1901, s. 1-2.

[15] *Do Parany. Przewodnik dla podróżujących i wychodźców ułożył Kazimierz Warchałowski*, Kraków, 1903. Książeczka ta składa się z dwu części, posiadających odrębne paginacje. Stąd często mylnie podaje się, że wyszły dwa przewodniki pod dwoma tytułami. Zob. np. T. i Z. Uhmowie, „Materiały do polskiej bibliografii migracyjnej", *Kwartalnik Naukowego Instytutu Emigracyjnego i Kolonialnego*, 1931, s. 363.

[16] „Dotychczas wychodźcy polscy, uważani przez władze brazylijskie za znakomity materiał kolonizacyjny, nie odgrywają jeszcze w stanie należnej im roli. Z czasem, gdy się więcej wyrobią intelektualnie i politycznie, przez wybieranie spośród siebie posłów sejmowych, stać się mogą panami sytuacji w kraju, zwłaszcza jeśli się będzie zwiększał ich napływ w stosunku większym, niż dotychczasowy. Niezawodnie dane statystyczne pouczają nas, że rokrocznie emigruje do różnych krajów około 70.000 Polaków. A więc gdyby tylko czwarta część tych wychodźców zechciała się kierować do Parany, w niedługim stosunkowo czasie kraj ten mógłby mieć cechę wybitnie polską pod względem etnograficznym. Otóż przede wszystkim należałoby się postarać o utworzenie stałych agentur informacyjnych w głównych portach niemieckich, które by mogły się porozumiewać ze lwowskim Towarzystwem Kolonizacyjnym, oczywiście lepiej zorganizowanym i mającym filię w Kurytybie, i kierować pewną ilość emigrantów do Parany. Jest to tym niezbędniejsze, że obecnie, gdy Brazylia, wobec swoich kłopotów finansowych, nie może sobie pozwolić, jak dawniej, na opłacanie agentów, rządy innych państw amerykańskich ze zdwojoną energią zastawiają sieci na naszych wychodźców. Tak np. rząd Argentyny, przy pomocy lichej wartości agentów bremeńskich i hamburskich, sprowadza w charakterze wołów roboczych całe masy wychodźców polskich do swoich obszarników. Czeka ich tam los wprost tragiczny: stają się niemal własnością argentyńskich *estancieros* (obszarników) i często bywają zmuszani do nadludzkiej pracy siłą bagelów. Nic nie pomagają skargi, zanoszone do władz sądowych, gdyż »chlebodawcy« zawsze umieją poprzeć swe »prawa«, przedstawiając zobowiązania niepiśmiennych wychodźców, składane na ręce bremeńsko-hamburskich agentów. Nie potrzebuję chyba dodawać, że treść tych zobowiązań wiadoma jest tylko agentom, i że różni się ona zasadniczo od zobowiązań dawanych przez nich ustnie naszym włościanom, najmocniej przekonanym, iż wkrótce znajdą się na ziemi parańskiej, na tej ziemi, gdzie krewni ich lub znajomi orzą juz »swoje« grunta. Podczas pobytu w Paranie nasłuchałem się o losie nieszczęśliwych wychodźców naszych w Argentynie szczegółów, wołających o pomstę do nieba, od kilku zbiegów, którzy cudem ujść zdołali spod opieki »estancierów«, a byli to ludzie stosunkowo inteligentni i najzupełniej zasługujący na wiarę. Opieka więc nad nieświadomymi swych przyszłych losów emigrantami polskimi w portach niemieckich jest naszym obowiązkiem społecznym. W dalszym ciągu iść powinny usiłowania do zachęty osiedlonych już w różnych krajach Ameryki wychodźców – przesiedlania się do Parany, za pomocą rozsyłanych odezw. Byłoby ze wszech miar pożądanym pozyskanie tego żywiołu, jako więcej już kulturalnego. Zdaniem moim nietrudno byłoby ich pozyskać chociażby w małej części, widokami lepszych warunków bytu, niż ten, jaki zdobyli sobie np. w koloniach Stanów Zjednoczonych lub Kanady. Już obecnie czynią się ku temu kroki z pewnym rezultatem. Wnieśliby ci podwójni emigranci do Parany, oprócz kapitałów, po spieniężeniu swoich gruntów, jeszcze spory zasób doświadczenia kolonizatorskie-

Polskiego dla Parany, który uniezależniłby kolonistów od kupców niemieckich i przyczyniłby się do rozwoju polskiej przedsiębiorczości w tym stanie.

> Dziś w Paranie prawie cały handel – mówił Warchałowski – jest w rękach Niemców. Nieliczni kupcy polscy są w zupełnej zależności od hurtowników niemieckich, którzy nie tylko dyktują im ceny, ale i narzucają gatunek i pochodzenie (oczywiście niemieckie) towaru. Kupcy nasi bez poważnego pośrednika, jakim może być bank, tudzież bez stałego normalnego kredytu nigdy się nie wybiją spod zależności niemieckiej. A dodać należy, że stopa procentowa najzupełniej normalna w Paranie, jest od 24 do 36 od sta. Taki kredyt, a raczej lichwa doprowadzić może do ruiny wszelkie posiłkujące się nią przedsiębiorstwo[17].

Warchałowski nie był jednak entuzjastą nabywania terenów pod kolonizację – co w stanie próbował robić z ramienia lwowskiego Towarzystwa Kolonizacyjno-Handlowego Zenon Lewandowski (1859-1927)[18] – ponieważ uważał, że przyczynia się to do wzrostu ceny ziemi w Brazylii. Ostatecznie pomysły Warchałowskiego zostały zrealizowane tylko w części. W 1902 roku powstała firma pod nazwą: „Dom Handlowy K. Warchałowski i S-ka", której udziałowcami – według aktu założycielskiego – byli Leon Bielecki, Roman Dmowski (1864-1939), Władysław St. Reymont (1867-1925), Tadeusz Dzieduszycki (1841-1918), Maurycy Zamoyski (1871-1939), Kazimierz Lubomirski (1869-1930) i Stanisław Lubomirski (1875-1932), Józef Gałęzowski (1834-1916) i Eugeniusz Korytko (1842-1914)[19]. Firma ta posiadała swój kantor bankierski w Warszawie i miała zajmować się głównie handlem z Brazylią oraz operacjami bankowymi i kredytowymi.

W roku następnym Warchałowski zdecydował się na krok jeszcze odważniejszy. Spieniężył część swoich dóbr na Ukrainie i postanowił przeprowadzić się na stałe do Brazylii. 7 września 1903 roku rodzina Warchałowskich (Kazimierz, Janina i trzech synów: Jerzy, Ludwik i Stanisław) dotarli do Rio de Janeiro, a następnie zamieszkali w Kurytybie. W tym czasie Kazimierz coraz bardziej zbliżał się do ruchu wszechpolskiego, kierowanego przez Romana Dmowskiego[20]

go. Wreszcie bardzo ważną akcją dla unormowania stosunków polsko-parańskich jest ujęcie w pewne karby ekonomicznego życia kolonistów za pomocą odpowiedniej instytucji finansowej. Myśl ta najbardziej absorbuje pewne kółko ludzi, do którego i ja należę". „Kolonizacja Parany", *Słowo*, nr 159 z 14 VII 1902 (wywiad z Warchałowskim).

[17] L.P., „Projekt Banku Polskiego w Paranie", *Gazeta Polska*, nr 184 z 9 VII 1902, s. 1; Archiwum Akt Nowych [dalej: AAN], Akta J. i K. Warchałowskich 97, k. 2-5, 12.

[18] Zenon Lewandowski (1859-1927) do Brazylii dotarł jesienią 1899 roku jako pełnomocnik powstałego w 1899 roku we Lwowie Towarzystwa Kolonizacyjno-Handlowego. Zakupił 100 tys. morgów ziemi w stanie Rio Grande do Sul i zawarł z rządem brazylijskim umowę na ich kolonizację. Działalność Z. Lewandowskiego w Brazylii wzbudziła sporo kontrowersji. „Jesteśmy tu poruszeni i dodać trzeba w sposób przykry – pisał J. Płużek [właśc. Leon Bielecki]. – Oto tutejszy organ urzędowy ogłosił, że kontrakt zawarty z rządem parańskim przez niejakiego Zenona Lewandowskiego został rozwiązany z powodu niedotrzymania warunków umowy. Jest to dla nas nowy policzek, bo ów p. L. chodził, mówił wiele, i obiecywał jeszcze więcej, by zyskać pomoc tutejszych naszych życzliwych przyjaciół Brazylian, uzyskał przy ich pośrednictwie niską cenę i znikł – czyż na zawsze? Drwiny to, czy dziecińczęsto tylko – nie wiemy, ale to pewne, że w obecnym konflikcie konsula austriackiego p. Pohla z rządem Parany, zerwanie kontraktu przez ludzi, w których interesie konsul wiele zrobił i do zawarcia umowy dopomógł, powagi ostatniemu nie przysparza, ale ją wyraźnie podkopuje". J. Płużek, „Listy z kolonii polskich w Brazylii", *Gazeta Polska*, nr 91 z 21 III/3 IV 1901, s. 1.

[19] AAN, Akta J. i K. Warchałowskich 17.

[20] Zob. listy Romana Dmowskiego do Kazimierza Warchałowskiego z 14 II 1902, 30 IX 1903, 7 IV 1904, AAN: Akta J. i K. Warchałowskich, 97, 79.

Kazimierz Warchałowski – ojciec autora wspomnień

(o zafascynowaniu Warchałowskiego Dmowskim, jak się wydaje, może świadczyć fakt, że narodzonemu w 1905 roku synowi nadano imię Roman). W roku 1904 Warchałowski zyskał spore uznanie wśród Polonii kurytybskiej pawilonem własnego projektu, w stylu zakopiańskim. Zaprezentowano w nim wyroby polskich kolonistów podczas wystawy rolniczej. W tym samym roku przystąpił Warchałowski do loży wolnomularskiej „Fraternidade Paranense" (Wielki Wschód w Brazylii), gdzie przed 25 XI 1904 nadano mu stopień mistrza[21]. Pod koniec tego samego roku założył tygodnik „Polak w Brazylii", którego pierwszy numer ukazał się 3 grudnia 1904 roku i będzie się ukazywać do 18 VIII 1920 roku[22]. Dla jego potrzeb utworzono małą drukarnię. Początkowo, do 27 numeru z 8 lipca 1905 roku, gazetę redagował Jan Hempel (1877-1937)[23]. Od numeru 28 z 15 lipca 1905 roku na czele redakcji pisma stanął już sam wydawca, choć przez pewien czas redaktorem „Polaka w Brazylii" był także zasłużony działacz polonijny Stanisław Kłobukowski (1852-1917)[24]. Równocześnie prowadził Warchałowski ożywioną działalność społeczną w organizacjach emigracyjnych. W 1905 roku zorganizował Towarzystwo Szkoły Ludowej, które zakładało szkółki ludowe i biblioteki na koloniach polskich. Te ostatnie przedsięwzięcia skierowane były w dużym stopniu przeciwko szkolnictwu zakonnemu, którego był zagorzałym krytykiem.

Większość księży pracujących w tym czasie w Brazylii to byli księża zakonni. Zgromadzeniem zakonnym, które najwcześniej rozpoczęło swą działalność na terenie Brazylii u schyłku XIX wieku, byli werbiści[25]. Działalność księży Zgromadzenia Słowa Bożego (SVD), bo taką oficjalną nazwę nosiło to zgromadzenie, budziła wśród emigrantów sporo emocji i kontrowersji. Wynikało to stąd, że zakon, założony w 1875 roku w Holandii, był *de facto* zgromadzeniem niemieckim. Do Brazylii werbiści przybyli w 1895 roku, z polskimi osadnikami zaś po raz pierwszy zetknęli się w Paranie, w parafii São José dos Pinhais, pod koniec roku 1900[26]. Werbiści, którzy pracowali wśród Polaków, w większości pochodzili z zaboru pruskiego, z mieszanych rodzin polsko-niemieckich. Wykształcenie wynosili z Domu św. Gabriela w podwiedeńskim Mödling oraz w ówczesnej Neisse (Nysie). Nie zawsze znali język polski, stąd często oskarżano ich o uleganie wpływom niemieckim i o germanizowanie osadników. Celował w tym przede

[21] Dyplom loży, 25 XI 1904, AAN, Akta J. i K. Warchałowskich; zob. także: L. Hass, *Wolnomularze polscy w kraju i na świecie 1821-1999*, Warszawa: Oficyna Wydawnicza RYTM, 1999, s. 234.

[22] W. Wójcik, „75 lat prasy polskiej w Brazylii (Wspomnienia i refleksje)", *Rocznik Historii Czasopiśmiennictwa Polskiego*, 1968, z. 2, s. 261-274; S. Piasecki, „Prasa polska w Brazylii" [w:] *Kalendarz Emigracyjny „Ludu"*, 1948, s. 118-121; J. Pitoń, „Prasa polska w Brazylii" [w:] *Kalendarz „Ludu"*, 1971, s. 46-72; Z. Malczewski SChr, *Ślady polskie w Brazylii / Marcas da presença polonesa no Brasil*, Warszawa: Instytut Studiów Iberyjskich i Iberoamerykańskich UW, Muzeum Historii Polskiego Ruchu Ludowego, 2008, s. 211-223.

[23] F. Tych, „Hempel Jan Hieronim" [w:] *Polski słownik biograficzny* [dalej: *PSB*], t. IX, 1960-1961, s. 380-382.

[24] J. Zieliński, „Kłobukowski Stanisław" [w:] *PSB*, t. XIII, 1967-1968, s. 47.

[25] www.werbisci.pl

[26] Z. Malczewski, *W trosce nie tylko o rodaków. Polscy misjonarze w Brazylii,* Kurytyba: Vicentina, 2001, s. 41.

wszystkim właśnie „Polak w Brazylii", który jednego z wpływowych księży tego zgromadzenia, Stanisława Trzebiatowskiego (1877-1945), określał – zupełnie bezpodstawnie – mianem „germanizatora po polsku nazywającego się"[27].

W roku 1906 Warchałowski przyjechał w odwiedziny do Polski. Podczas tej podróży ostatecznie zlikwidował swój majątek Bezlesie, znajdujący się na Ukrainie. W trakcie swojego pobytu Warchałowski również wychwalał zalety Brazylii, gdzie – jego zdaniem – tworzyło się społeczeństwo nowopolskie, które może być wielkim atutem dla Polski.

> Społeczeństwo takie – mówił Warchałowski w wywiadzie do „Gazety Polskiej" – w dalszym ciągu z natury rzeczy popierałoby przemysł i handel polski, szerzyło kulturę i cywilizację polską. Społeczeństwo młode, silne ekonomicznie, dzięki świetnym warunkom jakie przedstawia południowa Brazylia, w przyszłości może nawet odegrałaby niepoślednią rolę w kształtowaniu się naszych stosunków politycznych. Kolonia polska zorganizowana należycie, rozwinięta ekonomicznie, nie tylko byłaby ujściem dla naszego handlu i przemysłu, ale w równej mierze dla nadprodukcji rąk roboczych i inteligencji, która dziś w pogoni za chlebem rozprasza się po świecie i, wsiąkając w społeczeństwa obce, ginie dla narodu i co jest prawdziwie tragicznym, bezpośrednio przyczynia się do wzrastania obcych potęg, do wzmacniania własnych naszych wrogów"[28].

W drodze powrotnej do Brazylii towarzyszył Warchałowskiemu wspomniany wcześniej brat Józef z synem Bohdanem[29] i pasierbicą Zofią Mieszkowską[30], Stanisław Neyman (syn Gustawa, brata Heleny Warchałowskiej, czyli matki Kazimierza) z żoną Marią z domu Karman (jej brat, Rafał, był zasłużonym działaczem polonijnym, który pisywał pod pseudonimem Pinior) oraz rodzina Franciszka Dergința z żoną Heleną z domu Neyman (siostra Stanisława Neymana)[31]. Podstawy utrzymania tak licznej rodziny w Brazylii stanowił najpierw tartak w miejscowości Fazendinha k. Araucarii (współwłasność Warchałowskiego i Neymana), a potem cegielnia (własność Neymana), posadowiona na pięćsetmorgowej posiadłości w Bacacheri, którą zakupił Warchałowski[32].

---

[27] „Szkoła niemiecka" [w:] *Polak w Brazylii*, nr 40, 7 X 1905, 4. „A więc, rodacy – apelował anonimowy autor tekstu z »Polaka w Brazylii« – nie dajmy złapać się w niemieckie sidła. Niech dzieci wasze jak zarazy unikają szkoły księdza Niemca, bo z takiej szkoły, z takiej pogardy i podeptania własnej narodowości, wynika tylko zło i nieszczęście. Precz ze szkołą niemiecką dla dzieci polskich. Polacy! Tylko przez Polaków możemy być uczeni, bo Polakami zostać pragniemy – my i dzieci nasze i wnuki nasze i pokoleń polskich szereg nieskończony. Hańbą prawdziwą by nam było, gdybyśmy tu, na wolnej ziemi, dobrowolnie kładli szyję pod przeklęte od wieków niemieckie jarzmo", tamże, s. 4.

[28] K. Warchałowski, „Za oceanem", *Gazeta Polska*, nr 265 z 29 IX 1906, s. 1. Podczas pobytu Warchałowskiego w Królestwie ukazało się drugie, poszerzone o słowniczek, wydanie książki *Do Parany. Przewodnik dla podróżujących i wychodźców ze słowniczkiem polsko-portugalskim*, Kraków 1906.

[29] Bohdan, syn Józefa Warchałowskiego i Zofii Olszewskiej, ożenił się z Lilą Umlauf, z którą miał syna Andrzeja i córkę Halinę. Zginął w Peru pod koniec 1935 roku. Zob.: „Dramatyczne zaginięcie Polaka w bezludnych puszczach Peru", *Wychodźca*, nr 22 z 25 XI 1935, s. 13.

[30] Ożenił się z nią Jerzy Warchałowski, syn Kazimierza, a brat Stanisława.

[31] Ze związku Franciszka Dergința z Heleną Neyman urodziło się czworo dzieci: Hala zamężna za Aleksandrem Rusieckim, śpiewaczka operowa, śpiewała m.in. w Teatrze Guaira w Kurytybie; Biruta, inżynier agronom, nie założyła rodziny; Dariusz, mieszkał w Brazylii; Karima wyszła za mąż za rosyjskiego lekarza Aleksandra Nikolskiego.

[32] Informacja ustna od Beatriz Warchałowskiej; zob. także: M. Sekuła, „Rodzina Warchałowskich" [w:] *Kalendarz „Ludu"*, 1965, s. 177-179.

Chociaż wielką masę imigrancką tworzyli słabo wykształceni chłopi, nie brakowało pomiędzy nimi jednostek wyrobionych, które stanowiły miejscową elitę. W Kurytybie miejscem jej spotkań stała się założona przez Warchałowskiego pod koniec 1906 roku księgarnia sortymentowa i nakładowa, tzw. Livraria Polaca, którą prowadziła Janina Warchałowska. Księgarnia nie tylko sprowadzała polskie książki z kraju i z innych ośrodków polonijnych, głównie USA, ale także wydawała podręczniki szkolne dla szkółek polskich w Brazylii oraz literaturę piękną, m.in. *Huragan* Wacława Gąsiorowskiego czy *Sprawiedliwie* Władysława St. Reymonta, a także bardzo ceniony *Kalendarz Polski w Brazylii*[33]. W ciągu zaledwie półtora roku istnienia księgarni – jak twierdził Warchałowski – sprzedano 12 tys. tomów, które osadnicy „biorą zazwyczaj na kredyt, ale dotąd nie mieliśmy ani jednego nawet wypadku, aby ktokolwiek nas zarwał"[34]. Dzięki ofiarności Kazimierza i Rafała Karmanów powstała w Kurytybie Biblioteczka TSL, licząca kilka setek tomów, głównie beletrystyki.

Walorów Brazylii jako celu polskiego wychodźstwa Warchałowski konsekwentnie bronił zarówno na łamach swojego pisma, jak również na łamach prasy krajowej. Podczas kolejnej wizyty w kraju, w 1908, roku udzielił prasie warszawskiej szeregu wywiadów, w których podkreślał zalety Brazylii, przeciwstawiając jej kraje Ameryki Północnej. Nadal podtrzymywał konieczność powołania polskiego banku hipotecznego i parcelacyjnego w Paranie[35]. Głosił, że emigracji do Brazylii nie należy traktować jako ostateczności, ale jako korzystny obowiązek. Kładł nacisk na potrzebę zwiększenia aktywności oświatowej oraz organizację kółek rolniczych. Zakładanie tych ostatnich – jak wyznał – szło bardzo opornie:

> Kółek rolniczych mamy dotąd niewiele, mimo jawnych korzyści, jakie z nich ciągnąć można. Jedna na przykład z takich organizacji, posiadających swój własny sklep na wsi, po roku zdwoiła kapitał wkładowy, dała nadto 15% dywidendy i założyła jeszcze z własnych środków bibliotekę. Agitacja jednak idzie opornie, do czego niemałą przeszkodę stanowią nasi księża polscy, niepopierający celów kółek rolniczych w Brazylii[36].

Chłopi polscy w Brazylii pozostawali w tym czasie pod silnym wpływem działaczy politycznych z kraju oraz wydarzeń, które rozgrywały się w Europie. Wybuch I wojny światowej doprowadził do ukształtowania się, najogólniej mówiąc, dwóch ugrupowań. Jedno wiązało nadzieje na odbudowę niepodległego państwa polskiego ze zwycięstwem państw centralnych, drugie – stawiało na koalicję państw tworzących tzw. Ententę. Do czołowych entuzjastów tego pierwszego obozu należały osoby związane z pismem „Niwa", wydawanym od 1912 roku

---

33 Zob. więcej: W. Chojnacki, „Bibliografia wydawnictw polskich w Brazylii 1892-1974", *Przegląd Zachodni*, nr 2 z 1974, s. 362-392; tenże, „Warchałowski Kazimierz" [w:] *Słownik pracowników książki polskiej*, Warszawa-Łódź: PWN, 1972, s. 938.

34 „Wobec zapowiadanej emigracji brazylijskiej", *Tygodnik Ilustrowany*, nr 11 z 14 III 1908, s. 217-218.

35 „Kierunek naszej emigracji", *Świat*, nr 10 z 7 III 1908, s. 5. „Legenda o »piekle brazylijskim« była zawsze raczej odbiciem naszej własnej niezaradności, naszego nieinteresowania się emigrantem, który przepadał na plantacjach, bo nie miał opieki – niż złej woli rządu. Dziś, gdy celem całego ruchu jest ziemia, nie ma podstaw do obaw. Władze brazylijskie są ludzkie i lojalne. Kto widział choćby baraki w Rio de Janeiro, gdzie emigranci nasi czekają na swą kolej odesłania na kolonie, kto przyjrzał się tym schludnym, z betonu i żelaza zbudowanym ubikacjom, gdzie wychodźca znajduje schronienie, pożywienie i pomoc lekarską, i porówna je z domem emigracyjnym w Nowym Jorku, mógł przekonać się, ile prawdy jest w kolportowanych tu i ówdzie tendencyjnych wieściach..."

36 „Wobec zapowiadanej emigracji brazylijskiej", *Tygodnik Ilustrowany*, nr 11 z 14 III 1908, s. 217-218.

POLAK W BRAZYLJI

WYCHODZI DWA RAZY W TYGODNIU.

KURYTYBA, 25 MARCA 1919 r. ROK XV. Nr. 22.

Walki o Lwów.

Donoszą z Warszawy, że wojsko polskie przybyłe na odsiecz Lwowa po pięciu dniach zaciętych walk zdołało przerwać linję wojsk ukraińskich oblegających miasto, biorąc wielką ilość amunicji armat i karabinów maszynowych, oraz znaczniejszą liczbę niewolnika. U więźniów ukraińców znaleziono rozmaite dokumenty, według których każdy żołnierz miał dostać 400 koron i pięć morgów ziemi na własnośc za zdobycie Lwowa.

Rezultat obrad.

Na ostatnim posiedzeniu najwyższego trybunału alianckiego postanowiono nie zatwierdzać ostatecznych granic między Polską a Niemcami przed podpisaniem tymczasowego pokoju.

Gdańsk jednak z pasami ziemi po obu brzegach Wisły zostanie oddany natychmiast Polsce, aby ułatwić wylądowanie i przejazd w głąb kraju armji polskiej z Francji.

Mobilizacja wojsk polskich.

Parlament w Warszawie postanowił powołać natychmiast pod broń klasy wojskowe z 1896 do 1901 roku aby stawić skuteczny opór bolszewikom.

Sztab główy wojska polskiego oświadczył że bolszewicy będą zmuszeni ewakuować Pińsk.

POLAK W BRAZYLJI

kosztuje:

Rocznie . . . . 8 milr.
Półrocznie . . . . 4 milr.

W Argentynie . . . . 10 pezów
W Urugwaju . . . . . 4 pezy urugwajskie
W Stanach Zjedn. Ameryki Północnej 3 dolary

Numer pojedyńczy kosztuje 200 rs. — Drobne ogłoszenia po 200 rs. za wiersz lub jego miejsce.

—oo—

Adres dla listów i przesyłek pieniężnych

„POLAK W BRAZYLJI"
Caixa Postal H.
CURITYBA — PARANA — BRAZIL

—oo—

PRENUMERATĘ „POLAKA W BRAZYLJI" przyjmują na warunkach redakcyjnych p. p.:
Franciszek Grabski — Affonso Penna.
Filip Jakubowicz — Bariguy, Thomas Coelho.
Jan Cichoń — Araucaria
Antoni Jakubowski — Agua Branca
Marcin Skalski — São Matheus.
Józef Wadowski — Tres Barras.
Stanisław Górski — Rio Claro.
Władysław Mączewski — Itayopolis.
Paweł Tymoteusz Wielewski — Lucena
Walenty Świnka — Fernandes Pinheiro.
Franciszek Rutecki — Iraty.
Jan Zwierzykowski — Monte Alegre.
Bolesław Kosiński — Św. Barbara.
Antoni Kozłowski — Rio dos Patos.
Jan Szyndrowski — Porto União da Victoria.
Michał Nowacki — Paulo Freitas.
Władysław Olkuszewski — Ponta Grossa.
Adam Sobociński — Marechal Mallet.
Jan Szkleniarz — Prudentopolis.
Jerzy Pogorzelski — Senador Correia.
Franciszek Kropernicki — Herwalsinho.
Ferdynand Malanowski — Apucarana.
Eugeniusz Zalewski — Ivahy.
Piotr Nowacki — Nowa Galicja.
Teodor Konart—Paulo Frontin-Vera Guarany
Daryusz Dergint — Antonio Olyntho.
Józef Dytz — Ijuhy.
Gabryel Muszyński — Porto Alegre.
Wacław Królikowski — Marianna Pimentel.
Franciszek Hanas — Guarany.
Antoni Wolski — Erechim 13 de Maio.
Józef Lempek — São Feliciano — Laurentina.
Stanisław Werpachowski — Rio Cocal
Jan Felski — Indayal
Albert Trojanowski — Matto Preto — Col. Fria
Józef Bernard Zawadzki — Barra Feia.

Redakcja mieści się przy PLACU TIRADENTES N 52

Redakcja otwarta w dnie powszednie od godziny 8-ej do 1-ej.

Żądanie Paderewskiego.

Paderewski wysłał notę do aliantów z prośbą o wysłanie natychmiastowe armji polskiej we Francji do Polski aby bronić cywilizacji polskiej przed inwazją maksymalistów.

Śląsk chce połączenia z Polską.

Do Paryża przybyła w tych dniach pod przewodnictwem Józefa Londgrina delegacja wysłana przez ludność Śląska, która chce połączenia się z Polską.

Delegacja ta ma na celu apelować do rządów alianckich o przyłączenie Śląska do Polski.

Wizyta królewska.

Belgijski król Albert złożył ze swoją małżonką wizytę w zamku Durval, generałowi Pershingowi komendantowi wojsk amerykańskich we Francji.

Oświadczenie marszałka Focha.

Marszałek Foch, w wywiadzie udzielonym dziennikowi „Le Matin" oświadczył: „Chociaż byliśmy zupełnie pewni zwycięstwa nad niemcami, podpisaliśmy jednakże zawieszenie broni dla uniknięcia większych strat w naszych walecznych wojskach.

Zawieszenie broni nie przeszkodzi nam drogą pokojową zwyciężyć niemców odbierając im wybrzeże Renu stanowiącego naturalną obronną granicę Francji.

O ile nie osiągniemy tego pokojowo, wojska nasze gotowe są do dalszych walk.

Walki w Picardji w kwietniu 1918 roku. — Żołnierze francuscy odznaczeni za waleczność w czasie zdobycia zamku Grivesne.

Konferencja w Poznaniu

Delegaci niemieccy na konferencji w Poznaniu zgodzili się na zawieszenie broni z polakami.

Zostało tam również postanowione, aby ludności w Poznaniu i Gdańsku przez plesbicyt, wybrała państwo do którego chce należeć.

Delegaci alianccy, którzy się znajdówali na tej konferencji w Poznaniu wyjechali do Warszawy.

Z Litwy.

Donoszą z Litwy że wojsko litewskie pobiwszy bolszewików zajęło Nittawę.

Wypowiedzenie wojny aliantom.

Donoszą z Wiednia, że Węgry wypowiedziały wojnę aliantom.

Sytuacja w Węgrzech staje się coraz krytyczniejszą z powodu propagandy maksymalistycznej która grozi rewolucją w kraju.

Czecho-słowacy ogłosili powszechną mobilizację, aby razem z wojskami rumuńskim i francuskim wkroczyć do Węgier.

Bunt dwóch bataljonów francuskich.

Dwa bataljony wojska francuskiego będące w Odesie, zbuntowały się przeciw rozkazom swych oficerów, którzy chcieli uderzyć niezwłocznie na zbliżających się maksymalistów. Komisja wybrana z pośród zbuntowanych, oświadczyła swym oficerom, że nie będą bić się z maksymalistami, gdyż to nie należy do obrony Francji.

Maksymaliści korzystając z tych okoliczności, grożą lada chwila zajęciem Odessy.

Most przez Bosfor.

Minister spraw zewnętrznych w Paryżu studjuje projekt przeprowadzenia mostu przez Bosfor, łącząc tym sposobem Europę z Azją.

EKS-KRÓL AUSTRJACKI STARA SIĘ O MOŻNOŚĆ PRZEBYWANIA W SZWAJCARJI.

Eks-król austrjacki Karol prosił rząd szwajcarski o pozwolenie przebywania mu w tem państwie.

Jest możliwe że rząd szwajcarski zgodzi się na powyższą prośbę.

Stolica Rosji w opałach.

Donoszą z Zurychu, że wojska estońskie i litewskie zagrażają Piotrogrodowi z zachodu i południa.

Minister wojny Trocki wydał rozkaz mobilizacji wszystkich rezerwistów do 46 lat.

Nowy rząd w Węgrzech.

Wiadomości otrzymane z Węgier, donoszą o uformowaniu się nowego rządu „sowietu" w skład którego weszli: Aleksander Garbal—prezydent; Eugen Barga—minister spraw wewnętrznych; Józef Poganny—minister wojny; Tilhem Bochn—minister „socializacji" i Belakum—minister spraw zagranicznych.

O sytuacji w Norwegji.

„Rio Jornal" podaje nam treść wiadomości których udzielił komendant statku norwedzkiego „La Plata". Życie w Danji, Norwegji i Szwecji nie wróciło jeszcze do normalnego stanu z powodu strasznej drożyzny panującej tam obecnie. Sama Norwegja ucierpiała bardzo z powodu wojny podmorskiej, w której to straciła 834 statki o pojemności blisko dwóch miljonów tonn. Zginęło przytem 1.200 marynarzy.

PARYŻ WRACA DO ŻYCIA.

Z zakończeniem wojny Paryż powrócił do dawnego życia.

Napełniły się wszystkie restauracje i cukiernie. Na ulicach panuje ruch zupełnie jak przed wojną.

Obudził się Paryż z pięcioletniego letargu, dając nam obraz życia. które panowało tam przed wojną światową

Wieści z Polski.

Pożyczka publiczna w Wielkopolsce.

„Kurjer Poznański" z dnia 28-go stycznia umieścił następującą odezwę:

„Aby zaopatrzyć naszych bohaterów w polu w broń, żywność i odzież, aby położyć jak najsilniejsze fundamenty pod budowę naszego gmachu państwowego, potrzeba nam pieniędzy. Wobec tego postanowiliśmy dekretem z dnia 15-go stycznia 1919 roku wydać krótkoterminowe zobowiązania skarbowe (asygnaty) 1919 roku, z gwarancją Państwa Polskiego, na następujących warunkach:

1) krótkoterminowe zobowiązania skarbowe (asygnaty) 1919 roku zabezpieczają się całym majątkiem Państwa Polskiego i wszystkiemi jego dochodami.

2) Urząd Skarbowy wypuszcza wspomniane asygnaty w odcinkach po 100, 500, 1000 i 5000 marek.

3) Asygnaty będą oprocentowane po 5 proc. rocznie, przyczem procent do 1 listopada 1919 roku będzie wypłacony nabywcom z góry, przez potrącenie go z ceny sprzedażnej.

4) W dniu 1 listopada 1919 roku

Pierwsza strona „Polaka w Brazylii", wydawanego w Kurytybie w latach 1904-1920

Tygodnik Illustrowany

Warszawa, 14 marca 1908 r.

Nr 11

CHWILA BIEŻĄCA

PARANA — BRAZYLIA.

Kolonia polska w Rio Grande do Sul.

Transport bydła przez rzekę Iguasu.

Osady polskie w Rio Grande do Sul.

Wobec zapowiadanej emigracyi brazylijskiej.

Rozmowa z redaktorem K. Warchałowskim.

Przed paru dniami witaliśmy w redakcyi naszej niezwykle miłego gościa, aż z drugiej półkuli, redaktora *Polaka w Brazylii*, znanego działacza społecznego, organizatora ruchu polskiego w Paranie, przemysłowca i ziemianina, p. Kazimierza Warchałowskiego. Niezwykły człowiek! Rozporządzając znacznymi środkami materyalnymi, p. Warchałowski był jednym z tych nielicznych w Polsce ludzi, który wraz z rodziną osiadł w Kurytybie, aby tam działać dla dobra sprawy ojczystej i budować podstawy dla nowej Polski zamorskiej.

Paranę p. Warchałowski przeszedł niemal całą wzdłuż i wszerz, zna też prawie całą Brazylię, szukać więc próżno równego informatora o stosunkach tamtejszych. A kraj ten nabiera w tej chwili szczególniejszego dla nas znaczenia; na wiosnę spodziewamy się tłumnej emigracyi ludu naszego do Brazylii.

Ledwo też zdołaliśmy się zapoznać z szanownym gościem naszym, kiedy rozpoczynamy interwiewować redaktora tygodnika brazylijskiego, stawiając mu pytanie za pytaniem.

— Należę do tych ludzi — na wstępie mówi nam p. Warchałowski — którzy emigracyę polską do Ameryki traktują nie jako ostateczność, ale jako korzystny obowiązek. Niemcy prowadzą szeroką politykę kolonizatorską i widzą w tem czysty interes narodowy, dlaczegóż taki naród, jak my, Polacy, nie mamy dążyć do zawładania nowemi terytoryami, zwłaszcza kiedy przychodzą do nas i ofiarowują wprost niebywałe warunki. Rząd brazylijski przysłał swoich delegatów do nas i daje im ni mniej, ni więcej, tylko bezpłatny przejazd okrętem, zapewnia korzystne pod względem narodowościowym rozlokowywanie osadników polskich, oddając im ziemię na warunkach prawie że niebywale dogodnych! Czegóż można więcej żądać? któryż naród nie przyjąłby takich warunków?!

— Rodzą się w społeczeństwie naszem wszakże wątpliwości, czy rząd brazylijski istotnie dotrzyma obietnic z jednej strony, z drugiej — czy nie pocznie wyzyskiwać ludu naszego, traktując go, jako zdobytych, dowiezionych niewolników swoich?

— Od czegóż jednak kontrola nasza, aby rodakom tam, na drugiej półkuli, nie działa się krzywda?! W Brazylii są organy wykonawcze władzy obowiązującej, i te mają za obowiązek przestrzeganie ustanowionego prawa. Kto z urzędników ośmieli się w czemkolwiek przekroczyć przepisy, podlega natychmiastowej karze. Przyznam się, że ja sam mam na sumieniu kilku komisarzy policyjnych. Koloniści nasi nadsyłali do redakcyi *Polaka w Ameryce* listy ze skargami na tego lub innego urzędnika. Mając dowody w ręku, interweniowałem natychmiast biuro prezydenta, i odpowiedź znajdowałem szybką: po sprawdzeniu faktów komisarz doraźnie otrzymywał dymisyę. Jak widać, rząd liczy się z nami, a liczyć się będzie musiał jeszcze więcej, kiedy wzrośniemy tam liczebnie.

Kazimierz Warchałowski i jego żona, działacze polscy w Brazylii.

— Ilu jest dotąd Polaków w Brazylii?

— Około 150 tysięcy, w tem prawie 80 tysięcy w samej Paranie. Większość to rolnicy-osadnicy, wielu z nich ma jednocześnie dodatkowe zajęcia na kolejach. Robotników fabrycznych, Polaków Brazylia liczy stosunkowo niewielu. Najwięcej, rozumie się, spotkać ich można w dużych miastach. W Rio de Janeiro i innych większych grodach naliczyć ich można ogółem do tysiąca. Niektórym z nich powodzi się bardzo dobrze, są między nimi nawet werkmajstrzy.

— Jaka jest ogólna opinia w Brazylii o emigrantach-Polakach?

— Osadnicy nasi wogóle posiadają dobrą markę. Ale mają też swoje znaczne strony ujemne. Przedewszystkiem odznaczają się małą kulturą. Jakże może być inaczej?! Przecież statystyka brazylijska wykazuje między nimi do 80 proc. analfabetów! Niemniej, dzięki pracowitości i pomyślnym warunkom, kolonistom naszym powodzi się ogólnie bardzo dobrze. Gromadzą oszczędności: znam takich emigrantów, którzy po szeregu lat pracy dorobili się 100 tysięcy rubli. Są to już dziś posiadacze fortun, którzy skądinąd dobrze podpisać się nie potrafią!

— A klimat i warunki gospodarcze?

— Klimat bardzo łagodny, wielkich, nie do zniesienia żarów nie mamy wcale; ale mylna jest w kraju naszym opinia, jakoby klimat w Paranie miał całkowicie przypominać nasz tutejszy, polski. W Brazylii w zimie kwitną drzewa pomarańczowe! Dzięki też warunkom przyrodzonym ziemniaki i grykę sprząta się dwa razy do roku. Zresztą, w Paranie sieje się literalnie wszystko. W ostatnich czasach się czynią nawet pomyślne próby plantowania bawełny. Pyta pan o gospodarstwo? Praktyka rolnicza chłopa polskiego kończy się i pójść musi w niepamięć wraz z przybyciem osadnika naszego na brzeg amerykański. Nowe otoczenie, nowe grunty, nowe warunki pracy! Drogą doświadczenia trzeba dochodzić do świeżych metod. I przyznać należy, że kolonista polski oswaja się szybko z towarzyszącemi mu okolicznościami. Polacy gospodarują dobrze. Tworzą samodzielne wsie i kolonie polskie, a są między nimi ludzie, którzy w kasach oszczędności posiadają po 10 i 20 tys. rubli! Na to jednak, aby się dorobić, trzeba przyjść z niczem i zabrać się do ciężkiej, własnoręcznej roboty. Ci dochodzą do czegoś. Były jednostki, które przyjeżdżały z kapitałami i traciły literalnie wszystko. Ktoś zakłada, przypuśćmy, gospodarstwo z gotowym kapitałem 20 tys. rubli. Urządza się według wymagań nowoczesnych teoryi rolniczych i — okazuje się, że tutaj warunki nieznanego mu kraju zabijają wszelką teoryę. Z drugiej strony krowy sąsiadów doszczętnie zniszczą mu zasiewy (trzeba bowiem wiedzieć, że w niektórych koloniach istnieje prawo, że tylko za grunty, ogrodzone płotem, odpowiadają właściciele rogacizny). Tymczasem

Kolonia polska Orleans w dniu świątecznym.

Kolonia polska Rio Claro.

Sklep Kółka rolniczego.

Wywiad z Kazimierzem Warchałowskim w „Tygodniku Ilustrowanym" (nr 11 z 14 III 1908)

w Ponta Grossa przez Szymona Kossobudzkiego[37] i redagowanym przez Wojciecha Szukiewicza. Pismo to w roku 1913 zmieniło nazwę na „Ogniwo", a następnie na „Pobudka". Jego linia programowa była na wskroś postępowa i demokratyczna, a więc propagowała postawy laickie i antyklerykalne. Innym wyrazem tej samej orientacji był założony w Kurytybie w marcu 1913 roku Komitet Obrony Narodowej, który opowiadał się za krajową Komisją Skonfederowanych Stronnictw Niepodległościowych. Nurt ten popierany był także przez „Gazetę Polską w Brazylii", którą od 1912 roku redagowali księża werbiści, oskarżani o sympatie germanofilskie i ultramontanizm[38].

Oponentem „koniowców" albo „germanofilów", jak określali ich przeciwnicy polityczni, było środowisko skupione wokół Kazimierza Warchałowskiego. Ten od początku stawiał na Rosję oraz państwa Ententy. 16 grudnia 1917 roku na wiecu w Kurytybie powołano Polski Komitet Centralny z K. Warchałowskim jako prezesem, która to organizacja stanie się wkrótce oficjalnym przedstawicielstwem Komitetu Narodowego Polskiego, założonego 15 sierpnia 1917 roku w Lozannie (z siedzibą w Paryżu) przez Romana Dmowskiego, Erazma Piltza (1851-1929) i Maurycego Zamoyskiego. Nieco wcześniej, bo już 4 czerwca 1917 roku, ukazał się dekret prezydenta Francji Raymonda Poincarégo (1860-1934), powołujący „samoistną armię polską pozostającą pod rozkazami wspólnego dowodzenia francuskiego i walczącą pod sztandarem polskim"[39]. Polski Komitet Centralny prowadził na terenie Brazylii akcję rekrutacyjną do Armii Polskiej we Francji, a także działalność polityczną i propagandową[40]. Z obozu rekrutacyjnego w Kurytybie, założonego w posiadłości K. Warchałowskiego – Bacacheri, do Francji wyjechało ostatecznie niewiele ponad 100 ochotników. Byli wśród nich także dwaj synowie Kazimierza Warchałowskiego – Jerzy oraz Ludwik. Ten ostatni, urodzony w 1900 roku, swój udział w wojnie przepłacił życiem. Zmarł u progu niepodległości Polski, jesienią 1918 roku we Francji – na zapalenie płuc.

W rezultacie tych wszystkich działań 16 kwietnia 1919 Brazylia uznała rząd Ignacego Jana Paderewskiego, co jest niezaprzeczalną zasługą Warchałowskiego[41]. Doskonale znał czołowych polityków brazylijskich, m.in. Ruya Barbosę (1849-1923), prezydenta Republiki – Venceslau Brása (1868-1966), czy Nilo Peçanhę (1867-1924), ministra spraw zagranicznych.

Reasumując, należy jednak obiektywnie stwierdzić, że zaangażowanie Polonii brazylijskiej w działalność na rzecz odradzającej się Polski nie było zbyt duże. Dotyczyło przede wszystkim inteligentów bądź uświadomionych narodowo robotników; nie byli oni w stanie dotrzeć do rozproszonych na olbrzymich obszarach chłopów polskich, których świadomość narodowa pozostawiała wiele do życzenia. Poza „Gazetą Polską w Brazylii" i „Polakiem w Brazylii", wydawana w języku polskim prasa – w latach 1892-1918 ukazywało się w Brazylii przynaj-

37 L. Dubacki, „Kossobudzki Szymon" [w:] *PSB*, t. XIV, 1968-1969, s. 306-307.

38 M. A. Ignatowicz, „Polonia brazylijska wobec odzyskania niepodległości Polski w r. 1918" [w:] *Polonia wobec niepodległości Polski w czasie I wojny światowej*, praca zbiorowa pod red. H. Florkowskiej-Frančić, M. Frančicia, H. Kubiaka, Wrocław-Kraków: Ossolineum, 1979, s. 137-140. Zob. także: W. Wierzbicki, „Ruch niepodległościowy wśród kolonii polskiej w Brazylii", *Niepodległość*, 1934, s. 281-294; M. Kula, „Postawa Polonii brazylijskiej wobec asymilacji a odrodzenie Polski w 1918 r." [w:] *Przegląd Zachodni*, 1977, nr 5/6; E. Kołodziej, „Polacy w Ameryce Łacińskiej wobec kwestii odrodzenia niepodległego państwa polskiego" [w:] *Polonia w walce o niepodległość i granice Rzeczpospolitej 1914-1921*, pod red. A. Koseskiego, Pułtusk 1999, s. 170-194.

39 R. Dmowski, *Polityka polska i odbudowanie państwa*, t. 2, Warszawa 1988, s. 27.

40 Zob.: „Sprawozdanie z działalności Polskiego Komitetu Centralnego w Brazylii za czas od 16-go grudnia 1917-go do dnia 1-go czerwca 1919-go roku", *Polak w Brazylii*, nr 38 z 19 VI 1919, s. 1-2.

41 „Uznanie Niepodległego Państwa i Rządu przez Brazylię", *Polak w Brazylii*, nr 29 z 25 IV 1919, s. 1.

mniej 25 pism[42] – która mogła misję uświadamiającą podjąć, to były w większości efemerydy wydawnicze, a ich krąg oddziaływania – wobec 80% analfabetyzmu wśród kolonistów – był znikomy[43]. Formułowany niekiedy pogląd, że „znikomość efektów akcji rekrutacyjnej" oraz „niechęć do reemigracji" po odzyskaniu przez Polskę niepodległości dowodzi zaawansowanej „integracji Polonii brazylijskiej z nowym środowiskiem"[44] jest – zdaniem autora niniejszych rozważań – tezą zbyt daleko posuniętą.

Chłopi niepodległość Polski przyjęli z wielką radością. Ci, którzy potrafili pisać, nierzadko wyrażali to w korespondencjach zamieszczanych na łamach pism ludowych. Michał Stec z Rio Claro w Brazylii pisał na łamach „Przyjaciela Ludu":

> Bracia moi! Ojczyzno Polsko wymarzona! Po blisko 30 latach tułaczki, zgromadziwszy ciężką pracą trochę majątku, pragnę wraz z rodziną moją oglądać Was w tym roku. Tu na obczyźnie przy ciężkiej pracy zalewałem się łzami radości na wieść, że Matka nasza Polska zmartwychwstała. Matko najdroższa Polsko nasza, ja syn Twój chłop polski wygnany przez nędzę na tułaczkę, tu na brazylijskiej ziemi śniłem o Tobie. Wychowałem Ci trzech synów, którzy nigdy jeszcze ziemi polskiej nie widzieli, ale po polsku wychowani tęsknią za Tobą i chcą Ci służyć jak najlepiej. Wracamy, choć nie brak nam tu niczego, ale tęsknota do Ciebie Matko Polsko dzień za dniem nas budzi i woła. Matko przyjmij nas i pozwól nam z Tobą żyć, dla Ciebie pracować i umierać. Amen[45].

Powstanie niepodległej Polski było dla chłopskich osadników w Brazylii wydarzeniem doniosłym. Rozbudziło niebywały entuzjazm w wychodźcach i przyczyniło się do wzrostu aktywności społeczno-oświatowej w koloniach polskich. „Nikt już nie mógł koloniście rzucić obelżywego słowa: »Polak bez sztandaru«, co najboleśniej dotykało wychodźcę z Polski"[46]. Jednocześnie wiele osób miało nadzieję, że odradzająca się Polska będzie oznaczać koniec ich życia na emigracji. Redakcja „Polaka w Brazylii" była zasypywana listami z pytaniami wychodźców, kiedy niepodległa Polska „wyśle" po nich swoje okręty[47]. „Wielu naszych rodaków – czytamy

---

[42] S. Piasecki, „Prasa polska...", s. 118-121; J. Pitoń, „Prasa polska...", s. 46-72; Z. Malczewski SChr, *Ślady polskie...*, s. 211-223.

[43] M. Świrski do Poselstwa RP w Rio de Janeiro, São Paulo, 2 X 1929; AAN, Akta Ministerstwa Spraw Zagranicznych [dalej: MSZ], sygn. 10 793, k. 16.

[44] M. A. Ignatowicz, dz. cyt., s. 153.

[45] M. Stec, „Rio Claro" [w:] *Przyjaciel Ludu*, nr 9, 4 III 1923, s. 1; trzy lata wcześniej M. Stec również pisał o chęci powrotu do Polski: „I ja wraz z dwoma synami zasyłam pokłon wolnej Ojczyźnie naszej, a hołd Naczelnikowi Piłsudskiemu. (...) I mnie niewola i nędza habsburska wygnała z Turbi powiatu Tarnobrzeg aż tu do Ameryki Południowej, ale serce tęskni za Ojczyzną i pragnę wraz z rodziną powrócić do Polski, aby tam tylko jakiś szmat ziemi znaleźć, albo inną pracę i utrzymanie." „Rio Claro", tamże, nr 22, 30 V 1920, s. 8.

[46] R. Ch. Wachowicz, „Szkoły osadnictwa polskiego w Brazylii" [w:] *Emigracja polska w Brazylii. 100 lat osadnictwa,* Warszawa: Ludowa Spółdzielnia Wydawnicza, 1971, s. 188.

[47] „Jadąc w te odległe zakątki – pisał w 1943 roku anonimowy autor – miałem w pamięci wspomnienia z roku 1920. Byłem wówczas po raz pierwszy w Ivahy, a było ono całkowicie skryte w lasach. Koloniści stawiali dopiero pierwsze kroki w nowej ziemi. Nie znali języka krajowego. Z Polski wywieźli byli nie najlepsze wspomnienia, boć to przeważnie służba dworska, a jednak powszechnie tęsknili za krajem i popłakiwali za gniazdem ojców. Najpoważniejszym pytaniem, jakie mi wówczas stawiano było: »Kiedy rząd polski pośle po nas statki i zabierze nas z powrotem«". „Sprawozdanie N. dla Malinowskiego z podróży po skupiskach osadników polskich w Paranie, Kurytyba, 22 września 1943 r." [w:] *Imigranci polscy w Brazylii podczas II wojny światowej,* wybór dokumentów z Archiwum Instytutu Polskiego

w Oświadczeniu Polskiego Komitetu Centralnego w Brazylii – opierając się na zupełnie fałszywych informacjach zaczyna likwidować swe interesa, marnując dobytek i szakry. Posiadamy listy zapytujące, kiedy można będzie na koszt rządu polskiego jechać do Polski"[48].

J. Warchałowski – charge d'affaires Poselstwa RP w Rio.

Charge d`affaires Poselstwa RP w Jugosławii Michał Kwapiszewski (z prawej) i pierwszy sekretarz Jerzy Warchałowski.

Uzyskanie przez Polskę niepodległości było również bardzo ważne dla rodziny Warchałowskich. W 1919 roku Kazimierz podejmuje decyzję powrotu do Polski całej rodziny. „Polaka w Brazylii" sprzedał swojemu kuzynowi Franciszkowi Dergintowi (1858-1937), o czym poinformowano w numerze 39 z 26 czerwca 1919 roku.[49] Księgarnią Polską zajęła się z kolei córka Franciszka – Biruta Dergintówna. Uroczysty wyjazd Warchałowskiego z Kurytyby do Warszawy odbył się 24 czerwca 1919 roku[50]. Niestety, „Polakowi w Brazylii" pod nowym kierownictwem nie wiodło się najlepiej. Po roku ukazywania się pisma, w numerze nr 34 z 18 VIII 1920 roku, na pierwszej stronie ukazał się następujący komunikat:

> „»Polaka« sprzedaję innemu wydawcy za mniej niż 2/3 ceny zapłaconej p. Warchałowskiemu, aby móc dopłacić jemu należne za tegoż »Polaka« 4.000$000. Liczyłem otrzymać na czas [sumę] należną mi za prenumeratę po 9$000 od końca czerwca 1919 r. do połowy sierpnia 1920 r. lecz przeszło 11.000$000 nie otrzymałem, które to liczę, iż Sz. Panowie będą łaskawi wypłacić w możliwie najkrótszym czasie nadsyłając pod moim adresem »Caixa H. Kurytyba« albo Panom agentom czy też do nowej redakcji

i Muzeum im. Generała Sikorskiego, do publikacji podał, wstępem i przypisami opatrzył Ryszard Stemplowski, Warszawa: [Instytut Historii Polskiej Akademii Nauk], 1977, s. 76.

48 „Ostrzeżenie", *Polak w Brazylii*, nr 8 z 31 I 1919, s. 3; zob. także: „O powrocie do Ojczyzny", tamże, nr 36 z 5 VI 1919, s. 1-2.

49 „(...) Jedynym pragnieniem moim – pisał Warchałowski w pożegnalnym artykule adresowanym do czytelników – które dzieliłem ze wszystkimi przyjaciółmi naszego pisma było doczekać Polski wolnej i zjednoczonej. Doczekaliśmy tej chwili radosnej: w szczęściu tym stopiły się wszystkie bóle nieodłącznie towarzyszące każdej pracy społecznej. Odjeżdżam, unosząc miłe wspomnienia przeżytych tu lat i ciesząc się nadzieją, że może jeszcze kiedyś los pozwoli mi spotkać pozostałych rodaków i przyjaciół, którym zasyłam z serca płynące: Szczęść Boże!". „Do Czytelników", *Polak w Brazylii*, nr 39 z 26 VI 1919, s. 1.

50 „Wyjazd p. Kazimierza Warchałowskiego", *Polak w Brazylii*, nr 39 z 18 VIII 1919, s. 2.

na mój rachunek. Na pożegnanie życzę szanownym czytelnikom mojego niefortunnego »Polaka«, aby nowe pismo, mające powstać na jego gruzach było kierowane przez szczerych bezpartyjnych rodaków dbających o prawdę, oświatę i wyższe ideały ludzkości. Redaktor F. Dergint"[51].

Nowymi nabywcami wydawnictwa, o których mowa w komunikacie, byli księża misjonarze ze zgromadzenia św. Wincentego à Paulo. Na bazie „Polaka w Brazylii" utworzyli oni proendecki „Lud", redagowany m.in. przez Józefa Joachima Górala (1873-1959) i Jana Pałkę (1901-1987)[52]. Część posiadłości w Bacacheri z kolei zakupił od Warchałowskiego pierwszy konsul RP w Kurytybie – Kazimierz Głuchowski (1885-1941), który przybył do Brazylii na początku 1920 roku[53].

W Polsce Kazimierz Warchałowski nie zagrzał długo miejsca. Po kilku miesiącach pobytu z powrotem wyjechał do Brazylii, jako delegat rządu polskiego do spraw ekonomicznych na Amerykę Południową. O jego przybyciu do Rio de Janeiro (24 maja 1920), a później do Kurytyby (9 lipca 1920), pisał „Polak w Brazylii"[54]. Kilka miesięcy później, w styczniu 1921 roku, wszystkie interesy w Brazylii zostały jednak zlikwidowane i cała rodzina Warchałowskich ostatecznie wróciła do Polski. Kazimierz Warchałowski wkrótce stał się współzałożycielem Zakładów Mechanicznych w Pruszkowie i przedsiębiorstwa robót kolejowych „Tor", a także Sosnowieckich Zakładów Graficznych, w których pełnił funkcję prezesa[55]. W 1922 został mianowany na naczelnika Wydziału Zamorskiego przy Urzędzie Emigracyjnym. W 1924 roku reprezentował Polskę podczas Międzynarodowej Konferencji w Rzymie. W tym czasie również jego najstarszy syn, Jerzy Warchałowski (1898-1972), absolwent studiów prawniczych w Kurytybie i Rio de Janeiro, rozpoczął karierę dyplomatyczną. 27 kwietnia 1920 roku przybyło do Rio de Janeiro pierwsze poselstwo Rzeczypospolitej Polskiej w składzie: poseł nadzwyczajny i minister pełnomocny – hrabia Ksawery Ostrowski, sekretarz poselstwa – Ignacy Szmid, *attaché* – Jerzy Warchałowski oraz odpowiedzialny za Wydział Konsularny – Kazimierz Reychman. 27 maja odbyło się uroczyste wręczenie listów uwierzytelniających na ręce prezydenta Stanów Zjednoczonych

Irasema Dilián

[51] F. Dergint, „Ostatni numer", *Polak w Brazylii*, nr 34 z 18 VIII 1920, s. 1.

[52] J. Pitoń, *Prasa polska...*, s. 46-72.

[53] „Rzeczpospolita Polska odrodzona po stuletniej politycznej niewoli przysyła nam do Parany p. Kazimierza Głuchowskiego w roli Konsula stanów Parany, Św. Katarzyny, Rio Grande i Mato Grosso. Przybędzie on do Kurytyby w niedzielę dnia 18-go bm. o godzinie drugiej po południu. Uważając przybycie pierwszego Konsula Polskiego na ziemi parańskiej za doniosłą chwilę historyczną w życiu naszej kolonii polskiej, ślemy Mu i Jego współpracownikom szczere i serdeczne pozdrowienia; witamy ich, witamy i naszą Zmartwychwstałą Ojczyznę. Witamy p. Głuchowskiego z całego serca, jako rodaka mającego poświęcić się patriotyczno-społecznej czynności, w naszej przybranej Ojczyźnie. Niech żyje Polska, Demokratyczna i Ludowa". „Przybycie Konsula", *Polak w Brazylii*, nr 3 z 15 I 1920, s. 1.

[54] „P. Kazimierz Warchałowski", *Polak w Brazylii,* nr 23 z 2 VI 1920, s. 1; nr 28 z 9 VII 1920, s. 1.

[55] S. Zieliński, *Mały słownik pionierów polskich kolonialnych i morskich*, Warszawa, Instytut Wydawniczy Ligi Morskiej i Kolonialnej, 1932, s. 577.

Beatriz Warchałowska

Brazylii – Epitácia Pessoa (1865-1942)[56]. Trzy lata później, 6 lipca 1923 roku, Jerzy Warchałowski przejął obowiązki Reychmana i pełnił je do 15 października 1926 roku (w okresie od 9 lutego do 15 sierpnia 1924 roku był ponadto *chargé d'affaires* Poselstwa RP w Brazylii). Następnie piastował stanowisko pierwszego sekretarza Poselstwa RP w Jugosławii; pełnił też misję dyplomatyczną w Finlandii i Portugalii. W latach 1936-1939 objął obowiązki Konsula Generalnego w Królewcu, po wybuchu II wojny światowej przez rok był internowany przez Niemców[57]. Po zwolnieniu zamieszkał u rodziców w willi „Ukrainka" w Konstancinie i podjął starania o zezwolenie na wyjazd do żony i córki, przebywających w Rzymie. Udało mu się dopiero pod koniec wojny; następne lata spędził głównie w Portugalii i Hiszpanii. Tam, jesienią 1947 roku, udało mu się ściągnąć swoją matkę, Janinę Warchałowską. Na jesieni roku 1952 Jerzy popłynął statkiem do Meksyku, gdzie jego córka Irasema z mężem zaangażowali się w działalność filmową. Po sześciu miesiącach przyjechał do Rio de Janeiro, gdzie rysowały się realne szanse koprodukcji kinowej meksykańsko-brazylijskiej, z jego córką w roli głównej. Gdy plany spaliły na panewce, okoliczności zmusiły Jerzego Warchałowskiego do szukania innego zajęcia. Ostatecznie został wiceprezesem firmy Fazendas Albuquerque S.A., która zajmowała się sprzedażą terenów w górskiej miejscowości Teresópolis, pod Rio. Mieszkał tam do 6 sierpnia 1972 roku, kiedy to zginął w wypadku samochodowym.

Podczas wcześniejszego pobytu Warchałowskiego w Rio de Janeiro urodziła się jedyna córka Jerzego i Zofii z domu Mieszkowskiej, Eva Irasema Warchałowska (1924-1996), która w latach II wojny światowej przebywała ze swoją matką we Włoszech, gdzie zwróciła na siebie uwagę znakomitego reżysera i aktora Vittorio de Sica. W 1940 roku powierzył jej jedną z głównych ról w młodzieżowym filmie „Magdaleno, dwója ze sprawowania" („Maddalena, zero in condotta"). Przez następne lata pracowała, pod pseudonimem Dilián, dla Vittorio de Sica, Riccarda Fredy i Maria Soldatiego u boku takich aktorów jak Alida Valli czy Rossano Brazzi. W latach 1946-1949 zagrała w czterech filmach hiszpańskich, po czym przeprowadziła się do Meksyku. Wcześniej Irasema Dilián wyszła za mąż za młodego Włocha Arduino „Dino" Maiuri, z zawodu prawnika, który porzucił zyskowną adwokaturę i wyjechał z żoną do Meksyku, by pisać scenariusze do niektórych z jej filmów. Zadebiutowała tam w roku 1950 w filmie „Dziewczyny w mundurach" („Muchachas de uniforme"). Sukces artystyczny i finansowy filmu (w którym grała też świetna Rosaura Revueltas) zadecydował o dalszej karierze młodej aktorki. Za grę w zrealizowanym w 1951 roku filmie „Raj utracony" („Paraíso robado"), w którym partnerował jej Arturo de Córdova, otrzymała nagrodę filmowców oraz tytuł „najlepszej aktorki Meksyku". Dostała też pierwszoplanową rolę kobiecą w filmie Luisa Buñuela „Abismos de pasión" (w Polsce jako „Wzgórza wichrów", 1954). Ostatni raz zagrała w Meksyku w filmie „Pablo y Carolina" (1957), zaś w 1958 roku wystąpiła w swoim ostatnim filmie hiszpańskim, „La muralla"[58]. Następnie zakończyła karierę i poświęciła się życiu rodzinnemu.

[56] „Wręczenie papierów uwierzytelniających", *Polak w Brazylii*, nr 23 z 2 VI 1920, s. 1.

[57] *Historia dyplomacji polskiej*, t. V: 1939-1945, Warszawa: PWN, 1999, s. 17.

[58] O filmowej karierze córki J. Warchałowskiego pisał A. Marczyński, „Meksykańska kariera Irasemy Dilián", *Panorama*, nr 13 z 27 III 1960.

Inaczej potoczyły się losy dwóch innych synów Kazimierza Warchałowskiego – Stanisława i Romana. Obaj niezbyt dobrze zaaklimatyzowali się w Polsce i w konsekwencji wrócili do Brazylii. Ten pierwszy, jak dowiemy się z tekstu niniejszych wspomnień, dokładnie opisał okoliczności swojego wyjazdu z Polski oraz początki nowego życia w Brazylii. Po powrocie z nieudanej ekspedycji do Peru Stanisław Warchałowski zamieszkał z żoną Wandą Marią z Ginalskich[59] w Rio de Janeiro. W Rio, 30 kwietnia 1932 roku, urodziła się także jedyna jego córka – Beatriz, absolwentka Wydziału Sztuk Plastycznych na Universidade Federal do Espírito Santo w Vitórii. Przez 30 lat pracowała w firmie Companhia Vale do Rio Doce. Do Polski po raz pierwszy przyjechała dopiero w 2008 roku, mimo to posługuje się piękną polszczyzną.

Wanda Warchałowska, z domu Ginalska

Stanisław Warchałowski od 27 maja 1932 roku do 31 marca 1933 roku pracował w Patronacie Polskim w Rio de Janeiro. W latach 1933-1944 prowadził własne atelier reklamowe. Z jego pracowni wychodziły afisze, rysunki reklamowe, a także ilustracje do czasopism. Uczestniczył w kilku konkursach plastycznych, m.in. w 1932 roku w konkursie na plakat dla Feira de Amostras da Cidade do Rio de Janeiro, gdzie zdobył trzecie miejsce. Pierwszym miejscem został uhonorowany jego plakat w konkursie XLVII Salão Nacional de Belas Artes w 1941 roku. W 1938 roku zaprojektował także Pawilon Polski na Feira Internacional de Amostras. W latach 1945-1968 pracował w firmie Campanhia Vale do Rio Doce, w Minas Gerais i Espírito Santo. W tym czasie mieszkał w miasteczku Vila Velha, w pobliżu stolicy stanu Espírito Santo – Vitórii. Po przejściu na emeryturę w 1969 roku poświęcił się głównie pracy artystycznej, tworzył dekoracyjne obrazy, malując przeważnie gwaszem. Jego prace były eksponowane na wystawach zbiorowych i indywidualnych w Vila Velha

Grób Warchałowskich
na cmentarzu św. Antoniego w Vitórii

[59] Wanda Maria Ginalska była córką Władysława Antoniego Ginalskiego (1862-1921) oraz Antoniny z domu Połońska (1879-1921). Rodzina Ginalskich pochodziła z drobnej szlachty z okolic Swisłoczy k. Grodna. Ojciec Władysława Antoniego, Jan Ginalski, był lekarzem weterynarii, który po powstaniu listopadowym został zesłany za Ural, do Orenburga. Matka Wandy Marii, Antonina Ginalska z Płońskich, była utalentowaną poetką, która publikowała swe wiersze przeważnie pod pseudonimem Ge-A. W 1907 roku wyszedł w Wilnie jedyny tomik wierszy Antoniny Ginalskiej.

i Vitórii[60]. Stanisław Warchałowski zmarł 27 grudnia 1983 roku. Jego żona, Wanda Maria, również parała się twórczością artystyczną. Tworzyła oryginalne figurki z filcu. Zmarła 27 grudnia 2006 roku. Pochowani są na cmentarzu św. Antoniego w Vitórii[61].

W 1989 roku odbyła się w Galeria Atual, w Vila Velha, pośmiertna wystawa prac Stanisława Warchałowskiego, składająca się z 27 obrazów, rysunków, karykatur i „historias em quadrinhos" (komiksów). Swoje prace podpisywał zawsze Lao Warchalowski. Museum Homero Massena w Vila Velha posiada 3 obrazy jego autorstwa.

Niewiele, niestety, wiemy o Romanie Warchałowskim, najmłodszym synu Kazimierza, który – jak wcześniej wspomniano – urodził się w 1905 roku w Kurytybie i przyjechał z rodzicami do Polski w 1920 roku. Po kilku latach pobytu w Polsce wrócił do Brazylii, kilka lat mieszkał w Kurytybie, a następnie ożenił się z Katarzyną Lenartowicz, z którą miał kilkoro dzieci[62]. Mieszkali w miejscowości Ipiranga, w pobliżu Ponta Grossa. Stosunki Romana z resztą rodziny Warchałowskich były dość luźne, stąd brak dokładniejszych danych na jego temat.

Zauważyć należy, że nazwisko Warchałowskich do dziś przetrwało w środowisku parańskim, wśród potomków kolonistów, dla których swojego czasu tak wiele zrobił Kazimierz. Czyż nie ma w tym ręki Opatrzności?...

Jak wiemy, wychodźstwo osadnicze do krajów Ameryki Łacińskiej w pierwszych latach II Rzeczypospolitej, mimo ambitnych projektów, osiągało niewielkie rozmiary. Wynikało to z faktu, że kraje imigracyjne, głównie Brazylia i Argentyna, nie finansowały kosztów podróży. Co prawda Urząd Emigracyjny snuł w tym czasie dalekosiężne plany, inspirowane przez Konsula Generalnego w Montrealu Józefa Okołowicza (1876-1923)[63], jednego z założycieli Polskiego Towarzystwa Kolonialnego. Zakładały one przesiedlenie polskich chłopów z Ameryki Północnej do południowej Brazylii. Akcja ta miała przyczynić się do wzmocnienia polskiego stanu posiadania w Paranie, gdzie wpływy polskie – zdaniem Okołowicza – były zagrożone przez silną emigrację niemiecką i włoską.

W połowie lat dwudziestych polska polityka emigracyjna w odniesieniu do Ameryki Łacińskiej uległa jeszcze większemu ożywieniu. 29 stycznia 1925 roku minister pracy i opieki społecznej, Franciszek Sokal (1881-1932), w wystąpieniu przed połączonymi komisjami sejmowymi – Spraw Zagranicznych i Emigracyjnej – powiedział: „Należy szukać takich terenów emigracyjnych, gdzie warunki pracy i płacy mogłyby być lepsze, niż w kraju macierzystym, gdzie robotnik rolny miałby widoki stania się samodzielnym gospodarzem, gdzie zapewnione jest zaspokojenie potrzeb kulturalnych i narodowych, korzystanie z praw obywatelskich."[64] Według niego, najbardziej odpowiednim terenem do emigracji osadniczej była Ameryka Łacińska, w tym głównie Brazylia i Argentyna[65].

[60] Zob.: „Estanislao dedica o seu tempo à pintura e, nas horas de lazer, à filatelia", *A Gazeta*, 24 XII 1978; „Lao Warchalowski – um nome a lembrar", *A Tribuna 40 anos*, 9. I. 1979, s. 13; „Wanda, Lao Warchalowski e Celina Rodrigues são destaques", *A Gazeta*, 24 XII 1981.

[61] Spuściznę artystyczną oraz pamiątki po rodzicach córka Beatriz przekazała do zbiorów Muzeum Historii Polskiego Ruchu Ludowego w Warszawie.

[62] Wiadomo, że urodziły się im dzieci o następujących imionach: Ludwik, Lodzia, Leokadia, Leonard, Marian, Marysia, Dula.

[63] Raport Konsula Generalnego RP w Montrealu J. Okołowicza do Urzędu Emigracyjnego w sprawie emigracji polskiej ze Stanów Zjednoczonych i Kanady do Parany, AAN: Amb. RP w Londynie, sygn. 889, k. 37-45.

[64] Tamże, s. 5.

[65] Politykę rządu w sprawie ekspansji kolonialnej popierała redakcja „Wychodźcy", kierowana przez M. Pankiewicza. Zob. artykuły: „Konieczność kolonizacji", nr 15, 12 IV 1925, s. 2; „O politykę emigra-

Władze polskie podjęły starania umożliwiające polskim wychodźcom emigrację nie tylko do tak tradycyjnych krajów, jak wspomniana wyżej Brazylia czy Argentyna – ale także do innych, jak Peru, Chile, Ekwador i Meksyk. W tym ostatnim państwie przebywał, jako delegat Urzędu Emigracyjnego, Wojciech Szukiewicz (1867-1934).[66] Nieco wcześniej podobną misję MPiOS powierzyło Kazimierzowi Warchałowskiemu, który badał możliwości polskiej emigracji zarobkowej i osadniczej w Brazylii, Argentynie, Chile, Peru oraz Ekwadorze[67]. W pierwszym z tych miejsc delegacje rządowe przebywały dość często[68]. Badały warunki pracy dla robotników polskich w stanie São Paulo, możliwości osadnicze w stanie Parana, wreszcie perspektywy założenia spółki kolonizacyjnej[69]. Ten ostatni postulat zrealizowano szybko. Przy współudziale Urzędu Emigracyjnego utworzono w 1926 roku Towarzystwo Kolonizacyjne w Warszawie Sp. z o.o., której zadaniem było kierowanie wychodźstwa polskiego m.in. do krajów Ameryki Łacińskiej. Właściwą działalność podjęło Towarzystwo jedynie w brazylijskim stanie Espírito Santo. Podpisano ponadto – 19 lutego 1927 roku – umowę międzyresortową pomiędzy Urzędem Emigracyjnym a Sekretariatem Stanu do Spraw Rolniczych, Handlu i Robót Publicznych stanu São Paulo[70].

W latach dwudziestych XX wieku rząd Peru rozpoczął kolonizację olbrzymich obszarów górskich, dokąd postanowiono sprowadzić emigrantów z Europy. Projekt ten wywołał w Polsce ogromne zainteresowanie[71]. Już w roku 1924 grupa finansistów i bogatych ziemian z Małopolski, w tym Warchałowski, utworzyła specjalną spółkę, tzw. Polsko-Amerykański Syndykat Kolonizacyjny[72]. Po wystąpieniu z Syndykatu Warchałowski, w tym czasie na stanowisku naczelnika Wydziału Zamorskiego Urzędu Emigracyjnego w Warszawie, podjął starania w Limie o odrębną, prywatną koncesję na kolonizowanie ziem. W rezultacie tych pertraktacji rząd peruwiański zgodził się na udzielenie dwóch równoległych koncesji osadniczych – jednej dla Warchałowskiego, na mocy dekretu z dnia 20 maja 1927 roku, na skolonizowanie 350 tysięcy hektarów[73], drugiej zaś dla Syndykatu Kolonizacyjnego, na mocy dekretu z 23 kwietnia 1928 roku, na 1 milion hektarów[74].

---

cyjną", nr 18, 3 V 1925, s. 2; „Bezrobocie a emigracja", nr 35, 30 VIII 1925, s. 2-3; „Gdzie szukać ziemi dla polskiego chłopa", nr 43, 25 X 1925, s. 3-5.

66 Instrukcja MSZ z dnia 28 III 1925 roku dla delegata Urzędu Emigracyjnego Szukiewicza, udającego się do Meksyku, AAN: Amb. RP w Waszyngtonie, sygn. 912.

67 Instrukcja MPiOS z dnia 11 III 1925 r. dla K. Warchałowskiego, kierownika Wydziału Zamorskiego w Urzędzie Emigracyjnym, w związku z delegowaniem do Brazylii, Argentyny i Chile, AAN, Akta J. i K. Warchałowskich, sygn. 87.

68 Możliwości emigracji do Brazylii widział wpływowy działacz emigracyjny Franciszek Łyp. Zob. jego publikacje: „Nasza przyszłość w Brazylii", *Nasza Szkoła*, nr 5, 1925; tegoż, „Brazylijska polityka imigracyjna", *Kwartalnik Instytutu Naukowego do Badań Emigracji i Kolonizacji* [dalej: *KINdBEiK*], 1927, s. 87-94;

69 Instrukcja dla delegacji rządu polskiego do Brazylii, 11 III 1925, tamże, sygn. 87.

70 „Układ w sprawie imigracji pomiędzy Departamentem Pracy Sekretariatu Stanu do Spraw Rolniczych, Handlu i Robót Publicznych stanu São Paulo w Brazylii a Urzędem Emigracyjnym przy Ministerstwie Pracy i Opieki Społecznej", *Praca i Opieka Społeczna*, z. 2, 1927, s. 81; zob. także: S. Gawroński, „Emigracja polskich robotników rolnych do São Paulo w związku z zawartym 19 lutego 1927 r. układem", *KINdBEiK*, nr 2, 1927, s. 5-40.

71 P. Kraszewski, „Problem osadnictwa polskiego w Peru w okresie międzywojennym", *Studia Historyczne*, t. 22, 1979, z. 4, s. 583-605.

72 „Memoriał Syndykatu Polsko-Amerykańskiego o Peru", *Kwartalnik Naukowego Instytutu Emigracyjnego oraz Przegląd Emigracyjny*, 1926, s. 176.

73 „Koncesja udzielona przez wysoki rząd Peru p. Warchałowskiemu", tamże, 1928, s. 193-195.

74 M. B. Lepecki, *Opis polskich terenów kolonizacyjnych w Peru*, Warszawa 1930, s. 66.

Stanisław Warchałowski w Peru

Powyższe koncesje nakładały na koncesjonariuszy także pewne obowiązki. Warchałowski miał obowiązek sprowadzenia do Peru, w przeciągu czterech lat, tysiąca rodzin, składających się przynajmniej z trzech osób, w wieku 18-45 lat. Zobowiązany był nie tylko do zwerbowania osadników i zorganizowania ich przejazdu do Peru, lecz także do pokrycia kosztów transportu i osiedlenia kolonistów. Na pokrycie tych wydatków rząd w Limie przyznał Warchałowskiemu 150.000 hektarów ziemi, które mógł sprzedać, aby zdobyć środki na wydatki związane z przedsięwzięciem. Polsko-Amerykański Syndykat Kolonizacyjny z kolei zobowiązany był, także w okresie czterech lat, do sprowadzenia na swoje tereny koncesyjne 3.000 rodzin osadniczych. W przeciwieństwie jednak do warunków koncesji udzielonej Warchałowskiemu, koszty podróży osadników sprowadzanych przez Syndykat miał pokryć rząd peruwiański[75].

Otrzymane koncesje na zagospodarowanie 1.500.000 hektarów ziemi (ok. 15.000 km²), jak się wydawało, stwarzały wspaniałe perspektywy dla polskiego wychodźstwa osadniczego. Był to obszar, który był tylko nieco mniejszy, niż wynosił obszar ówczesnego województwa pomorskiego (16.386 km²), czy krakowskiego (17.448 km²)[76]. Uzyskanie koncesji stanowiło jednak dopiero pierwszy etap na drodze do zorganizowania akcji osadniczej na terenie Peru.

W styczniu 1928 roku wyruszyła do Peru grupa delegatów UE i Banku Gospodarstwa Krajowego (który miał finansować emigrację rolniczą), celem upewnienia się, czy tereny te nadają się do zasiedlenia[77]. Ekspedycja, której koszty – jak oceniała nieprzychylna projektowi ówczesna prasa – szacowano na około 40 tys. dolarów (blisko 360 tys. złotych) w raporcie sporządzonym po zakończeniu ekspedycji pozytywnie oceniono przydatność terenów koncesyjnych na potrzeby ewentualnego osadnictwa rolnego[78]. Ostatecznie jednak rząd polski wycofał się z subwencjonowania tego przedsięwzięcia, podobnie jak Bank Gospodarstwa Krajowego. W tej sytuacji cała kolonizacja opłacana była środkami prywatnymi[79].

---

[75] Tamże, s. 12.

[76] Tamże.

[77] W skład ekspedycji weszli inż. rolnik Feliks Gadomski (kierownik), dr Aleksander Freyd, specjalista od chorób tropikalnych, dr Apoloniusz Zarychta, redaktor Michał Pankiewicz, koncesjonariusz Kazimierz Warchałowski i podróżnik Mieczysław Lepecki (kierownik techniczny). Do ekipy jako wolontariusz dołączył także Włodzimierz Orda.

[78] Odrębne zdanie miał Mieczysław Lepecki, który zgłosił do sprawozdania „specjalne zastrzeżenie"; zdyskwalifikował w nim wszystkie tereny Kazimierza Warchałowskiego i znaczną część terenów drugiego koncesjonariusza, tj. Polsko-Amerykańskiego Syndykatu Kolonizacyjnego. Zob. M. Lepecki, *Od Amazonki do Ziemi Ognistej*, Warszawa: Ludowa Spółdzielnia Wydawnicza, 1958, s. 185.

[79] „Obszarów, przeznaczonych dla polskiego osadnictwa w Peru – pisał ks. Franciszek Sokół – nikt nie badał. Nawet polska komisja »rządowa«wysłana umyślnie w tym celu, prowadziła badania bardzo pobieżnie i nie sięgała dalej, jak 4 kilometry od brzegu rzeki Ukajali. Niedbalstwo pod tym względem tak komisji rządowej, jak i urzędników »kolonizacyjnych«, było wprost zdumiewające. A przecież znajomość tych obszarów to sprawa pierwszego znaczenia dla przyszłego osadnictwa. Tymczasem obydwa przedsiębiorstwa osadnicze (Kolonia Polska i Syndykat), przystąpiły do pracy pod hasłem »Jakoś tam będzie«". F. Sokół, „Prawda o Peru", *Gazeta Świąteczna*, nr 2646 z 18 X 1931, s. 4.

W obliczu niemożności znalezienia środków finansowych na pokrycie kosztów organizacji akcji osadniczej, Kazimierz Warchałowski wystąpił w 1928 roku z inicjatywą utworzenia spółdzielni osadniczej, która poprzez sięgnięcie do kapitałów osób prywatnych mogłaby zgromadzić wymagane fundusze. Pomysłem swym zainteresował on kilka osób. Utworzyły one Spółdzielnię Osadniczą „Kolonia Polska"; Warchałowski 27 czerwca 1929 roku zawarł z nią akt notarialny, na mocy którego odstąpił jej prawo do skolonizowania 220.000 hektarów z 350 tys., które otrzymał od Peru. W zamian Spółdzielnia miała przejąć zobowiązania w stosunku do rządu Peru, tzn. osiedlić w przeciągu czterech lat 1.000 rodzin z Polski, zapewniając środki pieniężne na ten cel. W myśl tych zamierzeń własnością 1.000 rodzin osadniczych miało stać się 50 tys. hektarów ziemi, kolejnych 170 tys. miało być własnością Spółdzielni, która miała mieć prawo sprzedaży ziemi osobom prywatnym, dla uzyskania środków pieniężnych na pomoc osadnikom.

K. Warchałowski, *Peru...* – okładka

Na mocy innej umowy Spółdzielnia powierzyła Warchałowskiemu stanowisko dyrektora kolonii w Peru za wynagrodzeniem, w ciągu pierwszych dwóch lat, po 300 dolarów amerykańskich miesięcznie, w trzecim zaś roku 400 dolarów. Na wyekwipowanie i przejazd wyasygnowano 3.000 dolarów, a od sprzedanej ziemi i drzewostanu miano mu wypłacać prowizję w wysokości 10%. W razie wymówienia Warchałowskiemu funkcji dyrektora Spółdzielnia winna była mu wypłacić wynagrodzenie i tantiemę za cały czas kontraktu.

Po wypełnieniu tych podstawowych umów zarząd Spółdzielni wystąpił do ministra pracy i opieki społecznej z prośbą o wydanie zezwolenia na werbunek osadników do Peru. Zezwolenie takie wydane zostało „Kolonii Polskiej" 8 sierpnia 1929 roku. Z podobną prośbą do ministra pracy i opieki społecznej wystąpił także Syndykat Kolonizacyjny, petycja ta stała się jednakże przedmiotem dłuższej dyskusji. Ostatecznie jednak i w tym przypadku wydano zezwolenie na prowadzenie werbunku, lecz dopiero wiosną 1930 roku. W tym samym roku wyszła w Warszawie książka Warchałowskiego, *Peru. Warunki gospodarcze Montanji Peruwiańskiej*[80].

Otrzymawszy w sierpniu 1929 roku zezwolenie na werbunek osadników do Peru, „Kolonia Polska" przystąpiła do organizowania akcji wychodźczej. Niestety, Wielki Kryzys Gospodarczy, który jesienią tego roku zdezorganizował gospodarki wielu państw, nie sprzyjał takim przedsięwzięciom. Mimo to „Kolonia Polska" zdołała wyprawić do Peru pierwszą i zarazem – jak się okazało – ostatnią partię osadników, która składała się z 159 emigrantów polskich. Aby dotrzymać warunków koncesji, organizatorzy starali się wysłać jak największą liczbę osób, nie zwracając uwagi na ich przydatność zawodową[81]. Umieszczono ich w kolonii Cumaría, w środkowym biegu

[80] K. Warchałowski, *Peru. Warunki gospodarcze Montanji Peruwiańskiej*, Warszawa: Kolonia Polska, 1930.

[81] „Polaków, którzy przybyli do Peru – pisała uczestniczka ekspedycji do tego kraju, Maria Bochdan-Niedenthal – na tereny »Kolonii Polskiej« w latach 1930-1931, podzielić możemy na trzy grupy. Jedni, to element miejski, przeważnie inteligenci szukający przygód, marzący o szybkim wzbogaceniu się,

Przesyłka pocztą opłacona ryczałtem.

Rok LI. — Tydzień 38. Nr. 2642. Rok 1931.

Miesiąc wrzesień — Niedziela 3.

Dnia 20 września 1931 r.

Cena Gazety Świątecznéj

bez przesyłania:		z przesyłaniem:	
Na cały rok	**10** złotych	Na cały rok	**12** złotych
„ pół roku	**5** złotych	„ pół roku	**6** złotych
„ ćwierć roku	**2** zł.**50** gr.	„ ćwierć roku	**3** złote.

Kto opłaca Gazetę odrazu na cały rok zgóry, uczęstniczy w losowaniu podarków czyli upominków. **Numer pojedyńczy** Gazety Świątecznéj kosztuje w Warszawie **25** groszy, a poza Warszawą **30** gr.

Przedpłatę na Gazetę Świąteczną wysyłać należy do redakcji Gazety Świątecznéj w Warszawie, ulica **Warecka,** liczba domu **12.** Skrzynka poczt. 543. Rachunek P. K. O. Nr. 12,132. Tamże mieści się księgarnia Krajowa. Tel. 639-70.

Utwory drukowane w Gazecie są własnością redakcji, więc tylko za jéj pozwoleniem przedrukowywane być mogą. Rękopisów nie zwraca się.

Za ogłoszenia płaci się od wiersza milimetrowego **50** groszy (układ 4-łamowy). Małe niekupieckie po **20** groszy od wyrazu; dla stałych przedpłatników jednorazowe osobiste ogłoszenie darmo.

W Ameryce Gazeta Świąteczna kosztuje na cały rok z przesyłaniem pocztą 2 dolary, **w Anglji** 10 szylingów, **we Francji** 45 franków **w Danji** 10 koron duńskich, **w Czechach** 80 koron czeskich.

Brazylja i Peru.

Do Brazylji ludzie z Polski zaczęli wyjeżdżać gromadnie lat temu zgórą 40. Kręcili się wtedy u nas po całym kraju płatni naganiacze, przeważnie Niemcy lub niemieccy wysłańcy, którzy ludzi do wyjazdu namawiali. Zkąd się wzięła u nas wtedy ta „ruchawka brazylska“? Komu to było potrzebne?

W wielu miejscowościach Brazylji ziemia może wspaniale rodzić różne cenne rośliny, rosnące tylko w krajach gorących, jak: kawa, kakao, ryż, bawełna, pomarańcze, trzcina cukrowa, najlepsze gatunki tytuniu i wiele innych. Rośnie tam wszystko szybko dlatego, że słońce bardzo mocno przypieka, a w najgorętszéj porze roku leją wielkie, ulewne deszcze; ale praca w takim skwarze jest bardzo ciężka, szczególniéj dla ludzi białych, urodzonych w Europie, nieprzyzwyczajonych do takiego strasznego upału. Pierwsi odkryli wybrzeża Brazylji Portugalczycy w roku 1500-nym, a więc w 8 lat potém, jak Hiszpanie, z Kolumbem na czele, odkryli wyspy i wybrzeża Ameryki środkowéj. Zaczęli wtedy przyjeżdżać do Ameryki różni spekulanci i awanturnicy, żądni szybkiego wzbogacenia się i lekkiego chleba, oraz przestępcy, których za różne sprawki z ojczyzny wydalono. Ale tym przybyszom nie chciało się ciężko pracować w tym skwarnym kraju, zmuszali więc do pracy na siebie ciemnych, dzikich Indjan o czerwonéj jak miedź skórze, co od niepamiętnych czasów w Ameryce mieszkali. Indjanie ci jednak nie byli przyzwyczajeni do stałéj, ciężkiéj pracy przy uprawie ziemi. Ginęli, wymierali całemi plemionami i dla okrutnych najezdców mało z nich było pociechy. Zczasem też u brzegów morskich, dokąd okręty mogą dopływać, a również w okolicach, gdzie ziemia dla uprawy dogodna, lub gdzie znajdują się kruszce kosztowne, Indjanie ci wyginęli do szczętu. Ale Hiszpanie i Portugalczycy w

Pierwszy kościół polski wśród puszczy peruwjańskiéj na prawym brzegu rzeki Ukajali, w osadzie Kumaryji. Przy pomocy polskich osadników stawia go własnoręcznie z grubych twardych trzcin bambusowych ksiądz Franciszek Sokół, dobrze znany czytelnikom z parafji Gdeszyńskiéj w stronach hrubieszowskich, gdzie był proboszczem. Rysunek ten jest zrobiony z nadesłanéj fotografji.

Ameryce środkowéj i południowéj, a potém za ich przykładem i Anglicy w północnéj, wymyślili sposób taki: niektórzy z nich, do zbójectwa gotowi, jechali okrętami na drugi brzeg oceanu Atlantyckiego, do innéj części świata, do Afryki, tam porywali gwałtem czarnych murzynów, i powiązawszy ich jak baranów, wieźli na sprzedaż do Ameryki. Kto sobie jednego albo kilku murzynów kupił, obracał ich w niewolników swoich, kazał wszystko robić za siebie, a sam był panem. Powoli jednak czarni niewolnicy mieszali się z białą ludnością, rodziły się dzieci mieszane, tak zwani mulaci, i przyszło do tego, że już nietylko murzyni, ale i biali ich potomkowie byli niewolnikami w Brazylji. Bogatsi ludzie próżnowali tam tylko, bawili się i zbierali coraz większe skarby, a niewolnicy, żyjąc w nędzy ostatniéj, nie mając żadnéj woli, musieli na tamtych nieustannie pracować, byli jakby za bydło robocze uważani! Ciągnęło się to długo.

Wkońcu jednak uczciwsi i rozumniejsi ludzie zmiarkowali, że takie niewolnictwo jest złe, niesprawiedliwe i wstyd przed całym światem ich krajom przynosi. W zeszłém stuleciu rządy wszystkich państw europejskich (mających posiadłości zamorskie) i amerykańskich, jedne wcześniéj, inne późniéj, zabroniły przywozić gwałtem murzynów-niewolników i handlować ludźmi, a zczasem we wszystkich krajach wydano prawa, zwalniające wszystkich niewolników. W Stanach Zjednoczonych doszło nawet z tego powodu do trzyletniéj wojny domowéj, zakończonéj w roku 1865-ym. Najdłużéj z państw amerykańskich niewolnictwo utrzymało się w Brazylji, która w roku 1822-gim za przykładem innych krajów zrzuciła zwierzchnią władzę Portugalji, ale nie zrobiła się rzecząpospolitą, lecz cesarstwem konstytucyjném. Prawo o ostateczném uwolnieniu murzynów wydano tam dopiero w roku 1888-ym, a w następnym roku, 1889-ym, stronnictwo wielkich właścicieli ziemskich, niezadowolone z tego prawa, pozbawiło cesarza władzy i od tego czasu Brazylja jest rzecząpospolitą. Ale niewolnictwa już nie przywrócono. Po zniesieniu niewolnictwa ciężkie przyszły czasy na bogaczów brazylskich. Uwolnieni biedacy nie chcieli brać się do żadnych robót, nawet i za pieniądze. Więc ludzie, którzy mieli majątki ziemskie, albo kopalnie i fabryki, zaczęli suszyć sobie głowy nad tém, zkąd brać posłusznych robotników, którychby napół darmo do ciężkiéj pracy zmusić było można. Nowemu znów rządowi żal było, że choć Brazylja taka ogromna, ale niewielkie miała w świecie znaczenie i podatków do skarbu mało się zbierało, a to dlatego, że ludności w niéj było niedużo. I oto rząd brazyl-

O kolonizacji polskiej w Peru obszernie informowała m.in. „Gazeta Świąteczna”

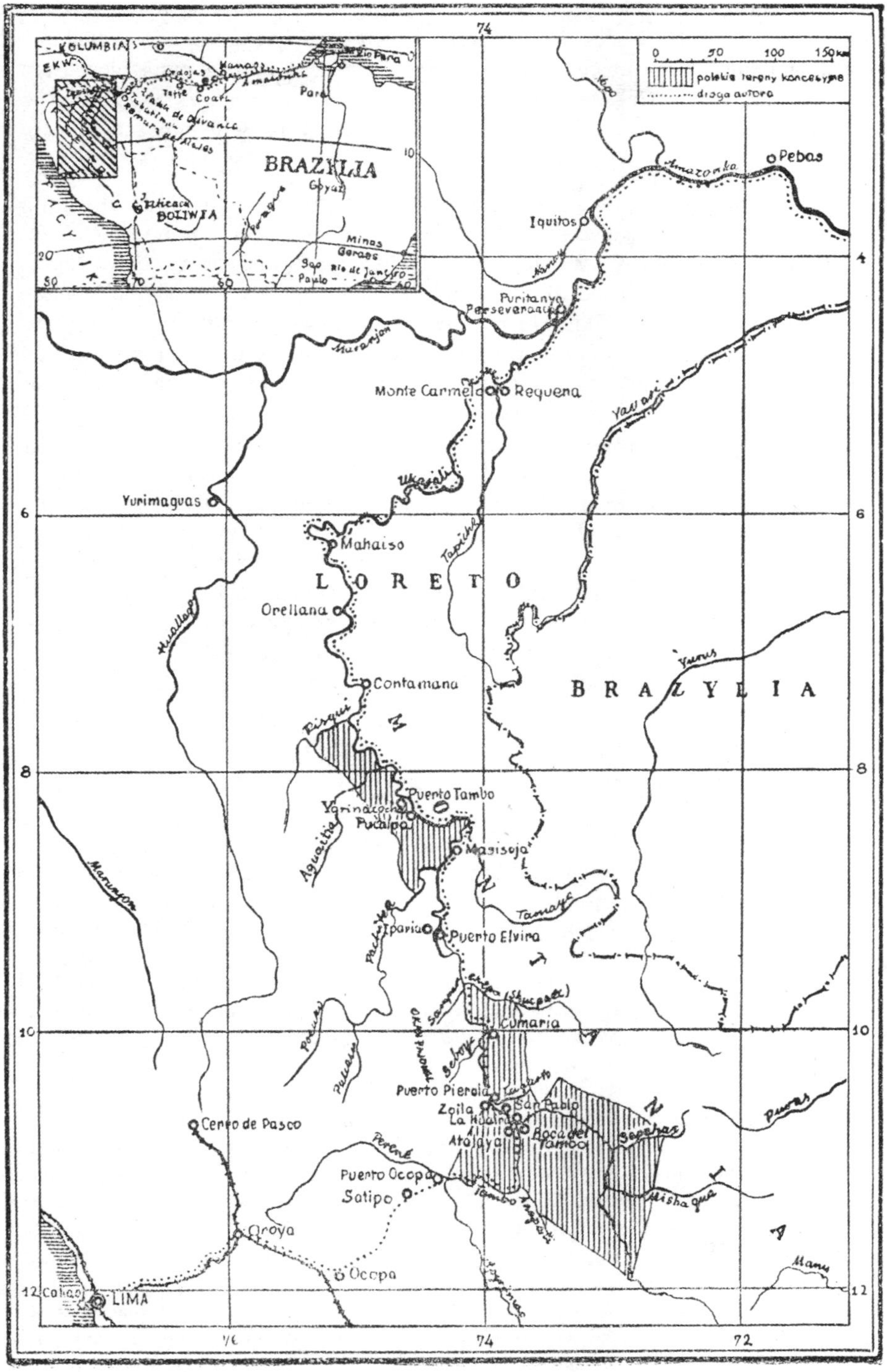

Obszar kolonizacji polskiej nad rzeką Ukajali w Peru

Ukajali[82]. Koloniści, którzy dotarli tu w połowie czerwca 1930 roku, zastali teren zupełnie nieprzygotowany. Nie wytyczono działek, nie wykarczowano lasu, nie przygotowano budynków itp.

Jak wspominano, chaos organizacyjny pogłębił się jeszcze bardziej przez niewłaściwy dobór osadników, którzy w większości nie mieli pojęcia o rolnictwie i ciężkiej pracy, co barwnie opisał ks. Franciszek Sokół w korespondencji do redakcji „Gazety Świątecznej":

> Do puszcz nieprzebytych, gdzie tylko siła pięści i muskułów mogła coś znaczyć, wysłano żądnych szybkiego zbogacenia się „dyrektorów świeżego powietrza" zebranych z całej Polski. Wszystkie możliwe, wolne i niewolne zawody były tu zgromadzone, najmniej było jednak rolników! Prawie 90 na stu tych osadników nigdy przedtem w życiu nie miało siekiery w ręku. Przychodząc z Ikitosu statki wyrzucały na brzegi Ukajali weterynarzy, pół-inżynierów, ćwierć-redaktorów, byłych oficerów wojsk polskich, tkaczy, kontrolerów biletów tramwajowych, golarzy, flisaków z Narwi, operatorów filmowych, kierowców samochodowych, nauczycieli, tartaczników, rusznikarzy, mieszczuchów i takich sobie synów mamusinych, którzy w Polsce nabroili i których trzeba było gdzieś na czas jakiś schować. Co za zbieranina niedołęstwa, małoduszności i bezwstydu! I to mieli być polscy przodownicy w Peru! W dodatku po przybyciu na miejsce okazało się, że i owo przedsiębiorstwo „Kolonia Polska", nie obliczyło się należycie ze środkami i zabrakło pieniędzy na prowadzenie robót osadniczych, ba... nawet na karmienie tej gromady wiecznie wiecującej, a odmawiającej pracy... przodowników. I przyszła klęska. „Osadnicy" po całym szeregu wielce nieprędkich czynów, w liczbie 70-ciu, wliczając w to i dzieci, opuścili brzegi Ukajali i siedzieli w Ikitosie na łasce rządu peruwiańskiego. Na miejscu pozostało około 40 dusz, łącznie z dziećmi[83].

---

o złocie, które niegdyś płynęło strugami z tego legendarnego kraju. Niestety! Bujnej ich fantazji towarzyszyło w większości wypadków zupełne nieprzygotowanie do ciężkich warunków życia eksploratora w Montanii, a zawód, jaki ich spotkał w zetknięciu się z rzeczywistością, zawsze mniej barwną od legendy, zrobił z nich nieużytków, którzy prędko stali się ciężarem dla kolonii. Drudzy, to wszelkiego rodzaju wykolejeńcy życiowi, ludzie, którym z różnych powodów wygodniej było opuścić Polskę, w przewidywaniu, że zdołają zabezpieczyć sobie przyszłość w chaosie nowo powstającej kolonii. Nie brakowało wśród nich zawodowych wichrzycieli, którzy wkrótce urośli do roli przywódców niezadowolonej większości. Grupa trzecia, to prawdziwi osadnicy, pionierzy. Przy normalnie rozwijającej się kolonii i spełnieniu ich najbardziej zasadniczych i słusznych wymagań, stanowiliby oni grupę dostatecznie silną dla przeciwstawienia się wichrzycielskim wpływom innych. Niestety, w warunkach, w jakich kolonia powstawała, pozbawionych zupełnie koniecznego rozmachu, któryby zdołał porwać nawet najbardziej sceptycznych – grupa ta zmalała do niewielkiej garstki, która mimo panującego nastroju zniechęcenia i niezadowolenia, przystąpiła do pracy na ziemi. Ci ludzie nie różnią się niczym od naszych kolonistów sprzed kilkudziesięciu lat, którzy, walcząc z przeciwnościami losu i wyzyskiem agentów kolonizacyjnych, zyskali Polakom sławę pierwszorzędnych osadników w krajach Południowej Ameryki. Obok rolników mieliśmy w tej grupie rodzinę robotnika fabrycznego z Łodzi, a także inteligentów, jak tragicznie zmarły na wyprawie w poszukiwaniu nowych terenów, nauczyciel ludowy Pietrzyk Józef, czy urzędnik kolejowy Nagórski. Przewodził im ksiądz Sokół, dając swą pracą przykład i pociągając za sobą w najtrudniejszych dla kolonii chwilach". M. Bochdan-Niedenthal, *Ucayali. Raj czy piekło nad Amazonką*, Warszawa 1935, s. 159.

[82] A. Zarychta, „Una expedición polaca al Perú", *Boletín de la Sociedad Geográfica*, nr 7, Lima 1966.

[83] F. Sokół, „Prawda o Peru", *Gazeta Świąteczna*, nr 2647 z 25 X 1931, s. 6.

Jak wiemy, Syndykat Kolonizacyjny otrzymał zezwolenie na werbunek wiosną, akcję rozpoczął zaś dopiero w końcu sierpnia 1930 roku. Nieco wcześniej do kolonii Syndykatu – Sepy, położonej u zbiegu rzek Tambo i Urubamba, przybył inżynier Suchorski wraz z kilkunastoma polskimi wychodźcami z Brazylii, aby przygotować teren, wymierzając działki osadnicze. „Pomiędzy nimi – pisał znający z autopsji rzeczywistość peruwiańską ks. Franciszek Sokół – był zaledwie jeden młody, 17-letni chłopiec, który pochodził ze wsi. Inni byli bądź »inteligentami« bez zajęcia, bądź robotnikami fizycznymi, którzy nigdy w życiu pracy rolnej nie dotykali się"[84].

Brak pieniędzy, zła organizacja i ignorancja władz spółki doprowadziły do kompletnej kompromitacji przedsięwzięcia; nie rozpoczęto nawet akcji osadniczej. W roku 1933 wygasła ważność koncesji Syndykatu, podobnie jak „Kolonii Polskiej", która w tym samym roku, po skończeniu się subwencji rządowych, ogłosiła upadłość. Grupa polskich osadników przetrwała do początków 1934 roku, po czym część z nich pozostała w Peru, reszta zaś – dzięki dotacji rządu polskiego, który – w obawie przed skandalem międzynarodowym – sfinansował koszty transportu „osadników" – wyjechała do Brazylii bądź wróciła do Polski. W efekcie tych wydarzeń w 1938 roku w całym Peru znajdowała się już tylko niewielka grupa Polaków, którą szacowano, chyba zresztą przesadnie – jak przypuszcza Krzysztof Smolana – na 400 osób[85].

Podsumowując polską akcję kolonizacyjną w Peru, zaangażowany w to przedsięwzięcie M. Pankiewicz (1887-1980) stwierdził:

> O powodzeniu bowiem osadnictwa pionierskiego, a takim było osadnictwo nad Ukayali, obok nakładów finansowych decyduje fachowa i sprężysta administracja oraz staranny dobór kandydatów na osadników. Tymczasem, jak się później okazało, i administracja zawiodła, i selekcja emigrantów była zbyt »liberalna«, ze środkami finansowymi też nie było dobrze, ale w ostatecznym obrachunku nie one zadecydowały o załamaniu się całej akcji[86].

Sprawa nieudanej kolonizacji w Peru kładzie się cieniem na ostatnim okresie życia Kazimierza Warchałowskiego. Tym bardziej było bolesne, że kwestię nieudanej ekspedycji do Peru wykorzystywano w polemikach politycznych. Nie dziwi, że atakowali go przedstawiciele ugrupowań, jak np. polscy socjaliści[87], od których Warchałowski był odległy, dziwi natomiast fakt, że endecja, która wcześniej

---

[84] Tamże, s. 5-6.

[85] K. Smolana, „Za Ocean po lepsze życie" [w:] *Dzieje Polonii w Ameryce Łacińskiej*, zbiór studiów pod red. Marcina Kuli, Wrocław: Ossolineum, 1983, s. 64.

[86] M. Pankiewicz, *Biebrza – Amazonka – Wisła.* Wspomnienia z lat 1887-1945 (maszynopis), Biblioteka Zakładu Narodowego im. Ossolińskich we Wrocławiu, sygn. 15612, t. 1, cz. 2, s. 208.

[87] „Polski film kolonialny czyli dzieje grzechów p. K. Warchałowskiego", *Robotnik*, 1932, nr 248, 249, 250, 252. „W swoich raportach o kolonizacji polskiej w Peru – pisał Pankiewicz do Urzędu Emigracyjnego w opublikowanym przez »Robotnika« bardzo ciekawym raporcie z 31.07.1931 roku – stwierdziłem w sposób niedwuznaczny dobrą wolę p. Warchałowskiego. Po moim jednak wyjeździe z Iquitos zostałem przez p. Warchałowskiego pozostawiony wobec faktów, o których nie wiem co myśleć i do czasu złożenia przez p. Warchałowskiego Urzędowi Emigracyjnemu lub Kolonii Polskiej wyjaśnień, usprawiedliwiających w dostatecznej mierze ostatnie jego posunięcia na terenie Peru, zmuszony jestem tę dobrą wolę zakwestionować. Na wspólnej naradzie w Cumarii przed południem dn. 20 czy 21 maja w mieszkaniu p. Warchałowskiego i z udziałem pp. Kurowskiego i ks. Sokoła, Warchałowskiego i moim, p. Warchałowski zobowiązał się: 1) Statek »Melinite«, kupiony na kredyt od Izraela przejąć na własny rachunek, 2) łódź motorową »Jankę« przekazać p. Kurowskiemu, jako administratorowi kolonii, przy

popierała jego inicjatywy, teraz obróciła się przeciwko niemu. Szczególnie bolał go fakt, że o tych wydarzeniach niewiele było rzetelnych informacji, natomiast mnóstwo plotek, oskarżeń i pomówień.

Tymczasem jego intencje – podobnie jak wcześniej w przypadku Brazylii – były, jak się wydaje, szlachetne. Nie jest prawdą, co zarzucał mu Stanisław Kosiba na łamach „Wychodźcy", że główni propagatorzy akcji peruwiańskiej działali z niskich pobudek. Niestety, jego przewidywania odnośnie skutków tych działań okazały się prorocze[88]. Bardziej wiarygodnie brzmi opinia znanego podróżnika, Mieczysława Bohdana Lepeckiego (1897-1969):

> Był to człowiek uczciwy, ale niepoprawny fantasta i uparciuch – pisał. – Będąc już dobrze po sześćdziesiątce, ubrdał sobie, że stanie się twórcą nowego, wielkiego osadnictwa polskiego w kraju tropikalnym i tym otworzy swojemu nazwisku drogę do miejsca w historii polskich dokonań pionierskich. Stanowczo odrzucam posądzanie go o brudną chęć zysku. Posiadacz wielkiej fortuny, którą w całości przeniósł z Ukrainy do Parany w roku 1903, trwonił ją na sprawy może nieistotne, może fantastyczne, ale zawsze mające jakiś sens społeczny. Trudno byłoby mi uwierzyć, aby kabałę ukajalską tworzył wyłącznie dla zarobku.[89]

Niezrozumiała jest natomiast okoliczność – na co zwrócił uwagę Edmund S. Urbański[90] – że nie zaproszono do tej wyprawy przyrodnika Witolda Szyszłły (1881-1963), który w Peru mieszkał od 1915 roku.

---

czym p. Kurowski zakomunikował o możliwości sprzedaży łodzi za kwotę w przybliżeniu 2.000 dolarów (dwa tysiące), co od razu rozstrzygnęłoby trudności finansowe kolonii. Z punktu widzenia bowiem handlowego eksploatacja »Janki« nie opłaca się zupełnie, a trzymanie łodzi na składzie pomniejsza automatycznie z biegiem czasu jej wartość. Tymczasem po przyjeździe do Iquitos, jak o tym komunikuje mi p. Kurowski, p. Warchałowski likwidując rachunek z Izraelem wystawił weksel w imieniu »Kolonii Polskiej« na 1.400 soli, z której to sumy wziął na własny rachunek tylko 600 soli, »Jankę« przekazał Niemcowi Augustinowi, stwierdzając w kategoryczny sposób, że »Janka« jest jego prywatną własnością, że dotąd »Janki« »Kolonii« nie sprzedał, że specjalne instrukcje w tej sprawie nadeśle Augustinowi z Europy. W zestawieniu z powyższymi faktami w innym świetle przedstawiają się także poprzednie fakty z działalności p. Warchałowskiego na gruncie peruwiańskim, a więc: 1) niezakomunikowanie rządowi peruwiańskiemu, wbrew wyraźnym instrukcjom Zarządu »Kolonii Polskiej« o prowadzeniu kolonizacji przez »Kolonię Polską«, 2) zadatkowanie kupna 1.000 ha ziemi na własne nazwisko od krewnego Doldiego (nazwiska tego krewnego, pisząc list w drodze i nie mając żadnych aktów pod ręką nie mogę przypomnieć), 3) wysuwanie wszędzie na pierwszy plan swojej osoby i dopiero, gdy akcja załamała się, zwalenie całej winy na »Spółdzielnię«, kiedy przy najbardziej pobłażliwym traktowaniu sprawy trudno byłoby nie uważać p. Warchałowskiego za głównego sprawcę załamania się akcji kolonizacyjnej w Peru. P. Warchałowski potrafił cały dzień pracować jak zwykły robotnik przy wyciąganiu kloców, ale nie umiał niczego zorganizować w sposób planowy, tonąc w chaosie drobnych spraw i kwestyjek". *Robotnik*, nr 252 z 26 VII 1932, s. 3.

[88] „O Peru narobił wielkiego krzyku i hałasu w Warszawie p. Warchałowski przez urządzanie odczytów za które brał po trzy złote wstępnego od osoby. Następnie byli bardzo czynni w propagandzie pp.: Białobrzeski i Szwede (...). Nie znaczy to bynajmniej, że w propagandzie tej nie biorą udziału ludzie poważni. Tych jednak jest niewielu i mają oni na celu inne aspiracje: honory, a może i sławę. (...) Działając na podstawie informacji jednostronnych, niewyczerpujących i ewidentnie tendencyjnych, można, aczkolwiek nieświadomie, wyrządzić krzywdę swoim obywatelom". S. Kosiba, „Czy emigracja do Peru jest obecnie możliwa", *Wychodźca*, nr 17 z 24 IV 1927, s. 9-10.

[89] M. B. Lepecki, *Od Amazonki do Ziemi Ognistej*, Warszawa: Ludowa Spółdzielnia Wydawnicza, 1958, s. 187.

[90] E. S. Urbański, „Kazimierz Warchałowski w Ameryce Południowej", w: *Sylwetki polskie w Ameryce Łacińskiej w XIX i XX wieku*, t. 2, Stevens Point: Artex Publishing, s. 186.

Tereny pod kolonizację zostały źle wybrane – pisał Szyszło w książce *La Naturaleza en la América Ecuatorial.* – Były położone zbyt daleko od Iquitos. Gdyby – zamiast nad Alto Ucayali – umieścić kolonistów nad rzeką Napo albo Itaya, łatwiej byłoby przyjść im z pomocą. Ale rząd polski, zdecydowany na Ucayali, stosował wąskie kryterium wyboru. Twierdził mianowicie, że klimat był tam chłodniejszy niż pod Iquitos. Różnica jednego czy dwóch stopni nijak nie wpływa na sukces kolonizacji. Koloniści powinni utrzymywać się najpierw z hodowli bydła i eksploatacji drewna, a dopiero później z rolnictwa. Niestety wśród założycieli kolonii ta strategia nie zyskała uznania[91].

Po niepowodzeniu akcji osadniczej w Peru Kazimierz Warchałowski nie angażował się więcej w działalność kolonizacyjną. Starał się bronić dobrego imienia, pisząc polemiki i sprostowania[92].

---

[91] „[E]l lugar de esta colonización ha sido mal escogido, por ser demasiado distante de Iquitos; si, en vez de ubicarla en el Alto Ucayali, se le hubiese establecido en el río Napo o en el Itaya, habría sido más fácil la ayuda a los colonos. Pero el gobierno de Polonia, para dar preferencia al Ucayali, se ha guiado por un estrecho criterio, de que el clima allí era más fresco, que cerca de Iquitos; una diferencia de uno o dos grados en nada influye para el éxito de una colonización; ésta debería sostenerse al principio con ganadería y una explotación de maderas y tan sólo más tarde, con la agricultura; desgraciadamente tal criterio no ha prevalecido entre los fundadores." V. Szyszlo, *La Naturaleza en la América Ecuatorial. Observaciones botánicas en la región amazónica del Perú, Brasil, Bolivia, Ecuador, Colombia, Venezuela y la Guyana entre 1904 y 1953, durante doce viajes científicos,* Lima: Sanmartí y Cia, 1955, s. 50.

[92] „W artykułach »Polski film kolonialny« – polemizował Warchałowski z anonimowym autorem czteroodcinkowego artykułu na łamach „Robotnika" – zrobiono mi jednak szereg zarzutów, które jako nieprawdziwe muszę sprostować. Zarzucano mi głównie 1-o: że nie zakomunikowałem rządowi peruwiańskiemu o zawarciu umowy ze Spółdzielnią. Jest to nieprawdą, gdyż w akcie notarialnym, zawartym ze Spółdzielnią, zobowiązałem się do zakomunikowania rządowi peruwiańskiemu w osobie jego przedstawiciela w Warszawie o zawartej transakcji. Zobowiązanie to wypełniłem i posiadam na oryginale aktu wizę formalną Konsulatu Generalnego Peru z dnia 9 marca 1930 r.; 2-o: że zawarłem umowę z Francuzami bez zawiadomienia zarządu Spółdzielni, bez dostatecznego pełnomocnictwa, a odpis umowy doręczyłem Spółdzielni w wiele miesięcy po jej zawarciu. Zarząd dokładnie był poinformowany o całej transakcji. Wreszcie zarząd wystawił mi pełnomocnictwo głównie w tym celu. W końcu, natychmiast po podpisaniu umowy, które odbyło się 1 marca 1930 r. w Paryżu, kopię jej złożyłem zarządowi przy piśmie, na które otrzymałem 4 marca tegoż roku odpowiedź. Zarząd kwituje z odbioru kopii umowy i wyraża zgodę na jej warunki; 3-o: że zadatkowałem 1.000 ha ziemi pod osiedle na swoje nazwisko. Pełnomocnictwo moje, określające szereg uprawnień i atrybucji wyłączało jedynie kupno i sprzedaż ziemi, w myśl §12 Statutu Spółdzielni, musiałem więc zakontraktować teren ten tymczasowo na swoje nazwisko; 4-o: że nie przepisałem na nowego dyrektora, p. Kurowskiego, jachtu motorowego »Janka«. »Janka« nie była własnością Spółdzielni, lecz Banku Gospodarstwa Krajowego, ja zaś tylko fikcyjnym jej właścicielem, dlatego też nie mogłem przepisać jachtu na nikogo. Bank bowiem nie upoważnił mnie nigdy do jakichkolwiek transakcji; 5-o: że niesprawiedliwie i brutalnie obchodziłem się z kolonistami. Trudno samemu sobie wystawić świadectwo uprzejmości; czy zarzut ten nie jest jednak logicznie poroniony? Należy pamiętać, że miałem przeciw sobie kilkudziesięciu do ostateczności przyprowadzonych ludzi, którzy, jak twierdzi autor, nie tylko kradli, ale posuwali się do grabieży z bronią w ręku; do najbliższego posterunku policyjnego miałem około 300 kilometrów. Myślę, że jeśli wyszedłem obronną ręką z takich opałów, to zawdzięczam to właśnie taktownemu obchodzeniu się z ludźmi. Wreszcie muszę przypomnieć, że koncesja moja – jak z jej brzmienia wynika – oparta była na przydziale mi przez rząd Peru ziemi za każdą osadzoną i zagospodarowaną rodzinę. Miałem osobisty interes smarować bodaj miodem tych ludzi co przybywali, ale ani ich krzywdzić, ani dopuszczać, żeby uciekali. W takim razie nie otrzymywałem ani cala ziemi; 6-o: że mając do dyspozycji 10 tysięcy dolarów, nie wykonałem szeregu zobowiązań Spół-

Jeśli proszę o gościnność na łamach Pańskiego pisma – pisał Warchałowski do redaktora naczelnego „Robotnika" – to bynajmniej nie w celu obrony swojej skromnej osoby. Poza mniejszą lub większą sympatią czy antypatią, którą wzbudzam, poza moimi urojeniami czy rzeczywistymi grzechami stoi przed nami coś znacznie poważniejszego, co było dźwignią tych poczynań. Jest to zagadnienie bezrobocia i nędzy warstw robotniczych i włościańskich w Polsce[93].

Trudno odmówić tu Warchałowskiemu racji, zważywszy, że liczebność ludzi tzw. zbędnych w Polsce międzywojennej szacowano od 3 milionów w roku 1928[94] do 5,5 miliona w roku 1935[95]. Nie można też nie zgodzić się z Warchałowskim, gdy pisał:

Nigdy nie dążyłem do zrobienia kariery czy majątku; póki go miałem, dzieliłem się nim ze społeczeństwem, gdy go zabrakło, ciężką pracą zdobywałem kawałek chleba; czas swój i energię zużywałem dla obrony interesów narodowych polskich, w których rozwój i powodzenie wierzę. Dziś nie mam majątku, ani tak pospolitej w naszych warunkach emerytury, ale za to posiadam niejakie doświadczenie i niezłą znajomość stosunków południowoamerykańskich. Toteż dałem z siebie to co mogłem, pierwszy z Polaków sięgnąłem po nieprzeciętnej wielkości i wartości obiekt terenowy, przeprowadziłem o niego trudną nadzwyczaj kampanię w Ameryce, a następnie walkę z rodzimym tchórzostwem i niezdecydowaniem; (...). Zmagania z biurokracją naszą zabrały nam masę czasu, straciliśmy dobrą koniunkturę i nawet kto wie – może zmarnujemy ostatnią okazję i olbrzymiej wartości teren, przecież ja będę najbardziej poszkodowany, bo straciłem daremnie 5 lat pracy i resztę swoich skromnych oszczędności[96].

Poza znaczną ilością artykułów, które publikował przez całe swoje życie[97], oraz napisanymi w latach 20. wspomnieniami z Brazylii[98], w latach 30. napisał i wydał dwie książki[99]. W 1937

---

dzielni względem osadników, co wszystko razem zmusiło Zarząd do odwołania mnie z zajmowanego stanowiska. Warunki koncesji, warunki umowy mojej ze Spółdzielnią, pozwolenie władz polskich na rekrutację osadników, kategorycznie określały, że do Peru na kolonie mogą jechać jedynie rodziny składające się z 3-ch osób minimalnie i to rodziny rolnicze. Tymczasem wbrew koncesji i umowie przysłano mi na 66 osób uprawnionych przez Zarząd do otrzymania działek 47 kawalerów (kilku żonatych bez żon, co na jedno wychodzi), za których w myśl brzmienia koncesji nie mogłem otrzymać ani piędzi ziemi, w tym zaledwie 14 osób, mogących uchodzić za rolników". K. Warchałowski, „Kolonizacja Polaka w Peru", *Robotnik*, nr 268 z 8 VIII 1932, s. 2.

93 Tamże, nr 267 z 7 VIII 1932, s. 4.

94 Z. Ludkiewicz, *Podręcznik polityki agrarnej*, t. 1, Warszawa, 1932, s. 89.

95 M. Mieszczankowski, *Rolnictwo II Rzeczpospolitej*, Warszawa: ,1983, s. 57.

96 K. Warchałowski, „Kolonizacja Polaka w Peru", *Robotnik*, nr 269 z 9 VIII 1932, s. 4.

97 Z najważniejszych należy wymienić: „Gospodarstwo na koloniach polskich w Brazylii", *Polski Przegląd Emigracyjny*, 1908, nr 14; „Kanada czy Parana", tamże, 1908, nr 6; „Od oceanu Spokojnego do dorzecza Amazonki", *Naokoło Świata*, 1926, nr 23; „Chile", *Tygodnik Ilustrowany*, 1926, nr 30; „Wzdłuż wybrzeży Pacyfiku", tamże, 1926, nr 10; „Z tajemnic Peruwii", tamże, 1927, nr 5; „Flota polska a emigracja", *Morze*, 1926, nr 6; „Czy emigrować za Ocean?", Epoka, 1927, nr 6; „W gościnie u kolonisty polskiego w Brazylii", *Wychodźca*, 1929, nr 49; „Kolonia polska w Peru", *Robotnik*, 1932, nr 267, 268, 269; „Na szlakach myśli emigracyjnej", tamże, 1932, nr 275, 277, 278;

98 K. Warchałowski, *Picada. Wspomnienia z Brazylii*, Warszawa 1930.

99 Tenże, *Na krokodylim szlaku*, z ilustracjami E. Kanarka, Warszawa, 1936; tenże, *Na wodach Amazonki*, Warszawa, 1938.

Komitet Honorowy
BUDOWY POMNIKA-SZPITALA DLA DZIECI
«Centrum Zdrowia Dziecka»

dziękuje serdecznie i zaświadcza że:

Pani Janina Warchałowska
z Brazylii

przyczynił(a) się do realizacji budowy Pomnika ofiarowując
na ten cel kwotę zł 36.893,50
/trzydzieści sześć tysięcy osiemset dziewięćdziesiąt trzy i 50/100 zł/.-

ZA KOMITET

Przewodniczący Komitetu Wykonawczego

/Janusz Wieczorek/

Warszawa, dnia 11 listopada 1969r.

roku wyjechał do Argentyny, gdzie planował osiedlić się na stałe, co z niewiadomych powodów nie doszło do skutku[100] i po kilku miesiącach – zahaczając w drodze powrotnej o Rio de Janeiro – wrócił do Polski.

Kazimierz Warchałowski zmarł na zapalenie płuc w Konstancinie, 28 maja 1943 roku. Został pochowany na Cmentarzu Powązkowskim (kwatera 299 b, drugi rząd, nr grobu 8), przy boku swojego brata, Jerzego, który zmarł w stanie bezżennym 13 marca 1939 roku. Niestety, dziś grób dwóch wybitnych Polaków popadł w zupełną ruinę, tak że obecnie jego zidentyfikowanie jest bardzo trudne. Trochę to smutne, biorąc pod uwagę wcześniejsze, niepodważalne zasługi Kazimierza Warchałowskiego dla Polski oraz jej najuboższych mieszkańców.

Żonę Warchałowskiego, Janinę, po II wojnie światowej, jesienią 1947 roku ściągnął do siebie syn Jerzy, który przebywał w Portugalii. W Portugalii i Hiszpanii mieszkała do jesieni 1954 roku, a następnie wyjechała – za synem – do Brazylii. Do Rio de Janeiro przypłynęła 20 grudnia. Po kilku tygodniach, na zaproszenie drugiego syna, Stanisława, przeniosła się do Vila Velha, gdzie mieszkała przez ostatnie 20 lat swojego życia. Zmarła 3 lutego 1975 roku, dożywszy stu lat[101].

W 1968 roku spuścizna po Janinie i Kazimierzu Warchałowskich, przechowywana w Konstancinie pod opieką Zofii Müller, trafiła przed Komisję Zakupów Archiwaliów Archiwum Akt Nowych w Warszawie, gdzie została wyceniona na 25 tys. złotych[102]. Wobec zgody rodziny, dokumenty znalazły się w posiadaniu Archiwum. Pieniądze te, podobnie jak sumy uzyskane ze sprzedaży innych pamiątek, w łącznej kwocie 36.893,50 złotych, na mocy aktu woli Janiny Warchałowskiej z dnia 12 czerwca 1969 roku, zostały przekazane na Pomnik-Szpital Centrum Zdrowia Dziecka w Warszawie.

Jerzy Mazurek

---

[100] *Czy wiesz kto to jest?* pod red. Stanisława Łozy, Warszawa: Wydawnictwo Głównej Księgarni Wojskowej, 1938, s. 777.

[101] Śmierć Janiny Warchałowskiej odnotował, w krótkiej informacji, jedynie *Tygodnik Powszechny*, nr 48 z 30 XI 1975, s. 7.

[102] Korespondencja pomiędzy przedstawicielami Archiwum Akt Nowych w Warszawie a p. Zofią Müller z Konstancina (przyjaciółką rodziny Warchałowskich), Zofią Warchałowską i Janiną Warchałowską znajduje się w posiadaniu Beatriz Warchałowskiej w Vila Velha. Kopie w posiadaniu Jerzego Mazurka.

Drzewo genealogiczne

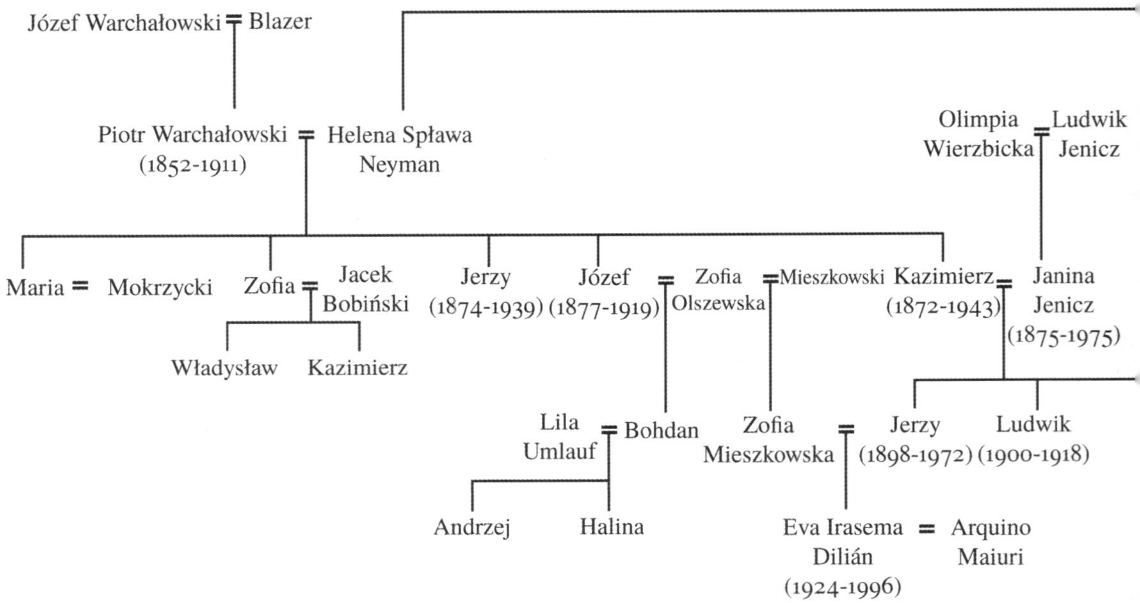

Powyżej przedstawione drzewo genealogiczne nie jest kompletne.
Wyszczególnione są w nim postaci, o których mowa w niniejszej książce.

rodziny Stanisława Warchałowskiego

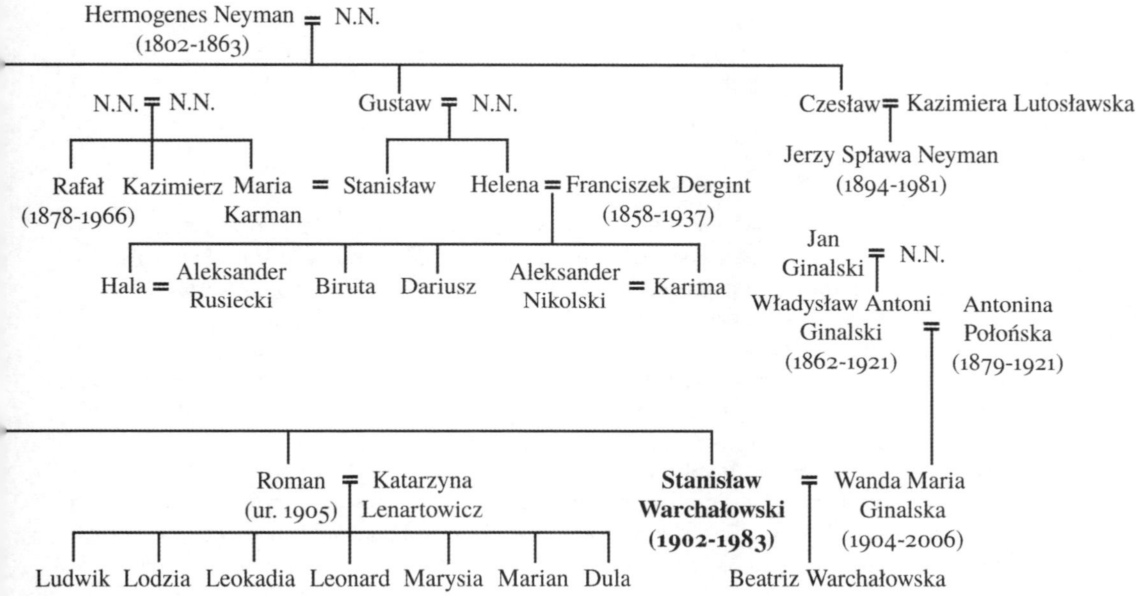

Język i styl wspomnień

Tekst wspomnień Stanisława Warchałowskiego, które miałam zaszczyt i przyjemność redagować, dostałam w dwóch wersjach: w formie maszynopisu oraz w formie elektronicznej, wprowadzonej do komputera po części mechanicznie (skanowanie), a po części ręcznie. Nie miałam zatem do czynienia z oryginalnymi rękopisami autora. Wspominam o tym dlatego, iż każdy proces kopiowania tekstu niesie ze sobą ryzyko bezwiednego wprowadzenia do oryginału pewnych zmian. Należy jednak zaznaczyć, że zmiany te na pewno nie są wielkie i nie wpływają na wydźwięk i wartość oryginału. Redaktor zaś ma za zadanie nanieść dalsze modyfikacje, nie tracąc przy tym nic z ducha tekstu, który otrzymał do opracowania.

Opowieść, którą oddajemy do rąk Czytelnikowi, rozgrywa się na kilku poziomach. Po pierwsze, jest do dialog dojrzałego autora z chłopaczkiem i młodzieńcem, którym był przed wielu laty: Warchałowski okrasza swe wspomnienia obszernymi fragmentami pamiętnika z czasów dzieciństwa i burzliwej młodości. Fragmenty te, dla odróżnienia, złożyliśmy inną czcionką. Po drugie zaś jest to historia snuta przez człowieka, w którego duszy współistnieją dwa światy, dwie rzeczywistości: polska, związana z jego korzeniami – oraz brazylijska, najpierw narzucona mu przez los, a potem świadomie przezeń wybrana. Co za tym idzie, również w dziedzinie języka poruszamy się między kilkoma płaszczyznami. Z jednej strony mamy tu więc dzienniki, kreślone niewprawnym, dziecięcym stylem lub pisane naprędce, skrótowo przez pełnego temperamentu młodego mężczyznę. Z drugiej strony narracja większej części książki prowadzona jest przez człowieka błyskotliwego i obytego, którego prawdziwą pasją było zbieranie coraz to nowych doświadczeń. Na dodatek człowiek ten przez całe swoje życie musiał „przełączać się" z języka polskiego na portugalski i z powrotem. I to właśnie stanowi część nieodpartego uroku niniejszej książki.

Wspomnienia Warchałowskiego pisane były polszczyzną nieco archaiczną, niewolną od błędów ortograficznych czy gramatycznych, tak przecież zrozumiałych u oderwanego od Polski emigranta. Błędy te w toku redakcji zostały poprawione. Przy okazji uwspółcześniłam także ortografię brazylijskich nazw miejscowych (np. Ypiranga → Ipiranga, Inhahy → Inhaí). Również pewne zwroty, wyrażenia i połączenia wyrazowe, które dla współczesnego czytelnika mogłyby okazać się nienaturalne bądź niezrozumiałe, zostały zastąpione środkami językowymi używanymi obecnie. Podobnie postępowałam z kalkami z języka portugalskiego (np. z czasownikiem „egzystować", używanym przez Warchałowskiego w miejsce „istnieć").

Zachowałam natomiast wszystkie swoiste cechy stylu autora, świadomie przez niego stosowane. Mam tu na myśli neologizmy i zabawy słowne, a przede wszystkim ową wspomnianą już wszechobecność portugalszczyzny. Otóż w tekście książki znajdziemy całe mnóstwo egzotycznych dla Polaka zjawisk, pojęć, roślin i zwierząt, których określenia i nazwy przytaczane są bądź to w języku portugalskim, w postaci oryginalnej – bądź to w wersji spolszczonej, przy czym zarówno w pierwszym, jak i w drugim przypadku mogą one podlegać polskim regułom odmiany. Obcojęzyczne terminy oryginalne – nawet, jeśli są odmieniane przez przypadki – podaję kursywą; spolszczenia – tekstem prostym.

Warchałowski zdawał sobie sprawę, że nie wszystko, co opisuje, będzie dla potencjalnego czytelnika oczywiste – i zawarł w swych wspomnieniach sporą liczbę pomocnych i pouczających objaśnień. Ja ze swej strony zamieściłam w książce przypisy, które mają ułatwić odbiorcom zrozumienie rzeczywistości brazylijskiej, w tym przypadku odległej dla nas zarówno w przestrzeni, jak i w czasie. Prócz zwykłych tłumaczeń słów i fraz z obcych języków znajdą tu więc Państwo także opisy geograficzne, biogramy osób przewijających się przez karty książki czy definicje mniej znanych pojęć. Wierzę, że wszystkie te zabiegi sprawią, iż czytelnicy „polecą w świat daleki" za Warchałowskim, zarażeni jego entuzjazmem – i w swej wyobraźni będą umieli poruszać się po tym świecie z podobnym znawstwem i odwagą, jak sam autor.

Zuzanna Jakubowska

I poleciał
w świat daleki…

Wstęp

Zacząłem mój pamiętnik w czerwcu 1914 roku – a miałem wtedy 11 lat – tymi słowy: „Bardzo lubię konie... jako też bawić się w wojsko." Muszę tu dodać, że uwielbiałem też podróże i przygody i, chociaż żołnierzem nie byłem i czasy obydwu wojen światowych spędziłem w Brazylii, przygód miałem jednak bez liku i odbyłem wiele podróży konno w dzikich stronach. Marzenia i ciekawość dziecinną – „Co jest za tym zakrętem drogi?..." – zaspokoiłem tysiąckrotnie.

Pamiętam zabawy z młodszym moim bratem na tarasie naszego domu na placu Tiradentes w Kurytybie[1], gdy krzesła były objuczonymi mułami, a my – z braku jedzenia i wody – umieraliśmy pod deskami ustawionymi niby obozowe namioty. Taras czasem był pustynią Sahary, to znów zamieniał się w koryto największej rzeki na świecie, Amazonki, lub też w dżunglę afrykańską, a na zmianę z bratem raz byłem Stanleyem, a raz Livingstonem.

Mawiają starzy Brazylianie: *Onde está o homem, está o perigo*, czyli: gdzie jest człowiek, tam i niebezpieczeństwo. Jest to fatalistyczna filozofia życia, trochę podobna do polskiego „raz kozie śmierć".

Niebezpieczeństwo zawsze niesłychanie pociągało, fascynowało jak śpiew syreny. Czym wytłumaczyć ten dziwny pociąg, tak zwyczajny u młodzieży, a tak bardzo niezrozumiany przez starsze pokolenia?

– Chce ci się nadstawiać karku? – mówi ojciec do syna, dziwiąc się takim głupim chęciom, zapominając, jak to było za jego własnej młodości.

Przygody, lasy, puszcze, Indianie, dzikie zwierzęta, nieznane bory i rzeki. Co tam jest za górami i za siedmioma rzekami?

– Co tam jest za tym zakrętem drogi?

– Tam jest drugi zakręt albo prosta droga – rzecze logicznie mój młodszy brat, pozbawiony fantazji.

Nic mu nie odpowiadałem, bo nie warto... Ale w myślach widziałem mnóstwo rzeczy: wspaniały widok na wielkie góry lub wstęgę rzeki wijącą się w dolinie, a może dom z ogrodem, a w nim urodziwą dziewczynę, a może ludzi groźnych i zbrojnych, którzy mogą człowieka zabić...

Każdy zakręt jest tajemnicą, która pociąga. Wszystko może być za tym zakrętem drogi, i dlatego warto iść dalej i zobaczyć.

Ot, tam czeka na mnie oparty o rower Witold Wasilewski, syn kresowiaka i Irlandki, z którym objeździłem na rowerach prawie wszystkie kolonie polskie i włoskie naokoło Kurytyby. Witold, który miłował konie jak ja, był wspaniałym towarzyszem wycieczek; byliśmy wtedy jeszcze chłopcami, którzy dopiero marzyli o dalekich podróżach.

---

[1] Kurytyba (port. Curitiba) – stolica stanu Parana, założona w roku 1693. Jej nazwa prawdopodobnie pochodzi z języka Indian Guarani i oznacza 'dużo araukarii'. Rozwinęła się dzięki swemu położeniu na szlaku *tropeiros*, wędrownych pasterzy, przeganiających stada bydła (zob. przyp. 18). W XIX wieku masowo przybywali tu imigranci z Europy, szczególnie Niemcy, Polacy, Ukraińcy i Włosi, przyczyniając się do zróżnicowania kulturowego Kurytyby (dziś w mieście zamieszkuje największy odsetek Polonii w całej Brazylii). Obecnie Kurytyba stanowi siódmą co do wielkości metropolię Brazylii, a zarazem największy ośrodek na południu kraju. Znana jest z wysokiego uprzemysłowienia, nowoczesnych rozwiązań urbanistycznych i dbałości o środowisko naturalne; jest także uważana za miasto o wysokim standardzie życia. (Wszystkie przypisy pochodzą od redakcji.)

Ale na dalszych zakrętach drogi życiowej, mając zaledwie 17 lat, przebyłem konno samotnie duży obszar Parany[2], wtedy jeszcze mało zaludnionej i pokrytej lasami.

Tam dalej, jeszcze jeden zakręt, ale to już w Polsce, gdzie spędziłem cztery lata, 1921-1925. Ze Stachem Markowskim, późniejszym doktorem nauk przyrodniczych oraz profesorem, o mało się nie potopiliśmy, chcąc przeprawić się konno wpław na drugi brzeg Wisły, pod ujściem Pilicy. Jednego z koni ledwo wywlekliśmy z ruchomych piasków.

Na stokach i przełęczach Tatr, na drogach mazowieckich czy bagnach na Wołyniu, przemierzyłem wiele zakrętów. Z Jackiem Słabczyńskim, w późniejszych latach pisarzem i eseistą, gdy byliśmy razem w Gdyni, na Obozie Przysposobienia Wojskowego, zawarłem pakt spotkania się w Mombassie, w Afryce, co jednak do skutku nie doszło.

W 1925 r. wróciłem do Brazylii i poszedłem na spotkanie Wielkiej Przygody. W Diamantinie, na północy stanu Minas Gerais[3], poznałem Portugalczyka z Wysp Azorskich i pojechałem szukać diamentów i złota... Czy zbił pan tam fortunę? – pytano mnie później. Gdzie tam, jeszcze miałem szczęście, że w ogóle uszedłem z życiem!

W 1926 r. zaangażowałem się na pracę mierniczą nad rzeką Iguaçu[4] – osiem miesięcy w dziewiczej puszczy to już była nie tylko Wielka Przygoda, ale cały film o przygodach.

W 1927 r. memu Ojcu nietrudno było zachęcić mnie do uczestnictwa w ekspedycji celem badania terenów nad rzeką Ucayali[5]. Amazonka! To zielone piekło to atrakcja, której nie można było przepuścić!

I tak od dzieciństwa pasją moją było podróżowanie. Iść czy jechać, aby dalej, aby czuć ruch, aby zobaczyć, co jest za tym zakrętem drogi...

W tej książce opisane są moje wspomnienia z tych wędrówek. W części pierwszej zamieszczam wyjątki z mojego dziennika z lat dziecinnych. Prawdziwy cud, że do dziś się zachował.

---

[2] Parana (port. Paraná) – jedna z 27 jednostek terytorialnych Brazylii (kraj dzieli się na 26 stanów i Dystrykt Federalny). Położony w Regionie Południowym Brazylii stan Parana jako samodzielna jednostka terytorialna utworzony został w roku 1853. Ma powierzchnię równą prawie 2/3 powierzchni Polski. W XVII wieku *bandeirantes* – poszukiwacze kosztowności i łowcy niewolników – odkryli na tym obszarze złoto. Innymi przynoszącymi znaczny dochód bogactwami stanu były ostrokrzew paragwajski, czyli *erva-mate* (zob. przyp. 19) oraz kawa. Na skutek migracji i odgórnie organizowanej akcji kolonizacyjnej (w XIX wieku) Parana zwana jest „Ziemią Wszystkich Ludzi" (*Terra de Todas as Gentes*).

[3] Minas Gerais – stan położony na południowym wschodzie Brazylii, wielkością dorównujący Francji. Utworzono go w 1720 roku, wówczas jako kapitanię. Obszar ten, dziś najważniejszy region produkcji kawy i mleka, od XVI do XVIII wieku stanowił Mekkę poszukiwaczy złota i kamieni szlachetnych. Diamantina to niewielkie miasto, które rozwinęło się w XVIII wieku, gdy w okolicy zaczęto wydobywać znaczne ilości złota i diamentów (stąd nazwa). Jego starówka wpisana została na listę Światowego Dziedzictwa Ludzkości UNESCO. Ośrodek znany jest nie tylko z cennej barokowej architektury kolonialnej, ale również z tutejszej muzyki i słynnych obchodów karnawałowych. Z Diamantiny pochodził Juscelino Kubitschek, prezydent Brazylii w latach 1956-1961; to za jego rządów przeniesiono stolicę kraju z Rio de Janeiro do specjalnie w tym celu zbudowanej Brasílii.

[4] Iguaçu – najważniejsza rzeka stanu Parana; jej nazwa pochodzi z języka guarani i oznacza „rzekę niosącą wielką ilość wód". Ma swe źródła w okolicach Kurytyby i jest lewym dopływem rzeki Parany. Iguaçu na pewnych odcinkach stanowi naturalną granicę stanu Parana ze stanem Santa Catarina, a także oddziela Brazylię od argentyńskiej prowincji Misiones. To właśnie w tym miejscu znajduje się jeden z największych wodospadów świata, znany jako Cataratas do Iguaçu (po hiszpańsku Cataratas del Iguazú). Woda spływa tu 275 kaskadami, nieraz spadając z wysokości powyżej 70 metrów.

[5] Ucayali (po polsku także jako Ukajali) – nazwa jednego z odcinków największej rzeki świata, Amazonki. Ucayali znajduje się w Peru, pomiędzy rzekami Urubamba i Marañón.

Ten dziennik pojechał ze mną na Amazonkę, do lasów nad Rio Doce[6] i jeździł po całej tej wielkiej Brazylii. Służyć on mi będzie, ażebym mógł wydobyć z dawno zapomnianych dni różne fakty, drobne nieraz, ale odzwierciedlające życie chłopca polskiego w Paranie, zaludnionej w znacznym stopniu przez kolonistów polskich i ich dzieci.

Pomimo że żywioł polski w Paranie był bardzo silnie reprezentowany, było tam też dużo Włochów i Niemców, nie mówiąc o Brazylijczykach. W tym kotle, w którym ważyła się i mieszała ludność o najrozmaitszym pochodzeniu, języku i kulturze, dzieci podlegały oczywiście najrozmaitszym wpływom, które wyrabiały w nich bardzo swoiste cechy.

Te strony są świadectwem epoki, która przeszła, dobrych czasów, jak zawsze są nimi czasy młodości. Czasy pionierstwa. Wielka masa kolonistów rozmaitych narodowości, zgodnie współżyjących ze sobą, przy ciężkiej pracy, starając się zagwarantować lepsze życie swoim potomkom.

Nie ma nic bardziej prawdziwego i szczerego niż gryzmoły dziecinne, pomimo prostoty swych opowiadań. Ażeby niektóre ustępy przytaczane z mego pamiętnika były łatwiejsze do zrozumienia, muszę wpierw opisać w krótkich słowach moją rodzinę, bliższe otoczenie i miasto, w którym się wychowałem, to jest Kurytybę.

Stanisław Warchałowski

---

[6] Rio Doce – rzeka we wschodniej Brazylii, przepływająca przez stany Minas Gerais oraz Espírito Santo. W XIX wieku jej dolina stanowiła dogodne miejsce pozwalające awanturnikom, badaczom i kolonistom z Europy spenetrować te obszary. Dziś rzeka jest wykorzystywana m.in. w celach energetycznych.

Część pierwsza:
Za zakrętem

Moja rodzina

Kazimierz i Janina Warchałowscy w Kurytybie

Mój Ojciec, Kazimierz Warchałowski, już we wczesnej młodości marzył o egzotycznych krajach i nawet potajemnie wyjechał do Brazylii, będąc zatrzymany w Paryżu, na prośbę dziadka. Nie wiem, jakie argumenty poskutkowały, że wtedy wrócił. W 1901 r., teraz z młodą żoną Janiną z Jeniczów, wyruszył za ocean, ażeby zbadać warunki życia w kraju, który wtedy wchłaniał tysiące polskich wychodźców, wyjeżdżających za ocean w poszukiwaniu chleba, pracy i lepszej przyszłości, niż mogli mieć w kraju rozdartym na trzy części przez zaborców.

Rodzice moi przyjechali sami, zostawiając dwoje dzieci w Antonówce koło Chersonia[7], w majątku dziadków. Mnie jeszcze nie było wtedy na świecie. Przybyli do Rio de Janeiro i statkiem wyruszyli do Paranaguá[8], portu w Paranie, po czym przebyli 110 km koleją, *notabene* niedawno wybudowaną, by dotrzeć do Kurytyby.

Mała to była wówczas mieścina – opowiadała Matka. Miasteczko koncentrowało się naokoło placu Tiradentes. Tam, gdzie dzisiaj plac Osório, były rozlewiska i bagna. W samej Kurytybie mieszkała garstka polskiej inteligencji, a naokoło leżały polskie i włoskie kolonie. Już wychodziło w Kurytybie pismo polskie „Gazeta Polska w Brazylii", którego redaktorem był Leon Bielecki[9].

Ojciec starał się poznać nowy kraj jak najlepiej. Zostawiwszy żonę w Kurytybie w hotelu Dolskiego, pojechał na szereg kolonii[10]. Ten pierwszy pobyt w Kurytybie szacuje moja Matka na około pięć miesięcy. Ażeby pokazać jej wnętrze kraju, Ojciec zorganizował wycieczkę konnym wozem do Prudentópolis. Jechali kilka dni, nocując u Brazylian. W Prudentópolis nocowali u księdza tamtejszego; sama

---

7 Chersoń – port morski i rzeczny w południowej Ukrainie, na prawym brzegu Dniepru, założony w drugiej połowie XVIII wieku. Pełnił rolę twierdzy, był także ważnym ośrodkiem stoczniowym.

8 Paranaguá – port atlantycki w południowej Brazylii, najstarsze miasto stanu Parana. Kolonizacja tych terenów rozpoczęła się już w połowie XVI wieku.

9 Było to pierwsze w Brazylii czasopismo wydawane w języku polskim; ukazywało się w latach 1892-1941. Jego założycielem był Kazimierz Szulc, kupiec z Poznańskiego. „Gazeta Polska w Brazylii", będąc najważniejszym organem prasowym Polonii, czytana była również w Argentynie, Paragwaju i Urugwaju. Leon Bielecki, który nabył czasopismo w 1901 roku, był dziennikarzem i kupcem, a także wielkim aktywistą polonijnym. Z jego inicjatywy w 1902 roku powstało Towarzystwo Szkoły Polskiej w Brazylii. Starał się działać na rzecz zjednoczenia Polonii, lecz próby te naznaczone były niepowodzeniami ze względu na rozmaitość poglądów i trendów politycznych prezentowanych przez polskich imigrantów. Dla przykładu, Bielecki i ojciec autora niniejszych wspomnień pochodzili z przeciwnych „obozów". (Więcej informacji nt. L. Bieleckiego: Ruy C. Wachowicz, Zdzisław Malczewski SChr, *Perfis polônicos no Brasil*, Curtitiba: Vicentina, 2000 – dalej jako *PPB*.)

10 Koloniami nazywane są tu ziemie zamieszkałe przez imigrantów.

kolonia Prudentópolis była w większości zamieszkała przez Rusinów[11], ale aby tam dojechać, trzeba było przejechać przez mnóstwo kolonii polskich jak São Matheus, Rio Claro, Marechal Mallet, Irati itd. Po powrocie Ojciec napisał książeczkę *Przewodnik do Parany*.

Wróciwszy z Brazylii, rodzice dowiedzieli się o strasznej klęsce głodowej na Ukrainie i dlatego wyjazd został odłożony. Ojciec pomagał przy rozdawaniu zboża dla dotkniętych tragedią ludzi, a Matka zamieszkała tymczasowo w Warszawie, gdzie przyszedłem na świat dnia 20 grudnia 1902 r.

Zdecydowawszy przenieść się na stałe do Brazylii, rodzice pojechali do Kijowa i Chersonia na Ukrainie, ażeby zlikwidować swe majętności i pożegnać się z rodziną.

Siódmego września 1903 r., w dniu święta niepodległości Brazylii, gdy miałem osiem miesięcy życia, wylądowaliśmy w Rio de Janeiro. Przyjechaliśmy statkiem „Atlantique" i mieliśmy wspaniałe przyjęcie: grała orkiestra, moc ludzi z chorągwiami i transparentami, oklaski, wiwaty! Otóż na statku jechał Santos Dumont[12], brazylijski „ojciec lotnictwa", na szczycie sławy dzięki swym wynalazkom.

W tym czasie miałem dwóch starszych braciszków, Jerzego i Ludwika, a najmłodszy Roman urodził się w dwa lata potem w Kurytybie.

Mój Ojciec był z usposobienia poważny, bardzo surowy, nie palił i rzadko pił wino. Utrzymywał ścisłą dyscyplinę w domu i nie przebaczał żadnego nieposłuszeństwa, według dawnego pojęcia absolutnej ojcowskiej władzy. Nie było też żadnej serdeczności między nami i rodzicami. Jakże było odmienne zachowanie się rodziców i dzieci od dzisiejszego! Mama nie była taka surowa jak Ojciec, ale przewagę ojcowską uważała za słuszną.

Ojciec zapoczątkował w 1904 r. wydawanie tygodnika „Polak w Brazylii"[13] i wkrótce potem otworzył księgarnię „Livraria Polaca", która zaczęła działalność w ten sposób, że koloniści przychodzili do redakcji i prosili o jakieś książki do czytania, więc Ojciec zaczął sprowadzać

---

[11] Tj. Ukraińców.

[12] Alberto Santos Dumont (1873-1932) to niezwykle ciekawa postać; niektórzy są zdania, że zaczął na poważnie podbijać przestworza jeszcze przed braćmi Wright. Urodzony w Brazylii, w rodzinie o korzeniach francuskich, większość życia spędził w Paryżu. Już od wczesnej młodości jego zainteresowania zdradzały przyszłą karierę wynalazcy i lotnika. Pod koniec lat 90. XIX wieku zaczął konstruować balony, a także – usilnie dążąc do panowania nad lotem – stał się wynalazcą sterowca. W 1905 roku, już sławny, jął eksperymentować z pierwszymi helikopterami i aeroplanami własnej inwencji. Dnia 23 października 1906 roku, pilotując jeden ze swoich samolotów, zrealizował pierwszy w historii lot bez wspomagania (statek powietrzny przy starcie nie musiał korzystać z żadnych ramp, katapult ani z przeciwnego wiatru); pokonał wówczas odległość 60 metrów i został uhonorowany nagrodą Ernesta Archdeacona. Potem przez kilka lat budował nowe maszyny i bił własne rekordy, zdobywając uznanie świata i kolejne nagrody. Po 1910 roku sławny ojciec lotnictwa zachorował na stwardnienie rozsiane i zakończył karierę. Podczas I wojny światowej z przerażeniem obserwował, jak samoloty, do których rozwoju tak bardzo się przyczynił, były używane w walce. W latach 20. – spędziwszy kilka lat w Brazylii, do której wrócił, gdy jego stan zdrowia poważnie się pogorszył – podróżował po świecie, jeżdżąc m.in. do sanatoriów. Podczas jednej z wizyt w ojczyźnie przeżył szok, gdy hydroplan, który miał go powitać, uległ katastrofie; nikt z pasażerów nie przeżył. W 1932 roku, po rewolucji konstytucjonalistycznej w Brazylii (stan São Paulo zbuntował się przeciwko rewolucyjnemu rządowi prezydenta Getúlio Vargasa), pomimo protestów Dumonta, do pacyfikacji powstania wykorzystano samoloty. Wówczas wielki lotnik, ciężko chory i pogrążony w depresji, targnął się na swoje życie.

[13] „Polak w Brazylii" ukazywał się w latach 1904-1920 (do wyjazdu Kazimierza Warchałowskiego do Polski); jego pierwszym redaktorem był Jan Hempel. Czasopismo miało charakter postępowy i antyklerykalny. W latach 1913-1914 ukazywały się też dodatki: „Szkoła Ludowa" oraz „Escolaridade Polonesa". (Więcej informacji nt. prasy polonijnej w Brazylii: Zdzisław Malczewski SChr, *Ślady polskie w Brazylii*

polskie książki. Brazylianie także bywali często w księgarni Ojca, która była jedną z najlepiej zaopatrzonych w Kurytybie.

A więc było nas czterech braci. Dwaj starsi, Jerzy i Ludwik (Ludek, jak go nazywaliśmy), byli jakby z innego świata niż ja i mój młodszy brat Roman. Tamci dwaj to młodzieńcy poważni, doskonale się uczący, chluba rodziny i podziw otoczenia. Ja i Roman to drapichrusty i łobuzy, myślące tylko o koniu, przygodach i figlach. Były to dwa światy, zupełnie niepasujące do siebie, i nawet mało mające wspólnego, pomimo braterstwa krwi. Dotychczas nie mogę zrozumieć, dlaczego tak było – i jedynym wytłumaczeniem tej wielkiej różnicy mogło być to, że dwaj starsi mieli więcej wpływu europejskiego, gdy myśmy byli już bardziej wychowani w środowisku kurytybskim.

Czasem wyglądało, jakby huragan przelatywał przez dom. Byliśmy w stanie bić się i kłócić ze dwadzieścia razy na dzień i tyleż samo razy pogodzić się ze sobą. Mam wrażenie, że nie tyle byłem chłopcem psotnym, co o bardzo bujnym temperamencie, który mnie popychał do szukania ciągle nowych przygód.

Kurytyba

Parana, szczególnie na wyżynie, była pokryta lasami i stepami, gdzie rosły piniory, drzewa iglaste dochodzące do wielkich rozmiarów[14]. Stolica stanu, Kurytyba, była położona na płaskowzgórzu; wiadomo było ogólnie, że Curitiba jest słowem pochodzenia indiańskiego i oznacza „dużo piniorów".

Na wschodzie w pogodne dni widać było wyraźnie ciemnobłękitny postrzępiony zarys gór Serra do Mar, które ciągną się na nadbrzeżu południowych stanów Brazylii, oddzielając wąski pas równiny przybrzeżnej. Te góry do dziś dnia jeszcze są mało zamieszkane.

Rua 15 de Novembro była główną ulicą w Kurytybie i wraz z placami General Osório i Tiradentes tworzyła centrum miasta. Naokoło placu Tiradentes domy były przeważnie niskie, tylko kilka piętrowych i dwa trzypiętrowe budynki. W jednym z nich myśmy mieszkali i tam również była księgarnia i drukarnia Ojca. Z jednej strony placu mieściła się piękna katedra w stylu gotyckim, a na środku placu był pomnik drugiego z rzędu prezydenta Brazylii, marszałka Floriano Peixoto, „Marechal de Ferro" (Żelaznego Marszałka)[15], jak go nazywali dzięki energii, z jaką tłumił bunty polityczne i zespalał brazylijską demokrację. Właściwie to powinien tam się znajdować pomnik Tiradentesa[16], bohatera niepodległości brazylijskiej, albo też nazwa placu być zmieniona. Ale ta mała niedorzeczność nikomu nie przeszkadzała.

/ *Marcas da presença polonesa no Brasil*, Warszawa: Instytut Studiów Iberyjskich i Iberoamerykańskich UW, Muzeum Historii Polskiego Ruchu Ludowego, 2008 – dalej jako *ŚPB*.)

[14] Pinior – spolszczony termin portugalski *pinheiro,* oznaczający sosnę, a w Brazylii odnoszący się do rośliny zwanej *pinheiro-do-paraná* lub *pinheiro brasileiro*. Chodzi o araukarię brazylijską (*Araucaria angustifolia*). Jest to wiecznie zielone drzewo iglaste dochodzące do 40 m wysokości, o jajowato-lancetowatych, kłujących liściach długości 3-6 cm, ułożonych dachówkowato dookoła pędu. Ma rozłożystą koronę z charakterystycznymi, kulistymi skupiskami liści na końcach konarów. Duże, ciężkie szyszki zawierają jadalne nasiona zwane *pinhões* (lp. *pinhão*). Araukaria brazylijska rośnie na południu Brazylii oraz w północno-wschodniej Argentynie.

[15] Floriano Vieira Peixoto (1839-1895) – polityk i wojskowy, weteran wojny paragwajskiej. Za czasów tzw. Starej Republiki pierwszy wiceprezydent i drugi z kolei prezydent Brazylii. W epoce wiceprezydentury musiał zmagać się z zawieruchą rewolucji federalistycznej.

[16] Tiradentes (Wyrwiząb), właśc. Joaquim José da Silva Xavier (1746-1792) – bohater brazylijskiej walki o niepodległość. Wcześnie osierocony i słabo wykształcony, imał się rozmaitych zawodów – był domokrążcą, troperem (zob. przyp. 18), górnikiem, wyuczył się także fachu dentysty, od którego wziął się jego niezbyt pochlebny przydomek. W latach 80. XVIII wieku zbliżył się do środowisk krytykujących eksploatację

Plac był pięknie obsadzony zielenią i – jak większość dawnych placów – miał okrągły kiosk na podwyższeniu dla zespołów muzycznych. Wieczorami często orkiestra policji stanowej popisywała się ze słusznym powodzeniem, dzięki doskonałemu dyrygentowi, a wystrojona ludność przechadzała się przy dźwiękach muzyki.

Pamiętam, jak przyleciał pierwszy samolot do Kurytyby, zdaje się w roku 1915. Było to tak niesamowite zjawisko, że prawie cała ludność wyległa na ulice i obsiadła dachy domów, ażeby podziwiać ten cud, jak to wtenczas nazywano.

Spokojne to było wtedy miasto. Oczywiście było bardzo mało samochodów, raczej przeważnie taksówki. Często jakiś fazender[17] z okolic przejeżdżał konno i odgłos kopyt rytmicznie uderzających o bruk roznosił się po ulicach.

Przed największym magazynem żywnościowym zatrzymywały się *tropy*[18] jucznych mułów. Z podziwem patrzyłem na *tropeiros* na koniach, w wielkich kapeluszach i również wielkich ostrogach, popędzających muły batami, które je straszyły, podrywając do kłusa. Przez miasto przejeżdżały również wielkie kryte wozy zaprzężone w osiem lub dziesięć mułów, wioząc ciasno ułożone worki z *erva-mate* (brazylijska herbata)[19] do portu Antonina. Na ulicy Muricy zaś i w okolicach katedry, szczególnie w soboty, pełno było czterokołowych typowych wozów kolonistów, ciągnionych przeważnie przez dwa konie. Kobiety w chustkach na głowie i kolorowych spódnicach przychodziły pieszo z Santa Cândida i z innych kolonii, niosąc na plecach duże kosze z jajkami i wyśmienitym masłem.

Myślę, że w tamtych czasach w Kurytybie nie było więcej jak ze 40 tysięcy mieszkańców. Naokoło miasta wieńcem rozsiadły się kolonie Santa Cándida, Santa Felicidade, Afonso Pena, São José dos Pinhais i wiele innych, zamieszkałych przez Włochów i Polaków.

---

brazylijskich bogactw naturalnych przez portugalską metropolię. Wkrótce zorganizował ruch dążący do niepodległości; na jego czele stanęli przedstawiciele duchowieństwa i górniczych elit Minas Gerais. W tamtych czasach wydobycie złota w brazylijskich kopalniach spadało, Portugalia zaś wywierała naciski, by kolonia spłacała wszystkie swe powinności względem metropolii; zaowocowało to wprowadzeniem drastycznej polityki podatkowej. Tiradentes oraz jego zwolennicy uknuli spisek, nazwany potem „Nielojalnością Górniczą" – *Inconfidência Mineira*. Zamierzali wzniecić powstanie i proklamować republikę, intryga została jednak wykryta na skutek zdrady. W 1789 roku członkowie spisku zostali aresztowani. Proces trwał kilka lat; Tiradentes wziął na siebie całą odpowiedzialność za zmowę i tylko on zapłacił za to śmiercią. Dnia 21 kwietnia 1892 roku został powieszony, a jego ciało poćwiartowano, wystawiając członki na widok publiczny w miejscach, gdzie wygłaszał rewolucyjne przemowy. Ponadto zrównano z ziemią jego dom, a miejsce po nim zasypano solą, by nic tam nie mogło wyrosnąć. Choć ruch Tiradentesa dążył jedynie do wolności prowincji Minas Gerais, uważany jest on za męczennika i bohatera niepodległościowego w całej Brazylii.

[17] Fazender – spolszczony termin portugalski *fazendeiro*, oznaczający właściciela wielkiego gospodarstwa rolnego, hacjendy (port. *fazenda*).

[18] *Tropa* (port.) – oddział, tłum; w Brazylii: stado objuczonych mułów. Przewodnik takiego stada to *tropeiro*; w niniejszym tekście termin ten występuje w spolszczonej wersji „troper".

[19] *Erva-mate* (port.) – ostrokrzew paragwajski (*Ilex paraguariensis*); drzewo zimozielone z rodziny ostrokrzewowatych, rosnące w klimacie subtropikalnym. Występuje na południu Brazylii, w północnej Argentynie, w Paragwaju i Urugwaju. Dorasta do kilkunastu metrów wysokości, choć zazwyczaj nie przekracza 6-8 m. Ma jajowate, błyszczące, ząbkowane liście i drobne, jasne kwiaty. Podobny do jagody owoc bywa czarny, czerwony lub żółty. W Ameryce Południowej liście oraz gałązki wykorzystywane są do przyrządzania popularnych naparów charakteryzujących się silną goryczką i właściwościami pobudzającymi. Jednym z takich napojów jest tzw. *chimarrão*, po hiszpańsku nazywany *mate* (a w niniejszym tekście spolszczany nieraz jako „chimarron"); do jego przygotowania używa się wysuszonych, bardzo drobno pokruszonych liści i gałązek, których pokaźna ilość zalewana jest gorącą wodą (nie wrzątkiem). Podawany jest zwykle w naczyniu zrobionym z tykwy (zob. przyp. 208), z rurką wyposażoną na końcu w siteczko, by nie wpadały fusy. Ostrokrzew jest bogaty w witaminy i sole mineralne.

Kurytyba – widok na Plac Tiradentesa z pomnikiem Floriano Vieira Peixoto

Kolonia Rio Claro w okresie międzywojennym

Powyżej: Araukaria brazylijska
Poniżej: Pão de Açúcar – Głowa Cukru w Rio de Janeiro

W samym mieście było również dużo Włochów, Niemców i Polaków. Każda z tych trzech narodowości miała swoje towarzystwa, swoje szkoły i mówiła swym językiem, a portugalski służył do ogólnego porozumiewania się. Wtedy jeszcze mało było mieszanych małżeństw, ale trzeba zwrócić uwagę, że w nowej ojczyźnie brazylijskiej wszystkie te narodowości żyły zgodnie ze sobą. Dopiero po wybuchu pierwszej wojny światowej wszczęły się nieporozumienia, do których w pogoni za sensacją dokładała się prasa tutejsza i zagraniczna, nieraz rozpalając nienawiść i pasje.

Niemiecka kolonia była najpotężniejsza i najbogatsza, ze swym towarzystwem Teuto-Brasileiro Thalia[20]. Włosi mieli wielki budynek, gdzie było zainstalowane towarzystwo Garibaldi[21]. Polacy mieli ze dwa albo trzy towarzystwa, z których najważniejsze było Kółko Młodzieży Polskiej[22], na ulicy Carlos de Carvalho. Organizacje polskie były skromniejsze i dało się słyszeć niejeden docinek na ten temat, wyśmiewający Polaków, nie biorący pod uwagę, że Niemcy i Włosi mieli własne konsulaty, które im dopomagały, a tymczasem Polska była zdominowana przez trzy państwa zaborcze. Polacy byli tymi, którzy mieli jeden z najtrudniejszych startów na obczyźnie. Nie mając swojej państwowości, nie mieli też swych przedstawicieli dyplomatycznych ani konsularnych. Żadnej opieki, skazani na własne siły, bez żadnego oparcia w razie choroby lub braku pracy.

Wybitniejsze jednostki inteligencji polskiej stwarzały wokół siebie – zależnie od zapatrywań politycznych – jak można by to nazwać, „strefę wpływów", a zarazem roztaczały nad rodakami pewnego rodzaju opiekę i doradztwo.

Doskonałym przykładem była pani Kraków, matrona o niezwykłej indywidualności i wybitnej inteligencji, długoletnia działaczka, ostoja polskości w Kurytybie[23]. Jej dom był jakby centrum i miejscem spotkań, gdzie przewinęły się setki Polaków spragnionych dobrego, cie-

---

[20] Chodzi zapewne o dwa towarzystwa: Thalia, założone w roku 1882, i Sociedade Teuto Brasileira, założone w roku 1883.

[21] Sociedade Giuseppe Garibaldi, założone w 1883 roku.

[22] W czasach, o których pisze Warchałowski, istniało też w Kurytybie Towarzystwo Polskie im. Tadeusza Kościuszki (najstarsza organizacja polonijna w Brazylii, założona w 1890 r.) i Towarzystwo Polsko-Brazylijskie Marszałka Józefa Piłsudskiego, ufundowane w roku 1905.

[23] Janina Kraków (1852-1935) – działaczka polonijna o pełnej temperamentu osobowości, filantropka i rewolucjonistka. Odtrącona i wydziedziczona przez rodzinę za ślub z drukarzem, po śmierci rodziców na drodze prawnej uzyskała należną jej część spadku – pozwoliło jej to utrzymywać się do końca życia. Wraz z mężem zamieszkała w Paryżu, gdzie wspólnie z innymi aktywistami założyła Towarzystwo Bratnia Pomoc, udzielające wsparcia uchodźcom politycznym po Powstaniu Styczniowym 1863 roku. Owdowiawszy, wyjechała do Brazylii i zamieszkała w Kurytybie. Wkrótce jej dom stał się miejscem spotkań intelektualistów i działaczy, których ochrzciła mianem swoich „przybranych dzieci". Spotkania te zwane były *cenáculos* – „wieczornicami". Zgodnie z feministyczną modą, Janina Kraków nosiła się na czarno, toteż nazywano ją Czarną Hrabiną (*Condessa Negra*) lub – z racji przekonań – Czerwoną Damą (*Dama Vermelha*). Założyła darmową szkołę dla dzieci polskich – uczyła w niej czytania, arytmetyki, historii Polski oraz geografii, wpajała także podopiecznym zasady zachowania w społeczeństwie i szacunek do starszych. Z uwagi na swój jawny antyklerykalizm (była przekonana, że to właśnie katolicyzm poważnie przyczynił się do rozbiorów Polski) wyrywała z podręczników kartki w jakikolwiek sposób odnoszące się do religii. Szkoła nie cieszyła się zbytnią popularnością. Wybuchowy i kontrowersyjny charakter Janiny Kraków doprowadził do napięć i konfliktów pomiędzy nią a innymi polskimi aktywistami – przykładem jest tu choćby ojciec autora niniejszych wspomnień, Kazimierz Warchałowski, którego Janina Kraków nazywała „lizusem cara". Gdy w 1909 roku Warchałowski zaczął forsować pomysł utworzenia w Kurytybie liceum polskiego, Kraków wraz ze zwolennikami uprzedziła go, zakładając towarzystwo, a potem szkołę im. Mikołaja Kopernika. W roku 1929 Janina Kraków wróciła do Polski, nie zrywając jednak kontaktów z Brazylią. Nie utrzymywała za to stosunków z jedną ze swoich córek, zamieszkałą

płego słowa, często ludzi zrozpaczonych i osamotnionych. Wielu Polaków znalazło w niej oparcie moralne w trudnych dniach, albowiem łatwo było załamać się na nowym nieznanym gruncie, bez pracy i bez pieniędzy, w otoczeniu obcych ludzi, z którymi nawet porozumieć się nie było można.

Murzynów w Kurytybie było mało, gdyż w Paranie nie było plantacji kawy i trzciny cukrowej, na których zatrudniano niewolników. Te uprawy możliwe były tylko tam, gdzie klimat był gorętszy. W Kurytybie zimą temperatura spadała do kilku stopni minus zera i często rankami pola były oszronione. Podstawą gospodarki stanu Parany było drewno piniorów, używane do stolarstwa i wyrobu celulozy, oraz *erva-mate*, krzew, z którego liści przyrządza się napój w rodzaju herbaty. Nie można sobie wyobrazić Parany z tamtych czasów bez tych dwóch produktów.

Wydarzenia historyczne

Historyczne wydarzenia narodowe, o których wtedy jeszcze ludzie mówili i nad czym się dyskutowało, to było uwolnienie niewolników (w 1888 r.), ogłoszenie Republiki (w 1889 r.) i rewolucja Maragatów (w 1893 r.). Gdy miałem sześć czy siedem lat, mieszkaliśmy na ulicy Batel i pamiętam, jak na 13 maja, w rocznicę zniesienia niewolnictwa w Brazylii, przechodził jeszcze niewielki pochód Murzynów, wykrzykując wiwaty na cześć księżnej Izabeli, która w 1888 r. podpisała akt zniesienia niewolnictwa[24]. Po trochu te obchody zanikły.

Wydarzenia z lat 1888 i 1889 obaliły struktury społeczne kraju, zmieniły układ ekonomiczny i reżim, ale podstawy republikańskie jeszcze były bardzo słabe. Krwawe powstanie Maragatów przeciw rządowi w 1893 roku, wkrótce po zniesieniu cesarstwa, było bardzo świeże w pamięci Parańczyków. Jako mały chłopiec chciwie się wsłuchiwałem w opowiadania o oblężeniu i bitwie pod Lapą (miasto odległe od Kurytyby mniej więcej 80 km).

Otóż rewolucja zaczęła się w Rio Grande do Sul, najbardziej na południe wysuniętym stanie Brazylii, który miał strukturę społeczną prawie identyczną jak argentyńska. Zajmował się hodowlą bydła, a wielkie posiadłości ziemskie były w rękach tradycyjnych rodzin. Olbrzymie połacie kraju poddawały się pod rządy patriarchów tych możnych rodzin, którzy mieli swoich zbrojnych ludzi. Ale nie było tam niewolnictwa. Fazender, właściciel dużego majątku ziemskiego, miał swych *peões*, z hiszpańska *peones*[25]. Byli to jednak wolni ludzie, rodzaj kowbojów.

W końcu XIX wieku stworzyły się w Rio Grande do Sul dwa wielkie prądy: federaliści, do których należeli eks-monarchiści i inni niezadowoleni z rządu, oraz republikanie, skupieni przy gubernatorze stanu, Júlio de Castilhos[26], który zdominował tamtejszą politykę.

---

w Warszawie. Pod koniec życia, gdy była już ciężko chora, skończyły jej się środki finansowe; zbyt dumna, by prosić o pomoc, popełniła samobójstwo, topiąc się w Bałtyku. (Więcej informacji: *PPB*.)

[24] Mowa o regentce Izabeli, sprawującej władzę w imieniu chorego na cukrzycę cesarza Pedra II, który wówczas wyjechał na leczenie do Mediolanu. Dnia 13 maja 1888 roku Izabela, jako gorąca zwolenniczka abolicji, podpisała ustawę znoszącą niewolnictwo – tzw. Złote Prawo (Lei Áurea) uchwalone przez brazylijski parlament. Brazylia była ostatnim krajem amerykańskim, który tego dokonał. (Więcej informacji: Marcin Kula, *Historia Brazylii*, Wrocław: Ossolineum, 1987.)

[25] *Peão* (port., z hiszp. *peón*) – chłop; w Brazylii: robotnik rolny, kowboj.

[26] Júlio Prates de Castilhos (1860-1903) – brazylijski dziennikarz i polityk, wykształcony na wydziale prawa. Członek Partii Republikańskiej stanu Rio Grande do Sul (PRR), w latach 1884-1889 redaktor gazety „A Federação". W roku 1891 wybrany na prezydenta stanu Rio Grande, został jednak złożony z urzędu kilka miesięcy później, gdy obalono pierwszego prezydenta Brazylii, marszałka Deodoro da Fonsekę. W roku 1893 de Castilhos zostaje ponownie wybrany na to samo stanowisko.

Siły federalistów były prowadzone przez generała Tavaresa[27] i przez przywódców niektórych możnych rodzin, którzy dowodzili nieregularnymi grupami; między nimi odznaczył się Gumercindo Saraiva[28], stosujący taktyki partyzanckie.

Rządowi żołnierze zwani byli *pica-paus,* gdyż mieli żółte wyłogi w swoich uniformach, przypominające upierzenie dzięcioła *pica-pau*. Przeciwnicy zwali się *maragatos* – nie wiem, czemu rewolucjoniści przybrali taką nazwę[29].

W 1894 roku wojska secesyjne pod wodzą Gumercinda Saraiva doszły aż do Parany. Z zapartym tchem słuchałem, jak starzy uczestnicy tych walk opowiadali o słynnym ataku pod Lapą, kiedy *maragatos* puścili na rządowców stado mułów, uwiązawszy im po bokach próżne puszki od nafty. Hałas blaszanych puszek i strzelanina rozjątrzył przerażone muły, sprawiając, że galopowały na oślep, robiąc zamęt w szeregach rządowych. Po oblężeniu i zdobyciu Lapy, rewolucyjny ruch *maragatos* został jednak opanowany przez wojska wysłane przez prezydenta Floriano Peixoto, „Żelaznego Marszałka", którego posąg wzniesiono w centrum Kurytyby.

Oczywiście rewolucja, ogarniając południowe stany, przeszła falą i przez polskie kolonie, siłą rzeczy pociągając za sobą pewne jednostki. Znany w Kurytybie był kapitan Bodziak, uczestnik powstania po stronie rewolucjonistów[30]. Ogół kolonistów pozostał jednak bierny, bo nawet nie wiedzieli, o co tu komu chodzi. Całe szczęście, że pociągniecie przez rewolucjonistów niewielkiej liczby kolonistów zrównoważone zostało przez oddział Polaków, który walczył po stronie rządowej. Represje rządowców były krwawe, jak krwawa była bitwa pod Lapą. Przez długie lata refleksje i wspomnienia tej rewolucji krążyły po Paranie.

---

[27] João Nunes da Silva Tavares, znany także jako Joca Tavares (1818-1906) – generał i polityk brazylijski, odpowiedzialny za wybuch wojny domowej, która przekształciła się we wspominaną przez Warchałowskiego Rewolucję Federalistyczną (1893-1895). Przeciwnik polityczny Júlia de Castilhos.

[28] Gumercindo Saraiva (1852-1854) – jeden z dowódców *maragatos*; mając do czynienia z lepiej uzbrojonym przeciwnikiem, unikał walki konwencjonalnej. Starał się rozproszyć oddziały rządowe, by łatwiej można było je pokonać. Stosował też taktykę błyskawicznych ataków, które wyprowadzały stronę przeciwną z równowagi.

[29] *Pica-pau* jest ogólnym portugalskim określeniem dzięcioła – nie dotyczy konkretnego gatunku, trudno więc zgadnąć, o który chodziło autorowi. W Brazylii żyje blisko 50 gatunków tego ptaka. *Maragato* to termin hiszpański, odnoszący się do mieszkańców kulturalno-historycznej krainy w prowincji León (północna Hiszpania), zwanej Maragateria lub País de Maragatos (Kraj Maragatów). Brali oni udział w kolonizacji niektórych obszarów Argentyny i Urugwaju, stąd też nazwa *maragatos* przeniknęła do Ameryki Łacińskiej. Ponieważ przywódcy Rewolucji Federalistycznej wkroczyli na teren Brazylii, wracając z wygnania w Urugwaju, legaliści przezwali ich Maragatami, chcąc podkreślić ich „obcą" naturę.

[30] Antoni Zdzisław Bodziak (1862–1911) – kupiec, polityk i wojskowy. Przybył do Brazylii w wieku 18 lat; handlował maszynerią kolejową, współpracował też z czasopismem „Przegląd Imigracyjny". W kolonii São Mateus, gdzie przez dłuższy czas mieszkał, założył ponadto paramilitarne stowarzyszenie „Strzelec", mające przygotowywać potencjalnych przywódców wyzwolonej Polski. Jako opozycjonista wobec rządu Brazylii, związał się z federalistami; podczas rewolucji, w starciach z legalistami polscy koloniści uzbrojeni byli w strzelby myśliwskie, sierpy, siekiery i kosy na sztorc. Bodziak, aresztowany, z racji zmiennych losów konfliktu wrócił wkrótce do kolonii, by utworzyć ochotniczy batalion polski, na cześć jednego z dowódców federalistów nazwany imieniem Gumercindo Saraivy (zob. przyp. 28). Ci, którym udało się przeżyć walki, razem z resztą federalistów złożyli broń na terytorium Argentyny. Ze 150 osób, które tworzyły szeregi batalionu, do kolonii São Mateus wróciły zaledwie cztery. Bodziak powrócił do handlu; zmarł podczas jednej z podróży w interesach. (Więcej informacji: *PPB*.)

Zebranie na Bacacheri w 1940 roku

Po zakupieniu przez Ojca pięknej *fazendy* (majątku) Bacacheri[31], 6 km od Kurytyby, przenieśliśmy się tam i mieszkaliśmy parę lat.

Była to duża posiadłość, która miała kilka kilometrów długości i około kilometr szerokości, pokryta częściowo lasem. Najładniejszą częścią Bacacheri był duży staw okrążony lasem, w którym przeważały piniory. Głębokość stawu dochodziła do czterech metrów, specjalnie w miejscach, gdzie dawniej płynął strumyk na dnie przestronnej doliny, która – zamknięta tamą – stworzyła jezioro. Ja czułem się tam jak ryba w wodzie, bo nauczyłem się pływać od małego i znałem każdy zakątek stawu.

Nad stawem, na wzgórzu częściowo pokrytym pierwotnym dziewiczym lasem, stał obszerny dom z piękną werandą wychodzącą na ogród.

W lesie na Bacacheri było dużo owoców, a najpospolitszym z nich był *pinhão*, owoc piniora (*Araucaria angustifolia*), wyniosłego i potężnego drzewa iglastego[32]. Na szczycie wysokiego pnia gałęzie tworzą rozłożystą koronę, coś jakby odwrócony do góry parasol. Na końcu gałęzi rosły owoce w kształcie szyszki, które, gdy dojrzewały, rozpadały się na osobne części,

[31] Dziś Bacacheri jest dzielnicą Kurytyby, zlokalizowaną na północnym wschodzie miasta. Mieści się tu lotnisko obsługujące loty krajowe. Co do etymologii nazwy, pochodzi ona zapewne z języka Indian Tupi i oznacza „rzeczkę", niemniej jednak istnieją tyleż fałszywe, co urokliwe próby wywodzenia tego słowa z innych źródeł. Miałoby to być np. rzekomo indiańskie pojęcie „krowy, która się poślizgnęła". Ze względu na obecność imigrantów pochodzenia francuskiego, którzy w XIX wieku kolonizowali ten obszar, znana jest również historyjka o należącej do jednego z kolonizatorów krowie (port. *vaca*), szczególnie przez niego ulubionej, która miała nosić francuskie miano Ukochanej – a więc Vaca Chérie!

[32] Zob. przyp. 14.

nieco podobne do kasztanów, pokrywając ziemię wokół drzewa. W lasach bardziej odległych od Kurytyby w czasie opadu tych szyszek zjawiały się stada dzikich świń, dla których była to uczta nie lada.

Owoce *pinhão* były smaczne gotowane lub pieczone, ale dzieci objadały się i surowymi. Kiedy nie było cierpliwości na doczekanie się dojrzałego owocu na ziemi, trzeba było wleźć na majestatyczny pinior i, trzymając się za górną gałąź, kołysać nogami tą, na której się stało, żeby owoce spadły. To było niebezpieczne, ale konary piniorów są mocne, nigdy nie zdarzyło się, ażeby gałąź się urwała.

Poza tym uwielbialiśmy jeździć konno. Pierwszy raz spadłem z konia, kiedy miałem siedem lat i galopowałem na naszym kucyku Różyku po ulicach Kurytyby. Wróciłem do domu z twarzą mocno podrapaną i bardzo zawstydzony, bo chłopacy się ze mnie śmieli. Potem na Bacacheri nieraz się nam zdarzało spaść z konia, ale bez większych konsekwencji.

Na Bacacheri mieszkaliśmy tylko ze dwa lata, ale potem my, chłopcy spędzaliśmy na *fazendzie* często soboty i niedziele, gdyż kiedy przenieśliśmy się do Kurytyby, nasz wujaszek Stanisław Neyman tam został. Do niego należała frontowa część Bacacheri, nad drogą wiodącą do portu morskiego Antonina, i miał tam cegielnię, naszej posiadłości pilnował zaś kolonista z żoną.

Wujaszek Neyman był kuzynem Ojca, żonatym z Marią (Mary) Karmanówną. Ciocię nazywaliśmy Mary, bo mieszkała jakiś czas w Stanach Zjednoczonych. Wujostwo Neymanowie mieli wyjątkowo dobre serca i stworzyli na Bacacheri jeden z najbardziej miłych i gościnnych domów polskich. Ciocię Mary kochałem całe moje życie. Jedyną ich córkę Stefcię, młodszą ode mnie o jakieś 15 lat, kochałem jak siostrzyczkę. To była druga moja rodzina i czułem się u nich jak u siebie w domu.

Uwielbialiśmy jeździć na Bacacheri, zawsze, jak Mama nam pozwoliła. Tam przeżywaliśmy intensywnie szczęśliwe dni, gdyż mało było krępujących zakazów, a bujna przyroda ofiarowywała nieskończone możliwości rozrywek. Tam był nasz raj, gdzie mogliśmy jeździć konno, uganiać się po polach, pływać w stawie, łowić ryby, bawić się w Indian czerwonoskórych. Pomiędzy Bacacheri i Kurytybą spędziłem moje dzieciństwo i część młodości.

Zwyczaje były inne

Mało co zostało z tej dawnej Kurytyby, kiedy panny siedziały w oknach, a kawalerowie zalecali się pod oknami. Czasy się zmieniły i ludzie także. Zmieniły się też zwyczaje i sposób życia.

Na początku XX wieku kobiety używały sukni długich aż do kostek i wielkich kapeluszy z woalkami. Mama jeździła konno na żeńskim siodle, które miało występ, żeby oprzeć nogę; kobieta siedziała na siodle bokiem i obie nogi miała po jednej stronie. Nie była to zbyt wygodna pozycja, a koń musiał być bardzo spokojny.

Być na słońcu – to tylko dla wieśniaków. Kiedy sobie przypominam strach Mamy, gdy widziała któregoś z nas na słońcu bez kapelusza, nie mogę się nie uśmiechnąć, patrząc dzisiaj na dzieci opalające się swobodnie na plaży. Oczywiście dla ludzi, którzy byli całe życie chronieni od promieni słonecznych, nagły dłuższy pobyt na słońcu bez kapelusza mógł spowodować udar słoneczny. Dlatego stale nam powtarzali: „Włóż kapelusz! Nie wychodź bez kapelusza!" My, dzieci, musieliśmy być posłuszni, ale jak tylko byliśmy z dala od oczu starszych, zaraz rzucaliśmy kapelusze pod pierwszy krzak. Gdzie kto widział Indianina czerwonoskórego w kapeluszu? A naszą ulubioną zabawą była zabawa w Indian, z łukami i strzałami, jak się należy.

Strasznie lubiliśmy też chodzić boso. Ten kaprys drogo nas kosztował, bo stale mieliśmy robaki[33] i musieliśmy przyjmować gorzkie lekarstwo, którego smak dorośli próbowali złagodzić, dodając trochę miodu.

Nasz Ojciec był bardzo surowy i trzymał nas w żelaznych ryzach. W tamtych czasach rodzice utrzymywali absolutną władzę nad dziećmi. Co prawda nie było innego sposobu, niełatwo było bowiem zdyscyplinować cztery młode wulkany, przeładowane energią i zdrowiem. Kłótnie, psoty, lataniny ciągle się powtarzały. Te ekscesy musiały być naprawiane czasem nawet batem – i wtedy *rabo de tatú* był w robocie (po polsku „ogon pancernika"). Była to nahajka zrobiona z plecionej skóry. Z jednaj strony miała żelazne kółko i jakby warkocz upleciony z cienkich pasków. Z drugiej strony kończyła się szerokim na cal pasem skóry. Ojciec miał artystycznie zrobiony taki nahaj, który dostał w prezencie; wisiał on na ścianie, wraz z rapierami i maskami do szermierki, bo za czasów młodości, jeszcze na uniwersytecie w Petersburgu, Ojciec bardzo lubił szermierkę. Trzeba tu dodać, że *rabo de tatú* raczej był do straszenia niż do bicia, bo uderzenie wywoływało głośny klaps. Tym bardziej baliśmy się tego *rabo de tatú*, bo silny odgłos sprawiał jeszcze większe wrażenie. Nazwa pochodzi od pancernika (*tatú*), zwierzątka, które żyje kopiąc głębokie i długie nory. Złapany nie tylko gryzie, ale też uderza silnie ogonem.

Dzisiaj bicie dziecka przez rodziców lub nauczycieli uważane jest za zbrodnię. Ale w tamtych czasach to była rzecz zwyczajna i pospolita, tak w domu, jak w szkole. Dziecko nigdy nie miało żalu z powodu lania, a tylko z powodu niesprawiedliwego lania, co czasem się zdarzało. Dzieci są bardzo wrażliwe na niesprawiedliwości i nie przebaczają ani nie zapominają kary, którą uważają za niesłuszną.

Balony

W czerwcu, poza tradycyjnymi zabawami i tańcami na św. Jana i św. Antoniego, był dawniej w całej Brazylii zwyczaj puszczania balonów robionych z bibułek rozmaitych kolorów. Od spodu balonu tkwił kawałek szmaty umoczonej w nafcie; powietrze się rozgrzewało, gdy zapalono tę szmatę, i balon szedł do góry. Pięknie wyglądały te kolorowe balony, płynące spokojnie po niebie lub świecące nocami jak gwiazdy. Tłumy chłopców śledziły latające balony i pędziły w kierunku, w którym się zniżały po wypaleniu szmaty, ażeby jakiś złapać, co było czynem nadzwyczaj chwalebnym w oczach innych urwisów.

W dzisiejszych czasach puszczanie balonów jest kategorycznie zabronione przez rząd, bo to dzieje się akurat w okresie suszy i taki balon nieraz jest przyczyną pożarów na pastwiskach lub w lasach. Ale w tamtych czasach nikt się tym nie przejmował. Jednakże rodzice stanowczo nam zabraniali puszczania balonów i biegania za nimi, gdyż wiedzieli, że zdarzało się, że taki balon spadał na stare stodoły i wzniecał pożar. Czuliśmy się więc bardzo pokrzywdzeni – no i zaczęliśmy po swojemu naśladować innych chłopców, nie bacząc, że na dole było moc drzewa, a przede wszystkim papieru do drukarni.

Mieszkaliśmy wtedy w Kurytybie na placu Tiradentes. Na dole była księgarnia i papiernia, a w głębi drukarnia, introligatornia i maszyna do liniowania papieru. Na pierwszym piętrze był salon i pokój rodziców, jadalny i kuchnia, a także łazienka, a na drugim piętrze redakcja „Polaka w Brazylii" i trzy pokoje, w których mieszkaliśmy my, chłopcy.

---

33 Chodzi o pchłę piaskową; zob. przyp. 184.

Dzisiaj był bardzo nieprzyjemny wypadek. Gdy wszyscy jedli podwieczorek, ja i Roman poszliśmy na piętro do kuchni i ja, zapaliwszy kawałek papieru, rzuciłem go przez okno na ogród, a Roman, zapaliwszy też kawałek, rzucił w miejsce, gdzie było pełno drzewa. Rodzice to zobaczyli i zaczęli na nas krzyczeć:

– Co wy robicie!... Chcecie dom podpalić?

– Nie. To tylko tak, jakbyśmy puszczali balony – odpowiedziałem Mamie, przestraszony, że *rabo de tatú* będzie w robocie.

Rodzice kazali nam prędko pogasić papiery, zaś potem, gdyśmy przyszli, strasznie się gniewali na nas, a na moje nieszczęście Matka kazała mi zapisać to zdarzenie w pamiętniku i bardzo mi z tego powodu wstyd.

Rodzice potem długo tłumaczyli o niebezpieczeństwie pożarów. Co prawda nie bardzo nas przekonała ta perora, lecz stanowcze wskazanie wiszącego na ścianie *rabo de tatú* odniosło skutek i nie przypominam sobie, ażebyśmy kiedykolwiek później urządzali podobne zabawy.

W szkole ludowej

Pierwszą naszą nauczycielką była panna Janina Klarner, warszawianka, która przyjechała z nami w 1903 r. do Brazylii. Ponieważ Matka poświęcała wiele czasu pracy społecznej oraz, w późniejszym czasie, księgarni i drukarni, prawdziwą moją wychowawczynią, którą kochałem jak drugą matkę, była panna Janina, którą nazwałem Panina i tak ją potem ogólnie nazywano.

Była to osoba kulturalna, szczerze religijna i wielka demokratka. Pochodziła ze znanej rodziny warszawskiej. Brat jej, Czesław Klarner[34], po powstaniu niepodległej Polski był ministrem, zdaje się Przemysłu i Handlu. Głęboko odczułem późniejszy jej wyjazd do Kraju, akurat przed pierwszą wojną światową.

Po odjechaniu mojej ukochanej Paniny wstąpiłem do polskiej szkoły pod egidą Towarzystwa Szkoły Ludowej[35], zainstalowanej w lokalu ofiarowanym przez Rafała Karmana (brata

[34] Czesław Klarner (1852-1972) – inżynier, działacz gospodarczy i państwowy, aktywny w czasach II Rzeczypospolitej. Od stycznia 1924 roku w randze wiceministra, od maja zaś – ministra przemysłu i handlu w rządzie Władysława Grabskiego. Po przewrocie majowym 1926 roku przez kilka miesięcy pełnił tę funkcję w rządzie Kazimierza Bartla. Wśród zajmowanych przez niego stanowisk wymienić należy prezesurę Izby Przemysłowo-Handlowej (1929-1939) i fotel senatorski (1938-1939). Sprawował także urząd wiceprezesa w kilku ważnych przedsiębiorstwach metalurgicznych, a w czasie II wojny światowej był kierownikiem departamentu skarbu Delegatury Rządu RP na Kraj.

[35] Towarzystwo Szkoły Ludowej istniało w latach 1891-1939; było największym stowarzyszeniem oświatowym Galicji, założonym przez działaczy liberalno-demokratycznych. Pierwszym jego przewodniczącym był Adam Asnyk. Oto, jak scharakteryzowana została działalność organizacji w broszurze wydanej z okazji Powszechnej Wystawy Krajowej w 1929 roku: „Towarzystwo Szkoły Ludowej, założone w setną rocznicę Konstytucji 3 Maja, miało początkowo za zadanie zakładanie szkół ludowych, zwanych obecnie powszechnymi, dla obrony dziatwy polskiej na kresach zachodnich i wschodnich b. zaboru austriackiego (...) przed wynarodowieniem, ale już w pierwszym swym dziesięcioleciu zwróciło uwagę także na kształcenie dorosłych, urządzając kursy dla dorosłych analfabetów, wykłady i pogadanki i zakładając po wsiach i po miastach biblioteki i czytelnie. W ciągu swego 38-letniego istnienia obejmowało T.S.L. coraz szersze dziedziny pracy oświatowo-kulturalnej, tak nad młodzieżą, jak nad dorosłymi, bo nie tylko organizowało

Cioci Mary z Bacacheri), który zawsze popierał i nie szczędził grosza na wszystko co polskie. Wybitny społecznik, Karman w późniejszych latach pisał wspomnienia pod pseudonimem Piniora – zmarł, zabrawszy ze sobą istny skarb znajomości ludzi i wypadków z początków xx wieku[36].

Szkoła Ludowa prowadzona była przez zawodowego nauczyciela z Galicji, Stanisława Słoninę. Pan Słonina był jednym z niewielu w Brazylii polskim nauczycielem zawodowym i do dziś pamiętam go i cenię jako świetnego pedagoga i dobrotliwego wychowawcę, który potrafił jednak ostro karać – lecz zawsze sprawiedliwie. Później przez dłuższy czas prowadził własną polską szkołę w Kurytybie. Przyjaźniłem się z jego młodszym synem Kazikiem.

Pan Słonina musiał mieć niemało kłopotów ze swymi wychowankami, jak dowodzą niektóre przejścia z mego dziennika:

> Dzisiaj na lekcji w Szkole Ludowej jeden chłopiec przyniósł takiego długiego robaka, ja chciałem go wsadzić pod kapelusz profesora, ale on za nic nie chciał. A podczas przerwy była ogromna bitwa w szkole, oto następująca jej treść:
>
> Na podwórzu było dużo trzcin i ja najpierw z Milkiem najstarszym, Czesławem, a potem z Ryszardem pojedynkowałem się. Potem wszyscy chłopcy porobili sobie z trzcin szable i konie i bawiliśmy się w wojnę... Kiedy my zabieraliśmy gałęzie z ich zamku, Ryszard mnie huknął kijem w głowę. Wtedy ja mu chciałem oddać, ale on chwycił dużą trzcinę i zaczął nią machać, tak, żebym ja nie mógł do niego podejść. Ale udało mi się zbliżyć i też jak najmocniej uderzyłem go w głowę, mszcząc się za to uderzenie otrzymane z jego ręki. Gdym go uderzył, on zaczął ryczeć jak nieboskie stworzenie, ja, usłyszawszy to, stanąłem bezradny, bo myślałem, żem go zabił i chciałem też płakać.
>
> Pan profesor, usłyszawszy to, zawołał nas do klasy i bardzo się gniewał i długo mówił, a na mnie i Ryszarda najwięcej się gniewał. Potem ciągle myślałem, że jak przyjdę do domu dostanę w skórę, gdyż pan Malinowski widział naszą wojnę i pewno powie Mamie. Jak przyszedłem do domu, ona trochę się gniewała i wypytywała o szczegóły wojny, ale mnie nie wybiła.

---

szkoły na kresach, ale także bursy i ochronki; nie tylko zakładało czytelnie i biblioteki, ale także szerzyło wiedzę ogólną i zawodową drogą odpowiednich kursów dokształcających, wykładów i pogadanek, a także budziło ducha narodowego w szerokich masach przez obchody narodowe, wieczory patriotyczne, koncerty, przedstawienia, wycieczki i wiele innych przedsięwzięć oświatowo-kulturalnych, które wynikały z potrzeb danej chwili lub danych miejscowości." Wincenty Sikora, *Towarzystwo Szkoły Ludowej w Krakowie w latach 1891-1928. Krótki rys działalności*, Kraków: Zarząd Główny T.S.L., 1829, s. 3.

[36] Rafał Karman (1878-1966) – topograf, księgowy i kupiec, specjalizujący się w ostrokrzewie paragwajskim (m.in. był eksporterem tej rośliny). Podróżując niemal przez całe życie, władał sześcioma językami. Gdy zatrudniono go w służbie konsula angielskiego H. Gomma, przez dziesięć lat praktycznie pełnił za niego obowiązki. W roku 1909 zakupił „Gazetę Polską w Brazylii" (zob. przyp. 9), której właścicielem był przez rok. Pracował również jako mierniczy, a że za usługi płacono mu przeważnie ziemią, stał się właścicielem rozległych obszarów. Pod koniec życia zaczął pisać wspomnienia – były to gawędy i legendy dotyczące przeważnie życia w Paranie. Jego teksty – pisane także pod pseudonimem *Sonhador* (Marzyciel) – publikowały „Kalendarz Gazety Polskiej", „Lud", „Kalendarz Ludu", „Przegląd Polski". (Więcej informacji: *PPB*.)

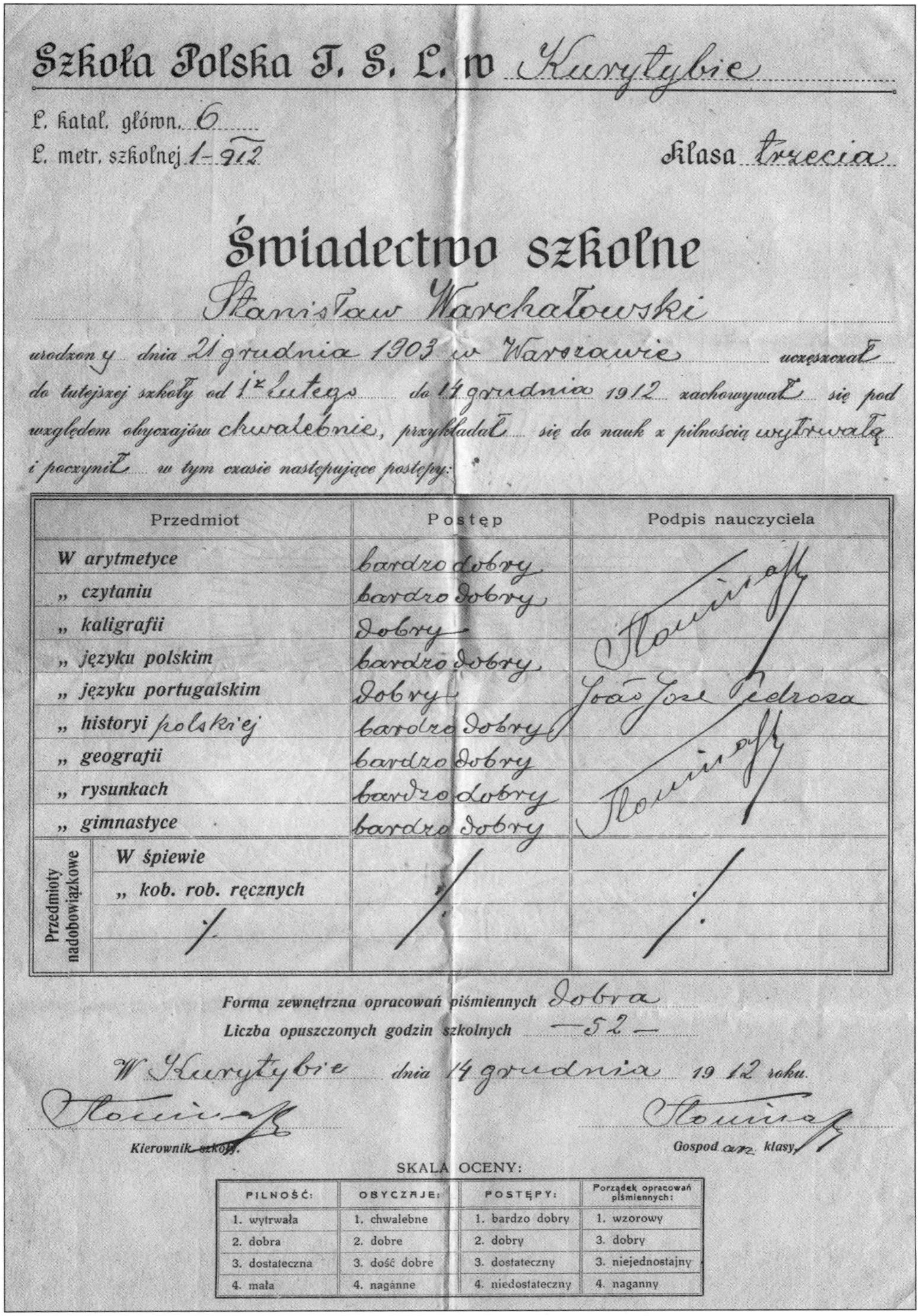

Szkoła Polska T. S. L. w Kurytybie

Ł. katal. główn. 6

Ł. metr. szkolnej 1-912

Klasa trzecia

Świadectwo szkolne

Stanisław Warchałowski

urodzony dnia 21 grudnia 1903 w Warszawie uczęszczał do tutejszej szkoły od 1^{go} lutego do 14 grudnia 1912 zachowywał się pod względem obyczajów chwalebnie, przykładał się do nauk z pilnością wytrwałą i poczynił w tym czasie następujące postępy:

	Przedmiot	Postęp	Podpis nauczyciela
	W arytmetyce	bardzo dobry	Słowiński
	„ czytaniu	bardzo dobry	
	„ kaligrafii	dobry	
	„ języku polskim	bardzo dobry	
	„ języku portugalskim	dobry	João José Pedrosa
	„ historyi polskiej	bardzo dobry	Słowiński
	„ geografii	bardzo dobry	
	„ rysunkach	bardzo dobry	
	„ gimnastyce	bardzo dobry	
Przedmioty nadobowiązkowe	W śpiewie	/	/
	„ kob. rob. ręcznych		
	/		

Forma zewnętrzna opracowań piśmiennych dobra

Liczba opuszczonych godzin szkolnych —52—

W Kurytybie dnia 14 grudnia 1912 roku.

Słowiński
Kierownik szkoły.

Słowiński
Gospodarz klasy.

SKALA OCENY:

PILNOŚĆ:	OBYCZAJE:	POSTĘPY:	Porządek opracowań piśmiennych:
1. wytrwała	1. chwalebne	1. bardzo dobry	1. wzorowy
2. dobra	2. dobre	2. dobry	3. dobry
3. dostateczna	3. dość dobre	3. dostateczny	3. niejednostajny
4. mała	4. naganne	4. niedostateczny	4. naganny

Świadectwo szkolne Stanisława Warchałowskiego, klasa III, 14 grudnia 1912

W niedzielę rano poszedłem do Kazika, bo chciałem z nim iść na Bacacheri. Poprosiłem jego matkę żeby zbudziła Kazika, ale ona nie chciała go budzić, bo też nie chciała, żeby Kazik szedł na Bacacheri ze mną, bo on miał zanieść gdzieś obiad w południe. Więc ja zaczekałem, aż ona poszła po sprawunki i zacząłem wołać na Kazika, ale on nic, więc ja poszedłem do ogrodu, wlazłem na okno, wziąłem taką długą trawę i zajrzałem. Tam koło okna ktoś spał, myślałem, że Kazik, więc zacząłem go łaskotać tą trawą, ale on nic, więc ja wlazłem więcej i – o dziwo, poznałem łysinę pana Słoniny, mego nauczyciela, a ojca Kazika. Jak ja to zobaczyłem, zlazłem czym prędzej z okna i uciekłem!

O narodowości

W miarę jak dorastałem, pogłębiało się moje przekonanie o braku sprawiedliwości na świecie. Otóż na przykład kwestia mojego przypadkowego urodzenia się w Warszawie, gdzie rodzice bawili przez krótki okres, odgrywała bardzo poważną rolę w moim życiu, pomimo że rodzice opuścili Warszawę, gdy byłem kilkumiesięcznym dzieckiem.

Znaleźliśmy się jednak w kraju, gdzie przypisywano wielkie znaczenie miejscowości urodzenia, jak w ogóle w całej Ameryce. Od czasu chodzenia na czworakach ja byłem zawsze uznawany za Polaka, a mój młodszy brat, który się urodził w Kurytybie, był *brasileiro nato* (urodzonym Brazylianinem). To znaczy, że ja byłem pozbawiony wielu praw, a Roman posiadał wszystkie prawa. Wszyscy podkreślali, że on mógł nawet zostać prezydentem Brazylii, a ja takiego zaszczytu nigdy nie będę mógł dostąpić.

Trudne było położenie dzieci, które – urodziwszy się w dalekim i nieznanym im kraju – żyły i wzrastały w kraju, który był i zarazem nie był ich ojczyzną. Dziwne jest zaiste, wychowywać się w kraju, który staje się podwaliną całego istnienia, gdzie zna się każdą ścieżkę i każdy kamień, a zarazem jest się uważanym za obcokrajowca. Tylko tu urodzeni są tutejszymi, mówiono nam zawsze. Twój brat to Brazylianin, on się tu urodził, ty jesteś emigrantem. Chłopiec czuł, że to jest niesłuszne, ogarniało go poczucie jakiejś krzywdy, którą mu wyrządzono.

Niektórzy byli uprzywilejowani na jakiejś dziwnej zasadzie. Przyznam, że długi czas oburzałem się na to, uważając, że kwestia miejsca urodzenia nie może stanowić przywileju w okresie, gdy cały świat się burzył i zarzucał dawne przywileje „dobrego urodzenia", ale takie było prawo i taka opinia publiczna. Żal i oburzenie jednego małego chłopca, że to niesprawiedliwość, że jeden z braci może być prezydentem, a drugi nie, nie mógł w żadnym stopniu wpłynąć na zmianę prawa i zwyczaju – i trzeba było pogodzić się z losem. Takie są prawa, chłopcze – a prawom wszyscy muszą podlegać. Ha, trudno, nie może chłopiec zmienić praw, które rządzą u ludzi...

Po zakończeniu drugiej wojny światowej przyjechało do Brazylii sporo Polaków. Byli to ludzie, którzy przeszli gehennę wojenną i często przejechali pół świata. Brazylianie bardzo ściśle trzymają się prawa tak zwanego *jus solis*[37], to znaczy – urodzenie decyduje o narodowości człowieka, dlatego też często nie mogli zrozumieć, że przyjeżdżały rodziny polskie z dokumentami wydanymi przez władze polskie na obczyźnie, w których były podawane najrozmaitsze miejsca urodzenia, np. ojciec urodzony w Rosji, matka w Niemczech, jeden syn w Palestynie, drugi w Anglii, a trzeci w Portugalii.

– A kto z was urodził się w Polsce? – pytał się urzędnik.

– Takiego nie ma.

– I wy wszyscy uważacie, że jesteście Polakami?

[37] Najczęściej w formie *ius soli*, łac. 'prawo ziemi'.

– Oczywiście, a teraz chcemy się naturalizować Brazylianami,

Urzędnik długo drapał się w głowę, nie wiedząc, jak postąpić.

Ten wypadek z polską rodziną nie był wcale osobliwością. Bardzo to przypominało naszą rodzinę. Ojciec był urodzony w głębi Rosji, w Woronežu[38], gdzie moja babka Helena z Neymanów Warchałowska była zesłana na posielenie[39] za pomoc powstańcom w 1863 roku. Matka urodziła się na dalekiej Ukrainie, gdzieś w guberni chersońskiej. Moi dwaj starsi bracia tylko dlatego nie uchodzili za Rosjan, że na ogół Brazylianie nie bardzo wiedzieli, gdzie jest Ukraina.

Oprócz mnie, i to przypadkowo, nikt z mojej rodziny nie urodził się w Polsce ani tam nie mieszkał. Dlatego od małego przedstawiali mnie z dumą: „To prawdziwy urodzony Warszawiak!" Dla mnie brzmiało to tak, jakby ktoś powiedział: to urodzony Selenita, bo urodził się na Księżycu – gdyż dopiero mając 18 lat poznałem Warszawę.

Pierwsza wojna światowa

Bardzo mnie zajęły wieści o wojnie austriacko-serbskiej. Otóż wszystkie państwa mobilizują się do wojny, Austria i Serbia już się biją, za Serbią ma iść Rosja i inni, a za Austrią Prusy. Zaś na Prusy idą Anglia i Francuzi, a inne państwa jeszcze nie wiadomo. Prusy i Austria będą na pewno zgniecione, gdyż przeciw nim najwięcej występuje państw.

Mama powiedziała, że teraz, ponieważ jest wojna, my będziemy jeść tylko fiżon, ryż i polentę, i Roman ogromnie się zmartwił, a Mama powiedziała, że to na żarty. (Fiżon – czarna fasola – wraz z ryżem stanowią podstawowe jedzenie ludności brazylijskiej, a polenta to kasza z kukurydzianej mąki z masłem i tartym serem, którą jedzą głównie Włosi.)[40]

Roman kupił sobie trochę papierowego wojska niemieckiego i jego oficera mianował generałem, dając mu sześć naszywek, a ja zrobiłem go Kaiserem[41]. Razem z Ludkiem zrobiliśmy wojnę tymi papierowymi żołnierzami, ale wojna skończyła się, bo myśmy się pobili wzajemnie.

Z początkiem wojny zaczął się rozdźwięk między mieszkańcami kolonii polskiej. Dużo ludzi, i sami nawet Polacy, ubolewało nad tym, mylnie uważając, że Polacy mają skłonność do sprzeczek i kłótni. Ale żaden inny naród nie był tak nieszczęśliwie podzielony między trzech zaborców. Automatycznie tworzyły się trzy nurty, trzy punkty widzenia; to z Niemcami przeciw Rosji, to z Rosjanami przeciw Niemcom, to z Austriakami przeciw tamtym, jedni za powstaniem, drudzy przeciw itd.

---

[38] Woroneż – miasto nad rzeką o tej samej nazwie, położone prawie pięćset kilometrów na południe od Moskwy, ufundowane w 1586 roku. Uznawane za kolebkę rosyjskiej floty – pod koniec XVII wieku w jego stoczniach powstawały pierwsze okręty wojskowe Rosji. Dziś ośrodek przemysłowy liczący prawie milion mieszkańców.

[39] Tj. na zesłanie.

[40] Fiżon – spolszczony termin portugalski *feijão*, oznaczający fasolę. Polenta – rodzaj mamałygi, włoska potrawa ludowa z mąki lub kaszki kukurydzianej, kiedyś przyrządzana z mąki kasztanowej. Ma konsystencję papki. Można ją podawać z rozmaitymi dodatkami (ser, sosy).

[41] Tj. cesarzem. Tytuł Kaiser nosili władcy Cesarstwa Niemieckiego, Austriackiego i później Austro-Węgierskiego.

Ojciec, który wydawał gazetę „Polak w Brazylii", zajął stronnictwo pro-alianckie, przeciwko Niemcom, i z tego powodu był oskarżany przez inne frakcje jako sprzymierzeniec rosyjski. Druga frakcja, która się skupiała przy księdzu Stanisławie Trzebiatowskim, wydającym drugie pismo – „Gazeta Polska"[42], była za Niemcami. Wreszcie była trzecia grupa – postępowców, prowadzona przez dra Kossobudzkiego[43], który był za Piłsudskim.

Stworzenie legionów Piłsudskiego wywołało ogromny oddźwięk wśród Polonii amerykańskiej – było to pierwszym objawem żywotności polskiego narodu, dotychczas biernie występującego w armiach zaborców. W domu moim stworzenie legionów przechyliło sympatie na stronę austriacko-niemiecką. Nic to nie przeszkadzało, że co do frontu zachodniego było zupełnie odwrotnie. Sprzyjano aliantom, ciesząc się każdą porażką niemiecką na zachodzie i każdą porażką Rosjan na wschodzie.

Częste krytyki cudzoziemców i samych Polaków co do rozdwojenia panującego między społeczeństwem polskim, a nawet kłótni, były całkiem nieuzasadnione, gdyż położenie nasze było tak skomplikowane, że żaden naród na naszym miejscu nie mógłby utrzymać jedności opinii.

Trzeba jednak przyznać, że – w ten czy inny sposób – gorąco każdy kochał Polskę i chciał ją z jarzma niewoli wydobyć. Warchałowszczycy czy Kossobudzczaki... z księdzem Trzebiatowskim lub z panią Kraków. Do Towarzystwa Szkoły Ludowej lub do Kółka Młodzieży albo Towarzystwa Kościuszki. Tak było w Kurytybie, ale tak było też wszędzie na świecie, bo inaczej być nie mogło.

Fanatycy

Teraz nie obchodzą nas tak wiadomości o wojnie europejskiej, gdyż kabukrzy fanatycy rozgościli się w Paranie i podobno jedna z ich band pustoszy okolice kolonii Rio Negro i Lu-

---

[42] Zob. przyp. 9. Ks. Stanisław Trzebiatowski (1877-1945) – werbista, aktywny działacz polonijny w Kurytybie. Studiował filozofię i teologię w Holandii; święcenia kapłańskie przyjął w 1903 roku. Wtedy właśnie otrzymał propozycję wyjazdu do Brazylii, by pracować wśród tamtejszej Polonii. Biskup Kurytyby polecił mu organizację parafii polskiej w centrum miasta – dzięki szczodrości imigrantów można było wznieść kościół pw. św. Stanisława. Ksiądz Trzebiatowski założył przy nim szkołę, która z czasem przekształciła się w kolegium im. Henryka Sienkiewicza. W latach 1910-1935 był właścicielem i redaktorem „Gazety Polskiej w Brazylii". Jako wybitny działacz społeczny stał się obiektem ataków ze strony części środowisk polonijnych, które oskarżały go o germanofilię (ojciec Trzebiatowskiego nosił niemieckie nazwisko). W 1936 roku pracował jako kapelan w szpitalu w Rio de Janeiro; w późniejszym okresie pełnił funkcję proboszcza w różnych parafiach tego miasta. Za działalność na polu religijnym i patriotycznym został uhonorowany Złotym Krzyżem Zasługi. Jego nazwiskiem nazwano też jedną z ulic w Kurytybie. (Więcej informacji: *PPB*.)

[43] Szymon Kossobudzki (1869-1934) – z zawodu lekarz, z przekonań i powołania działacz lewicowy. Burzliwa młodość upłynęła mu pod znakiem nawoływania do rebelii przeciw zaborcom, za co został zesłany na Ural. Później, zaangażowany w rewolucję 1905 roku, musiał uciekać przed władzami – i w ten sposób trafił do Brazylii. Prowadził tam praktykę lekarską, zajmował się też organizowaniem wydziału medycznego na uniwersytecie Parany, ale przede wszystkim był jednym z liderów polonijnej lewicy. Redagował czasopismo „Niwa", potem zaś – gdy wybuch I wojny światowej wpłynął na głębsze podziały polityczno-ideologiczne wśród polskich imigrantów – także „Świt", na którego łamach dawał wyraz swoim poglądom. Uchodził za człowieka zawsze gotowego do pomocy innym – zwłaszcza nauczycielom w szkołach dla dzieci imigrantów. (Więcej informacji: *PPB*.)

cena, na granicy między stanami Parana i Santa Catarina[44]. Kabukier jest to spolszczone słowo *caboclo*[45], określające Metysów, mieszkańców wnętrza kraju.

Zdarzało się dość często, że tłumy ciemnych i zacofanych mieszkańców w odległych od cywilizacji stronach były podburzane na tle religijnym lub politycznym i wywoływało to zbrojne rozruchy, połączone z grabieżą i morderstwami. Właśnie w tym czasie pewien znachor, którego ludzie nazywali Monge (Mnich), José Maria[46], zebrał wokół siebie grupę czcicieli, która w przeciągu kilku lat szalenie się powiększyła. Siedzibą tych ludzi była północ stanu Santa Catarina, ale gdy wojska stanowe zaczęły ich zwalczać, José Maria ze swoją bandą przeniósł się do Parany.

Rozruchy były na południu stanu, a Ojciec pojechał w sprawach księgarni do Ponta Grossa[47], miasta położonego w centrum Parany, mającego połączenia kolejowe z Kurytybą, i tam objeżdżał inne pobliskie miasteczka. Gdy wrócił, mówił, że tam wszędzie jest zupełna panika, dużo ludzi ucieka i tak nam opowiadał:

– Tutaj leci do lasu jakiś człowiek z węzełkiem w ręku, z drugiej strony kabukrzy uciekają na koniach, gdzie indziej Polacy. Chciałem kupić od jednego człowieka karabin, a ten na to: „Co, czy pan zwariował? A fanatycy?" – „Przecież oni są bardzo daleko" – odrzekłem. Ale ten tylko wytrzeszczył oczy i ani rusz nie chciał sprzedać karabinu.

Nasłane wojsko miało wielkie trudności ze zwalczeniem tych półdzikich ludzi, którzy stawiali fanatyczny opór. Kiedy José Maria został zabity, a jego ludzie rozproszeni, wkrótce pojawił się nowy przewodnik i znowu bandy zaczęły się tworzyć i ruch wzrastał. Ostatecznie rząd zorganizował wielki najazd przeszło sześciu tysięcy żołnierzy, a nawet samoloty zostały użyte pierwszy raz w Brazylii w celach militarnych. I to jeszcze z pół roku trwało, nim udało się ich dokładnie zwalczyć i wziąć do więzienia prowodyra.

Rodzina Wasilewskich

W domu były jeszcze tradycje dawnego w Polsce kultu francuskiego i *parler français* było wyrazem dobrego tonu i kultury. Więc od małego uczyłem się francuskiego z panią Wasilewską,

---

44 Santa Catarina – jeden z południowych stanów Brazylii, położony nad wybrzeżem Atlantyku; na krótkim odcinku graniczy także z Argentyną. Utworzony (jako kapitania) w 1739 roku, wielkością nieco przewyższa terytorium Węgier, przy populacji wynoszącej ok. 6 milionów osób. Skolonizowany został głównie przez osadników europejskich: Portugalczyków z Azorów, Niemców, Włochów. Obecnie na ludność stanu Santa Catarina składają się reprezentanci i potomkowie ponad 50 narodowości. Pod względem zamożności jest to siódmy stan federacji brazylijskiej.

45 *Caboclo* – Metys, potomek rasy białej oraz indiańskiej. Słowo to może oznaczać też Indianina zasymilowanego ze społeczeństwem cywilizacji Zachodu; pochodzi z języka Indian Tupi – *caá-boc*, 'ten, który przychodzi z lasu' lub *kari'boca* – 'syn białego człowieka'.

46 Autor pisze o tzw. wojnie w Contestado, która w latach 1912-1914 rozgorzała pomiędzy kabukierami a władzą federalną i państwową, na terenach spornych między stanami Parana i Santa Catarina, a zarazem bogatych w ostrokrzew paragwajski i drewno. José Maria podawał się za zakonnika; przypisywano mu zdolności uzdrawiania chorych i wskrzeszania zmarłych, a nawet uważano za świętego. Gdy rząd, podpisawszy kontrakt na budowę linii kolejowej, wywłaszczył ziemie na pograniczu stanów Parana i Santa Catarina, tamtejsi chłopi uznali decyzję za nieważną i – zbuntowani – poszli za głosem José Marii, który zorganizował ich w komunę. Była to właściwie sekta religijna, żyjąca wspólnie i dzieląca się wszystkim (konwencjonalny handel nie istniał) i wierząca w bliskość Królestwa Bożego. Zaniepokojony poczynaniami zrewoltowanej społeczności rząd świeżo powstałej republiki brazylijskiej postanowił interweniować.

47 Ponta Grossa odległa jest od Kurytyby o 117 km. Została założona w 1822 roku, a prawa miejskie otrzymała 40 lat później. Z początku miejscowość była przystankiem na drodze troperów, następnie ośrodkiem handlowym, rolniczym i hodowlanym, wreszcie przemysłowym, którym pozostaje do dziś. Wspomniana przez Warchałowskiego kolej dotarła tu w 1900 roku.

która była z pochodzenia Irlandką. Mama wykorzystała tę okazję, żeby chłopcy uczyli się też i angielskiego, pomimo że ten język nie był wtedy w modzie, tylko francuski. Jedyny Roman nie uczył się, bo uciekał od lekcji.

Rodzice p. Edith Wasilewskiej byli protestantami z północnej Irlandii, kraju bardzo biednego. Ciekawa była ta rodzina Cockleyów. Mieli cztery córki: Lily, Madge, Clerę i Edith. Oprócz Clery, trzy siostry pojechały do Polski, gdyż znały francuski język i łatwo było o posady we dworach jako nauczycielki, tak na Ukrainie jak w Polsce. Edith wyszła za mąż za Polaka, Wasilewskiego, i przyjechała z nim do Kurytyby, a z nimi zabrały się wszystkie siostry. Clera dawała nam lekcje angielskiego, a Edith Wasilewska – francuskiego.

Dwóch synów pani Wasilewskiej, Witold i Tadzio, byli naszymi towarzyszami do wszystkich zabaw i wychowaliśmy się jak bracia. Byli oni pół krwi polskiej, gdyż ich matka była Irlandką, ale mówili poprawnie po polsku. Witold miał czarne oczy i włosy, a Tadzio jasne oczy i sporo piegów.

Zdjęcie z dedykacją od przyjaciela autora – Witolda Wasilewskiego

W sobotę poszedłem z Romanem na Bacacheri. Byli już tam Witold i Tadzio. Roman z Tadziem zrobili sobie jakąś kryjówkę, zaś ja z Witoldem zaatakowaliśmy, obsypując ich gradem zeschłego błota. Potem za nimi goniliśmy, ponieważ zabrali nam podstępnie jeden kij. Ileśmy się nie nalatali po różnych bagnach, lasach, dziurach za nimi, ale zwycięstwo szło zawsze naszym śladem! Tadziowi zabraliśmy dwa kije, a później i ten mój zabrany im odebraliśmy!

Następnego dnia, jak zwykle w niedzielę, było mnóstwo gości na Bacacheri. Byli wszyscy Dergintowie, którzy przyjechali powozem, Wasilewscy i pani Salmonowiczowa z córkami i synem Ivonem. Pan Wasilewski zdjął ogólną fotografię, ale beze mnie, gdyż pałając złością na Witolda, nie chciałem, choć mnie wołali. Witold mówił mi, że kobyłka jest chora i że na pewno Wujaszek nie pozwoli na niej jeździć. Ja dlatego Wujaszka nie poprosiłem. Tymczasem Tadzio poprosił i Wujaszek pozwolił. Witold więc pojechał na kobyłce, Tadzio na mulicy, a Roman rowerem. Witold mianował się zawsze największym moim przyjacielem, tymczasem teraz się pokazało, niech go siarczyste kule biją, ja zostałem sam!... Wykąpałem się w stawie i łaziłem po lesie...

Wspomnienia szkolne

Na ulicy Aquidaban w Kurytybie mieściła się w niewielkim parterowym domku początkowa szkoła Júlio Theodorico Guimarães. Pomimo że ulica Aquidaban była bardzo porządnie wybrukowana, posiadała oświetlenie elektryczne i kursowały po niej tramwaje, jak to jednak zwykle bywa w miastach ulegających szybkiemu rozwojowi, pierwsza przecznica tuż obok szkoły miała charakter drogi wiodącej przez kolonie gdzieś w dalekim interiorze (wnętrzu kraju). Przerzynała bowiem częściowo puste place, zarosłe krzakami i drzewami. Było to w roku 1915. Dzisiaj zapewne nie poznał już bym tych zacisznych ustroni między drzewami, *notabene* zasypanych śmieciami i odpadkami wszelkiego rodzaju. Niesłychanie szybki rozwój miast amerykańskich tłumaczy istnienie podobnych kontrastów.

Historię szkoły Júlio Theodorico cechowało również iście amerykańskie tempo rozwoju. Początek z dziesięcioma uczniami. W kilka lat później Júlio Theodorico wynajął już domek naprzeciwko i był dyrektorem szkoły mającej przeszło stu uczniów i dwóch nauczycieli. Minęło jeszcze kilka lat, a z małego parterowego domku wyrósł piękny kilkupiętrowy gmach, do którego uczęszczało kilkuset chłopców.

Trzeba było zacząć naukę w szkołach brazylijskich i Matka skierowała mnie do szkoły Júlio T. Guimarães, *nego*[48] Júlio, jak nazywali swojego dyrektora uczniowie na pamiątkę afrykańskiego przodka,

Zwykły niepokój przed czymś nieznanym nurtował mnie, gdym po raz pierwszy zjawił się w klasie. Była właśnie przerwa, usiadłem więc w ławce i przeglądałem książki. Uczniowie, widząc nowego kolegę, zbliżyli się do mnie z zaciekawieniem i jeden z nich zapytał:

– *Você é alemão?* (Czy jesteś Niemcem?)

– Nie – odpowiedziałem. – Jestem Polakiem.

– *Polacos não têm bandeira* (Polacy nie mają flagi) – rzekł z pogardą.

– Ale mają drzewce – odparłem, zaciskając pięści – które im pozostały na garbowanie skóry takim durniom jak ty!

Koledzy przysłuchujący się naszej rozmowie zaczęli się głośno śmiać, a mój rozmówca podskoczył z gniewem ku mnie i już by zapewne wybuchła bitka, gdyby nie wejście nauczyciela do klasy. Wszyscy pierzchnęli na swoje miejsca.

Nasz nauczyciel, mały szczupły brunet w binoklach, nazywał się José da Silva. Popularnie nazywaliśmy go Zé Fiteiro (Józio Naciągacz[49]), gdyż lubował się w łapaniu figlarzy na gorącym uczynku. W tym celu często udawał, że jest czymś bardzo zajęty. Wyciągał gazetę i zdawał się być pochłonięty czytaniem. Wtem odwracał się szybko i łapał któregoś z uczniów *in flagranti*. Karą za zniewagę lub hałasowanie było stawianie uczniów do kąta. Zdarzało się niekiedy, że stało w kącie z dziesięcioro uczniów.

Po półtorarocznej bytności w tej szkole, mając trzynaście lat, własnym przemysłem zdałem wstępny egzamin do gimnazjum rządowego. Trwał on blisko tydzień, zdawało bowiem około 60 kandydatów. Wszędzie mi się powiodło, tak na pisemnych, jak na ustnych egzaminach. Po ukończeniu, wróciłem na swoje miejsce, a następnie do domu, nadzwyczaj uszczęśliwiony. Rodzice dowiedzieli się już po fakcie.

W gimnazjum kolegów miałem przeważnie Brazylian, paru Niemców i dwóch Polaków, ale tak zbrazylijszczonych, że nawet nie chcieli mówić po polsku, zresztą i tak bardzo marnie mówili.

Palenie papierosów nie było w gimnazjum zabronione. Palili więc wszyscy, nawet przed obliczem dyrektora.

---

[48] *Nego* (port.) – w Brazylii: kolokwialne określenie Murzyna (*negro*).

[49] Raczej kombinator, spryciarz.

Na przerwie uczniowie bawili się przeważnie w piłkę nożną, zrobioną z pończochy wypchanej papierami lub czymś innym. Chłopcy kopali piłkę z entuzjazmem na małym wybrukowanym podwórku. Rezultatem tych zabaw były najczęściej wybite okna, inspektor więc zabronił tej szybobijnej zabawy.

Bawiono się wtedy w petekę – jest to zabawka pochodzenia indiańskiego, zrobiona ze skóry i z piór, którą się podrzuca, odbijając dłonią. Kilkunastu ustawiało się w koło i kto nie zdołał odbić peteki, musiał usunąć się z gry[50].

Naprzeciwko gimnazjum był mały placyk. Wznowiono więc na nim futbol. Rezultatem tego padły wszystkie trawniki na nieszczęsnym placyku, podeptane nogami zajadłych amatorów piłki nożnej. Ale i tutaj położono kres grze przez postawienie policjanta.

Harcerstwo

Kiedy utworzyło się harcerstwo w Kurytybie, najpierw zaciągnął się Ludek, a potem ja. Paradowaliśmy w krótkich błękitnych portkach i szarej koszuli, czarnych pończochach aż do kolan z żółtym obszyciem; na szyi czerwona chustka, filcowy kapelusz z szerokim równym rondem i nieodzowny drągal w ręku. Uniform był bardzo drogi i dlatego tylko synowie bogatych ludzi mogli być harcerzami. Ulicznicy nie tracili okazji, żeby się z nas wyśmiewać i dokuczać, ale ja szalenie lubiłem ćwiczenia, które robiliśmy i wycieczki. Nasz komendant był wojskowym kapitanem, nazywał się Newton, a ćwiczenia robiliśmy w wojskowych koszarach. W nocy maszerowaliśmy przez ciemne, ciche i puste ulice miasta.

Zrobiłem dużo wycieczek z harcerzami, najdalszą do portu morskiego Paranaguá, do którego dojeżdża się koleją wiodącą przez bardzo piękne okolice górskie Serra do Mar. Przejeżdżaliśmy wiadukty budowane nad przepaściami, z których najsłynniejszy zowie się Santa Maria. Pociąg tam przejeżdżał powoli i cała drużyna wyglądała przez okna, patrząc w skupieniu na masę zieleni hen w dole, gdyż tam zostali zrzuceni po klęsce pod Lapą rewolucjoniści *maragatos*, baron do Serro Azul[51] i jego towarzysze.

Dla mnie to, czego nauczyłem się jako harcerz, było nadzwyczaj wartościowe i może nawet uratowało mi życie w niejednej późniejszej okazji w moich leśnych przygodach.

Za wzorowe spełnianie służby w skautach doszedłem do najwyższej rangi w Kurytybie, mianowicie przywódcy plutonu, i zostałem naznaczony zastępcą komendanta. Na wielkiej paradzie siódmego września (Dzień Niepodległości Brazylii) komenderowałem wszystkimi harcerzami ze stanu Parana, co było wielkim zaszczytem w moim młodzieńczym życiu.

---

[50] *Peteca* – gra podobna do badmingtona, pochodząca ze stanu Minas Gerais. Najpierw służyła za rozrywkę Indianom; potem przejęli ją Brazylijczycy i wreszcie Europejczycy. Co ciekawe, do Europy trafiła w związku z olimpiadą roku 1920 w Antwerpii, w której po raz pierwszy wzięła udział reprezentacja z Brazylii. Brazylijscy sportowcy przywieźli ze sobą *petecę*, w którą grali dla zabawy – i dla rozgrzewki. Wzbudziło to ciekawość zawodników z innych krajów. Dopiero w latach 70. XX wieku skodyfikowano reguły gry, a w 1985 roku brazylijska Rada Narodowa Sportu uznała *petecę* za sport. Może w nią grać dwóch lub czterech zawodników, którzy mają do dyspozycji boisko przedzielone siatką. Obecnie *peteca* wytwarzana jest z gumy i prawdziwych lub sztucznych piór.

[51] Właśc. Ildefonso Pereira Correia (1849-1894) – właściciel ziemski i polityk, największy producent ostrokrzewu paragwajskiego (zob. przyp. 19) w Paranie i największy eksporter tej rośliny. Podczas Rewolucji Federalistycznej uznany za zdrajcę i razem z kilku towarzyszami zastrzelony i zrzucony w przepaść. Nie należał jednak do rewolucjonistów; w latach 40. XX wieku jego postać została zrehabilitowana.

Cześć bohaterowi

W 1912 r. parański rząd wysłał przeciw fanatykom oddział wojskowy z Kurytyby, dowodzony przez kapitana João Gualberto. Ludzie „Mnicha" José Maria byli uzbrojeni tylko fakonami[52], siekierami i kosami, ale przewyższali liczbą parański regiment i rzucili się z impetem do walki wręcz. Żołnierze zostali pobici i wymordowani na stepach Irani, włącznie z dowódcą. Ten pogrom miał wielki oddźwięk w Kurytybie, jako tragedia ludu parańskiego. Została ogłoszona oficjalna żałoba, a kiedy harcerze zebrali się na ćwiczeniach w koszarach wojskowych, nasz komendant, kapitan Newton, wygłosił mowę o tym tragicznym wydarzeniu, podkreślając walory zamordowanego kapitana. Byliśmy wszyscy wzruszeni i gdy nasz komendant skończył mowę, zrobiła się cisza na wielkiej sali. Pod nastrojem momentu wykrzyknąłem: „Niech żyje kapitan João Gualberto!" Porywczy okrzyk rozniósł się po sali i zamarł samotnie; nikt mu nie zawtórował ...

Zaczerwieniony ze wstydu, skonstatowałem, że popełniłem gafę. Wszystkie oczy zwróciły się na biednego chłopaka, który aż się skurczył. Wolałbym w tym momencie, żeby mnie ziemia pochłonęła żywcem...

Wracając z kolegą do domu, wyżaliłem się:

– Wyrwałem się ni w pięć ni w dziewięć z tym okrzykiem...
– Właśnie, kapitan umarł, a ty krzyczysz „Niech żyje"...
– No tak, niech żyje w naszej pamięci!...

Z niepewną miną, mój kolega tylko wzruszył ramionami.

Wakacje na wsi

Mamy dwa tygodnie wakacji! Mama powiedziała, że pojadę na ten czas z Romanem do Morretes[53]. Radość nasza nie miała granic. W oznaczonym dniu wstaliśmy raniutko i w towarzystwie Mamy ruszyliśmy na stację. Pociąg już stał i czekał chwili odjazdu. Maszyna huczała i sapała, wypuszczając zbytek pary, a z komina wylatywał słup dymu. Do czego to już cywilizacja doszła! Człowiek ujarzmił parę i zmusił ją do oddawania mu tylu usług...

Wagony napełniły się ludźmi, na peronie trwał zamęt nie do opisania. Jedni się żegnali, inni jak szaleni biegali, przeciskając się wśród tłumu; koło kasy z biletami ludzie tłoczyli się jedni na drugich, a wszyscy byli rozgorączkowani. Ledwo się dopchałem i kupiłem trzy bilety.

Wtem zagrzmiał dzwon. Na peronie zakotłowało się. Z trudem przecisnąłem się przez tłum i odnalazłem Mamę. Nagle znowu zagrzmiał dzwon. Prawie w tej samej chwili maszyna zagwizdała i pociąg z wolna ruszył. Patrzyłem na Kurytybę, dopóki mi nie znikła z oczu.

Drogę mieliśmy bardzo przyjemną, szczególnie gdyśmy przejeżdżali przez góry, krajobrazy są tam cudowne. O 11-ej przybyliśmy do Morretes. Do niedawna była to dziura, ale teraz zaczyna się podnosić. Jest tam fabryka papieru, niedawno założona. Niedługo ma nawet być światło elektryczne.

---

52 Fakon – spolszczony termin portugalski *facão*, oznaczający maczetę.

53 Morretes – miasto na wschodzie stanu Parana, założone w 1733 roku. Zachowały się w nim zabytkowe domy, obecnie znane jest z fandango oraz restauracji serwujących *barreado*, lokalne danie z gotowanego mięsa podawanego z ryżem i mączką maniokową.

Do p. Gronkiewicza, gdzieśmy mieli mieszkać, poszliśmy piechotą. Z miasta jest do niego mniej więcej 3 i pół kilometra. Dom p. Gronkiewicza leży na wzgórku, z trzech stron jest otoczony lasem, odległym o jakie sto, a w niektórych miejscach dwieście kroków.

Już trzeci dzień jestem w Morretes. Wczoraj byłem w mieście, pojechałem bryczką. Okolica tu śliczna, w dole leży miasto, a naokoło góry. Był piękny dzień, na tle błękitnego nieba rysowały się wyraźnie korony palm i piniorów. Po drodze było mnóstwo drzew i zieleni, zarośla bananów. Widziałem olbrzymie kiście żółtych bananów i złocące się pomarańcze na drzewach.

Wreszcie miasteczko. Na wprost kościółek z niewielką wieżyczką, obok sklepy w małych domkach piętrowych.

W interiorze jest zwyczaj do każdego przechodnia spotkanego po drodze mówić *bom dia* lub *boa tarde*[54]. Zaś w mieście ludzie się za mną oglądali, gdyż wszyscy znają się tutaj i zaraz kto to taki, skąd przyjechał? – nazywają go *estrangeiro* (cudzoziemiec).

Ludność tutaj jest wyraźnie z pochodzenia indiańskiego, o równych czarnych włosach. Chodzą przeważnie boso z podwiniętymi spodniami, w słomianym kapeluszu.

W miasteczku niewiele było do oglądania. Sporo sprzedają *rapadury* – cegiełki ciemnego cukru z trzciny cukrowej, tu wyrabiane, które zawijają w liście bananowe i w tej formie sprzedają. Zastępuje biały cukier, który w interiorze jest rzadkością.

Następnego dnia poszedłem z Romanem i p. Gronkiewiczem do lasu. On niósł siekierę, ja fakon, a Roman małą siekierkę. Przechodziliśmy wzdłuż obszernych plantacji bananów i trzciny cukrowej (Morretes leży w wąskim paśmie nadmorskim i klimat tu jest gorętszy niż w Kurytybie), aż doszliśmy do lasu, który w tym miejscu był już przetrzebiony, zostały tylko większe drzewa i jeszcze sporo wysokich palm, na 8 do 10 metrów wysokości. Pomagaliśmy panu Gronkiewiczowi ścinać te palmy, gdyż wierzchołek, zwany *palmito*, ma jadalny miąższ, delikatny i smaczny po ugotowaniu; niestety, żeby go zjeść, trzeba ściąć całą palmę[55].

Potem huśtaliśmy się na lianach.

---

[54] *Bom dia, boa tarde* (port.) – dzień dobry; sformułowania *boa tarde* używa się po południu, ale także wieczorem.

[55] *Palmito* (port.) – tzw. serce palmowe – otrzymuje się głównie z palmy zwanej euterpią warzywną lub jadalną (*Euterpe edulis*). Nie jest to smakołyk tani – by dało się go uzyskać, drzewo musi rosnąć 10-15 lat. Ponieważ tego typu użytkowanie grozi wyginięciem gatunku, czasem korzysta się z innych, ponadto prowadzi się hodowlę niektórych palm. Głównie chodzi tu o wilhelmkę wytworną, znaną także jako palma dżemowa (*Bactris gasipaes*), cenną z tego względu, że wytwarza nawet do kilkudziesięciu łodyg – a więc uzyskanie *palmito* nie zabija całej rośliny. Serca palmowe marynuje się w solance, a następnie spożywa na zimno w surówkach bądź jako dodatek do rozmaitych potraw.

Innym znów razem wyszliśmy z Romanem, p. Fidoszem i p. Gronkiewiczem. Ucięliśmy trzciny cukrowej i Roman i pan Fidosz poszli robić *garapę*, a ja z p. Gronkiewiczem naciąć bananów. Drzewa w tym miejscu były tak zarosłe, że z trudem można w niektórych miejscach przejść, banany tam przeważnie zostają zjedzone przez ptaki lub gniją i opadają. Przy ścinaniu trzeba bardzo uważać, bo banan (roślina), gdziekolwiek go przeciąć, wydziela z siebie sok, jak tylko kropla kapnie gdzie na ubranie, robi się duża krwista plama bardzo trudna do zmycia.

Potem pomagałem robić *garapę*. Wpierw tłucze się kijem ściętą trzcinę, potem wkłada między dwa walce, które na końcu mają kije. Kręcąc te walce wyciska się sok, który kabukrzy nazywają *garapa* i który gotują w wielkich kotłach, żeby z niego robić ciemny cukier. Świeża, tylko co wyciśnięta pieniąca się *garapa*, zielonego koloru, jest wybornym słodkim napojem.

Po dwóch tygodniach p. Gronkiewicz odwiózł nas do Kurytyby. Nazbieraliśmy sporo trzciny, bananów i mandarynek, aby zawieźć do miasta. Ja niosłem wiązkę trzciny cukrowej, Roman banany, a pan Gronkiewicz worek mandarynek.

Budujemy tratwę

– Mamusiu, możemy iść na Bacacheri?

– Co? Na Bacacheri, nie, moje dzieci, byliście tam niedawno – rzekła Mama – Dzisiaj nie pójdziecie.

– Mamusiu, dlaczego? Jutro święto, nie ma lekcji. Niech mama nas puści, dobrze, mamusiu? – prosiłem.

– Niech mama nas puści – dodał Roman.

– No dobrze, ale najpierw posprzątajcie u siebie w pokoju – powiedziała Mama.

– Dobrze, mamusiu, już idziemy, chodź Roman, prędko – krzyknąłem na Romana i prędko pobiegliśmy do naszego pokoju. W mig wszystko posprzątaliśmy, wzięliśmy palta i kapelusze i poszliśmy do Mamy.

– Ale pamiętajcie, nie zdejmujcie kapeluszy, i tylko wozem możecie pojechać, a jak nie znajdziecie żadnego wozu, to wracajcie do domu. Jeśli pojedziecie, to śpijcie i jedzcie u Cioci.

– Dobrze, mamo. Do widzenia – powiedzieliśmy Mamie, a między nami:

– Słuchaj, wiesz co, jeżeli nie znajdziemy wozu, pójdziemy piechotą.

– Ma się rozumieć. Mama i tak nie będzie wiedziała.

– Roman, chodźmy wziąć Zygmunta Zaleskiego, będzie nam raźniej iść.

– Naprawdę Stasiu, weźmy. Ale jak go weźmiemy, będziemy spać w naszym domu, ale nie u Cioci.

Odkąd przenieśliśmy się do Kurytyby, w naszym domu nad stawem Bacacheri mieszkał jeden kolonista ze swoją żoną, pilnował on domu i całego majątku, bo Tatuś był zawsze zajęty w mieście.

Wstąpiliśmy do domu Zygmunta. Jego matka pozwoliła, więc zebraliśmy go ze sobą i poszliśmy.

– *Eu*[56] mówi po polisku nie rozumi nie pieniądze – powiedział jakiś Brazylianin do nas, usłyszawszy że mówimy po polsku.

Wyszliśmy na drogę, a drogą jechał wóz z kolonistami, którzy się zatrzymali na naszą prośbę.

– *Podemos sentar?* (Czy możemy usiąść?) – spytał się ich Roman.

– *Sim, sentem* – pozwolili nam.

Usiedliśmy i jechaliśmy z półtora kilometra. Tamci z wozem skręcili na inną drogę, więc myśmy zeszli i dalej szliśmy piechotą.

Gdy weszliśmy do domu Cioci Mary, był już wieczór. Ciocia dała nam jeść i powiedziała, żebyśmy jutro przyszli na śniadanie. Wziąwszy kołdry, poszliśmy do naszego domu.

Rano pierwszą rzeczą popędziliśmy na piniory.

– Stasiu, wejdź na tego piniora, on ma dużo bomb – naglił Roman. – O, tam na jednej gałęzi są dwie, nie, trzy, patrz się, tam na takiej małej, u samego wierzchu.

– No to trzeba wleźć – rzekłem.

Chciałem wleźć na niego, ale nie mogłem, było to za wielkie drzewo na mnie; w końcu wróciliśmy do domu i poszliśmy do Cioci na śniadanie. Idąc, rozmawialiśmy:

– Żebym ja miał gwoździe, młotek i deski, to bym zrobił łódkę – mówił Zygmunt.

– Co łódkę, tyle roboty, kiedy byś ją zrobił.

– W dwie godziny.

– Co w dwie godziny, zwariowałeś. A tak, pewnie taką łódkę, co by w jednej chwili poszła na dno.

– Na dno, chyba z tobą.

– Ma się rozumieć, że pójdzie, ze mną i z każdym, bo czym zalepisz dziury, a może masz smołę.

– A prawda, szkoda że nie ma smoły.

– E, co tam łódkę, zróbmy tratwę, przecież w niej nie potrzeba dziur zalepiać.

– Naprawdę, zróbmy tratwę! – rzekł Roman. – Poprosimy Ciocię o gwoździe i młotek, a deski są tam koło starego tartaku, tam przy stawie.

Zjedliśmy u Cioci śniadanie, dała nam młotek, ale gwoździ nie miała.

– To nic – rzekłem do nich. – Gwoździe się znajdą.

Po drodze ja z Romanem się pokłóciłem i Roman złapał kamień, uderzył mnie w nogę i uciekł.

– Poczekaj – krzyknąłem na niego – oddam ci to, będziesz żałował.

– Nabijesz go? – spytał mnie Zygmunt.

– Ma się rozumieć, co chciałbyś, uderzył on mnie kamieniem w nogę, a ja mam mu nic nie zrobić, niedoczekanie!

Poszliśmy dalej i zaczęliśmy znosić drzewo na tratwę i szukać starych gwoździ. Roman chodził za nami. Parę razy goniłem go, ale nie złapałem, bo uciekł.

– Słuchaj, Roman – krzyknąłem. – Idź na górę i przynieś mi pomarańcz i mandarynek, to ci nic nie zrobię.

Roman przyniósł owoców i darowałem mu moją krzywdę.

Zrobiliśmy razem tratwę i potem Roman poszedł sobie na piniory, a ja z Zygmuntem jeździliśmy tratwą. Miała ona tylko jeden feler, a to że można było nią jeździć tylko osobno, bo pod dwoma szła na dno.

---

[56] *Eu* (port.) – ja.

– Wiesz co – rzekłem do Zygmunta – jedź ty sobie, a ja pójdę poszukać drzewa na drugą tratwę.

Poszedłem. Znalazłem jakieś drzwi i dwa bale. Chciałem je zanieść na brzeg stawu, ale ani rusz, były za ciężkie. Więc zawołałem Zygmunta.

– Zaraz przyjdę – odkrzyknął.

Czekałem na niego, a ten nie przychodzi. Złość mnie wzięła.

– Zygmunt, durniu, Zygmunt, chodź mi pomóc.

A ten – „Zaraz przyjdę."

Czekam. I znowu.

– Zygmunt, Zygmunt, Zygmunt – darłem się, a ten, albo już idę, albo zaraz przyjdę, a nie przychodzi.

Więc ja znowu: Zygmunt, Zygmunt, Zygmunt. Aż ochrypłem od ciągłego krzyczenia, a ten nic.

Poleciałem nad staw.

A ten pojechał tratwą na głębie.

– Dlaczego nie przyszedłeś, jak cię wołałem? – krzyknąłem do niego.

– Bo nie mogę przybić do brzegu.

– To trzeba było mnie zawołać. Mogłeś mnie zawołać, to bym ci pomógł przybić do brzegu.

– Nie potrzebuję cudzej pomocy, sam przybiję, możesz poczekać.

– Co, ty, co, – żachnąłem się – poczekaj. Tylko ty przybij do brzegu, poczekaj, ja ci pokażę! Nie wyjdziesz z tego z całym nosem. No co, chodź, przybijaj do brzegu, patrz, nie leź tam, utopisz się, do brzegu.

– To mi pomóż.

– Podaj mi gont, to cię przeciągnę.

Wlazłem do wody i przyciągnąłem go do brzegu. Gdy on już był bliziutko, miał wyskoczyć, ja pociągnąłem ze złością za gont, a ten bęc do wody, pomoczył sobie całe majtki i rękawy u bluzki.

– Ha, ha, ha, ha, ha, a toś się wykąpał – zacząłem się śmiać.

– Poczekaj, teraz nie będę ci więcej pomagać – rzekł Zygmunt. – Sam sobie rób tratwy.

– Nie potrzebuję twojej pomocy.

W końcu jednak pogodziliśmy się, jemu wyschło ubranie i zrobiliśmy drugą tratwę.

Wtedy ja wsiadłem na tą nową i pojechałem, a on na tej pierwszej, ale wpierw rozebraliśmy się.

Teraz jeździliśmy po głębokiej wodzie. On nie umiał dobrze kierować i prawie że stał w miejscu, a ja sobie jeździłem.

– Słuchaj, pomóż mi jechać – poprosił Zygmunt.

Ja przyjechałem do niego i chwyciwszy jego gont zacząłem moim wiosłować i tym sposobem ciągnąłem tratwę Zygmunta.

Nagle jego tratwa się przechyliła, a on do wody. W tym miejscu woda była porządnie głęboka, może było ze 3 metry do dna. Więc ja się patrzę, a jego głowa pokazała się nad wodą i potem znów znikła, i znowu tylko ręce wyciągnęły się nad wodą. Ja z początku zacząłem się śmiać, zobaczywszy, jak on wpadł do wody, ale potem przestraszyłem się, skoczyłem do wody i złapałem Zygmunta za rękę i troszkę go wyciągnąłem nad wodę, a on mnie złapał za szyję i zaczął dusić, ja wtedy nie mogłem tchu złapać i poszedłem z nim pod wodę i o mało się razem z nim nie utopiłem. Chciałem krzyczeć, nie mogłem, chciałem złapać dech, nie mogłem. Nagle nie wiem z czego zrobiło mi się zimno i dreszcz mnie przeszedł, jakaś zgroza mnie opanowała, zmogłem się, chwyciłem Zygmunta za piersi i ile miałem sił pchnąłem go. Ręce, którymi mnie ściskał za szyję, rozplotły się i ja wypłynąłem nad wodę. Znowu chwyciłem Zygmunta i zacząłem płynąć i go ciągnąć, a ten nic ani się ruszył, tylko szedł na dno. W końcu udało mi się go wyciągnąć na brzeg. On wstał, zatoczył się i upadł na ziemię i woda zaczęła mu ciec ustami i nosem. Ja stanąłem na brzegu i nie wiem z czego zacząłem się śmiać nerwowo.

W końcu Zygmunt przyszedł do siebie.

– Ha, już myślałem że jestem na tamtym świecie.

– No, naprawdę to już byłeś jedną nogą, tylko ja złapałem cię za drugą nogę i wyciągnąłem. Żeby nie to, już byś siedział w piekle.

W tej chwili nadszedł Roman

– Wiesz co – rzekłem do niego – Zygmunt o mało co że się nie utopił.

– Naprawdę? – rzekł zdziwiony Roman.

– Tylko Stasio mnie wyciągnął, tratwa się przechyliła...

– I kochany Zygmuś wpadł do wody, ha, ha, ha, i porządnie się wykąpał.

– No ale wiecie co, chodźmy już na obiad – rzekł Roman.

– No chodźmy, już pewnie czas.

– Słuchajcie, patrzcie, tam jacyś ludzie przyjechali się kąpać – rzekł Zygmunt – Chodźmy im powiedzieć, że muszą zapłacić. Może zapłacą, a my za te pieniądze kupimy gwoździ.

– Dobrze, idź im powiedzieć, my na ciebie poczekamy.

Zygmunt poszedł, i niedługo przyniósł 200 Rs.

– Ha, co, zapłacili. Powiedziałem im że kąpanie kosztuje 400 Rs, ale mi tyle nie chcieli zapłacić, to nic, i to dobrze.

Poszliśmy na obiad. Opowiedzieliśmy Cioci, jak to Zygmunt paradnie się skąpał. Po obiedzie poszliśmy kupić gwoździe. Potem znowu zaczęliśmy robić tratwę, jeszcze większą od tamtych dwóch. Może miała ze cztery metry długości, a dwa szerokości. Wszyscy trzej na niej pływaliśmy.

Potem poszliśmy na piniory. Niedługo już nadchodził wieczór.

– Wiecie co, moi panowie, chodźmy teraz rozebrać tratwy i pozanosić deski na miejsce, bo jak Janek zobaczy, to poskarży się Mamie.

Rozebranie tratw zajęło nam z godzinę czasu. Potem poszliśmy urwać trochę pomarańcz na drogę i, wziąwszy nasze manatki, pomaszerowaliśmy do Cioci. Tam zjedliśmy kolację i zabieraliśmy się w drogę.

– Dlaczego tak późno idziecie do domu? – zapytał Wujaszek – Teraz musicie iść po ciemku.

– To nic – rzekłem. – Teraz świeci księżyc.

Zawiązawszy pomarańcze w worku, poszliśmy do Kurytyby.

– Kiedy znowu pójdziemy na Bacacheri? – spytał mnie Zygmunt.

– Nie wiem, może w niedzielę.

– Zrobimy znowu tratwę.

– Pewno.

– Chodźmy zrobić jeszcze większą od tamtej.

– Dobrze, zrobimy.
– Szkoda, że nie wzięliśmy nic piniorów. Prawda?
– Prawda.
– Zajdziemy pewnie o jakiej jedenastej do Kurytyby, prawda Stasiu?
– Co ty, Zygmunt, ciągle gadasz i gadasz, nie wiem, jak ci się takie gadanie nie sprzykrzy.
– Ho, ho, ja mogę przez całą drogę ciągle mówić.
– To sobie mów.
Szliśmy może ze 200 kroków nic nie mówiąc. Wtedy Zygmunt rzekł:
– Stasiu, ale nie mów mojej mamie, że ja się topiłem, bo mnie drugi raz nie puści.
– Dobrze, nie powiem.
– Ani mojej siostrze, bo ona powie zaraz mamie.
– Nie bój się, nie jestem takim gadułą jak ty. Nie powiem.

Polscy ochotnicy

W tym czasie szalała w Europie zawierucha pierwszej wojny światowej. W roku 1917 zaczęła się formować we Francji armia Hallera i przyjechał do Brazylii porucznik Abczyński (późniejszy pułkownik), w celu sformowania oddziału ochotników polskich, za zgodą władz brazylijskich. Ojciec całą duszą oddał się pomaganiu Abczyńskiemu. Ofiarował wielki budynek potartaczny na Bacacheri, który zaadaptował na koszary dla ochotników. Utworzył się Związek Strzelecki[57], przygotowujący polskich ochotników do wyjazdu do Legionów. Ojciec i dwaj moi bracia, Jerzy i Ludek, byli w ciągłych rozjazdach, propagując ochotniczy zaciąg do armii.

Dzisiaj przyszli do nas na Bacacheri strzelcy i ćwiczyli się w strzelaniu. Było ich tam dziewiętnastu. Roman i ja przesiedzieliśmy aż do wieczora u ochotników, dopiero gdy się ściemniło, wróciliśmy na kolację do Wujaszka. Nazajutrz po śniadaniu znowu poszliśmy do ochotników i asystowaliśmy przy ćwiczeniach. Podążaliśmy za drużyną do lasu, tam oni się ćwiczyli, a myśmy się przypatrywali. Pod wieczór kąpali się w stawie i pomaszerowali do Kurytyby, a my za nimi, ale nie uszliśmy daleko, a zaczął padać deszcz. Wtedy Ludek, który należał do ochotników, powiedział, żebyśmy wrócili, bo oni będą lecieć (biec), i też zaraz cała drużyna puściła się biegiem, a my trochę stali, ale potem polecieliśmy za nimi. Deszcz prawie całą drogę padał i ja się dwa razy przewróciłem.

57 Związek Strzelecki powstał w 1910 roku. Komenda Główna organizacji – pod wodzą Józefa Piłsudskiego – mieściła się we Lwowie; podlegała jej m.in. Komenda Zagraniczna. W Galicji, gdzie Związek mógł funkcjonować legalnie i zaopatrywać się w broń, tworzył szkoły oficerskie i podoficerskie. Podczas I wojny światowej członkowie ZS tworzyli trzon Legionów Polskich i działającej w konspiracji Polskiej Organizacji Wojskowej. W 1994 roku reaktywowano organizację, która nawiązuje do tradycji dawnego Związku Strzeleckiego.

W roku 1918 zaczęli wyjeżdżać ochotnicy na wojnę, do armii gen. Hallera we Francji. Pierwszą partię, około trzydziestu ochotników, prowadził brat mój starszy Jerzy. W drugiej partii pojechało około piętnastu, a prowadził pan Julian Malinowski, długoletni redaktor „Polaka w Brazylii", późniejszy podpułkownik WP, człowiek niezwykle prawego charakteru, wielkiego taktu i serca.

Z trzecią partią na wojnę wyruszył mój brat Ludwik. Trafił on do szkoły oficerskiej w Camp du Ruchard[58] i stamtąd w liście z 27 października 1918 r. opisał swoje pierwsze wrażenia:

Ludwik Warchałowski, 1918

Drogi Staśku!

Kilka dni temu otrzymałem Twoją pierwszą kartkę pisaną zaraz po moim wyjeździe. Przysłał mi ją Jerzy z obozu, gdzie się znajduje. Kartka ta to pierwsza wiadomość z domu, jaką otrzymałem w tej pustyni. Nie masz pojęcia jak wielką sprawiła mi przyjemność! Wyżej piszę „na pustyni", bo tu się czuję naprawdę jak na pustyni. Klimat marny, mokro i zimno, a także zimno między mną i kolegami, a to najgorzej. Nie mogę się zżyć z nimi, nie mam zupełnie wrogów, ale co gorsza, przyjaciół. Ich sposób myślenia tak się różni od mego jak ziemia i niebo. Ja nie kłócę się i nie rozprawiam, bo najpierw jestem tutaj najmłodszy, a później źle się na to patrzą.

Roboty mam sporo. Co tydzień urządzamy spacery w zupełnym bojowym rynsztunku, tylko bez naboi i granatów. Spacery te trwają po kilka godzin. Gdy z nich wracamy, to nawet ryż gotowany bardzo smakuje. Pierwszy wymarsz był 15 kilometrów, drugi 18 km, trzeci 21 km, a dalej nie wiem, jak będzie. Wymarsze te nie są wcale takie straszne, jak o nich pisały różne kwadratowe małpy. Ja po nich czuję się bardzo dobrze, choć naprawdę, pierwsze osiem km są nie do wytrzymania, ale jak się człowiek rozejdzie, to przyszedłszy do domu czuje, że może iść dalej bez zmęczenia. Na drugi dzień wstaje się jakby nigdy nic, tylko plecy trochę bolą, ale to drobnostka. Oprócz ćwiczeń musimy uczyć się teorii, to też jest bardzo ważne. Ja niedawno wyszedłem ze szkoły, więc podstawy mam dobre, a z tego wynika, że nauka idzie łatwo. Pamiętaj o tym dobrze, mój Braciszku, że każda rzecz, której dobrze się nauczysz, przyniesie ci bardzo dużo korzyści. Nie próżnuj więc, a ucz się pilnie, bo wyjdzie Tobie na pożytek. Tobie i także naszej Ojczyźnie, gdyż będzie bardzo brakować ludzi uczonych.

Ściskam Cię i całuję bardzo mocno

Twój brat

Ludek

[58] Camp du Ruchard – obóz wojskowy we francuskim departamencie Indre-et-Loire (region Centre).

Ludek nie zdążył pojechać na front. Nim skończył przeszkolenie, przy samym końcu wojny zachorował na hiszpankę[59], która kosiła wtenczas więcej ludzi niż sama wojna. W dniu podpisania zawieszenia broni, na ulicach Tours we Francji, gdzie Ludek był w szpitalu wojskowym, ludzie dostali szału radości i zaczęto wystrzeliwać w powietrze wszystkie pozostałe kule. Chorzy, kto mógł się zwlec z łóżka, rzucili się do otwartych okien patrzeć na widowisko – i brat, dostawszy zapalenia płuc, wkrótce zmarł...

Elektryczność prosto z morza

Po odzyskaniu niepodległości Polski, rodzice zdecydowali się przenieść do Kraju. Mieliśmy na początku 1919 r. wszyscy jechać do Polski, ale rodzice zdecydowali pojechać na razie sami, zostawiając mnie i Romana w Kurytybie. Romana zapisali do internatu, a ja zamieszkałem czasowo u krewnych Dergintów.

Franciszek Dergint[60] był ożeniony z siostrą Stanisława Neymana, z Bacacheri. Miał długą siwą brodę i był niepospolitym człowiekiem. Był znany w rodzinie i między znajomymi jako wynalazca. Spędzał długie godziny nad wykoncypowaniem i wypróbowywaniem dziwnych projektów. Niektórzy uważali go za wariata, innych wprawiał w podziw, jedni odnosili się nieufnie, za to byli tacy, co go wielce poważali. Miał też rozmaite dziwaczne przekonania, jak np. powrót do natury. Nie dał swoim dzieciom imion świętych, jak było ogólnie przyjęte, tylko całkiem niecodzienne imiona: Karima, Biruta, Hala i Dariusz.

Najbardziej okazałymi z jego wynalazków były stabilizator dla samolotów oraz sposób wyciągnięcia energii z fal morza. Dergint urządził publiczny pokaz tego ostatniego wynalazku, na który wysłał zaproszenia dla władz rządowych – i faktycznie przysłali oni swoich przedstawicieli.

Był piękny słoneczny dzień i na plaży zebrała się spora publiczność, oczekująca pokazu z niecierpliwością. Niestety tego dnia morze było nadzwyczaj spokojne, nie tworzyło najmniejszych fal. Kapryśny ocean nie pozwolił na wykazanie swej energii i po trochu rozeszli się wszyscy, nie doczekawszy widowiska.

Ta nieudana próba odbyła się w roku 1919 czy też 1920. Po śmierci Derginta najstarsza jego córka, Biruta, pojechała do Warszawy, żeby przedstawić rządowi polskiemu wynalazek ojca. Na nieszczęście dla niej, nie było wtedy kryzysu ropy naftowej, można było ją kupować, jak mówią Brazylianie, „za cenę bananów", znaczy za bezcen. Tak więc poza ogólną ciekawością nie było ani w Brazylii, ani w Polsce wiele prawdziwego zainteresowania tanią energią produkowaną przez morskie fale.

Co do Biruty, można powiedzieć, że wykazała nadzwyczajną odwagę, inicjatywę i wiarę w wynalazek ojca, pojechawszy do Polski sama, bez posady, tylko z nadzieją na przeprowadzenie swego zamiaru, co niestety nie doszło do skutku. Przez ten okres utrzymywała się

---

[59] Hiszpanka – pandemia grypy, która w latach 1918-1919 zabiła – jak się szacuje – od 50 do 100 milionów osób na całym świecie (według innych źródeł, 20 do 50 mln – dane są mocno rozbieżne). Zachorowało ok. 500 milionów ludzi, czyli 1/3 ówczesnej światowej populacji. Pierwszy przypadek choroby wystąpił w Stanach Zjednoczonych, a skojarzenie z Hiszpanią wzięło się stąd, że kraj ten nie brał udziału w I wojnie światowej, toteż prasa hiszpańska poświęciła pandemii więcej uwagi niż gazety innych krajów, nie cenzurując przy tym informacji. Jak się wydaje, wirus hiszpanki wykazuje podobieństwo do występującego obecnie wirusa ptasiej grypy.

[60] Franciszek Dergint (1858-1937) – inżynier; przybył do Brazylii w 1906 roku. Początkowo starał się uzyskać fundusze na kolonizację polską w tym kraju, ale jego plany nie powiodły się. Po wyjeździe Kazimierza Warchałowskiego do Polski Dergint przejął po nim Księgarnię Polską i gazetę „Polak w Brazylii", wkrótce jednak zmuszony został do ich sprzedaży (zob. „Rodzina Warchałowskich..." oraz przyp. 13, 98). Franciszek Dergint jest autorem dwóch broszur: *Liga, czyli powszechny związek narodów* oraz *Visão vermelha* – będącej krytyką bolszewizmu. (Więcej informacji: *PPB*.)

w Polsce naprawiając maszyny do pisania i do liczenia, czego przypadkowo nauczyła się u nas w księgarni, ze swoim kuzynem, a moim najstarszym bratem Jerzym, który przeszedł taki kurs w Stanach Zjednoczonych, gdyż Ojciec nasz był przedstawicielem Underwooda[61].

Wiele lat później, będąc konsulem w Belgradzie, Jerzy stracił cierpliwość z powodu jakiejś maszyny do pisania w konsulacie, która źle działała. Ku zdumieniu swego personelu, pan konsul z determinacją siadł przy maszynie, rozebrał ją na części i w mig własnoręcznie naprawił.

Plotki

Dla mnie zaczął się jakby drugi etap mojego życia. Mieszkając u Dergintów i czekając na decyzję o wyjeździe, przestałem chodzić do gimnazjum (wszystkie te wahania fatalnie odbiły się na moim wychowaniu), za to zacząłem uczęszczać na lekcje rysunków u włoskiej nauczycielki Giny Bianchi. Miałem lekcje dwa razy na tydzień, po trzy godziny, a jako że nauczycielka miała dość ładną córkę, Biankę, z przyjemnością chodziłem na te lekcje.

Zabawnym zbiegiem okoliczności rozeszło się, że jestem w niej zakochany, a to w ten sposób, że mój kolega Carlos powiedział, abym przyszedł po niego do szkoły rysunków, gdyż po południu miał zacząć malować jedną głowę. Ja przyszedłem i gwiżdżę na niego. Zza rogu wychodzi pani Wasilewska i mówi, oho, to ja stoję pod oknem Bianki i czekam na nią!... I odtąd mnie tym prześladuje i ciągle żartuje i rozpowiada innym. A mnie ani się to śniło!...

Marzenia

Już dwanaście godzin minęło od wyjazdu z Kurytyby, a zdaje mi się, że przed chwilką tam byłem. Tak jakoś w tym mieście smutno, żadnego głosu, wszystko jak wymarłe. Tutejsi ludzie mówią że tu, to jest w Lapa, jest zawsze jednakowo. Przez ulice rzadko kiedy przejdzie jakiś wóz. Miasto wygląda jakby było wymarłe, a przecież jest niemałe.

Przyjechałem razem z kuzynką Birutą Dergintówną w sprawach związanych z księgarnią (Biruta przez wiele lat pracowała w księgarni wraz z mą Matką). Od razu po obiedzie udaliśmy się za interesami. Chodziliśmy od domu do domu (nie do każdego, tam tylko, gdzie były sklepy, które od nas brały towary). Siadaliśmy i rozmawialiśmy. W każdym domu to samo. Trzeba było naprzód przez jaki kwadrans rozmawiać o grypie, później o wojnie, itd. Dopiero po wyczerpaniu wszystkich tematów przystępowało się do interesu. Schodziliśmy tak prawie całe miasto. Przeklinałem na czym świat stoi całą Lapę, wszystkich kupców i interesy, tak mnie to wszystko znudziło.

Naprawdę to ja powinienem był się urodzić przed jakimś wiekiem, a nie teraz. Coś mnie ciągle pcha naprzód w świat – coś mnie woła. Gdy sobie kiedykolwiek pomyślę o jakichś dalekich krainach, to taka mnie chęć ogarnia, aby tam się dostać, że czuję wprost mękę siedzenia na miejscu i wtedy, aby zabić te myśli, muszę koniecznie coś

[61] Underwood Typewriter Company – nowojorski producent maszyn do pisania. Firma powstała w 1874 roku, ale wówczas wytwarzała taśmy do maszyn i kalkę dla Remingtona. Pierwsze maszyny Underwooda – zaprojektowane przez Amerykanina niemieckiego pochodzenia Franza X. Wagnera – trafiły na rynek w latach 1896-1900. Do roku 1939 przedsiębiorstwo wyprodukowało ich już pięć milionów. Co ciekawe, w czasie II wojny światowej Underwood wytwarzał karabinki M1. W roku 1959 firma Olivetti wykupiła pakiet kontrolny udziałów Underwooda, a cztery lata później nastąpiła ostateczna fuzja obu producentów. Ostatnie maszyny do pisania sygnowane nazwą Underwood pojawiły się w latach 80. XX w. w Hiszpanii.

robić, zaczynam się wtedy namiętnie gimnastykować lub biorę się do jakiejś fizycznej pracy. Czasem wychodzę na ulicę i idę przed siebie bez zastanowienia; nie znoszę wtedy żadnego towarzystwa, muszę pozostać sam, chwyta mnie jakaś melancholia, rozmarzenie. Siadam gdzieś w ustroniu i siedzę, siedzę, długo, myśl moja ulatuje gdzieś hen daleko, dusza jakby odrywała się od ciała i oddalała się, uciekała. Gdy się ocknę z takiego zamyślenia, to zdaje mi się, jakbym się zbudził z głębokiego snu. Nieraz pod działaniem jakiegoś silniejszego wrażenia, przeczytanej książki lub rozmowy, gdy idę spać, rozbieram się jak najprędzej, aby się położyć i marzyć. Czasem przychodzi mi na myśl, że może za parę lat mi się to wyda głupie i bezsensowne, ale odpędzam te myśli i znowu upajam się marzeniami o dalekich krainach.

Popisy rowerem

Muszę tymczasem siedzieć w domu. Pozawczoraj bowiem, waląc rowerem z wielką fantazją ulicą, prawdę powiedziawszy, na łeb na szyję, chciałem zakręcić na drugą stronę, ale z wściekłego rozpędu musiałem dać za duże koło i zaczepiłem o trotuar. Stała się wtedy rzecz arcynieprzyjemna, gruchnąłem na ziemię, fiknąwszy przy tym parę koziołków. Witold, który jechał z tyłu, mówił, że niczym akrobata. Nie tracąc fantazji, wstałem zaraz z bruku. Ululałem się w kurzu przepysznie, ale to furda, zaraz przy pomocy Witolda otrzepałem się jako tako. Rowerowi nic się szczęściem nie stało. Jednak i tak z początku zaledwie trochę kolano mnie bolało i ręce, w szczególności zaś lewa w przegubie koło dłoni. Furda, panowie bracia, wsiadłem zaraz i pojechałem, ale pomału ta przeklęta łapa zaczęła puchnąć no i ból się wzmagał z każdą chwilą, w końcu nie mogłem nią zupełnie ruszać. Wieczorem zląkłem się trochę i poszedłem na wszelki wypadek do Dr. Szymańskiego[62]. Nasmarował jodyną i powiedział, że to jakieś rozciągniecie czy nadwerężenie, diabeł w końcu wie co. Na dodatek zaśpiewał, żeby przez jakieś dwa tygodnie nic nią nie robić. Do wszystkich jasności, pomyślałem, pojutrze gimnasty-

[62] Julian Juliusz Szymański (1870-1958) – okulista, naukowiec i polityk. Studia skończył w Kijowie – z wyróżnieniem. Później pracował na tamtejszym uniwersytecie. Studiował także w Europie Zachodniej. Podczas wojny rosyjsko-japońskiej, służąc we Władywostoku jako lekarz, związał się z opozycją antycarską, co uniemożliwiło mu powrót do Polski. By uniknąć represji, salwował się ucieczką przez Japonię do Chicago. Osiedlił się tam na kilka lat, założył rodzinę, pracował i studiował, działając również na polu kultury i edukacji. Zorganizował Polski Uniwersytet Ludowy, był też redaktorem „Dziennika Ludowego". W 1912 roku przyjechał do Parany; założył tam klinikę chorób ocznych. W jej ogrodzie zasadzono drzewa owocowe i dęby wyrosłe z polskich żołędzi, zainstalowano ponadto klatki z przedstawicielami brazylijskiej fauny. Doktor Szymański zajmował się badaniami nad schorzeniami oczu (m.in. jaskry), udoskonalał narzędzia okulistyczne i metody leczenia, napisał też pierwszy portugalski podręcznik okulistyki. Był także wykładowcą na Uniwersytecie Parany. W roku 1918 zaangażował się w walkę przeciwko nowemu prawu, które groziło zamknięciem szkół prowadzonych przez emigrantów. Trzy lata później powrócił do ojczyzny; kontynuował swą pracę naukową i uniwersytecką, nie rezygnując z działalności na polu kontaktów polonijnych. Dał się również poznać jako polityk. Wybrany do senatu II kadencji, został jego marszałkiem; funkcję tę pełnił w latach 1926-1930, do chwili rozwiązania parlamentu. W 1929 roku założył Towarzystwo Brazylijsko-Polskie im. Ruya Barbosy, po wojnie działające jako Towarzystwo Polsko-Brazylijskie. Po II wojnie światowej, w której stracił pod bombami cały swój majątek, uchodząc przed komunizmem znów wyjechał do Brazylii. Mimo podeszłego wieku nadal leczył ludzi. Do Polski wrócił na dwa lata przed śmiercią. Doktor Szymański był honorowym członkiem uczelni w wielu krajach i autorem ok. 130 prac naukowych. (Więcej informacji: *PPB*.)

ka, a tu trzeba siedzieć w chałupie! No jednak trudno, trzeba się w końcu zgodzić z przeciwnościami losu.

W nocy to mi tak zaczęło dokuczać, że mało co spałem; co się na który bok przewrócę, to jakby kto nożem poczęstował, i tak źle, i tak niedobrze.

Dzisiaj jednak poprawiło się znacznie, więc wieczorem poszedłem z Ciocią i kuzynką Birutą do p. Salmonowiczowej, która ma trzy córki. Nie wiem, kiedy nauczę się rozmawiać z pannami, bo gdy trafię na jaką nie bardzo rozmowną, to siedzimy jak słupy i ani rusz, ani w prawo, ani w lewo, a jak się kiedy wyrwę z czym, to później muszę godzinami sobie wymawiać głupotę.

Podróż do Rio de Janeiro

W sobotę o wpół do siódmej poszedłem z Darkiem na stację; po drodze spotkałem Sylwestra, który przyszedł mnie odprowadzić. Rozmawialiśmy, idąc razem na stację, o „Sokole"[63] i o przyszłym przywitaniu posła polskiego w Kurytybie, na którym Sokoły (do których ja należałem) mieli zrobić kilka popisów, jako to ustawienie piramidy itd. Na stacji spotkałem również Witolda, który także przyszedł mnie pożegnać. Prawda to, że wyjeżdżałem na dwa lub trzy tygodnie najwyżej, ale zrobiło mi wielką przyjemność przybycie tych kolegów, aby mnie pożegnać.

Gdy pociąg ruszył, zrobiło mi się tak błogo na sercu... Miałem już przed dwoma tygodniami wyjechać do Rio na przywitanie rodziców wracających z Polski. Była to pierwsza moja podróż do Rio de Janeiro, pociągiem przez São Paulo, i już miałem wszystko gotowe do drogi, jak również pożegnałem się ze wszystkimi, gdy wtem w ostatniej chwili spadła na mnie jak grom depesza, zwiastując mi najstraszniejszą jaka może być wieść – aby wstrzymać mój wyjazd na czas nieokreślony!... Wściekłość, rozpacz, zawód zawładnęły moim sercem, trudno sobie wyobrazić, aby naprawdę dla tak błahej przyczyny, jaką było wstrzymanie wyjazdu, tak rozpaczać. Jednak dla mnie było to wtenczas straszne.

Najpierw podarłem list, który właśnie pisałem do mojego przyjaciela, następnie rzuciłem krzesło w kąt. W końcu siadłem na łóżku i zacząłem rozmyślać, jaką śmierć sobie zadać. Czy palnąć sobie w łeb z browninga[64], czy też skoczyć z trzeciego piętra na bruk? Nie mogłem się ani rusz zdecydować, i to właśnie uratowało mnie od tragicznej śmierci.

Trudno, trzeba było wypić ten kielich goryczy... Położyłem się do łóżka i z rozpaczy – zasnąłem.

[63] Polskie Towarzystwo Gimnastyczne „Sokół" – organizacja utworzona w 1866 roku we Lwowie, wzorowana na czeskiej. W Polsce pod zaborami miała trudne warunki, co nie przeszkodziło jednak jej prężnemu rozwojowi. Przed I wojną światową liczyła kilkadziesiąt tysięcy członków. Byli oni zrzeszeni w tzw. gniazdach i okręgach; prym wiódł „Sokół" krakowski. Działał w nim m.in. Stanisław Rowiński, który zapoczątkował tworzenie drużyn polowych, mających przygotowywać młodzież do walki o niepodległą Polskę; około tysiąca ich członków weszło w skład Brygady Legionów Polskich znanej jako „Żelazna". W 1915 roku szwadron ułanów, rekrutujących się z Oddziału Konnego krakowskiego „Sokoła", wykonał zwycięską szarżę pod Rokitną. Do „Sokoła" należał też Henryk Jordan, który zapoczątkował trend wykonywania ćwiczeń gimnastycznych na powietrzu. Tworzył on parki i place zabaw, dziś nazywane ogródkami jordanowskimi. Reaktywowane Towarzystwo Gimnastyczne istnieje do dziś.

[64] Browning – typ pistoletu samopowtarzalnego zaprojektowanego przez północnoamerykańskiego konstruktora różnych rodzajów broni palnej, Johna Mosesa Browninga (1855-1926).

Och, jak długo wlokły mi się chwile w oczekiwaniu na depeszę, aby nareszcie wyruszyć w podróż...

Na koniec nadszedł ten upragniony kawałek papieru, w którym już naprzód układałem sobie że będzie: *Siga imediatamente*. (Jedź natychmiast.) Wziąłem w rękę depeszę jak cacko najdrogocenniejsze, otwieram ostrożnie, czytam i – rozdzieram telegram na dwoje. Cóż zawinił biedny telegram, że go taki straszny los spotkał?

Co zawinił? Niech go wszyscy diabli ze skóry obedrą, niech go wścieklizna, nosacizna... O! Boże!! Cóżem zawinił, że mnie tak ciężko karzesz?

Wyrzuciłem krzesło do drugiego pokoju i znów usiadłem na łóżku. Moja nadzieja, radość prysły jak bańka mydlana, w depeszy stało jak byk... *Mande programa quarto ano, lista livros* – To mój brat telegrafował, aby mu posłać program z czwartego kursu uniwersytetu i listę książek!

I znów wlokły mi się dni ospałe, nudnie, ciężko. Sekundy zdawały mi się latami, a minuty wiekami. O! Jaki ten świat marny, nieznośny, zły, nie – stanowczo trzeba położyć kres swej egzystencji. Rewolweru nie miałem przy sobie, a drzwi frontowe były zamknięte na klucz, który był w posiadaniu mego ciotecznego brata Darka.

Co tu robić? Czy otruć się zapałkami, czy powiesić na sznurze od firanki – byłem niezdecydowany i znowu to niezdecydowanie zachowało mnie przy życiu.

W dwa dni potem, znowu jest depesza. O, teraz już nie jestem głupi, nie cieszę się, nie raduję, staję się obojętny jak głaz, te przeklęte telegramy, niech je diabli porwą, tylko nieszczęścia sprowadzają, serce mi jednak bije i tłumiona radość i nadzieja zalewa je. Otwieram depeszę, czytam: *Embarque vg telegraphe chegada Rio – Jorge* – „Jedź, zadepeszuj przyjazd Rio – Jerzy".

Marszczę brwi i rzucam krzesłem w kąt, ale nie ze złości, o, nie!

Niech te telegramy wszyscy diabli, mruczę pod nosem, ale zarazem chwytam depeszę i zaczynam z nią tańczyć po pokoju, następnie fikam koziołka – celuję w tym, gdyż ciągle fikam koziołki w Sokole!

Jadę błyskawicznie po poręczy schodów na dół i wszystkim ogłaszam nowinę z wielką powagą. No! Otrzymałem depeszę, aby szykować się do podróży. Wszystko miałem gotowe, więc nie miałem dużo do roboty, dzień ten przeleciał mi jak z bicza trzasł.

No i ruszył pociąg, a w nim Jego Wielmożność, ja! Na peronie widziałem jeszcze długi czas Darka, Witolda i Sylwestra. W końcu znikli mi oni z oczu.

Jechaliśmy bardzo wolno, gdyż były razem trzy pociągi ciągnione przez jedną maszynę – jeden szedł aż do São Paulo, drugi tylko do Ponta Grossa, a trzeci miał się oddzielić w Serrinha, ażeby pójść na południe do Rio Negro.

Krajobrazy nie nęciły mnie, gdyż znałem je dobrze z poprzednich pobliskich podróży, więc wyciągnąłem gazetę z kieszeni i zatopiłem się w czytaniu.

Pociąg toczył się po szynach z hukiem, dygocąc cały i podskakując, że trudno było utrzymać się na stojąco. Linie kolejowe w Brazylii są strasznie kręte, a to dlatego, że inżynierowie brali wynagrodzenie od kilometra, więc, kręcąc w niemożliwy sposób linią, zarabiali tym sposobem więcej. Z tego powodu pociąg co chwila się przechylał to jednym, to drugim bokiem i skutkiem tego jeden z kuferków leżących nad głowami podróżnych spadł komuś na łeb i ten ktoś narobił wrzasku, przerywając mi czytanie. Nie sądzone jednak mi było mieć dużo wrażeń tego dnia, gdyż chwile upływały spokojnie i jednostajnie.

W Ponta Grossa zjadłem obiad i wyruszyliśmy około pierwszej. Odtąd zaczęła mnie więcej ciekawić podróż, gdyż pierwszy raz tędy jechałem.

Na stacji Jaguaraíva zjadłem kolację. Już ściemniało i podróż stawała się strasznie nudna. Chciałem kupić w Kurytybie miejsce leżące, ale już wszystkie były wykupione, musiałem więc spać na siedząco. Noc była nadzwyczaj zimna, a krzesła i poręcze były twarde i niewygodne. Noc ta wydała mi się długa jak wieki, ale jak wszystko ma swój kres, tak ta noc w końcu się skończyła. Witałem z radością pierwszy brzask dnia, jako koniec męki i utrapienia.

Byliśmy już na ziemi stanu São Paulo, częściej teraz było widać banany, palmy i plantacje kawy. Do stolicy São Paulo przyjechaliśmy około 11 godziny. Tragarze zaczęli się natręcać, więc wziąłem jednego i na chybił trafił pomaszerowałem do jakiegoś hotelu.

Zjadłem obiad w hotelu z kilkoma młodzikami cały czas rozmawiającymi o futbolu. Po obiedzie poszedłem na miasto. Z początku włóczyłem się bocznymi uliczkami, które były prawie tak szerokie jak główne ulice w Kurytybie i dziwiłem się, że na nich tak mało ruchu. Dopiero po niejakim czasie zaszedłem w centrum miasta, a mianowicie na ulicę São Bento. Tutaj porwał mnie szalony ruch. Przyzwyczajony do niezbyt wielkiego ruchu, jaki jest w Kurytybie, nie mogłem się z początku poruszać. Trotuary zapełnione były przechodniami świątecznie ubranymi. Pośrodku ulicy ciągnęły się sznury automobili i tramwajów przepełnione publicznością. Pomału zacząłem się oswajać i nabierać odwagi.

Nad brzegiem trotuaru siedziało blisko trzydziestu oberwańców czyścibutów z pudełkami. Wyczyściłem więc buciki i ujrzawszy na jednym z tramwajów napis „Ipiranga" wskoczyłem do niego i pojechałem. Wiedziałem ze słyszenia i z opisów, że Ipiranga było to muzeum wzniesione na miejscu, gdzie Don Pedro I ogłosił wolność kraju od Portugalii, stając się pierwszym cesarzem Brazylii[65].

Muzeum mieściło się we wspaniałym gmachu na wyniosłym wzgórzu, z którego roztaczał się widok na miasto. Wszedłem do środka za tłumem, jak i ja łaknącym zobaczyć różne dziwy z zamierzchłej przeszłości.

Od razu w pierwszej sali uderzył moje oczy widok olbrzymich kości jakiegoś przedpotopowego zwierzęcia. Miałem niewiele czasu, więc przechodziłem sale, patrząc

---

[65] W roku 1807, chroniąc się przed Napoleonem Bonaparte, ówczesny regent Portugalii książę João przeniósł swój dwór do Rio de Janeiro. Tym samym miasto położone w portugalskiej kolonii stało się na 13 lat stolicą imperium. João nie kwapił się do powrotu do Europy nawet po przegranej Napoleona; w 1816 roku – po śmierci chorej umysłowo królowej Marii I, w imieniu której sprawował władzę – koronował się na króla. Cztery lata później powrócił jednak do metropolii, bojąc się, że ją utraci; w Portugalii, podobnie jak w innych krajach Europy, wybuchały zamieszki i rewolucje skierowane przeciwko rządom absolutystycznym. Pozostawił w Brazylii swego syna Pedra jako regenta. Kolonia, w międzyczasie podniesiona do rangi równorzędnego z macierzą królestwa, nie mogła już jednak wrócić do dawnej podległości. Wobec coraz silniejszych tendencji separatystycznych Brazylii parlament portugalski (tj. Kortezy) usiłował nakazać Pedrowi powrót do kraju. Jak pisze historyk Marcin Kula: „Pedro dowiedział się o tych decyzjach 7 września 1922 r., gdy znajdował się w drodze z Santos do São Paulo. Nad rzeczką Ipiranga dopadł go posłaniec z wiadomościami. Przywiezione wraz z decyzjami Kortezów listy od José Bonifacio [ministra królestwa i spraw zagranicznych – przyp. ZJ] i żony Pedra Leopoldyny zachęcały do nieustępliwości. Pedro stanął na brzegu rzeki, której nazwa dzięki temu zbiegowi okoliczności weszła na stałe do podręczników dziejów Brazylii, i – czując na sobie wzrok Historii – zawołał: »Niepodległość lub śmierć!«" Dnia 1 grudnia Pedro koronował się na cesarza niepodległej Brazylii. (Więcej informacji: Marcin Kula, *op. cit.*)

pobieżnie na ich zawartość. Najwięcej mnie zachwyciły sale ze śliczną kolekcją wyrobów i broni Indian brazylijskich. Oprócz tego było dużo innych sal ze zbiorami minerałów, wypchanych zwierząt i ptaków. W jednej z sal wisiał olbrzymich rozmiarów obraz przedstawiający Don Pedro I okrzykującego niepodległość Brazylii. Jednak potem w Rio widziałem daleko ładniejsze zbiory w tamtejszym muzeum.

W Rio de Janeiro spotkałem rodziców w Hotel dos Estrangeiros oraz widziałem się z Jerzym, który pracował w polskiej ambasadzie w Rio.

Ojciec, dostawszy od rządu polskiego jakąś czasową misję w Brazylii, osiadł w Rio de Janeiro, a ja wróciłem z Matką do Kurytyby.

Praca w redakcji

Jako reprezentant Komitetu Narodowego w Paryżu, który był przez aliantów uznany za tymczasowy rząd polski, Ojciec przeprowadził przy pomocy ambasadora francuskiego starania u ministra spraw zagranicznych Nilo Peçanha[66], co zostało uwieńczone uznaniem przez Brazylię niepodległości polskiej. W archiwach Itamaraty[67] znajduje się cała dokumentacja związana z tym faktem. Było to najważniejsze dzieło polityczne mego Ojca.

Dopóki Ojciec był zajęty tymi sprawami i był ciągle w rozjazdach, Matka przez długi czas zajmowała się interesami, a nawet mnie jako szesnastoletniego chłopca zaprzęgnięto do redakcji tygodnika „Polak w Brazylii".

Dzisiaj przez cały dzień prawie tłumaczyłem depesze. Jednak przed obiadem znalazłem godzinkę wolną i, wziąwszy rower, wio na Bacacheri z Witoldem. Mama też pojechała tam z jakimś panem i Birutą, z powodu interesów. Gdy wróciłem, zjadłem obiad, zrobiłem konektę i tłumaczyłem jakiś czas znowu depesze i kronikę. Będąc porządnie zmęczony, powiedziałem Mamie, że już pójdę, na to Mama zapytała się, czy dużo depesz przetłumaczyłem, ja odpowiedziałem, że dwie, na to Mama zaczęła okropnie się gniewać, że to ja nic nie robię, itd., itd.

Mnie, ma się rozumieć, jakoś niesmaczno się zrobiło, bo miałem jeszcze sporo kroniki przetłumaczonej, a co do depesz, nie to, żebym nie chciał, ale naprawdę nie było takich, które by były warte umieszczenia w „Polaku". Myślałem, że Mama sama mi każe już iść, a tu tak, jakbym był z żelaza! Okropnie nie lubię wymawiania, a to, że ja sobie pozwalam na przyjemności, a to, a owo, a później to nawet nie możesz się pofatygować cośkolwiek zrobić... Ostatecznie myślę, że przecież każdy chłopak musi się choć trochę rozerwać...

66 Nilo Procópio Peçanha (1867-1924) – prawnik, polityk, mason, a przede wszystkim prezydent Brazylii w latach 1909-1910. W swej karierze był także prezydentem stanu Rio de Janeiro, senatorem, wiceprezydentem kraju, a w roku 1917 ministrem spraw zagranicznych.

67 Itamaraty – Ministerstwo Spraw Zagranicznych Brazylii. Mieści się w Pałacu dos Arcos w stolicy kraju, Brasílii. Modernistyczny budynek, zaprojektowany przez Oskara Niemeyera, powszechnie znany jest jako Palácio Itamaraty – na cześć poprzedniej siedziby ministerstwa w byłej stolicy, Rio. Ów neoklasyczny gmach, o którym pisze tu Warchałowski, należał wcześniej do hrabiego Itamaraty; w indiańskim języku guarani *ita* oznacza 'kamień', a *maraty* –'kolor czerwony'. Dziś mieści m.in. archiwum historyczne.

Pierwsza przygoda: konno przez lasy parańskie

Autor, w wieku 17 lat,
w lasach stanu Parana

Rodzice polecili mi odebranie, w głębi Parany, zaległości za prenumeraty „Polaka w Brazylii" oraz długów za towar z księgarni. W tym celu odbyłem trzymiesięczną podróż konno po Paranie (w trójkącie Kurytyba-Porto União-Prudentópolis), która była pierwszą Wielką Przygodą w moim życiu. Miałem wówczas 17 lat i podróżowałem z rewolwerem przy pasie, według ówczesnego zwyczaju. Z rachunkami księgarnianymi w teczce, jeździłem po różnych zakątkach Parany, z miasta do miasta, z kolonii na kolonię, przez lasy i pustkowia.

Koń szedł truchta, potrząsał łbem, parskał i z fantazją wyrzucał kopyta, wzbijając za sobą kłęby kurzawy. Wieczór się zbliżał, słońce rzucało ostatnie promienie, złocąc wierzchołki drzew, które jak królowie dumnie uniosły swe korony nad gęstwą puszczy.

Jakiś spokój tchnął z udającej się na spoczynek natury, wlewając do mej duszy jakby balsam ukojenia. Taki spokój duszy obcy jest ludziom wielkiego miasta, można go uzyskać tylko na łonie natury, czerpiąc go z niej dowolnie.

Ptaki chowały się na spoczynek. Słychać tylko było trzepot ich skrzydeł i ostatnie śpiewy, rozpływające się w ciszy. Nagle dobiegły mnie jakieś dalekie, ledwo dosłyszalne odgłosy. Z początku zlewały się w jeden ton, ale stale się zbliżały i stopniowo rozróżniłem wołania i przeciągłe gwizdy. Koń mój nastawił ucho, potem strzygąc to jednym, to drugim zaczął nasłuchiwać, na koniec nastawił obydwa, podniósł łeb, wciągnął powietrze i zarżał. W dali odezwało się rżenie w odpowiedzi.

Dosłyszałem teraz wyraźnie przeciągłe gwizdy, coś w rodzaju wycia i krzyki: *Volta, burro!* (Wracaj, ośle!)

Tah! Tah! Tah! Taaaah, taaah, tah! Tah! Tah! – rozbrzmiewało w ciszy wieczornej.

To troperzy pędzili stado.

Na zakręcie drogi zamajaczył jeździec i dało się słyszeć dźwięczny odgłos dzwonka zawieszonego u szyi końskiej. Dostrzegłem małego chłopaka, jadącego na klaczy; przejechał koło mnie, rzucając ciekawe i bojaźliwe spojrzenie w mą stronę.

Jest to zwykły sposób u *cabocli*, że gdy pędzą stado koni lub mułów, sadzają na klaczy młodego chłopaka. Klacz taka – zwana *madrinha*[68] – z dzwonkiem zawieszonym u szyi, prowadzi całe stado. W ten sposób zapobiegają oni odłączaniu się zwierząt, zarówno w drodze, jak i na popasach, gdyby bowiem kilka sztuk zbiegło do lasu, trudno by było bardzo je odszukać, gdyż lasy ciągną się w nieskończoną dal. Muły tak się przywiązują do takiej matki, że nie ma najmniejszej obawy, że mogłyby ją opuścić.

---

[68] *Madrinha* (port.) – matka chrzestna; termin ten odnosi się poza tym nie tylko do klaczy, jak w opisywanej sytuacji, lecz również do mulicy czy krowy, która w identyczny sposób prowadzi stado (odpowiednio, mułów lub bydła).

Za chłopakiem jak potok wylało się całe stado, muły i konie biegły pomieszane, kwicząc od czasu do czasu i gryząc się między sobą. Zobaczywszy nieznanego jeźdźca, niektóre z nich stawały, wpatrując się ze zdziwieniem i strachem i – schowawszy ogon – pomykały bokiem. Kilka skręciło nawet w bok, ale troperzy krzykami *volta burro*[69] i razami batów z byczej skóry zaganiali je nazad. Było ich około dziesięciu, przeważnie siedzieli na mułach. Ubrani byli w wielkie kapelusze filcowe lub słomiane i w buty z krótkimi cholewami, przy których sterczały wielkie ostrogi. Spod kurtek wychylały im się stalowe lufy rewolwerów i długie noże.

Twarze ciemne, ogorzałe na słońcu, niektóre nawet bardzo sympatyczne, wyzierały spod szerokich rond. Oczy czarne, błyszczące, o dzikim trochę wyrazie, spozierały podejrzliwie na obcego jeźdźca.

– *Boa tarde.*

– *Boa tarde.*

Każdy ze mną zamienił te dwa słowa, gdyż był to powszechny zwyczaj, żeby każdego spotkanego pozdrowić.

Przejechali, długo jeszcze było słychać ich wołania i gwizdy, tupot nóg końskich i słaby odgłos dzwonka. Wreszcie ucichły w oddali, a pozostała dawna cisza. Noc zapadała. Ciemność opanowała ziemię, kryjąc w mroku puszczę. Jakiś strach i tajemniczość szły z mroków leśnych.

Nagle – koń zastrzygł uszami i rzucił się raptownie w bok. Zachwiałem się na siodle, ale ściągnąłem go lejcami, wtem usłyszałem w gąszczu jakieś kroki, szelest łamanych gałęzi... Ucichło.

Wyrwałem rewolwer zza pasa, zimny pot mnie oblał, uczułem również drżenie konia.

Szelest, który na chwilę ucichł, odezwał się znowu bliżej.

Świsnąłem batem, koń drgnął raptownie i skoczył jak szalony, pomykając z kopyta. Biegł długi czas, w końcu wstrzymałem go, jakiś żal mnie ogarnął.

Dlaczego nie zostałem – pomyślałem sobie; może to tygrys, morowo by było tak się z nim spotkać. Ech! Tchórz jesteś Stasiu, zwiałeś, że aż się kurzyło!

Wzrok mój padł na nieprzebytą tajemniczą ścianę leśną. No, nim ja bym go ujrzał w tej gęstwinie, to już by mi na karku siedział, a strzelać na chybił trafił to by było trochę głupio.

Ruszyłem dalej, koń szedł już z wolna, zmęczony całodzienną podróżą, gdyż jak wyjechałem z rana, to tylko w południe zatrzymałem się na trzy godziny na popas w czasie najgorętszym.

Co? Do choroby! Mówili mi że na wieczór zajadę do osady, a tu pustki, koń zmęczony, warto by już było gdzieś spocząć. W brzuchu kiszki marsza mi grają, dobrze by tak było zapełnić pustości brzuchowe, rozmyślałem paląc papierosy, jeden za drugim, gdyż roje komarów unosiły mi się nad głową, urządzając niezbyt harmonijny dla mego ucha w takiej chwili koncert.

Niedługo już jednak jechałem, aż ujrzałem w końcu światełko w oddali, przejechałem koło jednego domu, następnie koło drugiego. Trzeci z kolei wydał mi się podobnym do *vendy*[70]. Zajechałem więc do płotu i zlazłem z konia, z przyjemnością rozprostowując strudzone i zesztywniałe członki.

– *Ó, de casa!*[71] – zawołałem na cały głos, klaszcząc w dłonie.

---

[69] *Burro* (port.) – osioł; termin ten może odnosić się także do muła.

[70] *Venda* (port.) – niewielki sklep o zróżnicowanym asortymencie. Słowo to może oznaczać także karczmę, zajazd.

[71] *Ó, de casa!* (port.) – Hej, tam w domu! Okrzykiem tym anonsowano w Brazylii swe przybycie; gość, zapowiadając się wołaniem, zapewniał tym samym właściciela domu o swych pokojowych zamiarach.

Psy zaczęły ujadać, przybiegłszy ku ogrodzeniu; rzucały się z zajadłością w mą stronę. Drzwi otwarły się i z domu wyszedł jakiś człowiek.

– Dobry wieczór – rzekłem.

– Dobry wieczór – odpowiedział.

– *Amigo*[72], czy ja bym mógł tu przenocować? Jechałem cały dzień, koń zmęczony już mi ustaje, późno...

– Z przyjemnością bym dał panu nocleg – odparł nieznajomy – ale nie mogę. Nie mam ani miejsca w domu, ani portery[73] dla konia.

– Głupstwo, panie. Jakoś zaradzimy. Różnie bywa w podróży a ja do niewygód jestem przyzwyczajony. Macie tu pewno jaką szopę, to się wyśpię, a konia weźmiemy na *sogę*[74]. Popasie się trochę, a jutro mu damy kukurydzy i będzie dobrze.

– Kukurydzy nie mam, w szopie śpią teraz świnie...

– Ależ, proszę pana, czy pan myśli, że ja jestem jaki bandyta?... Przecie musisz pan gdzieś, u diabła, mieć miejsce!

– Różni się teraz włóczą. Kto tam wie, a ja miejsca nigdzie nie mam.

Złość mnie zaczęła brać, wyjąłem papierosa, żeby – zapalając go – zaświecić zapałkę i zobaczyć oblicze niegościnnego człeka i ażeby on mógł również mnie obejrzeć. Potarłem, światło poraziło mnie z początku, ale spojrzałem ku nieznajomemu.

Spojrzałem i... Dreszcz mi przebiegł po ciele. W błysku zapałki ujrzałem twarz, która wydała mi się potworna. Zamiast nosa czerniała jama, co nadawało jej okropny wyraz. Zapałka zgasła, a ja w jednej chwili znalazłem się na siodle.

– Trudno, jak pan nie chcesz mnie przyjąć na nocleg, to pojadę dalej – rzekłem szybko, ruszając wyciągniętym kłusem naprzód.

Pogrążyłem się znowu w ciemnościach nocnych, ale twarz tego człowieka nie schodziła mi z oczu.

Przypomniała mi się rozmowa z jednym kolonistą:

– Skąd też tu mogli się wziąć trędowaci? – zapytałem.

– Nie wiadomo, jest ich w Brazylii stosunkowo spora liczba. W różnych miejscowościach istnieją całe kolonie trędowatych. Choroba ta istnieje nie tylko u biednych mas, ale nawet między bogatymi. W miejscowościach, gdzie pan będziesz przejeżdżać, istnieje kolonia tych nieszczęśliwych. Pewnego razu jeden Polak, lekce sobie ważąc niebezpieczeństwo, zabrał po trędowatym płaszcz i buty. Z biegiem czasu dostał trądu. Ponieważ i tak mieszkał na uboczu, więc koloniści nie przeganiali go. Przychodził on nieraz do kolonii i kiedyś nawet chciał sprzedać masło, ale – ma się rozumieć – nikt nie chciał kupić. Umarł on w okropnej nędzy i nawet o tym nikt nie wiedział, więc ciało jego zgniło i zostały tylko kości. Chatę po nim podpalono i na tym się skończyło. Widziałem parę razy trędowatych, ale różne są u nich objawy. U jednych odpadają nosy, palce u rąk i nóg i tworzą się rany, które goją się i powstają w innym miejscu; innym gnije ciało, a niektórzy dostają tylko sinych plam na skórze.

---

[72] *Amigo* (port.) – przyjaciel.

[73] *Portera – spolszczony termin portugalski porteira, 'brama';* tu chodzi zapewne o drąg lub kratę do przywiązywania koni.

[74] *Soga* (port.) – lina.

Rozmowa ta stanęła mi przed oczyma i tak wryła się w mózg, że choć się nadludzkim prawie wysiłkiem starałem przezwyciężyć i nie myśleć o tym, nie mogłem, jak szatan krążyła mi ona nad głową, wpijała się szponami i rozdrażniała mnie do najwyższego stopnia.

Jakby wszystkie złe demony uwzięły się na mnie tego dnia, na domiar złego niebo się zachmurzyło i zaczął mżyć kapuśniaczek. Ciemno było i nie widziałem zupełnie drogi, która po większej części szła przez las.

Byłem tak znużony, zmęczony wrażeniami dnia i do tego głodny, że po prostu zasypiałem na siodle. Koń wlókł się noga za nogą.

Spać na ziemi w lesie było niepodobieństwem bez narażenia się na febrę lub reumatyzm, gdyż ziemia była przesiąknięta wilgocią i deszcz, choć drobny, mżył nieustannie. Do tego mogły być rozmaite węże i inne robactwo.

Pokrzepiałem się jednak nadzieją, że w końcu może gdzieś dojadę.

Koń mój, czując, że nim zupełnie nie kierowałem i lejce były opuszczone, skręcił w bok na dróżkę, która prowadziła do rzadkich zarośli; las tutaj w ogóle był rzadki.

Trawa tak nęciła zgłodniałego i zmęczonego konia, że stanął i zaczął się spokojnie paść. Ja się ocknąłem, spojrzałem – nigdzie żadnej drogi.

Rozpacz mnie ogarnęła, przeklinałem na czym świat stoi całą tą podróż.

Skierowałem konia w jedną stronę, aby odszukać drogę – nic, w drugą stronę – drogi ani śladu.

Do wszystkich diabłów rogatych – zabłądziłem!

Żeby ktoś w tej chwili zjawił się tutaj i obrabował mnie ze wszystkich pieniędzy, ani bym się ruszył, gdyby mnie chciał zamordować; czułem, że nie miałbym ani siły ani chęci się bronić.

Było mi wszystko jedno. Chciałem tylko spać.

Skierowałem konia w jedną stronę i ruszyłem przed siebie. Niechaj mnie prowadzi, gdzie chce, rzekłem sobie i – zdając się na łaskę instynktu wierzchowca – kiwałem się na siodle.

Gałęzie biły mnie po rękach i twarzy, kolce rozdzierały mi odzienie. Nie czułem bólu, było mi obojętne, choćby całe ubranie zleciało ze mnie.

Koń przedzierał się przez las z trudnością, przełaził przez powalone pnie. Wtem w jednym miejscu zaczął raptownie lgnąć. Biedne zwierzę, szamocząc się i rzucając w błocie, zapadało się coraz głębiej. Jakby jakiś krzyk o ratunek wydarł mu się z piersi, zaczął chrapać...

Przed chwilą jeszcze myślałem sobie, że gdyby mnie ktoś chciał zamordować, poddałbym się bez obrony, ale gdy naprawdę przyszła chwila niebezpieczeństwa, gdy śmierć jakby lodowatym tchnieniem mnie owiała, jakiś instynkt samozachowawczy obudził się we mnie i dodał mi sił.

Wiedząc, że koń nie mógł razem ze mną wydostać się z błota, zsunąłem mu się po zadzie w mgnieniu oka – i choć z początku sam ulgnąłem powyżej kostek – chwyciłem za lejce i zacząłem z całej siły ciągnąć wstecz. Koń rzucił się w tył i – pozbawiony ciężaru jeźdźca – obrócił się i po paru jeszcze szarpnięciach wylazł na brzeg.

Poczułem wtedy, jak jakieś omdlenie mnie ogarnęło, jakby mnie coś zamroczyło i siły mnie zupełnie opuściły, oparłem się o konia, który jeszcze drżał, i pociągnąłem ręką po czole. Poczułem, że czoło było zupełnie mokre od potu zimnego jak lód.

Kiedyś, gdym był mały, wpajała mi Matka w duszę zasady religii, ale później z biegiem czasu poczucie religijności prawie że zamarło we mnie. Nie modliłem się, rzadko bywałem w kościele. Ale w tej chwili pomyślałem sobie o Bogu. Spojrzałem w niebo i zdawało mi się, że Matka Boska Częstochowska spojrzała na mnie z czarnej otchłani niebios, tymi oczyma czarnymi, pełnymi jakiejś dobroci i miłości, takim wzrokiem, jak na mnie patrzyła z obrazka, który wisiał u wezgłowia, gdym był dzieckiem i klęcząc na łóżku odmawiałem do niej pacierz.

Wsiadłem na koń i ruszyłem dalej. Długo jeszcze jechałem, aż na koniec poczułem raczej niż zobaczyłem, że koń wyszedł na jakąś drogę. Poczułem, jak uderzył kopytami w twardą ziemię.

Odetchnąłem.

Psy odezwały się w oddali, koń szybciej ruszył, wiedziony widać instynktem, czując, że zbliża się pora spoczynku.

Za chwilę byłem już koło opłotków jakiejś farmy. Zacząłem klaskać i wołać, długo jednak musiałem czekać, nim ukazał się mieszkaniec, który mnie gburowato przywitał. Zobaczyłem, że w ręku błyszczała mu lufa rewolweru.

Zacząłem go prosić, prawie błagać o nocleg.

Z początku zbywał mnie odpowiedziami, że nie ma miejsca i nie może, itd.

Zauważyłem jednak akcent jak gdyby mowy polskiej.

– Czy pan Polak? – zapytałem.

– Tak – odpowiedział.

– Tak! To pan Polak – zirytowany, wsiadłem z perorą na niego. – To taka gościnność Polaków, którzy nie chcą przyjąć rodaka. Widzisz pan przecież, że nie jestem żadnym zbójem, ale podróżnym, zabłądziłem w lesie, nie mogłem drogi znaleźć, tułałem się całą noc, a pan byś chciał, żebym na dworze u progu przenocował, a... ładnie!

Zmiękczony wyraźnie taką mową, kolonista zapytał:

– A ktoś pan jest?

– Warchałowski, z Kurytyby.

– Czy krewny Kazimierza, tego, co ma „Polaka"?

– Syn, rodzony syn.

– A! Warchałowski z Kurytyby, no, no! Kto by się ta spodziewał, no chodźże pan do chałupy.

Po chwili siedziałem już przy ognisku, pociągając *chimarrão*, gorzki napój z *erva-mate*, a koń chrupał kukurydzę w szopie.

Stary krzątał się po izbie, mrucząc:

– No, no! Starego Warchałowskiego kto by tam nie znał. Pamiętam, gdyśmy to jeszcze w barakach stali na emigracji, to ja ta chodziłem do niego. Dobry był stary, rady porządne dał i pomoc dał, no!... No!... A pan żeś syn, kto by to się spodziewał, w takich borach po nocy. A co tam ojciec robi tera?

– Po staremu „Polaka" wydajemy. Nie czytasz pan?

– Czytałem, czytałem, ojoj, porządna była gazeta, ale tu poczta daleko w miasteczku, trudno teraz. Pojedzie się parę razy do kościoła na rok, to i to dużo.

Nazajutrz zbudziłem się późno, przeciągnąłem się na baranich skórach, na których jeździłem na koniu i które mi służyły za siennik. Wstawać mi się nie chciało, przez otwarte okno świeże powietrze napływało do izby, przynosząc ze sobą woń lasów i śpiew ptaków...

Polskie kolonie

Kolonie w Brazylii nic nie przypominały polskich wsi. Były to drogi, wzdłuż których leżały „szakry" – spolszczone słowo *chácara*, czyli farma[75]. „Szakier" miał przeważnie po 42.500 m^2; ogółem były to gospodarstwa 50-hektarowe – powiedzmy na przykład, 100 m na 425 m. Czyli

[75] *Chácara* (port., z języka keczua, *chacra*) – gospodarstwo rolne w Brazylii. Współcześnie termin ten oznacza także dom letni.

w najlepszym razie sąsiad był o 100 metrów oddalony, czasami bliżej, gdy „szakry" były po obu stronach drogi, ale często i dalej.

Rozrzucenie gospodarstw na tak dużej odległości rodziło brak możliwości jakiegokolwiek życia kulturalnego. Trzeba sobie wyobrazić, jak wielka była ofiara posyłania dzieci do szkoły oddalonej o szereg kilometrów, po rzadko uczęszczanych drogach.

Życie społeczne tożsame było z religijnym. Tam ksiądz był ośrodkiem pomocy, porady i opieki. Nie było wtedy szkół brazylijskich na koloniach i sami koloniści często opodatkowywali się na utrzymanie szkół. Inteligent polski, albo z przekonania, albo jako ostatnia deska ratunku, przyjmował posadę nauczyciela na zapadłej kolonii. Nieraz wpadali w konflikty ksiądz i nauczyciel, bo nierzadko nauczyciel był lewicowcem, który uciekał przed represjami carskimi.

W niedziele kolonista przysposabiał wóz. Rodzina odświętnie ubrana, kolonistki z charakterystycznymi barwnymi chustkami na głowie, jechali do tzw. *sede*, to jest centrum kolonii, gdzie był kościół, kilka *vend* (sklepików), szkoła (o ile istniała) i kilka domów administracji brazylijskiej. Z tych ośrodków powstały później miasteczka, jak São Matheus, Rio Claro, Mallet i wiele innych.

Wozy, przeważnie czterokołowe, otaczały kościół. Uprząż koni bardzo często świadczyła o pochodzeniu z takiej czy innej dzielnicy kraju.

Po mszy mężczyźni szli do pobliskich *vend* na zalanie robaka *cachaçą*[76], a kobiety kręciły się koło kościoła, rozmawiając na babskie tematy.

Kilka słów o emigracji polskiej

Pierwsi wychodźcy polscy przybyli do Brazylii w r. 1869, wraz z falą emigracyjną niemiecką. Korzyści z osiedlenia się w krajach południowoamerykańskich rozumieli od dawna Niemcy i Włosi, którzy coraz bardziej opanowują te regiony pod względem ekonomicznym. Przedstawiciele tych narodowości jednak, jako też i prawie wszystkich innych, jadą za morze w celu najkorzystniejszego zarobku, nie przywiązując do ziemi zbytniej wartości, gdy chłop polski przeciwnie – w pierwszym rzędzie łaknie kawałka swojego gruntu.

Kolonista polski przybyły na ziemię brazylijską dostawał od rządu działkę spłacaną ratami, na której szumiała dziewicza puszcza. Nieobeznany z warunkami życia w krajach gorących, nieznający fauny i flory nowego otoczenia, cierpiał straszną nędzę. Otrzymawszy narzędzia rolnicze i skąpy zapas żywności, kolonista polski stawał przed wielkim zadaniem, którego miał dokonać. Musiał wystawić sobie dom i wykarczować las, ażeby stworzyć dopiero jakie takie warunki egzystencji. O niedoli początkowej polskiego kolonisty można by było mówić nieskończenie. Jednakże niezłomna wola i wielka odporność przeważnie zwyciężała – i po latach znojnej pracy kolonista stawał się właścicielem ziemi, miał własny dom, krowy, konie, ostatecznie stając się mniej lub więcej zamożnym gospodarzem.

Polski kolonista zawsze jednakowoż dążył do prowadzenia swego gospodarstwa na wzór tego, do jakiego był przyzwyczajony w swojej ojczyźnie, to jest dążył do uprawy pola pługiem i do hodowania produktów europejskich. Toteż wszystkie stare kolonie, szczególnie w pobliżu Kurytyby, przypominają dzisiaj osady europejskie. Na miejscu dawnych puszcz dziewiczych kołyszą się łany zboża i można ujrzeć te wszystkie produkty, jakie i u nas w Polsce.

---

[76] *Cachaça* (port.) – typowy brazylijski napój alkoholowy uzyskiwany z trzciny cukrowej – a konkretnie z fermentacji, a potem destylacji *garapy* (soku z trzciny) lub melasy.

Jednakże o wiele większe korzyści przedstawia gospodarka rabunkowa, stosowana przez tubylców, a mianowicie karczuje się las i gdy wyschnie, pali się go, ażeby w popiele, kijem zaostrzonym na końcu, robić otwory i wrzucać w nie ziarna kukurydzy i fiżonu (czarnej fasoli), najpopularniejszych tutejszych produktów. Zebrawszy plony, zostawia się to miejsce na przeciąg kilkuletni odłogiem, a przez ten czas pali się i ścina las w innym miejscu i tak po kolei. Trzeba dodać, że niemożliwe jest całkowite wycięcie lasu, gdyż powalenie olbrzymich drzew zabrałoby za dużo czasu i wysiłku, poprzestaje się jedynie na wycięciu podszycia oraz mniejszych drzew.

Kolonista polski, z czasem, dostosowawszy się do warunków miejscowych, chętnie sprzedaje swoje gospodarstwo, które ostatecznie doprowadził do stanu przypominającego mu gospodarstwo w Polsce – i uchodzi dalej w lasy, gdzie za bezcen kupuje większe obszary ziemi i tam już gospodaruje tak, jak mu odbyta praktyka wskazuje, celem osiągnięcia największych korzyści. Szczególnie chętnie postępuje w ten sposób drugie pokolenie, wychowane i przystosowane do tutejszych warunków.

Trzeba wziąć pod uwagę też i hodowle. Otóż kolonista na starej kolonii może trzymać tylko ograniczoną liczbę krów i koni, gdy na większych obszarach może hodować całe stada, tym bardziej, że bydło cały rok pasie się na stepie i nie potrzeba go wiele doglądać.

Ogromne korzyści mają jeszcze koloniści z *erva-mate*, czyli herbaty brazylijskiej, która rośnie dziko w lasach i o ile na terenie który kolonista otrzymał od rządu znajdowała się *erva*, to mógł z niej ciągnąć znaczne zyski. Szczególnie były w ten cenny produkt bogate kolonie w okolicach São Matheus.

Ażeby odczuć i zrozumieć ogrom tragedii polskiego wychodźcy, przedstawiony przez Marię Konopnicką w *Panu Balcerze*[77], trzeba podkreślić pozostawienie polskiego chłopa – jak również polskiego inteligenta – swojemu losowi, bez żadnej opieki. Opieka konsulatów była raczej formalna. Rządy zaborcze wcale nie miały najmniejszego interesu w tym, ażeby Polacy prosperowali i dorabiali się za granicą.

Brak nastawienia polskiej inteligencji do handlu i techniki także nie pomagał w rozwinięciu się polskiego stanu posiadania. Sklepy i wszelkiego rodzaju interesy były w rękach Włochów, Niemców i Portugalczyków. Rdzenni Brazylianie zadowalali się wtedy administracją kraju, który dopiero ugruntował nowy ustrój republikański i oczywiście nowy model gospodarczy.

Wspaniały epos Konopnickiej i wiele innych książek przedstawiło gehennę kolonisty polskiego i jego walkę o byt w sertonach brazylijskich[78] w sposób, który raczej każe uważać przeciętnemu czytelnikowi za błąd wyjechanie polskiego chłopa za ocean. Jednakże przeciętny kolonista dzisiaj posiada ziemię, dom ze stajnią i stodołą, wozy, konie, krowy, w ogóle to, co posiada w Polsce zamożny gospodarz. Posiadaczom gospodarstw nie opłaci się sprzedawać swego dobytku i szukać szczęścia za morzem, ale ci, którzy w Polsce nic nie mieli, mogli zawsze liczyć na to, że po trudach i biedzie, które musi przejść każdy początkujący, mieli zawsze widoki niezależnego bytu.

---

[77] *Pan Balcer w Brazylii* – poemat epicki ukazujący negatywne strony emigracji, a zarazem nadmiernie upraszczający obraz życia polskich imigrantów w Brazylii – Konopnicka wszak nie znała tamtejszych realiów. Dzieło ukazywało się we fragmentach; powstawało w latach 1892-1909, a wydanie książkowe opublikowano w 1910 roku.

[78] *Sertão* (port.) – odludzie, bezludzie, pustkowie; zwykle termin ten odnosi się do północno-wschodniego regionu Brazylii, ale oznacza też interior kraju. We wspomnieniach polskich imigrantów słowo to występuje zazwyczaj w formie „serton".

Na Bairro Alto[79] jakiś polski szlagon[80] kupił *fazendę* i chciał z rozmachem gospodarować. Oczywiste fiasko. Tylko ci, co zaczynali od zera i ciężką, długoletnią pracą, powoli dostosowywali się do nowych warunków, dorabiali się i rozwijali interesy. Nawet Portugalczycy, którzy przecież mówili tym samym językiem, tylko wieloletnią pracą i wytrwałością dorabiali się lepszego bytu.

Brazylia mogła fascynować i pociągać najrozmaitszego rodzaju ludzi z wszelkich środowisk. Kraj nowy, nieznany, o wspaniałej roślinności tropikalnej, oferujący jeszcze tajemnicze obszary, gdzie stopa białego człowieka nie postała. Poza tym gorączka złota, złuda łatwego wzbogacenia się, atrakcja Ameryki Północnej wywierały swój wpływ, gdyż Brazylia była w Ameryce i niejeden utożsamiał dwa tak odległe od siebie kraje. Gdy w r. 1921 przyjechałem do Kraju, często ludzie uważali, że w Brazylii kursują dolary lub pytali, czy się nie znało takiego a takiego, co mieszka w Chicago.

Dlatego też nieraz motywy wyjazdu były jak najbardziej fantastyczne. Kłótnie, zawody miłosne czy nieporozumienia rodzinne. W Brazylii polski inteligent, nie mając oparcia i możliwości w nieistniejących prawie polskich przedsiębiorstwach, miał w zasadzie dwie możliwości urządzenia się, a mianowicie: przy robotach mierniczych (czasami przy budowie kolei), gdzie ciężkie warunki pracy odstręczały Brazylian, albo obejmując – na ogół bardzo źle płatną – posadę nauczyciela.

O wiele łatwiejsze było urządzenie się dla polskich rzemieślników, przeważnie doskonałych fachowców – stolarzy, krawców, szewców. Jak Kiliński w Warszawie, tak na obczyźnie szewcy prawością swego charakteru świecili przykładem pracy społecznej. Rodziny Dynarowskich, Walerki-Barańscy itd., to były ostoje polskości. W oparciu o rzemieślników zaistniały polskie towarzystwa. Już wtedy istniały Towarzystwa Kościuszki i „Sokoła" w Kurytybie, później zostały zawiązane inne, zawsze jednak trzonem ich był stan rzemieślniczo-robotniczy.

Podróż do Roguskich

Podczas mojej wyprawy jako komiwojażera księgarni, znalazłem się w hotelu pani Bilskiej, w mieście Porto União, nad rzeką Iguaçu. Siedziałem właśnie przy kolacji w hotelu, gdy we wchodzących do sali jadalnej nowych gościach rozpoznałem znajome mi twarze. Pan Witold Roguski[81], właściciel wielkich terenów w stanie Santa Catarina, człowiek w sile wieku, blondyn o spiczastej szwedzkiej bródce; Łopuszyński[82] z młodą nadobną żoną i synkiem oraz jakąś *dame de compagnie*[83].

---

79 Bairro Alto – dziś: jedna z dzielnic Kurytyby, położona w jednym z wyższych punktów miasta (stąd jej nazwa, dosł. „Wysoka Dzielnica").

80 Szlagon – lekceważące określenie niewykształconego szlachcica z prowincji.

81 Witold Aleksander Ostoja Roguski (1883-1921) – inżynier z Warszawy. Zwerbowany do armii carskiej i wysłany do Mandżurii, wraz z kilkoma przyjaciółmi zdezerterował i postanowił znaleźć schronienie w Brazylii. Zatrudniony przy budowie linii kolejowej São Paulo-Rio Grande, na odcinku União da Victoria-Marcelino Ramos, zasłużył sobie na miano wybitnego specjalisty. W 1912 roku podjął pracę mierniczego w stanie Parana. Dwa lata później osiadł w miejscowości Catanduvas, gdzie zgromadziło się wokół niego wielu znamienitych rodaków. Po wojnie w Contestado (zob. przyp. 46) zrobiło się tam bardzo niespokojnie – po okolicy grasowały bandy kryminalistów zwanych *jagunços*. Roguski wraz z innymi Polakami sami zorganizowali obronę Catanduvas. W maju 1921 roku, podczas napadu *jagunços*, Roguski został ciężko ranny w głowę. Konieczne było przewiezienie go do szpitala; na zaimprowizowanych noszach przetransportowano go na najbliższą stację kolejową, co trwało sześć godzin. Wysłano po niego specjalny pociąg. Niestety w drodze wielki inżynier zmarł. (Więcej informacji: *PPB*.)

82 Chodzi zapewne o Jana (João) Łopuszyńskiego, przemysłowca z grupy Polaków zgromadzonych wokół Witolda Roguskiego.

83 *Dame de compagnie* (fr.) – dama do towarzystwa.

Miło jest spotkać znajomych, gdy się jest z dala od domu, więc ucieszyłem się ogromnie.

– Widziałem się z pańskimi rodzicami w Kurytybie – rzekł do mnie pan Roguski. – Zgodzili się, żeby pan pojechał do mnie.

– Naprawdę? – zawołałem, tłumiąc radość w sobie. Będąc zaproszony poprzednio przez p. Roguskiego do dalekiego Contestado[84] (ziemie sporne między stanami Parana i Sta. Catarina), prosiłem przed wyjazdem rodziców o pozwolenie na skorzystanie z tak zachęcającego zaproszenia.

– Ależ tak, może pan być najzupełniej pewnym, a więc jutro jedziemy.

Zostawiłem mego konia pod opieką pani Bilskiej i na drugi dzień raniutko, ledwo świt różowił niebo na wschodzie, zbudzony przez służącego, spakowałem skromny mój bagaż i pojechałem na stację.

Swego czasu, Porto União da Victoria, leżące na lewym brzegu rzeki Iguaçu (na której to rzece istnieje jeden z wielkich wodospadów świata, Santa Maria, większy od Victorii na rzece Zambezi)[85], stanowiło jedną całość, później jednakże – gdy ziemie sporne zostały podzielone między dwa stany – miasto też zostało rozdwojone. Szyny kolejowe najdłuższej w owym czasie drogi żelaznej w Brazylii, São Paulo – Rio Grande, stanowiły granicę między stanami oraz granicę miast. I nazwa została podzielona na połowy, dawne Porto União da Victoria dzieli się na Porto União, należące do stanu Santa Catarina, i União da Victoria, w Paranie.

Przez rzekę Iguaçu, w tym miejscu równającą się szerokości mniej więcej Wisły pod Warszawą, przechodzi linia kolejowa po wspaniałym żelaznym moście. Niestety nie ma mostu dla komunikacji pieszej i kołowej. Wozy lub konni podróżni zmuszeni są przebywać rzekę promem, stada bydła pędzone przez *vaqueiros* (odpowiednik amerykańskiego kowboja) z dalekiego Rio Grande lub ze stepów Palmas, do Kurytyby lub São Paulo, przebywają rzekę wpław.

Od rana do jakiejś czwartej po południu przebiegał pociąg przez puszcze Santa Catarina. Maleńkie stacyjki, składające się z zaledwie kilku domków, były położone nieraz po kilka godzin jedna od drugiej. Z zaciekawieniem spoglądałem na niepozorne dworce. Wszak to było osławione Contestado, teren ciągłych rewolucji i walk bratobójczych. Sporny obszar o powierzchni 48 tysięcy km^2, rozciągał się za rzeką Iguaçu. Spór o dzikie stepy prowadziły między sobą Parana i Sta. Catarina przez 51 lat (1865-1916), aż w końcu został zażegnany przez rząd brazylijski podziałem tych ziem.

Wszak to tu przed paru laty miały miejsce straszne rzezie, gdy fanatycy, atakowani przez wojska federalne w swoich głównych siedzibach, rozpierzchli się po stepach i zbrojnymi watahami napadali na osady, niszcząc wszystko i mordując. Stacja Calmon została spalona, a ludność w pień wycięta. Ogromny tartak północnoamerykańskiej kompanii Lumber Co.[86] spalono i zniszczono. Temu samemu losowi uległa stacja São João.

Wszak to tu działy się zdarzenia przejmujące zgrozą, a krew płynęła strugami. Tutaj odbył się znany napad na pociąg, którym przybyło mieszkańcom na odsiecz wojsko federalne z União. Kilkudziesięciu żołnierzy zostało pomordowanych i poległ kapitan Mattos Costa. Kupiec Schina został zamordowany, a żona jego została zmuszona, przy leżącym trupie, gotować

---

84 Zob. przyp. 46

85 Zob. przyp. 4. Wodospady Wiktorii (afrykańska nazwa: Mosi-oa-Tunya) – spektakularna kaskada wody na rzece Zambezi, na granicy Zimbabwe i Zambii. Spada z wysokości ok. stu metrów z bazaltowego progu, a rozciąga się na długości 1.700 m. Jest jednym z największych wodospadów na ziemi i należy do najważniejszych atrakcji turystycznych Afryki. Wodospady Wiktorii znajdują się na liście dziedzictwa światowego UNESCO.

86 Warchałowski opisuje tu wydarzenia z czasów wojny w Contestado (zob. przyp. 46). Lumber Co. to Southern Brazil Lumber & Colonization Company, przedsiębiorstwo północnoamerykańskie, którego rabunkowa eksploatacja tutejszych lasów była jednym z powodów wybuchu wojny.

i podawać kawę bandytom pod groźbą zakatrupienia jej dzieci. Półdzicy *cabocle* pastwili się w bestialski sposób nad mieszkańcami.

Jednakże jak piękne były te okolice! Pociąg sapał i biegł przez góry porośnięte wspaniałą puszczą, tajemniczo chroniącą swych głębi skłębionym murem zarośli i pnączy. Spuszczając się z wyżyny górskiej, pociąg biegł po dolinie rzeki Rio do Peixe, co prawda niewielkiej, ale tworzącej malownicze wodospady i bystrzyny.

Stacja Herval, kres naszej podróży kolejowej, leżała w dolinie otoczonej niewielkimi górami. Na stacji czekała nas pani Roguska ze służącym Jurkiem.

Stanęliśmy w hotelu i przed wieczorem, korzystając z bliskości rzeki, poszedłem się wykąpać. Rzeka (Rio do Peixe) była płytka i usiana kamieniami. Szukając dogodnego miejsca do kąpieli, nastąpiłem tak nieszczęśliwie na jakiś ostry kamień, że rozkrajałem sobie głęboko nogę. Chciałem już zrezygnować z kąpieli i wracać do hotelu, lecz nim doszedłem do miejsca, w którym leżało ubranie, spadł ulewny deszcz. W zapale kąpielowym nie spostrzegłem, że nadciągnęły ołowiane chmury i wielkie krople dżdżu zaczęły ciec po moim ciele. Ubrałem się szybko, lecz nim się dowlokłem do hotelu, gdyż zraniona noga uniemożliwiła mi prędką ucieczkę, zostałem zmoczony do nitki.

Niewielki hotelik tak był nabity gośćmi, że zmuszony byłem spać na strychu. Szczęściem służący p. Roguskiego, który przyjechał z końmi z Cruzeiro – miejscowości, w której zamieszkiwał pan Roguski – przyniósł mi na strych siodło oraz *pelegi*, na których, strudzony podróżą, smacznie zasnąłem. Trzeba powiedzieć, że kulbaka brazylijska, dostosowana do dalekich podróży, może służyć jako wygodne łoże. Nieodzownym pokryciem kulbaki było *pelego*, puszysta barania skóra. Więc siodło pod głowę, czapraki i *pelegi* pod siebie i gotowe królewskie spanie, szczególnie, gdy się dzień spędziło na grzbiecie wierzchowca. Przecież *vaqueiro* nieraz całe życie sypia na łożu z własnego siodła.

Rano kłopot. Konie przyprowadzone z Cruzeiro gdzieś uciekły. Przez kilka godzin trwało szukanie śladów zbiegłych wierzchowców. Przeszukawszy okoliczne lasy, w końcu udało się nam je odnaleźć, okazało się jednak, że dla mnie nie ma konia. Nie trudno jednak o konia w miejscach, gdzie nie można inaczej podróżować jak na siodle. Znalazł się więc i dla mnie – znajomy pana Roguskiego wziął lasso, podjechał do stada pasącego się na łące i zręcznym rzutem pochwycił białego w czerwone plamy konika. Kłopoty tego dnia na tym się jednak nie zakończyły. Okazało się, że jeden dziki muł nie daje nałożyć na siebie *cangalhas*. Są to widełki z surowej skóry i drzewa, które wkłada się na grzbiet muła, ochronionego przedtem nakrywką z plecionej słomy. Z każdego boku muła zawiesza się potem zaczepione o te widełki kosze plecione z bambusa, w których Brazylianie wożą *erva-mate*, kukurydzę lub inne towary.

Wreszcie udało się założyć *cangalhas*, ale gdy Józiek, służący pana Roguskiego, starał się założyć na widełki kosze z pakunkami pp. Łopuszyńskich, którzy przyjechali z Kurytyby, ażeby osiedlić się w tych stronach, muł rzucał się jak wściekły, gryzł i kopał. Wspólnymi siłami udało się nam objuczyć dzikie zwierzę. Spętano mu tylne nogi, ja pochwyciłem za uździenicę i za biały nos szczerzącego zęby muła, pan Roguski z Józkiem zaś, każdy z jednej strony, założyli mu juki na grzbiet.

Z tych nieprzewidzianych powodów wyruszyliśmy dopiero około południa, to jest w najgorszym czasie, gdy słońce dobiega zenitu i pali niemiłosiernie. Z Hervalu do Cruzeiro były 24 kilometry. Droga, a raczej ścieżka, którą kabukrzy pędzą *tropy,* wiodła przez góry i jary. Przebywaliśmy w bród strumienie, wspinaliśmy się na wzgórza nieraz tak strome, że koń musiał się po prostu wdrapywać, a jeździec wisiał mu nad szyją.

Nasza podróż była bardzo urozmaicona i wesoła, gdyż niektóre osoby po raz pierwszy siedziały na siodle. Jazda konna szczególnie dawała się we znaki służącej pani Roguskiej, która zdecydowała się jechać z Kurytyby w dzikie Contestado. Teraz przeklinała swoją decyzję, starając się utrzymać równowagę na damskim siodle podczas karkołomnej drogi.

W owym roku nad Paraną i Santa Catarina wisiała klęska szarańczy, która wyrządzała olbrzymie szkody kolonistom. Wyjeżdżając z Kurytyby, chodząc po ulicach rozgniatałem szarańcze, a i tu spod kopyt mego konia pierzchały chmary tych owadów.

Pierwszy nasz postój wypadł w miejscowości zwanej Três Casas; na drodze wiodącej z Hervalu do Cruzeiro były tylko dwa osiedla, zwane Três Casas (Trzy Domy) i Quatro Casas (Cztery Domy). Tyleż właśnie nędznych chałupek kaboklerskich stanowiło osady.

W pobliżu Três Casas, nad strumykiem, rozłożyliśmy się na popas. Akurat w tym czasie kilku *caboclów* pędziło tędy swoją *tropę* jucznych mułów. Zwierzęta wychowane w puszczach i stepach, snadź nieprzywykłe do wesołego grona Kurytybian, pierzchały na wsze strony, nie mając odwagi przejść koło nas, pomimo wysiłków *cabocli*. Uginając się pod ciężarem juków, muły podchodziły do nas, strzygąc uszami i bojaźliwie nam się przyglądając. Przy najmniejszym jednak ruchu któregoś z nas skakały raptownie w bok i uciekały w gęste zarośla bambusowe. Musieliśmy w końcu odejść kilkanaście kroków dalej, ażeby dać *caboclom* możność przepędzenia stada.

Po odpoczynku ruszyliśmy w dalszą podróż. Znudziło mi się jednak zbyt powolne tempo jazdy i puściłem się naprzód po nieznanej ścieżce. A trzeba znać drogi brazylijskie i mieć specjalny „węch" podróżniczy, ażeby nie zbłądzić na nikłych, wąskich ścieżynach, często rozchodzących się w różne strony. Ano, i zbłądziłem.

Nie wiedziałem jednak z początku o tym, więc wesoło pogwizdując i przyglądając się stadom małych papużek z wrzaskiem przelatujących nade mną, jechałem sobie dalej. Po niejakim czasie posłyszałem przed sobą głosy ludzkie i parskanie koni. Zbliżywszy się, zobaczyłem całą rodzinę brazylijską jakiegoś bogatego fazendera, która – jak się później dowiedziałem – wracała z Hervalu do domu. Wszyscy na koniach. Trzy kobiety, zręcznie kierując lejcami, jechały z gracją na damskich siodłach.

Pomimo zmartwienia, gdy dowiedziałem się, że zmyliłem drogę i będę musiał znacznie nadłożyć drogi, byłem zadowolony, gdyż spod słomianego kapelusza jednej z panienek, ozdobionego barwną czerwoną wstążeczką, spoglądały czarne śliczne oczy i powabna smagła twarzyczka powitała mnie miłym wyrazem. Lecz i to towarzystwo miało kłopot. Ojciec trzymał na siodle przed sobą malca, a piękne córki musiały porać się z objuczonym mułem. Właściciel wielkich uszu odznaczał się dziwnym lenistwem. Gdy go pędzono przed sobą, skręcał nieustannie w bok; gdy go ciągniono za sobą, opierał się całym swoim i swego ładunku ciężarem. Pospieszyłem więc z pomocą „damom", mieszkankom dzikiego *sertão*, za co otrzymałem miły uśmiech i czułe spojrzenie czarnych oczu. Gdy się zaś dowiedziały, że jestem z Kurytyby, spoglądały na mnie wprost z zachwytem.

Chcąc okazać, że Kurytybianie też umieją się obchodzić z mułami, ująłem leniwe zwierzę za uzdę i ciągnąłem je za sobą, gawędząc z córami Contestado. Jednak gorzko się okupiłem; rzemień, za który ciągnąłem muła, po prostu wpijał się w ręce i wkrótce tak się zmordowałem, że przeklinałem spotkanie na czym świat stoi. Za dumny, by okazać zmęczenie wobec kobiet, wysilałem się i ciągnąłem tego piekielnego kłapoucha, ciągnąłem z całej siły, aż ręce mi mdlały ze zmęczenia.

Na koniec męki moje skończyły się, gdy wskazano mi ścieżkę, którą musiałem jechać dalej. Pożegnałem się z przygodnym towarzystwem, podając rękę wszystkim po kolei. Nie myślcie broń Boże, że całowałem damy z Contestado w rączki – o, nie! W Brazylii nie ma w ogóle zwyczaju całowania kobiet po rękach. Spod słomianego kapelusza pożegnało mnie powłóczyste spojrzenie. Zapewne dziewczyna podziwiała w duszy tego Kurytybianina, który tak dzielnie ciągnął leniwego muła! Obolałymi rękoma skłoniłem się z gracją i pojechałem w swoją drogę. Zmęczenie osładzało mi to spojrzenie pięknych oczu, których jednak już nigdy więcej nie ujrzałem.

Napotkałem po drodze *cabocli*, wałęsających się po lesie i obcinających gałęzie *erva-mate*. Wskazali mi dalszą drogę, więc poganiałem mego łaciatego wierzchowca. W pewnym miejscu ujrzałem Józka, który widać poszedł w moje ślady, wyprzedzając towarzystwo. Trzymał na siodle przed sobą małego synka pp. Łopuszyńskich. Powiedział mi, że już niedługo dojedziemy do kresu naszej podróży.

Puściliśmy się więc galopem po krętej i nierównej ścieżce wiodącej przez las, prześcigając się nawzajem. Niewątpliwie postępowaliśmy za lekkomyślnie, galopując w ten sposób z małym dzieckiem – i rezultat był taki, że nagle na zawrocie koń Józka potknął się, a on razem z chłopczykiem wylecieli z siodła, padając na ziemię tuż przed olbrzymim pniem piniora. Struchlałem z przerażenia, gdyż głowa dziecka musnęła po prostu korę drzewa. Troszkę bliżej, a śmierć groziłaby malcowi, który – leżąc na ziemi – z początku oniemiał z przestrachu, wodząc zdziwionymi oczkami dookoła, a po chwili, uświadamiając sobie, co zaszło, zaczął wniebogłosy płakać. Uspokoiliśmy malca i wsadziliśmy go znowu na siodło, podziwiając głośno niebezpieczeństwo, na jakie był narażony i wmawiając mu, że jeździec powinien jednak wstydzić się upadku z konia i szczególnie nie opowiadać tego kobietom. W ten sposób wmówiliśmy weń, ażeby nie opowiedział o wypadku, gdyż w takim razie Józka czekała sroga nagana.

Około piątej byliśmy w miejscowości Catanduvas, gdzie znajdował się dom pana Roguskiego, położony w kotlinie otoczonej górami porośniętymi puszczą. Dzieliła Catanduvę od miasteczka Cruzeiro wielka góra, u podnóża której szumiał mały potok.

Zastałem tam Czesława Mryczkę, dawnego przyjaciela z Kurytyby, który był nauczycielem dzieci pp. Roguskich, oraz mego kolegę z gimnazjum Janka Grabskiego[87], który pracował u notariusza w Cruzeiro. Miło mi upłynął czas w wesołym towarzystwie. Zwiedziłem z nimi Cruzeiro i wstąpiliśmy do klubu brazylijskiego, skąd dochodzące dźwięki tang i fokstrotów zachęcały do zabawy. Widok na sali balowej był dość osobliwy, gdyż mężczyźni tańczyli z rewolwerami przy pasie, w butach z ostrogami i z kolorowymi chustkami z jedwabiu na szyi.

Owocna działalność pana Roguskiego na polu kolonizacyjnym wydała swoje rezultaty, gdyż w Cruzeiro było już dużo Polaków. Spotkałem tam również brata Cioci Mary, Kazimierza Karmana, który – mając żyłkę włóczęgowską – zwiedził kawał świata, włącznie z Ameryką Północną.

Pan Roguski miał na wychowaniu Murzynka Gumercindo, wcale nieźle mówiącego po polsku, chodź z przedziwnym akcentem. Brzeskefinia – mawiał Gumercindo o brzoskwiniach, i często sobie podśpiewywał:

Pod Kamieńcem pod Podolskim
Stoi Turek z swoim wojskiem!

Po parudniowym pobycie w Catanduvie wybrałem się w podróż do Irani z Jankiem i Cześkiem, aby zobaczyć Władka Grabskiego, brata Janka, który tam rozmierzał ziemię.

---

[87] Jan Grabski (1901-1976) – prawnik i nauczyciel akademicki. Dyplom prawa uzyskał w roku 1928; będąc jeszcze studentem, uczył w szkole prowadzonej przez Janinę Kraków (zob. przyp. 23) oraz przez wspominanego przez Warchałowskiego Stanisława Słoninę. Później był m.in. notariuszem, szefem policji, sędzią wojskowym, profesorem prawa, pierwszym prezesem Centralnego Związku Polaków (w ogóle udzielał się w polonijnym ruchu związkowym). Za czasów autorytarnej prezydentury Getúlio Vargasa, jako sympatyk idei Nowego Państwa, współpracował z rządem Brazylii.

Janek Grabski, późniejszy prawnik i człowiek, który w swym życiu pełnił różne wybitne funkcje państwowe, miał też zamiłowanie do przygody, jak zresztą i Czesiek Mryczka, który jakiś czas potem towarzyszył Kazimierzowi Karmanowi w wyprawie w głąb Parany, na dorzecza Ivaí, aż do wielkiego wodospadu Salto de Sete Quedas na rzece Parana (tam gdzie obecnie Brazylia z Paragwajem do spółki wybudowały największą elektrownię na świecie)[88].

Miałem więc dobranych towarzyszy – i pojechaliśmy, ja na małym kabukierskim muliku, Janek na mule p. Roguskiego, a Czesiek na ogromnym starym dryblasie białym.

Na stepach Irani otoczyła nas zbrojna wataha, gdyż jeszcze trwała tam długoletnia wojna z fanatykami. Najedliśmy się strachu, i nie bez powodu, bo w rok czy dwa później został zabity w napadzie na Catanduvas szwagier Janka Grabskiego, Ostoja Roguski.

Poza tym incydentem nasza podróż odbyła się szczęśliwie. Wróciwszy do Catanduvas, pożegnałem się z Roguskimi i pojechałem z powrotem pociągiem do Porto União.

Przydrożny szynk

I.

W tamtych czasach bardziej się opłacało pędzić stada bydła ze stanu Rio Grande do Sul do São Paulo, niż przewozić je koleją. Pociągi towarowe chodziły wtedy tak wolno i nieregularnie, że straty w czasie przewozu koleją bywały nieraz większe niż przy pędzeniu bydła chociażby nawet miesiącami. Istniała wtedy droga, a raczej ścieżka, którędy rokrocznie szły stada bydła, pędzone przez *vaqueiros*. Trakt ten prowadził przez góry, lasy i stepy, a mniej więcej co kilkadziesiąt kilometrów były na nim szałasy dla spoczynku *vaqueirów* lub gospody, a raczej szynki, gdzie mogliby napić się wódki z trzciny cukrowej – brazylijskiej *cachaçy* – i zaopatrzyć się w najniezbędniejsze towary.

Gospody takie były rozrzucone po trakcie w znacznej odległości jedna od drugiej, najczęściej jednak o dzień drogi, aby podróżni mogli znaleźć po całodziennej podroży dach nad głową i ogrodzenie dla konia. Niewielkiej wygody można się było u nich spodziewać. Cała gospoda składała się zazwyczaj z budy, dla której nazwa domu byłaby niezwykłym zaszczytem, podzielonej na dwie lub trzy izby. Jedna służyła jako salon przyjęć dla gości podróżnych, a pozostałe jako mieszkanie rodziny gospodarza. Oprócz tego w nieznacznej odległości od gospody wznosiły się budynki gospodarskie, a mianowicie szopa czyli *paiol*[89], służąca jako miejsce składu produktów i ubogiego sprzętu gospodarskiego.

Na trakcie, zwanym Estrada de Palmas, często rozlegały się okrzyki *vaqueirów* pędzących stada bydła, koni i mułów ze stepów rozciągających się setkami kilometrów wokoło miasteczka Palmas, aż na rynki większych miast, jak Kurytyba i São Paulo.

Koło União da Vitória bydło musiało przepływać szeroką rzekę Iguaçu i często właściciele ponosili straty przy przeprawie, gdyż słabsze sztuki porywał prąd. O kilkanaście kilometrów za rzeką stała przy trakcie gospoda grubego Mulata José Benedito da Costa Ribas.

---

[88] Salto de Sete Quedas, zwany też Salto de Guaíra, był największym wodospadem na świecie, jeśli idzie o ilość przetaczanej wody. Przestał istnieć, gdy na początku lat 80. XX w. otwarto hydroelektrownię Itaipu Binacional, będącą wspólnym przedsięwzięciem Brazylii i Paragwaju (po hiszpańsku: Itaipú). Faktycznie zajmuje ona pierwsze miejsce w świecie. Jej roczna produkcja to ok. 90 000 GWh; pokrywa to ponad 90% rocznego zapotrzebowania na prąd w Paragwaju i ok. 20% w Brazylii. Gdy poziom wody w zalewie jest niski, można oglądać pozostałości wodospadu.

[89] *Paiol* (port.) – prochownia. Tu: magazyn, komora.

II.

Stara pokrzywiona buda sklecona z bierwion i łupanych desek, pokryta gontami, była przybytkiem, do którego biegła myśl strudzonego podróżą wędrowca. O kilka kroków stał *paiol*, który służył za skład kukurydzy i fiżonu, jako również za miejsce spoczynku dla godniejszych podróżnych, gdyż zwykli *vaqueiros* nocowali pod małym daszkiem, służącym jako ochrona od deszczu. Co prawda mała była różnica między nocowaniem pod gołym niebem a w tym *paiolu*. Posadzkę stanowiła tam ubita glina, na środku której paliło się ognisko, a w suficie i ścianach było takie mnóstwo dziur, że można było z łatwością zliczyć wszystkie gwiazdy rozsiane po niebie. Ale szpary w ścianach lub nawet brak ściany nie stanowi zbytniej niedogodności dla ludzi przyzwyczajonych do ziemi pod głową, a nieba nad głową.

Duża i dość porządnie ogrodzona obora służyła dla koni i bydła, nie pozwalając im rozpierzchnąć się po stepie podczas noclegu. Na jej środku leżało na ziemi kilka żłobów, sporządzonych z jednego pnia drzewnego, długich na kilkanaście metrów. Błoto tam nie wysychało nawet w czasie suszy, więc o ile nie padał deszcz, podróżni woleli rozkładać się pod gołym niebem, z dala od zaduchu wionącego z obory z drażniącym nozdrza zapachem.

Przepędzanie bydła

Pomimo tak mało zachęcającego widoku zewnętrznego, rojno było we wnętrzu *vendy* José Benedita. Myśl o nocowaniu tego wieczora pod gołym niebem nie była przyjemna, gdyż świat owinęła welonem ciemności noc dżdżysta, chmurna i ponura. Toteż nic dziwnego, że podróżny, zaskoczony w drodze przez ciemności, deszcz i wicher, wolał popędzić swego konia choćby i o kilkanaście kilometrów dalej, byleby znaleźć na resztę nocy dach nad głową i miejsce przy ognisku.

Dzięki tej nieprzychylnej pogodzie, gospoda *Nhô* Zé[90] była pełna, co rzadko się zdarzało, i dlatego jego małe i chytre oczki świeciły radością. Siedział rozparty wygodnie za ladą brudną i pociętą nożami i napełniał *cachaçą* coraz to nowe szklanki. Tam on królował bezapelacyjnie, szczególnie gdy nasycał z butelki pragnienie znużonych całodziennym uganianiem się za bydłem *vaqueiros*.

Przy małym i chwiejnym stole siedziało kilku Włochów i grało krzykliwie w karty. Nie byli to *vaqueiros*, wyglądali na obieżyświatów z São Paulo, których wielu przybywało do Parany, ażeby – jak to mówią – „robić *ervę*". *Erva-mate* była wtedy w wysokiej cenie i zarabiało się doskonale przy jej ścinaniu i preparowaniu; lepszy to był zarobek niż przy pracy na plantacjach kawy lub bawełny w São Paulo. Wiadomo, że Włosi są wielce krzykliwego usposobienia, toteż hałas tam był ogromny, tym bardziej, że na stole stało kilka butelek krajowego wina.

Przy szynkwasie stało dwóch *vaqueiros* z Rio Grande, zwanych *gaúchos*[91], malowniczo ubranych w wielkie kapelusze i bufiaste spodnie. Rękojeści rewolwerów wysadzane masą

[90] *Nhô* (port.) – skrót od *sinhô*, określenia popularnie używanego przez kabukierów i Murzynów (a wcześniej niewolników); pochodzi ono od port. *senhor*, ‘pan'. Zé – zdrobnienie od imienia José.

[91] *Gaúcho* (port.) – południowoamerykański pasterz bydła, odpowiednik kowboja, pracujący na pampie – trawiastych równinach na południu Brazylii, w północnej Argentynie i Urugwaju (po hiszpańsku

perłową lśniły nawet w panującym tam półmroku. *Gaúchos* pokrzepiali się wódką, zajadając *lingüiça* (rodzaj kiełbasy)[92].

Poza tym było tam jeszcze kilku miejscowych *cabocli*, mulatów w słomianych kapeluszach, obserwujących z zajęciem grę Włochów.

Siedziałem przy ścianie na maleńkim stołeczku i spoglądałem z niesmakiem na wrzaskliwych mieszkańców pięknej Italii. Pykałem powoli i jednostajnie z krótkiej fajeczki, z rzadka przerywając dla strząśnięcia śliny nagromadzanej w cybuchu. Na głowie miałem ciemnobrązowy kapelusz z szerokim rondem, a na szyi chustkę takiegoż koloru. Koszula zielona, już dobrze wyblakła od słońca, i skórzane spodnie wpuszczone w wysokie buty dopełniały stroju. Za pasem tkwił wyborowy prawdziwy smith-wesson[93] i krótki, lekko zakrzywiony nóż.

Nhô Zé kurzył wielką fajkę, założywszy ręce na spasłym brzuchu. Wodził on swymi bystrymi i trochę skośnymi oczami po grających w karty, którzy od czasu do czasu podnosili taki wrzask, że wyglądało, iż się lada chwila wezmą do noży.

Ledwo posłyszałem na dworze tętent konia, który przed samą gospodą się zatrzymał. Po chwili drzwi rozwarły się z przeraźliwym zgrzytem i stanęła w nich wysoka i barczysta postać.

– *Boa tarde, senhores!*[94] – rozległ się młody, lecz mocny gros.

Włosi przerwali raptownie jakąś zażartą sprzeczkę i, zapomniawszy na chwilę o kartach, zwrócili się z ciekawością ku nowo przybyłemu. Badawcze spojrzenia objęły całą postać od kapelusza aż do nóg obutych w długie, żółte, sznurowane buty. *Cabocle* z właściwą ludziom żyjącym w rzadkim kontakcie z osobami spoza swego otoczenia ciekawością, jak wlepili swój wzrok w postać przybysza, tak nie spuszczali go ani na chwilę, badając każde poruszenie.

Nhô Zé mrugnął obwisłymi powiekami kilka razy i tylko gęstsze kłęby dymu zaczął puszczać.

– *Boa tarde* – odpowiedzieli hurmą Włosi.

– *Boa tarde* – rzekł powagą *Nhô* Zé.

– *Boa tarde* – szepnęli cabocli.

– *Boa tarde* – powiedziałem w myśli, poruszywszy wargami, i miałem wrażenie, że pozdrowienie to rozległo się na cały głos,

– Ach, jeżeli mnie wzrok nie myli, to znowu zawitałem do domu dobrego przyjaciela *Nhô* Zé! – rzekł dźwięcznym i śmiałym głosem nowo przybyły i – przedostawszy się do szynkwasu – chwycił gospodarza w objęcia, klepiąc go po ramieniu.

– Aaaa!... Roberto de Almeida Lopes! – zakrzyknął gospodarz, klepiąc go z czułością po plecach, jak nakazuje obyczaj. – Jak Boga kocham, znowu się pojawiłeś!

– Tak! Kawał już czasu, jak ostatni raz przejeżdżałem. Było to, jeśli się nie mylę, w maju przeszłego roku. Wracałem wtedy z Kurytyby, tak jest, przypominam sobie.

– A teraz dokąd pan jedzie?

– Do São Paulo. Ale, ale, konia trzeba wpuścić do zagrody, najgorzej, że zapomniałem już, jak wyglądają tutejsze kąty, a na dworze ciemno jak w piekle.

---

termin ten ma pisownię *gaucho* i inaczej się wymawia). *Gaúchos* stworzyli odrębną kulturę, stanowiącą mieszankę elementów iberyjskich, indiańskich oraz afrykańskich. Słowem *gaúcho* określa się również mieszkańców stanu Rio Grande do Sul.

92 *Lingüiça* (port.) – cienka kiełbasa wieprzowa, przyprawiana cebulą, czosnkiem i papryką.

93 Smith & Wesson (S&W) – firma założona w 1856 roku przez Horace Smitha i Daniela B. Wessona; obecnie największy producent pistoletów w Stanach Zjednoczonych, w 2001 roku zakupiony przez korporację Saf-T-Hammer. S&W wprowadził na rynek znane modele rewolwerów (do dziś jest ich czołowym wytwórcą), uzyskał też ochronę patentu rewolwerów odtylcowych – czyli ładowanych od tyłu broni, nie zaś od wylotu lufy.

94 *Boa tarde, senhores!* (port.) – Dobry wieczór, panowie!

José wziął kaganiec i wyszedł razem z przybyszem na dwór. Po ich wyjściu Włosi, którzy przysłuchiwali się powitaniu i zachowywali milczenie, powrócili do przerwanej gry i po chwili sprzeczka wybuchła na nowo z podwojoną siłą. *Cabocle* znowu słuchali apatycznie, a ja powróciłem do pykania fajeczki.

Gdy Roberto powrócił z gospodarzem, już nie zwrócono prawie na niego uwagi. Kazawszy napełnić szklankę *cachaçą,* nadpił troszeczkę i oparł się o szynkwas. Miałem wtedy okazję dobrze go obejrzeć, począwszy od czarnych, śmiejących się, zuchwałych oczu ponad kwadratową, wygoloną szczęką. Spod kapelusza wyglądały kędziory bujnych czarnych włosów. Przemknąłem oczyma po całej postaci, zatrzymałem się na smith-wessonie tkwiącym w pochwie z tygrysiej skóry, przytwierdzonej do pasa, co było dowodem, że nie był to zwykły *vaqueiro*, bo tacy rzadko mogli sobie pozwolić na oryginalnego smitha lub colta[95]. Obsunąwszy się dalej ku dołowi, utkwiłem po raz drugi wzrok w żółtych butach.

– Wspaniałe ma buty ten człowiek. Prawdziwe, amerykańskie – rzekłem w duchu.

Wypiwszy troszeczkę wódki, Roberto odwrócił się do *cabocli.* Wzrok jego padł przelotnie na mnie i zatrzymał się na mojej twarzy. „Nietutejszy" – wyczytałem w jego myśli; jednocześnie podał mi szklankę.

Podniosłem się ze stołeczka, wyjąłem fajkę z zębów i – ująwszy podaną mi szklankę – łyknąłem spory haust, po czym podałem ją stojącemu obok *caboclowi.* Takim sposobem szklanka przewędrowała z rąk do rąk całego towarzystwa. Każdy nadpił trochę i podawał sąsiadowi. Taki zwyczaj panował w lasach. Roberto wszedł za szynkwas i, siadłszy obok gospodarza, zapalił ofiarowanego przezeń papierosa. Przez chwilę rozmawiali o rzeczach ogólnych, o podróży i najnowszych wiadomościach, ale podczas rozmowy Roberto często strzelał oczyma w stronę grających, widać żyłka karciarska w nim się odezwała, w końcu nie wytrzymał i zbliżył się do stołu.

– *Senhores!* – zawołał, oparłszy się o brzeg stołu rękami. – Czy dopuścicie mnie do swej zacnej kompanii, gdyż dawno już nie przegrałem nic w karty?

Grający spojrzeli po sobie i porozumieli się oczyma.

– Ależ owszem. Prosimy, prosimy – ozwało się kilka głosów.

Roberto siadł między grającymi i, sięgnąwszy ręką w kieszeń, rzucił na stół kilka banknotów. Oczy Włochów na widok pieniędzy zaświeciły chciwością. Trzymający bank mrugnął do jednego z grających, siedzącego naprzeciw niego,

– Zaczynamy, panowie – rzekł bankier. – Proszę stawiać.

Wejście do gry Roberta poruszyło nie tylko *cabocli* i *gaúchos*, którzy przysunęli się bliżej, ale i mnie, który dotąd byłem obojętny na grę Włochów. Wstałem ze stołeczka i, oparłszy się o framugę okna, zacząłem śledzić bacznie przebieg gry. Jedynie gospodarz pozostał niewzruszony.

Roberto nie zdawał się być niczym przejęty. Z początku karta szła mu nieźle, ale wiedziałem, że to zwykły sposób oczyszczenia z pieniędzy łatwowiernych i zapalonych graczy, więc pomyślałem w duchu: „Oskubią go do cna, a szkoda chłopaka!" – i sam nie wiedziałem, dlaczego, ale żal mi się zrobiło człowieka, którego pierwszy raz widziałem i który był mi zupełnie obcy. Bywa czasem jednak, że człowiek od pierwszego wejrzenia kogoś znienawidzi lub polubi.

Lecz przed Robertem kupka banknotów stale się zwiększała; siedzący koło niego Włoch ciągle przegrywał i klął na czym świat stoi, przeklinając swe szczęście, ale oczy jego wcale nie przygnębiająco błyskały spod krzaczastych brwi.

---

95 Colt (t. kolt) – nazwa różnych typów rewolweru amerykańskiego, konstruowanych od lat 30. XIX w. przez Samuela Colta (1814-1862). Był on twórcą pierwszego udanego modelu rewolweru szybkostrzelnego.

Nagle Roberto, jakby znudzony ciągłym wygrywaniem i dufny w uśmiech fortuny, postawił na kartę pół kopicy swoich banknotów i... przegrał.

– Zaczyna się – pomyślałem.

I rzeczywiście, Roberto w kilku stawkach przegrał wszystko.

– *Para mil diabos!* (Do tysiąca diabłów!) – zaklął potężnie.

Wszyscy utkwili oczy w jego twarzy i kurczowo zaciśniętych wargach. Po chwili jednak roześmiał się.

– No to w takim razie może jeszcze raz – dodał i wydobył jeszcze kilka banknotów, na widok których siedzący obok Włoch uśmiechnął się nieznacznie. – Jeżeli przegrać, to wszystko, aż do butów – zawołał z pasją Roberto, stawiając ostatnia stawkę, którą oczywiście przegrał.

Pomyślałem sobie, gdyby oni tylko wiedzieli, że mam pieniądze pozbierane za prenumeraty i schowane w woreczku pod koszulą, nie daliby mi spokoju...

III.

Odchodząc na spoczynek do *paiolu*, powiedziałem mu:

– Uważaj, bo oni gotowi ci konia też zabrać!...

Roberto zamyślił się i widać, że się tym zaniepokoił, bo kilka razy wstawał w nocy, ale za każdym razem zastawał konia na swoim miejscu.

Gdy tylko pierwsze promyki światła zaczęły przedostawać się przez szpary w dachu i ścianach, posłyszałem ruch na dworze.

Roberto zerwał się z i wybiegł na dwór, a ja podążyłem za nim. Zaraz za progiem natknęliśmy się na *cabocla*, który wymachiwał rękami i klął głośno. Jakieś złe przeczucie ścisnęło moje serce.

– Konie? – zawołał pytająco Roberto.

– Nie ma – odparł *caboclo*. – Bodaj tych przeklętych Włochów piorun spalił.

Skoczyliśmy do zagrody, lecz ani jednego konia tam nie znaleźliśmy. Rozpacz mnie ogarnęła, ale Roberto, pomimo że uprowadzili jego najlepszego i najukochańszego wierzchowca, nie rozpaczał ani nie tracił głowy, gdyż ludzie tego rodzaju zahartowani są i przygotowani na wszelkie przeciwieństwa losu.

Po chwili przyleciał zaspany gospodarz i jego synowie. Nie pytał nawet, gdyż jedno spojrzenie na nas było wystarczające, aby dowiedzieć się, co się stało.

– Nic to – mruknął. – I takie rzeczy się zdarzają.

Roberto obchodził całą zagrodę ze spuszczoną głową, wyszedł na drogę, poszedł w jedną stronę dość daleko, później zawrócił i udał się w drugą.

– l cóż, Roberto? – zagadnąłem.

– Słyszałem nad ranem rżenie mego konia – rzekł, siadając i biorąc naczynie z chimarronem z rąk gospodarza. – Ale tak mocno spałem, że się nie przebudziłem. Odpowiednią porę wybrali spryciarze, ale prędzej można będzie ich dogonić. Przypuszczam, że nie odmówisz nam swej pomocy, panie José, i pożyczysz nam swych koni?

– Już posłałem moich chłopaków, aby sprowadzili najlepsze z pastwiska, za chwilę tu będą.

– Łatwo będzie ich dogonić. Po rosie ziemia miękka i ślady są dość wyraźne. Mego konia uwiązali na uździenicę, gdyż im się opierał.

– Po czym to poznałeś? – zapytałem.

– Bardzo prosto. Znam ślady mego konia i zauważyłem, że zostawił głębokie, głębsze niż gdyby biegł swobodnie. Z mułami też mają kłopot, gdyż jeden uciekł do lasu i musieli zboczyć, żeby go dogonić.

W tej chwili na podwórzu zatętniły kopyta końskie i rozległy się krzyki. W jednej chwili okulbaczono trzy najlepsze konie i w mig Roberto, *caboclo* i ja wskoczyliśmy na siodła. Z początku i gospodarz chciał nam towarzyszyć i ledwo go przekonaliśmy, że to zbyteczne.

Już mieliśmy puścić konie galopem i ja nawet wyjechałem na drogę, gdy w oddali rozległo się rżenie. Roberto znieruchomiał i wszyscy spojrzeliśmy na drogę. W pełnym galopie, z zakrętu wypadł wspaniały czarny wierzchowiec i zarżał ponownie, zatrzymując się przed Robertem.

– *Negrinho!*[96] – zawołał Roberto, zeskakując na ziemię i chwytając swego konia za szyję – Wiedziałem, że wrócisz!

Jakby w odpowiedzi na te słowa, koń zarżał i położył łeb na ramieniu swego pana. Patrzyłem z zachwytem na ślicznego karego ogiera z lśniącą jedwabistą sierścią, białymi pęcinami i białą gwiazdką na czole, falującą grzywą, szeroką piersią i zgrabnymi nogami o stalowych mięśniach. „Wspaniały, wspaniały!" – powtarzałem.

Roberto w mgnieniu oka zrzucił siodło z konia José i osiodłał swego. Zapinając uzdę, rzekł, wskazując na zerwaną uździenicę:

– Urwał się im.

– Jazda – zawołałem, puszczając konia.

– Prowadź – krzyknął Roberto do swego rumaka, który ruszył od razu z kopyta.

Jak wicher pędziliśmy po wąskiej drodze, od czasu do czasu tylko zatrzymując się, aby sprawdzić ślady.

Po trzech godzinach jazdy, Roberto na przedzie zauważył w zaroślach pasącego się muła.

– Ha, ha, ha! Nie uda się im – zaśmiał się.

– To mój – zawołał *caboclo*.

– Jazda dalej, nie zatrzymywać się – krzyknął Roberto. – Szkoda czasu, później go złapiemy. A to mi się podoba. Widać, że niedołęgi, nie mogą sobie poradzić ze zwierzętami.

W niedługim czasie ujrzeliśmy w oddali Włochów, którzy – dostrzegłszy pogoń – zaczęli uciekać galopem. Trzech z nich, idących pieszo, skręciło w bok i znikło w gąszczach leśnych. Dwa dzikie muły skręciły również do lasu, zadarłszy do góry ogony.

Uciekający Włosi tłukli swe wierzchowce bez miłosierdzia, ogarnięci panicznym strachem. Roberto, który nawet nie dotknął ani razu batem swego Negra i tylko zachęcał go słowami do biegu, gnał, przybliżając się do nich. Za nim pędziłem ja w odległości kilkunastu kroków, a na końcu *caboclo*, mający najgorszego konia.

Nagle koń jednego z Włochów upadł na przednie nogi, zarywszy z impetem nozdrzami w ziemię. Włoch wyleciał jak z procy, przelatując w powietrzu kilka metrów, i padł plackiem na ziemię. Dźwignął się jednak i począł biec ku zbawczej gęstwie. Jego towarzysze, widząc, że nie ujdą pościgu, pozeskakiwali w biegu z koni i zaczęli też umykać w kierunku lasu.

Gdy nadbiegliśmy do powalonego konia, Roberto zeskoczył na ziemię i – wyrwawszy rewolwer zza pasa – zaczął strzelać, ale uciekający zdążyli zaszyć się w gąszczu *taquary* (rodzaj bambusa)[97] i rozpierzchli się w gęstwinie leśnej.

---

[96] *Negrinho* (port.) – czarniutki, Murzyniątko

[97] *Taquara* (port.) – określenie kilku gatunków bambusa, rosnących w Ameryce Południowej. Ludy tubylcze wykorzystywały tę roślinę do wielu celów: w konstrukcji domów i zagród, do wyplatania koszy i innych przedmiotów użytkowych i artystycznych, łodygi służyły do wyrobu broni (dmuchawek), a z ich charakterystycznych segmentów korzystano jak z pojemniczków lub przerabiano je na fujarki.

Po odbiciu mego konia dalej załatwiałem sprawy rodziców, kierując się w stronę Kurytyby, przez Rio Claro, São Mateus i Porto do Amazonas. Wróciłem do domu akurat na samo Boże Narodzenie.

Do dziś dnia nie mam wytłumaczenia dla jednego faktu: pomimo że przeważnie wszyscy wiedzieli, że zbierałem pieniądze na rachunki księgarniane i za zaległe prenumeraty, nikt nie zaczepił samotnie jeżdżącego na koniu młodego wyrostka! Oczywiście udało mi się dostać tylko część zaległości, których reszta bezpowrotnie została stracona.

Przeprowadzka do Kraju

Wreszcie Rodzice zdecydowali się przenieść do Kraju, likwidując wszystko za bezcen. Księgarnia i drukarnia przeszły na własność Franciszka Derginta, który wkrótce sprzedał pismo księżom misjonarzom. Ci, zmieniwszy nazwę na „Lud", wydawali nasz tygodnik przez wiele lat jako jedyne pismo polskie w Brazylii[98].

Posiadłość Bacacheri Ojciec już dawniej częściowo skolonizował, podzieliwszy na szakry i sprzedawszy polskim kolonistom. Został najpiękniejszy kawałek Bacacheri – stary, ale piękny dom na górze nad stawem, który teraz Ojciec sprzedał nowo przybyłemu konsulowi Głuchowskiemu[99]. Ja odczułem bardzo mocno tę rozpadającą się na kawałki moją ukochaną Bacacheri, gdzie stawiałem pierwsze kroki i gdzie spędziłem całe dzieciństwo. Sprzedanie przez Ojca pięknego stawu, gdzie czułem się jak ryba, bo nauczyłem się tam pływać jako paroletni szkrab, było ostatnim aktem, który zamknął okres mego dzieciństwa. Ostała się jedynie mała cząstka Bacacheri, należąca do wujostwa Neymanów.

Dwudziestego stycznia 1921 r. pożegnaliśmy się z krewnymi i znajomymi na stacji w Kurytybie. Z początku czułem dziwny jakiś żal i smutek za krajem, który opuszczałem i wszystkimi mymi towarzyszami i przyjaciółmi. Różnorodność wrażeń w podróży zatarła trochę te uczucia. Podróż nam upłynęła dobrze i przyjemnie, chociaż na statku nudziłem się z braku porządnego towarzystwa.

Lądu europejskiego dotknąłem stopą pierwszy raz w Portugalii. w Lizbonie, dlatego wydawało mi się, że jeszcze nie jest to Europa i że jestem w Brazylii, gdyż wszędzie słyszałem język

---

[98] Gazetę „Polak w Brazylii" wykupiło 11 akcjonariuszy; przejęło ją zgromadzenie misyjne księży wincentynów. Od października 1920 roku pismo – o charakterze konserwatywno-kościelnym – ukazywało się pod nazwą „Lud". Jego pierwszym redaktorem był ks. Józef Joachim Góral. Za dyktatury prezydenta Getúlio Vargasa gazeta zawiesiła działalność (w latach 1940-1946), później została wznowiona, a w roku 1989 zmieniła nazwę na „Nowy Lud". Wychodziło po polsku i po portugalsku. Tygodnik przestał istnieć w 1999 roku. (Więcej informacji: *ŚPB*.)

[99] Kazimierz Głuchowski (1885-1941) – dziennikarz, historyk i dyplomata, pierwszy konsul polski w Brazylii. W wieku 21 lat wyjechał do Stanów Zjednoczonych, gdzie był redaktorem kilku dzienników polonijnych. Upowszechniał też działalność towarzystwa gimnastycznego „Sokół" (zob. przyp. 63), angażując się w wojskowe kształcenie młodzieży polonijnej, by mogła walczyć o niepodległość ojczyzny. Po wybuchu I wojny światowej wrócił do Polski, by wspierać organizację legionów Piłsudskiego. Gdy Polska odzyskała suwerenność, znów poświęcił się pracy dziennikarskiej. W 1919 roku został mianowany konsulem w Kurytybie; do Brazylii przybył w roku następnym, przyjmowany z entuzjazmem i uwielbieniem przez tamtejszą Polonię (podróżował po południowej części kraju, by osobiście poznać sytuację polskich kolonii). Po dwuipółletniej służbie dyplomatycznej – połączonej ze zbieraniem materiałów na temat imigrantów z Polski – napisał książkę *Wśród pionierów polskich na antypodach*. Co ciekawe, Głuchowski wraz z Kazimierzem Warchałowskim – ojcem autora niniejszych wspomnień – czynili starania o uzyskanie dla Polski kolonii morskiej. W czasie II wojny światowej mieszkał w Nowym Jorku, gdzie kierował liniami okrętowymi Gdynia-Ameryka. Później przeniósł się do Kanady, gdzie wkrótce zmarł.

portugalski; dopiero Francja na mnie zrobiła silniejsze wrażenie. W Paryżu byliśmy przez tydzień i byłem zachwycony, bo miasto to niezmiernie piękne. Jechaliśmy potem pociągiem przez Belgię i Niemcy. W Berlinie byliśmy tylko dzień. Już koło granic polskich zobaczyłem pierwszy raz w życiu śnieg, co mnie ogromnie uradowało, gdyż zawsze marzyłem, żeby go poznać.

Do Warszawy przyjechaliśmy 27 lutego i jeszcze była zima. Wysiedliśmy na dworcu, pierwszy raz zziębniętymi nogami depcząc po śniegu, o którym tyle się czytało w książkach Sienkiewicza.

Zdawanie matury

W Brazylii wystąpiłem z gimnazjum jeszcze w roku 1916, dlatego nie miałem żadnych świadectw i trudno mi się było dostać do jakiejś szkoły. Musiałem zdawać maturę, więc zacząłem się przygotowywać. Poszedłem do szkoły Kazimierza Kulwiecia[100] na placu Trzech Krzyży nr 8. Była to szkoła dla reemigrantów, którzy powrócili z Rosji po opuszczeniu Polski przez okupantów niemieckich. Rozmawiałem z dyrektorem tej szkoły i on pozwolił mi wstąpić do niej jako wolny słuchacz, abym się przyzwyczaił do tutejszych zwyczajów w szkołach. Miałem spore trudności spowodowane dłuższą przerwą w nauce, a także z powodu gramatyki polskiej, której nie znałem.

Było to w kwietniu 1921 r., koniec roku, gdyż w czerwcu zaczynają się wakacje, ja wstąpiłem jako wolny słuchacz do siódmej niższej, czyli pierwszego semestru siódmej klasy. Byli tam przeważnie chłopcy, którzy wrócili z Rosji lub z wojska. Zaprzyjaźniłem się głównie z dwoma kolegami – Stanisławem Markowskim, który był kilka lat w Szwajcarii, i Wiktorem Chitrukiem, który pochodził z Rosji. Ale głównym moim przyjacielem stał się Markowski.

Zdając egzaminy po kolei, gdyż trudno było się do wszystkiego naraz przygotować, przeszedłem do siódmej wyższej, czyli drugiego semestru siódmej klasy.

Wyjątki z dziennika najlepiej przedstawią ten okres w moim życiu.

Stanisław Markowski, rok 1923

I.

1 listopada 1921

Stary mój drogi przyjacielu, powierniku mych najgłębszych myśli i uczuć, mój stary kochany dzienniczku, dawnośmy się nie widzieli, prawda? Smutno ci było pewnie? Myślałeś, że już o tobie zapomniałem, że cię już porzuciłem w kącie na

---

[100] Kazimierz Jakub Kulwieć (1871-1943) – badacz fauny i flory, współorganizator Polskiego Towarzystwa Krajoznawczego, zalegalizowanego z 1906 roku. W czasie I wojny światowej powierzono mu organizację polskiego gimnazjum w Moskwie; po powrocie do Polski utworzył też gimnazjum w Warszawie. W 1939 roku rodzinę Kulwieciów deportowano do tajgi, gdzie przyrodnik zmarł. Jego pracy na temat fauny i flory Archangielska, którą przygotował na zesłaniu, nie udało się przewieźć do kraju; po Kulwieciu został na szczęście pokaźny dorobek w postaci publikacji i fotografii. W 1950 roku PTK zjednoczyło się z powstałym w 1873 roku Polskim Towarzystwem Tatrzańskim (PTT), dając początek Polskiemu Towarzystwu Turystyczno-Krajoznawczemu – PTTK.

zawsze. Współczuję ci całym sercem i przepraszam serdecznie, tyś jest mym najstarszym i najwierniejszym przyjacielem. Dużo mam ci do opowiedzenia, wiele przez ten czas przeżyłem. Pamiętasz, gdyśmy ze sobą rozmawiali hen! tam – za oceanem, w mym cichym pokoiku, a teraz – już jesteśmy w Polsce, w tej ziemi ukochanej i wymarzonej, w tym ideale marzeń dziecinnych.

Dopiero jestem siedem miesięcy w Polsce, ale już zwiedziłem trochę kraju rodzinnego. Oprócz Warszawy i okolic, byłem w Skierniewicach, w Radzyminie, w Bydgoszczy, w Krakowie. Pojechałem konno do Wilanowa. Byłem na zlocie Sokołów w Warszawie, w sierpniu. Zrobiłem podróż konno ze Stanisławem Markowskim, kolegą z gimnazjum Kulwiecia, z Lewinowa do Raszyna, później przez Tarczyn do Woli Łychowskiej, gdzie byłem przez trzy tygodnie i zwiedziłem rozmaite wsi.

II.

13 maja 1922

Bom dia! Stary przyjacielu. Jak się masz, mój kochany. Kawał czasu jak się nie widzieliśmy co? Prawda? Dzisiaj ostatni dzień piśmiennych egzaminów. No, czy też to się spodziewałem zdawać maturę! Tak te pięć dni zeszło jak z bicza trzasł. Wczoraj przed maturą, dzisiaj po maturze, i tak całe życie mignie, że ani się człowiek nie obejrzy. We wtorek, to jest 9-go maja rozpoczęliśmy egzaminy, a zdawaliśmy w gimnazjum Władysława IV na Pradze, gdyż w Kulwieciu za mało było miejsca. Z naszej klasy było 29 i oprócz tego jeszcze 10, którzy się w przeszłym roku zlali na maturze. Dotychczas nie wiem rezultatu, na jaki ocenią mą wiedzę, która mi spłynęła po piórze na papier, który jest bardzo cierpliwy i wcale nie reagował na różne głupstwa, które na nim umieściłem.

Siódmego maja, to jest w niedzielę, urządziłem u siebie coś w rodzaju imienin, pospieszyłem się trochę, ale to z tego powodu że we wtorek miały być egzaminy, więc w poniedziałek nie można było nic pić, żeby mieć stan duszy i głowy wolne od domieszek alkoholicznych.

Byli u mnie Markowski, Wiktor Chitruk i Józef Rozencweig, wszystko koledzy z budy, oprócz tego był jeszcze Piotr Szawernowski i brat jego Władysław. Wypiliśmy sobie każdy ze sześć kieliszków żytniówki i poszliśmy całą grandą na spacer.

W poniedziałek w nocy nie mogłem zasnąć, gdyż ciągle myślałem o egzaminie. O drugiej słyszę dzwonek. Włażą Wiktor i Józef, i mówią że dowiedzieli się jakie będą na jutro tematy z polskiego, a mianowicie między innymi (było trzy), „Soplicowo jako centrum polskości". Odpowiedzialnie się ucieszyłem i siadłem do pisania tego tematu. Położyłem się spać o godzinie wpół do czwartej i wstałem o szóstej. I, jak to często bywa na tym padole przewrotności, doznaliśmy fatalnego zawodu, gdyż tematy okazały się fałszywymi. Myślałem, że na egzaminie szlag mnie trafi, bo zupełnie nie mogłem pisać. Głowa mnie bolała i ciążyła, oczy się kleiły i czułem zupełną niemoc, jak zarówno grawitację do podłogi, ale szczęściem przemogłem się i jakoś napisałem. Mówiono mi przedtem, że na egzaminy najlepiej iść wypoczętym. Sprawdziłem to na własnej skórze i zalecam to szczerze potomności, że kucie przed samym egzaminem jest diabła warte, mało pomaga, bo cóż można zrobić przez kilka godzin, a jak człowiek idzie zmęczony i niewyspany, to zupełnie nie może skupić myśli.

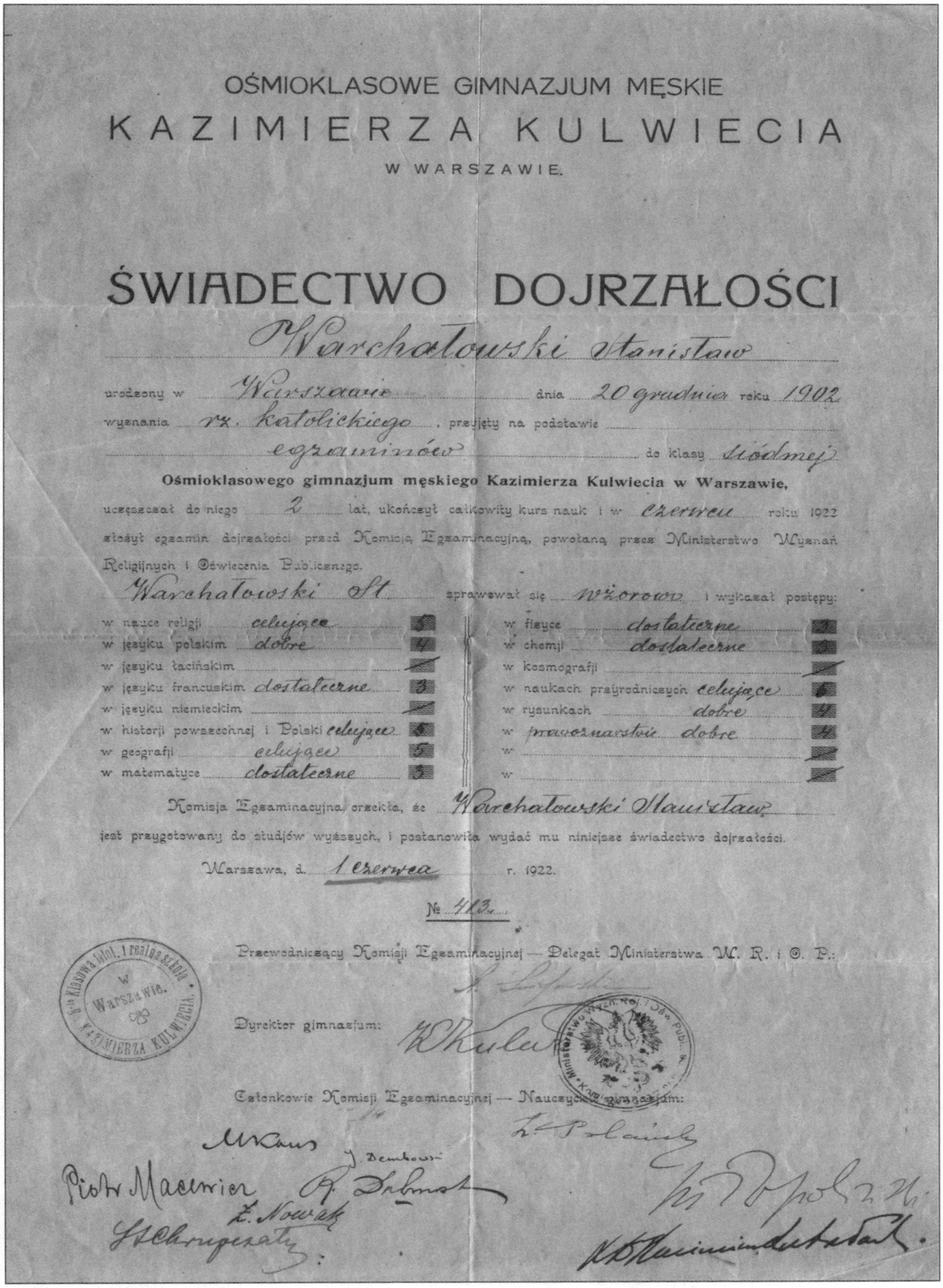

OŚMIOKLASOWE GIMNAZJUM MĘSKIE
KAZIMIERZA KULWIECIA
W WARSZAWIE.

ŚWIADECTWO DOJRZAŁOŚCI

Warchałowski Stanisław

urodzony w Warszawie dnia 20 grudnia roku 1902
wyznania rz. katolickiego, przyjęty na podstawie egzaminów do klasy siódmej
Ośmioklasowego gimnazjum męskiego Kazimierza Kulwiecia w Warszawie,
uczęszczał do niego 2 lat, ukończył całkowity kurs nauk i w czerwcu roku 1922 złożył egzamin dojrzałości przed Komisją Egzaminacyjną, powołaną przez Ministerstwo Wyznań Religijnych i Oświecenia Publicznego.

Warchałowski St sprawował się wzorowo i wykazał postępy:

w nauce religji	celujące	5	w fizyce	dostateczne	3
w języku polskim	dobre	4	w chemji	dostateczne	3
w języku łacińskim		—	w kosmografji		—
w języku francuskim	dostateczne	3	w naukach przyrodniczych	celujące	5
w języku niemieckim		—	w rysunkach	dobre	4
w historji powszechnej i Polski	celujące	5	w prawoznawstwie	dobre	4
w geografji	celujące	5	w		—
w matematyce	dostateczne	3	w		—

Komisja Egzaminacyjna orzekła, że Warchałowski Stanisław jest przygotowany do studjów wyższych, i postanowiła wydać mu niniejsze świadectwo dojrzałości.

Warszawa, d. 1 czerwca r. 1922.

№ 413.

Przewodniczący Komisji Egzaminacyjnej — Delegat Ministerstwa W. R. i O. P.:

Dyrektor gimnazjum: W. Kulwieć

Członkowie Komisji Egzaminacyjnej — Nauczyciele gimnazjum:

Świadectwo dojrzałości Stanisława Warchałowskiego, 1 czerwca 1922

III.

3 czerwca 1922

Serwus ci, staruszku. Jak się masz, kochany? Pewnoś się nudził, żem tak długo cię nie odwiedzał, co? *Mea culpa*, przyznaję się, ale widzisz, teraz za to mogę podzielić się z tobą wielką radością. Wiesz? Twój Stasio zdał maturę. Kto by wiedział, ty pewno ani przypuszczałeś. Przecież chyba najlepiej mnie znasz. Po dwuletniej z górą rozłące z książką, żeby tak przyjechać sobie do Europy, trafić do innego środowiska, innych wymagań, bez świadectw, kuć w innym języku i po roku mieć w kieszeni maturę. Zdaje mi się faktycznie, że miałem jakiś bardzo długi i ciężki sen, zakończony promienną chwilą szczęścia i radości. Boję się czasem, że mogę się rozbudzić i wszystko pryśnie jak bańka mydlana, ale wtedy spoglądam na półkę, na której drzemią szeregi książek, do których dziwną zapałałem teraz antypatią, i wtedy przypominają się te ciężkie chwile, jakie przeżyłem podczas egzaminów.

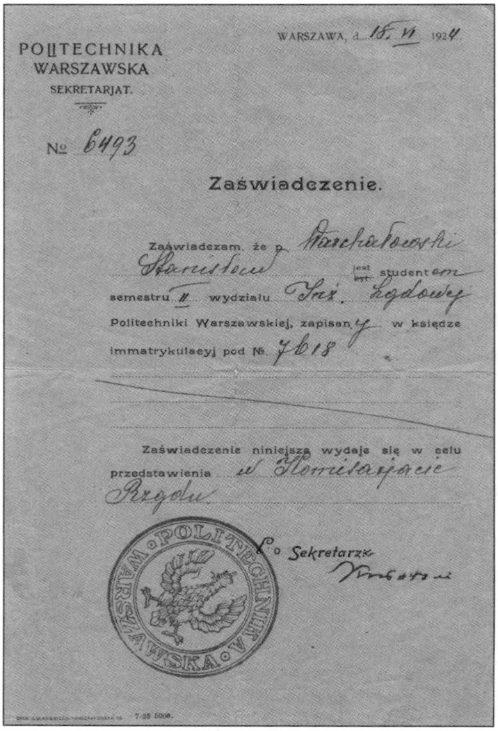
POLITECHNIKA WARSZAWSKA
SEKRETARJAT.

WARSZAWA, d. 18. VI 1924

№ 6493

Zaświadczenie.

Zaświadczam, że p. Warchałowski Stanisław jest studentem semestru II wydziału Inż. Lądowej Politechniki Warszawskiej, zapisany w księdze immatrykulacyj pod № 7618

Zaświadczenie niniejsze wydaje się w celu przedstawienia w Komisarjacie Rządu

POLITECHNIKA WARSZAWSKA

Sekretarz

Politechnika Warszawska, zaświadczenie Stanisława Warchałowskiego z Wydziału Inżynierii Lądowej Politechniki Warszawskiej, 18 czerwca 1924

Weźmy przykład z niedawnych moich przeżyć, gdy zdawałem maturę. Dzisiaj zdaje mi się, że nie było to takie straszne. Bo przecież czy bym ją zdał rok wcześniej czy później, gdybym się obciął to nie czyniło jakiejś przerwy czy tam wyłomu w mym życiu. Żyłbym rok dłużej życiem szkolnym. Ale wtedy... Ile się tym nagryzłem i namartwiłem. Zdawało mi się, że jak się obetnę, to nie będę mógł w oczy ludziom spojrzeć, że tego by moja ambicja nie zniosła i postanowiłem, że w razie obcięcia się wyjadę gdzieś, gdzie oczy poniosą i przerwę na zawsze nauki. Śmieszne to było, ale było i bolałem nad tym, tak jak i dziś boleję nad różnymi rzeczami.

IV.

Nastały wakacje i lato. Jednakże wiosna mi się ogromnie podobała, gdyż pierwszy raz widziałem, jak się cała przyroda budzi do życia po śnie zimowym. Pojechaliśmy wtedy na tydzień do Krakowa, później pojechałem na wieś do majątku rodziców Stanisława Euzebiusza Markowskiego, na dwa tygodnie, i tam robiliśmy konne wycieczki w okolicach rzeki Pilicy. Wspaniałe były te wycieczki! Uczucie galopowania na ognistym wierzchowcu może dorównać tylko przyjemności prowadzenia dobrego samochodu, podług mnie jednak ją przewyższa, gdyż ma się do czynienia z żywą istotą.

Poza jazdą konną zamiłowaniem Euzebiusza było zbieranie i studiowanie insektów. Z zainteresowaniem rozpytywał się mnie o brazylijskie pająki i tym podobne.

Następnego roku wstąpiłem do Politechniki Warszawskiej na wydział Inżynierii Lądowej. Poza tym, będąc amatorem sportów, brałem aktywny udział w zawodach, a szczególnie lubiłem boks.

Głos wołający z oddali

19 grudnia 1922

Jak się masz, mój maleńki, co? Nie gniewaj się na mnie, że tak rzadko z tobą rozmawiam. Ale widzisz, tak mam zawsze mało czasu, że trudno, naprawdę. Dzisiaj chciałem z tobą pogadać troszeczkę, bo widzisz, jutro kończę dwadzieścia lat. Przeżyłem już dwadzieścia lat, ciekawym, co mi przyniosą następne dwadzieścia, naturalnie, jeśli się przedtem nie wykopyrtnę, tym bardziej, że mam niepohamowaną chęć ruszenia gdzieś w świat. Czuję jakiś głos, wołający gdzieś z mglistej dali:

– Chodź!...

I pójdę, wiem, że pójdę, gdyż czuję w sobie iskrę, którą rozdmucha wiatr przestrzeni!

Któregoś dnia Mama, przeglądając stare listy i papiery, wzięła jakiś pożółkły już nieco i przeczytała mi wiersz skreślony ręką mego śp. dziadka Warchałowskiego, wkrótce po moim urodzeniu, który postanowiłem tu przepisać, gdyż jest on jakoby horoskopem mego życia:

Chersoń, 15 stycznia 1903

Nad małego dziecią̨tka kolebką
Młoda Matka pieśni nuci.
A w tych pieśniach myśl się wije
O nadziejach jej w przyszłości.
O dniach jasnych i uroczych,
Gdy go ujrzy silnym, świetnym,
A kochanym do zazdrości,
A wybitnym w trudzie pracy,
Pożytecznym dla narodu,
I dla ziemi swej ojczystej,
I dla braci bliższej – dalszej.
A matulkę swą zgrzybiałą,
Będzie kochać rzewnie, tkliwie,
By odwdzięczyć jej pieszczoty,
Jej chuchanie, kołysanie,
Jej bezsenne nieraz noce.

Piotr Warchałowski

A on wyrósł na człowieka
I hożego i zacnego,
I poleciał w świat daleki
I zapomniał o matuli,
I o ziemi swej rodzinnej,
I tam buja śród przestworza
Dalekiego i obcego.
Buja, zniknął,
Na grób Matki nie powrócił.

Oto takimi myślami liścik Twój, Kochana Janusiu, mnie natchnął. Schowaj to sobie na pamiątkę.

Piotr Warchałowski

Jak Stanley „Król Pięści" trenował przed meczem o mistrzostwo Warszawy

Luty, 1924 r.
17, niedziela

Wstałem o 9-ej. Wolne ćwiczenia rękami, nogami i całym ciałem. Bardzo forsowne ćwiczenie karku i szyi, przy pomocy przyjaciela Euzebiusza. Ćwiczenia brzuszne. Bieg z Euzebiuszem około kilometra, przed obiadem.

Po obiedzie czytałem „Spalding's Box". Wieczorem wolne ćwiczenia i walka z cieniem. O 10:30 w łóżku.

18, poniedziałek

Dziesięć minut wolnych ćwiczeń i mały bieg na powietrzu (śnieg i mróz). Śniadanie. Przed obiadem młynki kijem.

19, wtorek

Wolne ćwiczenia. Skoki przez sznur po dziewczęcemu. Ćwiczenia brzuszne (6 razy). Dłuższy bieg na powietrzu (tam i z powrotem kilometr). Wieczorem trening, *punching ball*[101], walka z cieniem, rzucanie piłką, ćwiczenia na przyrządach. Walka w rękawicach.

20, środa

Wczorajszy trening był za intensywny, dlatego też czuję się zmęczony. Trochę ćwiczeń wolnych. Bieg na wolnym powietrzu, z powodu wielkiego mrozu bardzo

[101] *Punching ball* (ang.) – worek treningowy zwany gruszką bokserską, służący do ćwiczenia ciosów, siły, refleksu boksera. Urządzenia takie mają różne rozmiary, od niewielkich głowic na sprężynie, wyposażonych w podstawę, po większe worki, okrągłe lub podłużne, stawiane na stojaku lub zwieszane z sufitu.

krótki. Wieczorem poszedłem na Dynasy[102], ale czułem się zmęczony. Tylko kilka dźwigów na kółkach i poręczach.

21, czwartek

Wolne ćwiczenia: 25 przysiadów, młynki kijem. Mały spacer z Dickiem (psem). Czuję się jeszcze zmęczony.

22, piątek

25 przysiadów, młynki kijem. Czuję się prawie dobrze. Lekkie zaziębienie, dlatego też opuściłem spacer na wolnym powietrzu. Wieczorem poszedłem na Dynasy. Biłem trochę *punching ball* i robiłem walkę z cieniem. Strzeszewski dał mi legitymację zawodnika bokserskiego. Byłem bardzo dumny. Wyrobiłem u niego legitymację dla przyjaciela Euzebiusza jako mego asystenta. Położyłem się spać około 11-ej.

Stanisław Warchałowski w Polsce

23, sobota

Dziś pierwszy dzień zawodów. Wczoraj mówił Strzeszewski, że mam stanąć do walki. Nie powiem, żebym się czuł doskonale. Jakiś ból w boku. Prawie że ćwiczeń żadnych rano nie robiłem i nie wychodziłem na dwór. Spałem tylko trochę dłużej, bo do wpół do 9-ej. Jednak nie stawałem do walki, gdyż współzawodnicy moi się nie stawili, co i dobrze się stało gdyż wieczorem czułem się bardzo źle.

24, niedziela

Wstałem około 10-ej i zrobiłem kilka wolnych ćwiczeń. Potem pojechałem na Pole Mokotowskie[103] zobaczyć znajomego, a o 7-ej wieczorem byłem u kolegi Kelusa na kolacji i tam wypiłem kieliszek wódki. Po kolacji poszliśmy razem na zawody. Okazało się, że mam się dzisiaj bić, więc poprosiłem na *secondów*[104] Euzebiusza i Mistrza Junosza.

[102] Dynasy – dawniej: obszar warszawskiego Śródmieścia przy skarpie wiślanej. Istniał tu pałac i ogrody księcia Karla Otto von Nassau-Siegena, występującego w *Panu Tadeuszu* Adama Mickiewicza jako książę Denassów. Pałac spłonął pod koniec XVII w.; posiadłość znana była pod nazwami Góry de Nassau, Góry Dynasowskie oraz Wzgórza Denassowskie. W latach 1892-1937 tereny dawnego ogrodu zajmowała siedziba Warszawskiego Towarzystwa Cyklistów i tor kolarski – można założyć, że młody Warchałowski przyszedł tu właśnie z tego powodu. W latach 30. XX w. wytyczono ulicę Dynasy, która jest jedną z pozostałości dawnej zabudowy obszaru.

[103] Pole Mokotowskie – duży park nieopodal centrum Warszawy; przed II wojną światową pełnił m.in. funkcję lotniska i mieścił ogródki działkowe oraz tor wyścigów konnych.

[104] Z ang. *second* – sekundant, opiekun boksera walczącego w ringu.

– Tylko *directy*[105] – rzekł mi Inżynier – a pójdzie dobrze.

– Nie denerwować się, spokojnie – mówił mistrz, masując mi nogi.

Czułem się słaby jak dziecko i mocno zdenerwowany. Przeciwnikiem moim był Nowotczyński, 58 kg, z P.T.A.[106] Moja waga: 59,900 kg.

Ring wolny. Asystenci usuwają krzesła, staję tyłem do przeciwnika. Gong!

Zaczynam atakować. Próbuję *directów*, które nie dochodzą, przeciwnik się cofa. Wymiana kilku uderzeń. Przeciwnik, z rzadka bijąc *crochetami*[107], ciągle się cofa, ja następuję. Gong. Czuję się mało zmęczony, ale jakiś śpiący i w głowie mi się kołuje. Sędzia robi uwagi mnie i przeciwnikowi za nieprawidłowe uderzenia.

Druga runda. Ja znów atakuję, on się ciągle cofa. Złość mnie bierze, gdyż wiem, że tym sposobem dla mnie gorzej. Wolałbym, żeby on atakował mnie, wtedy ja bym unikał ciosów i stosował doskoki do przejścia *infighting*[108].

Uderzenia jego są dosyć słabe. Ciekawy incydent był, jak ja skoczyłem w przód, on się schylił, ale tak nisko, że ja aż wpadłem na niego i nogi moje uniosły się w powietrze. Gong. Zaczęła mi krew iść z nosa, pomimo że nie dostałem ani jednego uderzenia w nos. Najlżejsze zaczepienie zaraz mi powoduje krwotok. Mistrz mi wtyka watę.

Trzecia runda. Dostałem uderzenie w szczękę, niezbyt mocne, i za lewe ucho, które mnie zamroczyło. Zachwiałem się (*groggy*[109]). Przeciwnik rzucił się zadając szereg ciosów. Wleciałem na sznury i *chinchowałem*[110]. Zadałem następnie cios, który zmusił przeciwnika do dotknięcia ziemi rękoma. Sędzia począł: *one, two*[111]... Przeciwnik stanął znów do walki. Gong.

Czwarta runda. Mistrz rzekł mi: „Wal pan teraz całą parą". Byłem już zmęczony i oszołomiony. Kilka razy *chinchowałem*. Sędzia mi krzyknął, że zadaję ciosy podczas *chinchu* i mnie dyskwalifikował. Poczułem ku niemu straszne oburzenie, gdyż byłem najmocniej przekonany, że to niesłuszne. Pamiętam w trzeciej rundzie, gdy przeciwnik zachwiał się i przypadł na moment do ziemi, ja o mało go nie uderzyłem w plecy, ale to z rozpędu. W tej samej chwili pochwyciłem pełny oburzenia wzrok *referee*[112] i opamiętałem się. W ogóle w czwartej rundzie miał przewagę mój przeciwnik. Z nosa mi dużo krwi uszło. Gong. Sędziowie się naradzają.

Obaj przeciwnicy wykazali dobrą technikę, ale z powodu przewagi, zwycięzcą jest pan Nowotczyński. Koniec.

Wracałem do domu całkiem rozbity z silnym bólem głowy. Muszę zaznaczyć, że mecz ten odbył się o godzinie 11-ej. Wróciwszy do domu, zastałem wszystkich śpiących. Rzuciłem się głodny na łóżko.

---

[105] Z ang. *direct*; chodzi zapewne o cios prosty, czyli *direct punch* (zwany też *straight punch*). W terminologii bokserskiej mają one oddzielne nazwy ze względu np. na to, którą ręką są zadawane.

[106] Może chodzi o Polskie Towarzystwo Atletyczne, powołane w 1922 roku.

[107] *Crochet* (ang.) – cios sierpowy, w terminologii angielskiej zwany raczej *hook*.

[108] *Infingting* (ang.) – walka w zwarciu.

[109] *Groggy* (ang.) – półprzytomny, przymulony.

[110] Wydaje się, że tu i dalej w tekście nastąpił błąd; na logikę może chodzić o angielskie słowo *clinch*, oznaczające klincz, klinczowanie, czyli takie wzajemne przytrzymanie się przeciwników, które uniemożliwia zadawanie ciosów.

[111] Chodzi tu o tzw. wyliczanie boksera, który otrzymał obezwładniający cios; sędzia – licząc – odmierza dziesięć sekund; jeśli po ich upływie zawodnik nie podejmie walki, zostaje uznany za pokonanego.

[112] *Referee* (ang.) – sędzia, arbiter.

Na drugi dzień, w poniedziałek, czułem silny ból głowy. Zauważyłem na szyi z tyłu silne zadrapanie, to samo na prawej ręce powyżej łokcia, jako też na prawej ręce bezpośrednio wyżej kostki łokciowej silny siniak. Oprócz tego czuję ból lewej kości policzkowej.

„Rzeczpospolita" umieściła w opusie Nr. 55, z 25 lutego 1924: „Druga walka pomiędzy Warchałowskim (A.Z.S.[113]) i Nowotczyńskim (P.T.A.) nie przyniosła zdecydowanego rozstrzygnięcia, a przesądzona została przez sędziów na korzyść Nowotczyńskiego, który wykazał się lepszą techniką."

Wieczorem byłem znowu na meczu na dwóch nieciekawych walkach bokserskich. Gdym patrzył na te walki, czułem dziwny niesmak i zdawało mi się, że zarzucę boks i wezmę się do innego sportu. Następnych parę dni czułem się jeszcze zmęczony i bolały muskuły rąk, ramion i brzuszne oraz boczne.

Gdy jednak potem to przeszło i poczułem się dobrze, nowy animusz we mnie wstąpił. Przeżułem wszystkie powody swej przegranej: niedyspozycja fizyczna, brak racjonalnego treningu, późna godzina walki, pierwszy raz w ringu, picie wódki przed walką i zła metoda nauki władania pięścią. Otóż trenujemy się, walcząc jedynie przy markowaniu ciosów, przyzwyczajając się do tego, i dlatego ciosy wychodzą za słabe. Postanowiłem na drugi raz wystrzegać się tych błędów.

Rozmyślając, doszedłem do przekonania, że bywają zwycięstwa, które są klęskami, i klęski, które stają się zwycięstwami. A dni tryumfu nadejdą i zabłysną w świetle swej potęgi!!

Decyzja powrotu

I.

Kiedy pewnego dnia poszedłem wyrobić sobie dowód osobisty, urzędnik w Ekspozyturze III na placu Dąbrowskiego rzekł do mnie:

– Musi pan wyrobić sobie akt uznania obywatelstwa polskiego.

– Jak to? Akt uznania? Czyż więc nie jestem obywatelem polskim?

– Nie, jest pan obywatelem byłego Imperium Rosyjskiego i o ile pan nie wyrobi sobie aktu uznania, zostanie pan wysiedlony.

Zdumiałem się.

– Przecież mam zaświadczenie, że zostałem zarejestrowany przez konsulat polski jako obywatel Rzeczpospolitej Polskiej.

– To nic nie znaczy, musi pan tu wyrabiać obywatelstwo polskie.

Jak strzała przesunęła mi się myśl po głowie – jako nieobywatel polski nie potrzebuję pozwolenia z P.K.U.[114] na wyjazd za granicę, będę mógł wyjechać. Nawet mnie wysiedlą. Ha, nostalgia za ziemią, na której się wychowałem, gryzła mą duszę. Tęsknota za słońcem, za dziewiczymi borami i stepami, za wolnością, nie dawała

---

113 Akademicki Związek Sportowy, powstały w 1909 roku na Uniwersytecie Jagiellońskim w Krakowie. Klub warszawski powołano w roku 1918. Dziś przeszło 50 tysięcy członków Związku zrzeszonych jest w 318 klubach na uczelniach państwowych i niepublicznych.

114 Powiatowa Komenda Uzupełnień.

mi spokoju. Akurat nadarza mi się sposobność wyjazdu. Korzystaj! – zawołał głos stęsknionej duszy.

Gdzież twój patriotyzm, chłopcze – szeptał inny głos. – Ty, któryś wyssał z piersi matki miłość do Polski, masz się Jej teraz zaprzeć?

Od owej rozmowy z urzędnikiem nie zaznałem spokoju. Nocami długo przewracałem się z boku na bok, bijąc się z myślami. Wreszcie postanowiłem sobie za wszelką cenę wyjechać.

Oświadczyłem Matce zamiar nieprzyjmowania obywatelstwa polskiego. Był to cios dla niej bolesny. Wiedziała jednak o nostalgii, która mnie gryzła. Płakała, lecz zgodziła się w końcu na mój wyjazd. Ojciec się sprzeciwiał, chciał, żebym ukończył studia, lecz i on zmiękł na koniec.

Poszedłem więc znów na plac Dąbrowskiego do Ekspozytury III, gdzie złożyłem poprzednio papiery o dowód osobisty. Po dwóch godzinach czekania w kolejce między Żydami, mówi do mnie znów naczelnik wydziału:

– Musi pan sobie wyrobić akt uznania, inaczej nie możemy panu wydać dowodu osobistego.

– Czyli nie jestem obywatelem polskim?

– Nie.

– Więc zarejestrujcie mnie jako obywatela byłego Imperium Rosyjskiego.

– Dobrze, o ile pan chce.

Wycofałem swoje papiery. Gdy przekreślano w księgach moje nazwisko, zdawało mi się, że serce moje rozdarło się na połowy i coś mnie ścisnęło za gardło.

Do podania o zarejestrowanie się w poczet obywateli byłego Imperium Rosyjskiego trzeba było szereg papierów, wyciągów z ksiąg ludności, opłaty w Izbie Skarbowej i tak dalej. Przez kilka dni biegałem za potrzebnymi dokumentami. Między innymi starałem się o wyciąg z ksiąg ludności z domu, w którym mieszkałem przed wojną. Pomimo że urodziłem się w Warszawie, mieszkałem w niej jednak zaledwie kilka miesięcy, przed wyjazdem do Brazylii. Okazało się, że skromnego niemowlęcia nikt nie kwapił się zameldować i nie figurowałem w księgach meldunkowych kamienicy na ulicy Sadowej. Znaczy się, według prawa byłem stałym mieszkańcem miasta Kijowa, bo tam byli wpisani Dziadek i Ojciec.

Po wielu trudach myślałem, że już w końcu uzyskam kartę pobytu w Warszawie jako obywatel byłego Imperium Rosyjskiego. Ale wtedy:

– Musi pan uzyskać zaświadczenie z P.K.U., że nie ma pretensji do pana, gdyż później będziemy mieli kwestię, że wypuściliśmy obywatela polskiego – rzekł urzędnik.

Złapałem się za głowę z rozpaczy.

– Proszę pana, przecież o ile nie jestem obywatelem polskim, to co mnie może obchodzić P.K.U. Jeżeli panowie stwierdziliście, że nie jestem obywatelem polskim, to P.K.U, nic nie ma do mówienia.

Zgodzili się ze mną, zauważyłem jednak jakiś dziwny niepokój wśród urzędników. Dochodziły mnie urywki rozmów:

– Właściwie to nie powinniśmy mu dawać karty pobytu.

– Teraz to już za późno.

Urzędnicy czuli, że jest coś niezupełnie pewnego. A więc syn urzędnika państwowego narodowości polskiej, urodzony w Warszawie, a jednak głupia litera prawa czyni jego obywatelem fikcyjnego państwa! Kazano mi podpisać rewers, że robię to dobrowolnie.

Sam starosta zawezwał mnie do siebie i zjawił się na naszej rozmowie naczelnik wydziału paszportowego. Kręcili głowami, indagowali mnie, spoglądali na siebie, wreszcie wydali mi kartę pobytu. I stałem się bezpaństwowcem!

Znowu wyciągi z ksiąg ludności, świadectwa kwalifikacyjne z policji. Impertynencja urzędniczek, bieganie za markami, pisanie podań, ogonki, fotografie. Na koniec dostałem ten upragniony papierek. W przeciągu miesiąca mam opuścić Warszawę, w przeciągu trzech, terytorium Rzeczpospolitej Polskiej.

II.

Wczoraj otrzymałem paszport. Po tylu trudach... Otóż nareszcie leży przede mną ta wymarzona książeczka. Bezpaństwowiec! Ha, ha! Śmiech i łzy. Czyż ja myślałem, że będę kiedyś bezpaństwowcem? Uważałem siebie, odkąd Polska uzyskała niepodległość, za najprawowitszego obywatela Rzeczpospolitej Polskiej! Przecież zarejestrowałem się w poczet obywateli polskich jeszcze w Konsulacie Polskim w Kurytybie.

Dnia 26 lutego 1921 r. postawiłem stopę na ziemi nieznanej mi Ojczyzny, w Zbąszynie. Chciałem objąć tę ziemię i płakać, i radować się. Przecież to ta wymarzona Polska, o której od kolebki Matka mi snuła opowiadania. Mundury polskie. Wojsko polskie. Duma i radość rozsadzała me piersi. Przecież to wszystko bracia Polacy!

Głupi idealisto! W każdym narodzie są ludzie szlachetni i wyrzutki społeczeństwa. Nie każdego Polaka możesz przycisnąć do piersi, bo ci może w takiej chwili portfel wyciągnąć z kieszeni. Wiele, ach, wiele rozczarowań. To jasne, nie trzeba było sobie zbyt idealizować. Lecz cóż robić, był ideał i nie ma ideału.

Przyjechaliśmy do Polski w najgorszym czasie. Bezpośrednio po pożogach wojennych. Ciężkie warunki życia, brak mieszkań, dewaluacja marki, bałagan we wszystkich urzędach itd., itd. Ileż przecierpiałeś, głupi idealisto!

Zima długa jak wieczność. Drzewa obumarłe. Dwa razy okradano nasze mieszkanie. Rok życia w dwóch pokoikach, gdzie słońce nigdy nie ukazywało swej drogiej twarzy. Na każdym kroku „Wzbronione", „Nie wolno". Na wszystko papiery, pozwolenia, włóczenie się po urzędach. Kto poczuł wiatr stepowy, kto w puszczy drogę torował, kto poczuł wolność, ten zawsze będzie tęsknił do niej...

I ja tęskniłem. Nostalgia zaczęła żreć mą duszę. Zapragnąłem słońca i wolności, dlatego też leży przede mną paszport zagraniczny i stałem się bezpaństwowcem.

Ażeby otrzymać wizę brazylijską, trzeba mi było świadectwa moralności. W Ekspozyturze III powiedziano mi, że dostanę potrzebne świadectwo w Komisariacie Rządu. Komisariat Rządu odesłał mnie do Ekspozytury III. Tu chciano mnie znowu odesłać do Komisariatu Rządu. W końcu zgodzono się przyjąć podanie.

– Kiedy będzie gotowe?
– Za dziesięć dni.
– Dlaczego tak długo?

– Musimy zrobić wywiad.

Na mój protest rzekł urzędnik:

– To niech pan się stara w Komisariacie Rządu.

Odebrałem podanie i poszedłem do Komisariatu Rządu. Po dłuższych przemowach otrzymałem w dziesięć minut świadectwo, stwierdzające, że nigdy nie byłem sądownie ani administracyjnie karany. Tak to bywa na tym Bożym świecie. Kto wyjeżdża na stałe za granicę, temu się daje na poczekaniu, bez żadnego wywiadu. Bo przecież gdyby nawet był niemoralny i iks razy karany, to niech wyjeżdża czym prędzej, a ci, co go przyjmą, niech się dopiero martwią.

W świat

A więc jestem w Cherbourgu[115] i znowu słyszę szum fal morskich. Jedenastego kwietnia o szóstej opuściłem Warszawę, żegnany przez grono osób, Matkę, przyjaciół.

„...I poleciał w świat daleki...", napisał mój dziadunio przed 22 laty, wkrótce po moim urodzeniu – widać przeczuł, że narodził się dziwny włóczęga. Porzuciłem zacisze domowe, wygodne łóżko, pewny i dobry obiad codzienny, porzuciłem matkę, przyjaciół, przerwałem studia na trzecim roku Politechniki Warszawskiej – i ruszyłem w świat daleki... Pognałem tam, gdzie mnie wołał głos wielki i potężny, głos oddali... Zerwałem ze wszystkim, rzuciłem Politechnikę, wyrzekłem się obywatelstwa i ruszyłem...

Ot, i siedzę teraz w Hôtel de la Plage, w Cherbourgu, wsłuchuję się w dochodzący mnie szum morza, spoglądam na wodę i przypominam pożegnanie na stacji warszawskiej.

– Pamiętaj, wróć na jesieni – rzekł Euzebiusz.

Wziąłem go pod rękę i odszedłem na bok, żegnaliśmy się serdecznie i poczułem, że oczy mi mocno zwilgotniały.

Uśmiechałem się, gdy pociąg ruszył i ostatni raz spoglądałem na drogie mi twarze, lecz smutek i żal rozsadzał me serce. A więc żegnajcie mi, moi mili, tylko, och, nie na zawsze, o nie!

Kilka Żydówek zanosiło się spazmatycznym płaczem. Tęskna pieśń rusińska zlała się w jeden głos z turkotem kół i szczękiem buforów.

Była dla mnie bardzo ciężka jedynie chwila pożegnania. Gdy pociąg ruszył, pomyślałem sobie: „Dziś tu, jutro tam, a pojutrze znowu tu. Nic strasznego w rzeczywistości."

Bardzo się myliłem, bo już nigdy więcej do Polski nie wróciłem...

Do Brazylii

I.

Jeden z wagonów pociągu był zarezerwowany dla emigrantów, którzy jechali do Brazylii i Argentyny. Byli to Polacy i Rusini ze Wschodniej Galicji, jadący do kopalni nafty w Argentynie. Transport był kierowany do Cherbourga, skąd odchodził do Rio de Janeiro i Buenos Aires angielski okręt „Andes" kompanii Royal Mail[116].

---

[115] Cherbourg – miasto w Dolnej Normandii (północna Francja); port wojenny i pasażerski. W czasach młodości Warchałowskiego był ważnym portem obsługującym statki transatlantyckie.

[116] Royal Mail – brytyjskie linie okrętowe, założone w 1839 roku jako Royal Mail Steam Packet Company. Pod koniec lat 20. XX w. znalazły się w poważnych kłopotach finansowych, w związku z czym w roku

Miłe wrażenie uczynił na wszystkich widok polskiego policjanta, który w chwili, gdy pociąg opuszczał ostatnią polską stację, zasalutował, mówiąc:

– Z Bogiem, bracia!

Jeszcze unosiłem w sercu gorycz i wspomnienia piekła, przez które przeszedłem, włócząc się po urzędach, by zdobyć paszport, ale rozpogodziłem się, żegnając ziemię polską i słysząc słowa: „Z Bogiem, bracia."

Serce niejednego emigranta, przepełnione wspomnieniami nędzy, której Ojczyzna mu nie poskąpiła, ścisnęło się bólem, żegnając może na zawsze ziemię rodzinną...

Podczas podróży rozmawiałem z konwojentem, który opowiedział mi następujące zajście:

– Na jakiejś stacyjce przychodzi do mnie konduktor i mówi: „Wysiadać – zapaliły się osie w waszym wagonie, musicie się przenieść." Miałem zatem rozmieścić cały transport po różnych przedziałach, co było bardzo i dla mnie, i dla nich niewygodne. Panie, kilkudziesięciu ludzi z kobietami i dziećmi mieć rozrzuconych po całym pociągu?... Ludzie zaczęli szemrać. Szczęściem przyszła mi myśl do głowy. „Niech pan idzie do innego wagonu i powie to samo" – rzekłem do konduktora. Zgodził się na to i w kilka chwil przenieśliśmy się do opustoszałego wagonu, z którego pasażerowie przesiedli się do innych...

Po drugiej nocy spędzonej w pociągu – postój parogodzinny i przesiadka w bajecznie czystym miasteczku holenderskim Oldenzaal, gdzie każdy domek wyglądał jak cacko. Minęliśmy kraj pałacyków i rowerzystów, w nocy przemknęliśmy przez Belgię i rano stanęliśmy na Gare du Nord[117] w Paryżu.

Miałem list polecający do Francuza w Paryżu, przyjaciela Ojca, dyrektora jakiejś morskiej kompanii, i ów Francuz zaprosił mnie na obiad do eleganckiej stołówki. Ubrałem się po prostu tak jak chodziłem w Polsce, w buty z cholewami i w bufiaste spodnie, jakich używali oficerowie i także cywilni. One były zresztą z bardzo drogiego materiału i dobrze się nosiły; używałem ich potem szereg lat w lasach. Ale w Paryżu takie spodnie wcale nie były w modzie i – jako że tam jest dużo cieplej – nikt nie używał butów z cholewami. Zorientowałem się dopiero wtedy, gdy wszedłem do eleganckiej restauracji i kelnerzy w smokingach ukłonili się. Poczułem, że *maître* obrzucił mnie dyskretnie wzrokiem i jego oczy przybrały nieokreślony wyraz. W tym eleganckim otoczeniu poczułem się nagle, jakbym był przebrany za niedźwiedzia! Jeszcze bardziej poczerwieniałem, gdy moje buty zaskrzypiały głośno jak solo na tle przyciszonej muzyki... Niezgrabnie wymijając stoliki, przewlokłem się przez wielką salę, starając się jak najciszej stąpać, aż dotarłem spocony do stolika Francuza.

Wieczorem znów do pociągu i na rano w Cherbourgu. Autobusami przewieźli emigrantów do Hotel Royal Mail, a właściwie do kilku długich, murowanych budynków, gdzie mieściły się baraki emigranckie.

– Panie – mówili emigranci – inni tu są ludzie, nie tacy jak nasi. Nie możemy się z nimi dogadać, ale to dobry i usłużny naród. Nawet tacy Niemcy. Już, już pociąg miał ruszyć, to my poprosiliśmy Niemca na stacji, żeby nam w garnuszek przyniósł wody. Ten ci krzyknął do konduktora, pobiegł do wodociągu i przyniósł nam wody. Czy w Polsce by to ktoś zrobił? Zdechłby panie, ale aniby się ruszył.

1932 uległy likwidacji; jednocześnie powstało przedsiębiorstwo nazwane Royal Mail Lines, które przejęło majątek poprzedniej firmy. W 1965 roku linie zostały zakupione przez Furness, Withy & Co., przez co ich marka uległa zatarciu. „Andes" – liniowiec zbudowany w 1913 roku. W czasie I wojny światowej używany jako krążownik pomocniczy; w 1929 przemianowany na „Atlantis", w czasie II wojny światowej wykorzystywany był do transportu rannych. Wycofany z użycia w 1952 roku. Royal Mail posiadały jeszcze jeden okręt o nazwie „Andes", ale był to transportowiec z 1939 roku, przerobiony następnie na statek pasażerski.

[117] Gare du Nord – Dworzec Północny w Paryżu, zwany też Paris-Nord. Został otwarty w 1846 roku.

II.

Na stateczku „Seine" przepłynęliśmy koło olbrzyma „Leviathana"[118], stojącego na kotwicy, i długo kołowaliśmy po zatoce, zanim już w cieniach zapadającej nocy ukazał się „Andes". Tego samego wieczoru odpłynęliśmy w kierunku Vigo[119].

Pierwsza klasa zajmuje na wszystkich okrętach środek, gdzie najmniej odczuwa się kołysanie. Druga przeważnie tył, a trzecia przód okrętów.

Emigranci, pasażerowie trzeciej klasy, śpią w salach ogólnych, gdzie łóżka jak zwykle na okrętach są umieszczone jedno nad drugim. Jedzenie jest do przyjęcia, tak że nikt się nie uskarżał, a wielu było nawet zadowolonych, jak babina, która mawiała, smucąc się, że podróż trwa tak krótko:

– Czyż ja to bym miała w domu? Co dzień mięso, ryby, masło, kawa, wino... Toć ja nigdy o takim jedzeniu ani śniła!

Najprzykrzejszą rzeczą była woń dobywająca się ciągle z kuchni będącej w sąsiedztwie trzeciej klasy, której wrażliwsi nie mogli znieść i chorowali od tego więcej niż od samego kołysania.

W Vigo i Lizbonie wsiadło dużo Hiszpanów i Portugalczyków. Przynosili krzesła okrętowe, którymi zastawili prawie cały pokład.

Polacy mieli u innych narodowości mir. Zalecali się do czarnookich Portugalek i Hiszpanek, które odwzajemniały się wesołym *polacos*. Gdy wieczorem zabrzmiała smętną nutą jakaś pieśń ukraińska lub swawolna żołnierska piosenka, wszystkie narodowości tłoczyły się do grupki Polaków. Tańce góralskie, szczególnie skoczny kozaczek, wywoływały burze oklasków.

W ogóle emigranci byli zadowoleni z podróży, uskarżając się tylko na jej długość. Piętnaście dni do Brazylii, dwadzieścia do Argentyny. Pragnęli wylądować jak najprędzej, gdyż bezsprzecznie ciągła myśl o tym, co im zgotuje los na obcej ziemi, nie dawała spokoju. Trzeba zaznaczyć, że pomimo iż przedsiębiorstwa południowej Ameryki kontraktowały wiertaczy i przewoziły ich na własny koszt, wielu jednak, nie chcąc krępować się kontraktem. jechało na własną rękę.

Na skraju nowego życia

Podczas podróży statkiem miałem czas, żeby się namyślić, co robić. Miałem niewiele pieniędzy, ale dużo odwagi, żeby rozpocząć nowe życie. Byłem przecież młody, pełen romantyzmu, chęci na rzeczy niecodzienne. Przyszło mi na myśl *garimpo*[120] i zaczęło nęcić i wabić

[118] „Leviathan" – transatlantyk zbudowany w 1913 roku przez niemiecką firmę HAPAG-Lloyd, jako „Vaterland". W czasie I wojny światowej przejęty przez Stany Zjednoczone i przemianowany na „Leviathan"; najpierw używany jako transportowiec, po wojnie stał się częścią amerykańskiej floty handlowej. Zezłomowany w 1938 roku.

[119] Vigo – hiszpańskie miasto portowe w regionie Galicii, położonym na północnym zachodzie Półwyspu Iberyjskiego. Obecnie najludniejsze miasto regionu i czternaste w Hiszpanii (jednocześnie najludniejsze spośród hiszpańskich miast niebędących stolicami regionów); ważny ośrodek przemysłu i rybołówstwa.

[120] *Garimpo* (port.) – prymitywne techniki wydobywania złota i kamieni szlachetnych bądź półszlachetnych, uznawane często za działalność nielegalną, pozbawione są bowiem wsparcia ze strony oficjalnych instytucji i częstokroć bywają sprzeczne z zasadami i uregulowaniami chroniących środowisko. *Garimpo* może np. przyjmować formę płukania złota lub wydobywania cennych surowców spod ziemi. Aktywność *garimpeiros* znana była już w XV wieku, gdy rozpoczęło się odkrywanie Nowego Świata. W Brazylii osią-

moją fantazję. Decyzja była powzięta – pojadę do Minas Gerais, szukać złota i drogocennych kamieni!

Po krótkim postoju w Bahia[121], piętnastego dnia podróży zawitał „Andes" do Rio de Janeiro. Cudowne Rio wyglądało w nocy jak zaczarowane miasto z bajki. Na tle nieba rysowały się fantastyczne kontury gór, a u ich podnóża płonęły rzędy świateł, robiąc wrażenie sznurów świetlistych pereł.

Oczy emigrantów rozbłysły zachwytem, napawając się cudną panoramą najpiękniejszego miasta na świecie – Rio de Janeiro! Przesuwając się po szczytach gór, wszystkie spojrzenia zatrzymywały się na potężnym kolosie z granitu, strzegącym wejścia do zatoki, zwanym Głową Cukru (Pão de Açúcar), jak gdyby dla zachęty dla tych, co rzucili szare nędzne życie w swych rodzinnych gniazdach i ruszyli w świat daleki, w pogoni za lepszym losem.

Tutaj pierwszy raz zostali emigranci wypuszczeni na ląd i – pomimo wielkiego upału – zachwycali się pięknem brazylijskiej stolicy. Nieznaczna część pozostała w Brazylii, lokując się w barakach dla emigrantów na Ilha das Flores (Wyspie Kwiatów)[122], wysepce położonej wśród lazurowych wód zatoki Guanabara, ażeby później udać się w głąb kraju i rozpocząć nowe życie; resztę uwiózł „Andes" ku Argentynie.

Z powrotem w Brazylii, mając w kieszeni niewielką sumę pieniędzy, która pozwalała na przeżycie jakiś czas w skromnych hotelikach, i z naganem[123], który przywiozłem z Polski, rozpocząłem wielką przygodę jako poszukiwacz złota i diamentów.

---

gnęło szczyt w XVIII stuleciu; wtedy w rejonie Minas Gerais urządzano wyprawy w poszukiwaniu złota i diamentów. Termin *garimpo* odnosi się także do miejsca, w którym wydobywa się te materiały.

[121] Bahia – jeden ze stanów Brazylii, położony w regionie północno-wschodnim (Nordeste). Jego stolicą jest Salvador. Stan ten posiada największy w kraju odsetek ludności czarnej i Mulatów; co za tym idzie, wpływ kultury afrykańskiej zaznaczył się tu bardzo silnie, co znajduje oddźwięk w takich dziedzinach, jak religia, muzyka czy kuchnia. Co ciekawe, to właśnie do wybrzeży dzisiejszego stanu Bahia przybił w 1500 roku Pedro Álvares Cabral, odkrywca Brazylii.

[122] Warchałowski pisze o Hospedaria de Imigrantes, instytucji przyjmującej wychodźców, który potem kierowani byli do miejsca przeznaczenia (na działki ziemi bądź do pracy w miastach). Hospedaria z Wyspy Kwiatów działała w latach 1883-1966. Wyspa Kwiatów, wraz z kilkoma innymi wysepkami, tworzy niewielki archipelag; obecnie znajduje się tu baza brazylijskiej marynarki.

[123] Nagan – powszechna błędna forma nazwy belgijskiego rewolweru nagant, produkowanego od 1895 roku. Broń ta, przystosowana do walki z bliskiej odległości, zyskała popularność przed I wojną światową i w okresie międzywojennym, zwłaszcza w Rosji, gdzie wytwarzano ją na licencji. Od 1930 roku w Radomiu produkowano lżejszą wersję naganta dla potrzeb polskiej policji.

Część druga: W pogoni za przygodą

Z Rio de Janeiro do Belo Horizonte

Piękne, gwarne i ruchliwe Rio de Janeiro, błękitne morze, góry strzelające ku niebu nagimi ścianami lub tonące w morzu bujnej zieleni – pozostały za mną jak sen czarowny, a przede mną rozprzestrzeniał się świat!

Pociąg mknął w ciemnościach nocnych, unosząc mnie wraz z kilkoma listami polecającymi do jakichś osobistości zamieszkałych w różnych okolicach stanu Minas Gerais, który wielkością przewyższa znacznie Polskę i jest prawie cały pokryty łańcuchami górskimi. Tak jak dzisiaj zasobny w złoża żelaza, tak dawniej obfitował w złoto ten stan środkowej Brazylii, który jest jedną wielką kopalnią i skarbcem, dawniej Portugalczyków, dziś Brazylijczyków.

Brazylia miała swój „cykl złota[124]" w XVIII wieku, gdy z Minas Gerais po drodze zwanej *estrada do ouro* (drogą złota) stąpały *tropy* jucznych murów, ciężko obładowane drogocennym towarem. Nikt dzisiaj dokładnie nie wie, ile ton tego szlachetnego kruszcu popłynęło na fregatach do Portugalii. Portugalczycy wywieźli stąd niezmierzone bogactwa, a zarazem i największy diament, znaleziony w miejscowości Abaeté[125] przez trzech awanturników skazanych na banicję, słynną „Gwiazdę Południa"[126].

Wydobywanie złota może być robione sposobem prymitywnym, płuczkami, lub na większą skalę, do czego potrzeba różnych maszyn. Większe imprezy są jednakże prowadzone przez przedsiębiorstwa angielskie, jak np. wielka kopalnia złota w Morro Velho[127], która ciągnie się kilometrami głęboko pod ziemią i wydobywa się w niej złoto z żyły skalnej. W 1867 r. ogień spustoszył kopalnię. W Londynie od razu zebrano nowy kapitał i zostało wszystko naprawione. Potem w 1886 r. galerie się zapadły i były tak wielkie szkody, że postanowiono opuścić kopalnię. W tym czasie młody dwudziestoośmioletni inżynier, Mr. Chalmers[128], został tam wysłany do sprawdzenia strat. Powróciwszy do Londynu, był tak rozentuzjazmowany, że zebrano znów pieniądze i przysłano go, by zorganizował prace na nowo. Założono nowe maszyny, instalacje elektryczne i galerie, i dotąd kopalnia ma wysoką produkcję.

---

[124] Cykl złota – jeden z okresów historii gospodarczej Brazylii, przypadający na wiek XVIII. Wtedy to na dużą skalę zaczęto wydobywać złoto (a także diamenty), Brazylia stała się zaś dostarczycielem 80% złotego kruszcu na świecie. Cenne surowce wydobywano głównie w okolicach rzek, górnictwo głębinowe było rzadkie. Poszukiwanie złota i diamentów prowadziło do konfliktów między ludnością miejscową a ogarniętymi gorączką złota przybyszami, lecz przyczyniło się też do rozszerzenia terytorium kraju. Zostało to usankcjonowane Traktatem Madryckim z 1750 roku. (Więcej informacji: Marcin Kula, *op. cit.*)

[125] Chodzi zapewne o miejscowość São Gonçalo do Abaeté, znaną z wydobycia złota i diamentów.

[126] Diament, o którym mowa – po portugalsku „Estrela do Sul" – został znaleziony w roku 1852 bądź 1853 w rejonie tzw. „Trójkąta Wydobywczego" (Triângulo Mineiro) w rzece Bagagem, przez niewolnicę, która dzięki temu miała zyskać wolność. Przed obróbką ważył – według różnych źródeł – 254,5 lub 261,2 karata, przez co nie stanowi największego diamentu brazylijskiego, lecz uważany jest za najpiękniejszy kamień szlachetny pochodzący z tego kraju. Dla porównania, największy na świecie diament o jakości jubilerskiej został znaleziony w kopalni Premier Mine w RPA i przed obróbką ważył ponad 3.100 karatów.

[127] Morro Velho – obecnie Ashanti Mineração, kompleks kopalni złota, czynnych od lat 30. XIX wieku. Jest to najstarsza działająca bez przerwy kopalnia złota na świecie. Wydobywa się tu także srebro i arsen, a niektóre prace prowadzone są nawet na głębokości 3 tysięcy metrów.

[128] George Chalmers (1857-1924) został nadzorcą kopalni w 1884 roku, a więc przed wypadkiem, który w dramatyczny sposób ukrócił jego plany zrewolucjonizowania prac górniczych. Kapitał zebrany przez niego w Londynie w roku 1888 wynosił 233.174 funty i przeznaczony był na dalszą modernizację i rozwój Morro Velho. Chalmers zarządzał kopalnią aż do swej śmierci.

W ostatnim czasie znowuż zasłynęło nad rzeką Jequitinhonha[129] przedsiębiorstwo angielskie, które w przeszłym roku wydobyło bajeczną fortunę w diamentach. Nic więc dziwnego, gdy się słyszy o takich bogactwach, że ludzie tam dążą jak ćmy do światła. W dali błyszczy wspaniała „Gwiazda Południa", mieniąca się kolorami tęczy i oślepiająca swym blaskiem, złoto, rozkosze bogactwa... A bliżej, przed tym złudnym mamidłem, wynurza się cień człowieka zgiętego nad miską, po kolana w wodzie, pracującego w pocie czoła pod palącymi promieniami słońca i długim pochodem przesuwają się wszystkie trudy, niebezpieczeństwa i wysiłki. Jednakże nigdy nienasycona ciekawość człowieka pcha go poprzez wszystko wciąż naprzód, wabiące mamidło złota ciągnie go gdzieś hen, może do samotnego grobu w dzikich pustkowiach.

Rozmyślając nad tym wszystkim i nad nieznanym mi jutrem, siedziałem skulony z zimna na twardej ławce, a uchem łowiłem dźwięki gitary i chrapliwy falset ciemnolicego śpiewaka, wokół którego skupiła się gromadka różnokolorowych słuchaczy. Powtarzał się co chwila monotonny refren, a wtórował mu zgrzyt i turkot kół pociągowych. Ta muzyka tak mnie sennie usposobiła, że pomimo filozoficznych myśli, które zaczęły mi się snuć po głowie, pomimo przenikliwego zimna i niepewnej przyszłości, zasnąłem. Muszę przyznać, że sypianie w kolejach brazylijskich jest sztuką nie lada. Linie kolejowe są dość niedbale pobudowane, a przy tym tak pokręcone w esy floresy, że podróżny z trudem przechodzi z jednego końca wagonu na drugi z powodu rożnych ewolucji, które wyczynia wagon, przekręcając się na wszystkie strony w niemożliwy sposób. Przy tym straszny czerwony pył przenikający wszystko, wciskający się wszędzie, zapewne i do duszy, przyprowadza do rozpaczy nieszczęśliwego podróżnika.

W Rio gorąco i duszność wyciskały strumienie potu. Wystarczy tylko wjechać na płaskowzgórze, ażeby klimat uległ radykalnej zmianie. Niski pas nadmorski ma klimat gorący i duszny; w głębi kraju, pod tą samą szerokością, wyjąwszy doliny rzek, klimat staje się zdrowy i zupełnie znośny. Zimno daje się we znaki po nocach w okresie suszy, która tu odpowiada zimie, chłód przejmuje ciało na wskroś, lecz niech tylko wzejdzie słońce, robi się gorąco, ale nie męczy duszna atmosfera.

Obudziłem się o brzasku dnia, zziębnięty od stóp do głowy pomimo derki, kapelusza i wszystkich chustek do nosa, którymi się pookrywałem. Pociąg trząsł się widocznie również z zimna, biegnąc nad czerwonymi wodami rzeki Rio das Velhas[130]. W ogóle wszędzie tam, gdzie tylko powłoka roślinna została zdarta, ukazywała się ziemia koloru czerwonego.

Piękne krajobrazy przykuwały wzrok. Okolica górzysta. Gdzieniegdzie na stokach górskich chatki caboclerskie, tonące wśród zieleni połyskujących w słońcu postrzępionych liści bananów oraz trzciny cukrowej.

Belo Horizonte

Po piętnastu godzinach podróży stanąłem na stacji w Belo Horizonte[131], w pięknej stolicy stanu Minas Gerais; w tym czasie było to jedno z najnowocześniejszych miast brazylijskich.

---

129 Jequitinhonha – rzeka, której źródła znajdują się w pobliżu miasta Diamantina (zob. przyp. 3). Paradoksalnie, w dalszym biegu przepływa przez jedne z najbiedniejszych regionów w kraju.

130 Rio das Velhas – rzeka, która odegrała znaczną rolę w rozwoju stanu Minas Gerais, stanowiąc jeden z głównych szlaków wykorzystywanych podczas cyklu złota i diamentów.

131 Belo Horizonte – od 1897 roku stolica stanu Minas Gerais, druga po Ouro Preto (zob. następny przypis). Było to pierwsze w Brazylii miasto zaplanowane i skonstruowane jako ośrodek polityczny i administracyjny rejonu górniczego; charakteryzuje się regularną siatką ulic oraz dużą liczbą placów i parków. Położone jest w dolinie chronionej od silnych wiatrów. W 2007 roku populacja Belo Horizonte docho-

Vila Rica do Ouro Preto (Bogate Osiedle z Czarnego Złota)[132], dawna stolica stanu, wybudowana jeszcze za czasów portugalskich, świadek nieprzebranych bogactw stanu Minas Gerais, z powodu niedogodnego położenia w górach i ciągłych mgieł, które spowijały miasto, nie nadawała się na stolicę. Małe kręte uliczki nie mogły dalej służyć rozwijającemu się fantastycznie stanowi, postanowiono więc ją przenieść. Większe miasta prowincjonalne toczyły walkę o tron, jak Sabará, Barbacena, São João del-Rei i Juiz de Fora. Zwycięstwo odniosła maleńka osada Curral del Rei, dosłownie Królewska Obora, na miejscu której wybudowano specjalnie w tym celu miasto Belo Horizonte, wzorując się na planie stolicy Ameryki Północnej, Waszyngtonie.

Nowa stolica leży prawie w centrum Minas i ma teraz około 70 tysięcy ludności. Położona na wyżynie wysokości 2.600 stóp, okolona łańcuchami pokrytych zielenią gór, jest zbudowana z wszelkimi ulepszeniami techniki nowoczesnej. Piękne, szerokie, dobrze brukowane i starannie zadrzewione ulice i place mile pociągają oko zwiedzającego. Wiele pięknych budynków rządowych i prywatnych. Cztery szpitale wraz z instytutem elektroradiowym, wiele dużych domów handlowych. Tramwaje elektryczne, dużo samochodów, telefony, światło elektryczne, kanalizacja i wodociągi. Szkoły Prawa i Medyczna. Mieszkańcy Minas mogą się szczycić, że mają stolicę prawdziwie nowoczesną.

Z balkonów Methodist Episcopal Church[133] można podziwiać naprawdę piękny widok, który usprawiedliwia nazwę miasta, gdyż Belo Horizonte znaczy Piękny Horyzont. W samym centrum zaś znajduje się bardzo ładny park z szerokimi alejami, biegnącymi wśród palm i bambusów, a w nim nieodzowne *coreto*[134] – duży kiosk do popisów muzycznych – oraz mały zwierzyniec.

Była niedziela. Po ulicach krążyły tłumy różnokolorowej publiczności wyelegantowanej odświętnie. Wrażenie czyniły czarne dziewice z mocno ukarminowanymi ustami i z krwistymi wypiekami na twarzy, rzucające majestatycznie zalotne spojrzenia.

Byłem u dyrektora dziennika stanowego i dostałem od niego list do jego przyjaciela, *coronel* (pułkownika) José Neves Sobrinho, w Diamantina, mieście położonym na północy stanu Minas[135]. Oglądałem u niego diament, który dostał w prezencie od swego przyjaciela podczas wycieczki do Diamantiny. Diament niewielki, lecz pomyślałem sobie: poczciwy przyjaciel...

Zdecydowałem się więc jechać do Diamantiny, właśnie tam, gdzie są kopalnie diamentów. Opuściłem Belo Horizonte, o mało nie zastrzeliwszy gospodarza hotelu, który – sądząc, że jestem Anglikiem, mającym funty szterlingi – wystawił mi zbyt słony rachunek. Szczęściem rewolwer mój był zapakowany w walizce i, nim się do niego dostałem, gniew mój przeszedł i, przekląwszy na czym świat stoi wszystkich Portugalczyków, pojechałem do Diamantiny.

Diamantina

Wyjeżdżając z Belo Horizonte, dumałem nad rozmową ze starym górnikiem, którego poznałem w hotelu. Zapytałem się go z ciekawością:

---

dziła prawie do 2,5 miliona osób, co czyniło zeń szóste co do wielkości miasto Brazylii. ONZ uznała je za ośrodek miejski odznaczający się najwyższą jakością życia w całym kraju.

[132] Ouro Preto – miasto założone jako Vila Rica, w 1711 roku. Dziewięć lat później stało się stolicą ówczesnej kapitanii Minas Gerais. W 1980 roku jako pierwsze miasto w Brazylii zostało umieszczone na liście światowego dziedzictwa UNESCO.

[133] Methodist Episcopal Church (ang.) – Episkopalny Kościół Metodystyczny.

[134] *Coreto* (port.) – estrada, podwyższenie.

[135] Zob. przyp. 3.

– Pięćdziesiąt lat pracuje pan przy wydobywaniu złota i diamentów, czyżby nigdy panu się nie poszczęściło, nie zdobył pan fortuny?

Stary górnik zakończył zawijanie tytoniu w suchy liść kukurydzy, przedtem dobrze wygładzony scyzorykiem, i – nakrzesawszy ognia krzesidłem i hubką, jak za dawnych czasów – popatrzył na mnie i powiedział z zastanowieniem, jakby oszczędzając słowa:

– Doprawdy, dziś jestem biedny, w życiu jednak kilkakrotnie byłem bogatym człowiekiem. Górnictwo podobne jest do gry hazardowej, staje się nałogiem. Namiętność poszukiwania złota panuje nad wieloma ludźmi.

Popatrzył w dal, przymrużył oczy i ciągnął dalej:

– Kiedyś miałem *lavrę*[136], gdzie pracowało kilkunastu ludzi. Żwir dawał obfite zyski. Przyszły ulewy w górze rzeki i w przeciągu kilku godzin nie zostało śladu z niczego. Znaleźliśmy później daleko w dole rzeki zwłoki pięciu ludzi.

Przy monotonnym stuku kolei myślałem sobie, ileż ten żółty metal łączy ze sobą łez, krwi i potu ludzkiego...

Po drugich piętnastu godzinach podróży i nocnym marznięciu w straszliwy sposób, przyjechałem do dawnego Tijuco, dziś znanego jako Diamantina[137]. Muszę zaznaczyć, że z Belo Horizonte do Diamantiny kursują najniewygodniejsze wagony drugiej klasy (w Brazylii istnieje tylko pierwsza i druga), jakie zdarzyło mi się widzieć w życiu. Ławeczki z bardzo niskimi poręczami, na dwoje osób, i w całym wagonie ani jednego wieszaka. Kurz znowu oblepił mnie całkowicie, jedynie piękne krajobrazy osładzały trudy podróży.

Diamantina to stare miasto kolonialne, położone wśród gór, o stromych uliczkach, ciasnych, krętych i źle brukowanych. Ma oświetlenie elektryczne, kilka kościołów i szkół. Pomiędzy starymi, niskimi domkami wyróżnia się parę świeżo wybudowanych, niezbyt stylowych, nowoczesnych domów. Samochodów mało, co chwila ulicami przeciągają wozy dwukołowe, zaprzężone w woły, i karawany jucznych mułów. Nawet drzewo opałowe i cegły wożą na mułach.

W spokojnej atmosferze miasteczka, ozłoconego ostatnim brzaskiem zachodzącego słońca, rozlegał się czysty dźwięk dzwonków, bo każda *tropa* miała swoją *madrinhę* wyposażoną w dzwonek, na której jechał chłopak, a za nią i za jej dzwonkiem kroczyła cała grupa.

A więc zaszwendałem się aż do Diamantiny! Przyjechałem wczoraj piekielnie zmęczony po dwóch nocach spędzonych w pociągu, głowa mnie wściekle bolała, a przy tym ta niepewność... Przyjechałem do nieznanego miasteczka – i co?... Co robić? Czy się będzie można tutaj gdzieś zaczepić? Czy trzeba wracać i szukać szczęścia gdzie indziej?

W jedynym hotelu miasta, zwanym Hotel Barbieri, siedziałem przy rannej kawie, myśląc z przejęciem o dniu dzisiejszym, a jeszcze bardziej o jutrzejszym. Miałem tylko 145 milrejsów[138]. We wszystkich hotelach z interioru płaciło się wtenczas dniówki po 10 milrejsów z jedzeniem. A więc na 14 dni życia. Musiałem jak najprędzej zacząć coś zarabiać. Trzeba było szybko działać.

---

[136] *Lavra (port.)* – praca przy wydobywaniu minerałów; tu: teren, na którym wydobywa się złoto lub diamenty.

[137] Diamantina w swych początkach nazywała się Arraial do Tijuco.

[138] Z port. *mil-réis*, dosł. tysiąc reali; jednostka monetarna istniejąca w Brazylii do roku 1942. Nazwa datuje się na czasy kryzysów gospodarczych w XIX wieku, kiedy moneta została zdewaluowana i ceny liczyło się w tysiącach reali. W roku 1942 wprowadzono *cruzeiro*, a po kilku jeszcze zmianach w roku 1994 ostatecznie walutą Brazylii został real.

Wydobyłem listy polecające i poszedłem do Anglika Andersona, do którego miałem list od jego przyjaciela Mr. Beavisa z Rio. Przyjął mnie grzecznie, ale mówił, że tutaj trudno mi będzie się urządzić. Ma się rozumieć, z listu Beavisa wywnioskował, że jestem jakimś wielkim geologiem, który chce Bóg wie co. Trochę się jąkając, próbowałem wyjaśnić mu moja sprawę.

Anderson popatrzył chwilę na mnie i spokojnie zapalił fajkę.

– Panie – rzekł do mnie – będę z panem szczery. Wy, ludzie z miast, czytacie książki i decydujecie jechać zbierać diamenty. To nie jest tak łatwe. W Rio wszyscy myślą, że tu tylko przyjechać, ażeby zebrać fortunę. Tak Roberto zrobił pieniądze i paru innych, ale to wyjątkowe szczęście. Inni siedzą całe życie, mordują się i nic nie mają z tego.

Wzmianka o Roberto stosowała się do Anglika Roberta Barbieri, eks-właściciela hoteliku, w którym przebywałem. Ów Roberto był wówczas milionerem i właścicielem największej kopalni diamentów nad rzeką Jequitinhonha.

Trudno mi było wytłumaczyć, że zapatrywałem się i bez niego sceptycznie na fortuny i że przyjechałem tu głównie dla zaspokojenia własnej ciekawości. Nie wiedziałem, jak z tego wybrnąć, gdyż czułem się pod zdechłym psem i nie mogłem się zdecydować, jak go naprowadzić na właściwą drogę. Byłem tak zmęczony, że po prostu nie mogłem skupić myśli. A więc źle... Tak jak myślałem. Albo ruszyć w świat i skazać siebie na najniższe roboty i zaczynać od początku, albo jechać z pieniędzmi i robić z siebie wielkiego pana. A tak jak w moim wypadku to ni to ni owo, i najtrudniej wybrnąć.

Powróciłem do hotelu całkiem przybity i poszedłem spać.

Coronel Neves

Rano zbudził mnie doniosły, potężnie brzmiący głos. Wyjrzałem na ulicę. Przed kościołem stał jakiś Murzyn i – żywo gestykulując – przemawiał do kamienic z naprzeciwka. *Sou o Imperador da cidade de Diamantina* (Jestem Cesarzem miasta Diamantina) – słyszałem gromkie zapewnienia. Cesarz widać nie znosił psów, gdyż ujrzawszy tylko jakiegoś, rzucał się przeciw niemu z kijem, co albo zmuszało przeciwnika do ucieczki, albo wywoływało tak zajadłe szczekanie, że uszy więdły z rozpaczy.

Zdziwiłem się niepomiernie, ujrzawszy z dala Murzynkę w wspaniałym kapeluszu na głowie, przyozdobionym kwiatami. Wkrótce zobaczyłem jednak, że Murzynka ta niosła na głowie wazon z kwiatami, a pod ręką wrzeszczące dziecko.

Miałem jeszcze ów list rekomendacyjny, który dostałem w Belo Horizonte, do pułkownika Neves, największego kupca i handlarza diamentów w okolicy. W liście dyrektor dziennika przedstawił mnie jako rodzaj bogatego panicza z dziwną fantazją studiowania życia *garimpeiros*.

Coronel Neves przyjął mnie nadzwyczaj serdecznie, pomimo że mieszkańcy stanu Minas Gerais słynni są z podejrzliwości i skrytości wobec obcokrajowców. Był to człowiek niski, szczupły, z bujnymi czarnymi włosami i wąsami. W ciągu naszej rozmowy postąpił w sposób, który wydał mi się bardzo dziwny – i do dziś dnia nie wiem, czy to było zrobione umyślnie, czy też bez żadnej intencji.

Zapytał się mnie:

– Zna pan diamenty? – I, nie czekając odpowiedzi, pokazał mi szklankę pełną błyszczących kamieni, po czym wysypał je na stół.

Pierwszy raz w życiu ujrzałem tyle diamentów naraz. Było ich ze dwie dobre garście. Od maleńkich jak ziarnko grochu do dużych, ładnie skrystalizowanych i przejrzystych. Oglądałem je z ciekawością, podziwiając piękne formy większych okazów. To przecież majątek, a ten niepozorny, mały i wątły człowiek obojętnie spoglądał w moją stronę.

– Panie pułkowniku – zwróciłem się do niego, podnosząc jeden z piękniejszych okazów. – Jaką wartość może mieć ten kamień?

– Około dwudziestu milionów – odpowiedział. – Kupiłem go za osiem.

Poczułem, jak skromnie zaszeleściło moich 140 milrejsów w pugilaresie i odłożyłem kamień na miejsce, podniósłszy brwi na znak lekkiego zdziwienia oraz przybierając maskę obojętności na twarzy, jak gdyby usłyszana suma była dla mnie bagatelką bez znaczenia.

W tym momencie ktoś go zawołał z przyległego pokoju.

– Przepraszam na chwilkę – powiedział pułkownik, opuszczając salę. – Może pan je oglądać – dorzucił.

Zostałem sam, patrząc przerażony na stos diamentów, podczas gdy szereg pytań przelatywało mi błyskawicznie przez głowę. „Co robić? Patrzeć na kamienie? A jeśli on źle policzył i powie, że jednego brakuje?"

Wstałem i podszedłem do okna, żeby być jak najdalej od wszelkiego podejrzenia.

Wróciwszy, *coronel* przedstawił mi swoją żonę, tęgą jejmość o czarnych oczach, która – jak się później dowiedziałem – miała ogromny zmysł do robienia interesów i ona to w większości wypadków skupowała za bezcen diamenty od przybyłych do miasta *garimpeiros*. Lekkim ruchem zebrała skarb ze stołu i, zawinąwszy poszczególne grupki okazów w papier, rzekła do mnie:

– Dawnymi czasy tutejsze okolice obfitowały w skarby. Nawet w murach domów znajdowano diamenty.

– Jak to? – zapytałem ze zdziwieniem.

– Tak, w murach domów, moja babka kiedyś chodząc koło domu spostrzegła w obłupanym z tynku kawałku ściany coś błyszczącego. Zainteresowana niezwykłym blaskiem, wydłubała ze ściany jakiś kamyczek, który okazał się pięknym diamentem. Rozebrano dom do fundamentów i z gliny, z której były ulepione ściany, wydobyli prawdziwą fortunę.

Długo jeszcze rozmawialiśmy, ale *coronel* Neves uważał za absurdalną moją ideę zaangażowania się jako robotnika i starał się wszelkimi sposobami to odradzać.

Kiedy wyszedłem z ich domu, byłem po prostu oszołomiony; zdawało mi się, że mam głowę napełnioną diamentami. Szedłem powoli, rozmyślając, i wróciłem do hotelu wielce strapiony bezowocną wizytą.

Tavares

Trzeciego dnia mego pobytu w Diamantinie siedziałem znów rano przy kawie i rozważałem nad doświadczeniami poprzednich dni. Moje listy polecające niewiele mi pomogły. Podawano mnie za geologa, no i za brata sekretarza poselstwa polskiego w Rio. Nic więc dziwnego, że zarówno Anglik, jak i Brazylianin uważali mnie za człowieka, który nic nie potrafi i nie nadawałby się do jakiejkolwiek pracy w kopalniach czy przy płuczkach. Ja znowu nie mogłem się podawać na posadę jakiego mechanika czy zarządzającego, gdyż bym tego nie potrafił. Byłem więc w wielkim kłopocie i ciężkiej sytuacji,

Kiedy tak rozmyślałem nad życiem, wszedł do sali hotelowej barczysty, tęgi człowiek, wysoki chyba na dwa metry – i sam zaczął ze mną rozmowę, przysiadłszy się do mego stołu. W krótkim czasie dowiedziałem się, że jest Portugalczykiem z Wysp Azorskich i nazywa się Fernando Tavares da Ponte.

– Jeździłem pięć lat na statkach jako pilot – opowiadał. – Na zachodnich brzegach Afryki, w kolonii portugalskiej Angoli, nabawiłem się beri-beri[139]; ta choroba do dziś dnia powraca mi od czasu do czasu.

– A dawno pan w Brazylii? – zagadnąłem.

– Jestem już kilkanaście lat. Przyjechałem na brazylijskim statku wojennym „Minas Gerais" jako magazynier do Rio de Janeiro i od tego czasu stale tam mieszkałem. Własną pracą, panie, doszedłem do majątku. Ostatnio byłem właścicielem jednej z największych restauracji w Rio, Restaurante Tavares, może pan znał?

– Nie przypominam sobie.

– Żeby nie ten przeklęty Artur Bernardes (prezydent Brazylii)[140] – ciągnął – to bym siedział dalej w Rio de Janeiro, ale sprawy polityczne, panie, zmusiły mnie do sprzedania z ogromną stratą mej restauracji. Musiałem uciekać do Bahia, no a teraz jadę eksploatować moją *lavrę* nad rzeką Caeté Mirim.

Jak się później dowiedziałem, Portugalczyk nie był całkiem ścisły w niektórych szczegółach, a mianowicie nie doszedł on do majątku własną pracą, gdyż ożenił się z bogatą Brazylianką, wdową, córką bogatego kupca. Tak samo *lavra* nie była jego, lecz przyjaciela mieszkającego w Rio. Tavares zawiązał z nim spółkę na eksploatowanie terenu diamentowego. Ponieważ inni wspólnicy przyrzekli, lecz nie dali pieniędzy, więc wyekwipował się on na własny koszt, co go wyniosło 8 tysięcy milrejsów.

Jak później sam opowiadał, w czasie buntów i rozruchów w Rio de Janeiro przeciw prezydentowi, będąc zażartym jego przeciwnikiem, brał czynny udział w ulicznych rozruchach i nawet zakupił dynamit, lecz przy transportowaniu go do swego mieszkania został przyłapany. Wpakowano go do więzienia, w którym przesiedział dwa tygodnie, lecz mając wpływy i stosunki w Rio, zdołał się wykręcić, przedstawiając fałszywe alibi i oświadczając, że dynamitu potrzebował do eksploatacji kopalni diamentów w Minas. Po wypuszczeniu musiał uciekać z Rio, gdyż ponownie chciano go wtrącić do więzienia – no i ostatecznie, ażeby zejść z oczu, przybył w te strony.

Wysłuchawszy jego opowiadania, wyraziłem chęć towarzyszenia mu i pracowania w jego kopalni jako robotnik.

– Panie – rzekł do mnie – czy wie pan, co pana czeka i jaka jest praca na *garimpo* diamentów?

Byłem ubrany jak każdy filister mieszczański, widocznie dlatego powątpiewał, czy wytrzymam. Przedstawił mi wszystkie złe strony i zobrazował ciężkie i niebezpieczne życie.

– Nie lękam się ani trudów, ani cierpień, ani pracy – powiedziałem mu. – Pomimo że teraz przyjechałem z Europy, wychowałem się na ziemi parańskiej i nieraz podróżowałem po tamtejszych lasach. Więc chociaż pierwszy raz w życiu chcę popróbować zawodu *garimpeira*, nie lękam się niczego.

Tavares popatrzył na mnie przyjaźnie i pozornie się zgodził. Widocznie moja osoba natchnęła go zaufaniem.

Gdyśmy zeszli na dół, gdzie mieścił się sklep, ujrzeliśmy stojącego przed szynkwasem chudego, starego *cabocla* w sztylpach i z parasolem w ręku.

---

139 Beri-beri – ciężka awitaminoza spowodowana niedoborem witaminy B_1, odpowiedzialnej za prawidłowe spalanie glukozy. Schorzenie powoduje m.in. zapalenie wielonerwowe, porażenia, zaniki mięśni, obrzęki i zaburzenia psychiczne.

140 Artur da Silva Bernardes (1875-1955) – adwokat i polityk, prezydent Brazylii w latach 1922-1926. W wyniku niepokojów społecznych i powstań, wywoływanych przez niezadowolonych z jego rządów oficerów niższej rangi (tzw. ruch *tenentismo*), za rządów Bernardesa panował niemal nieprzerwanie stan wyjątkowy. Prezydent był zwolennikiem idei nacjonalistycznych i gorliwym obrońcą surowców Brazylii. Za jego kadencji kraj wystąpił z Ligi Narodów.

– *Senhor* Santos – rzekł doń Tavares, wskazując na mnie.– Oto ten młodzieniec chce jechać z nami.

Santos zwrócił na mnie swe ciemne, przenikliwe oczy i podał mi rękę leniwym ruchem, zaledwie dotykając końcami palców mej dłoni.

– Ach! Pan chce z nami jechać? – objął całą mą postać od dołu do góry badawczym spojrzeniem. – Pan już pracował kiedy fizycznie?

– Zdarzało mi się niekiedy rąbać drzewo – rzekłem.

Tym samym leniwym ruchem odwrócił moją dłoń i pomacał palcami. Była całkiem delikatna, więc rzekł, kiwając z politowaniem głową:

– Ręka nie od pracy...

– Niech się pan nie obawia, pokażę ją panu po dwóch tygodniach! – odparłem.

Zgodzili się wziąć mnie ze sobą z wynagrodzeniem na razie prostego robotnika, tj. życie i trzy milrejsy dziennie.

W ten sposób zostałem zaangażowany jako robotnik do *lavry* Fernando Tavares & Cia[141]. Czekało nas osiem mil drogi do osady Santa Ana do Inhaí, w pobliżu której, nad rzeką Caeté Mirim, dopływem rzeki Jequitinhonha, znajdowała się *lavra* Tavaresa (czy też jego przyjaciela).

Zakupione i sprowadzone przez Tavaresa z Rio potrzebne do pracy narzędzia oraz mała pompa ssąca, dynamit do rozsadzania skał itd. zostały nazajutrz z rana zapakowane na piętnaście mułów. *Tropa* wyruszyła rano, a myśmy mieli wyruszyć po obiedzie.

Tavaresowi przyprowadzono małego niskiego gniadego konika (w ogóle w Brazylii konie nie są wysokie, a szczególnie w okolicach górskich są wielkości kozackich), za którego zapłacił 250 milrejsów, a mnie jeszcze niższego, którego za osobnym wynagrodzeniem odstąpił jeden z poganiaczy mułów, Chico Pereira, sam podejmując się iść piechotą.

Zostawiłem jedną walizkę w domu pułkownika Neves, z którym się dość zaprzyjaźniłem. Drugą walizkę i paski wpakowałem na jednego z mułów z *tropy*.

Po obiedzie, około dwunastej, osiodłano Tavaresowi konia pięknym nowiutkim siodłem meksykańskim, gdyż on sam nie umiał, i – zajechawszy po drodze po Santosa – wyruszyliśmy o godzinie drugiej dnia 13 maja 1925 r. do Inhaí, małej osady na północy, o przeszło osiem godzin konnej jazdy od Diamantiny.

W podróży do Inhaí

Jadąc przez ulice Diamantiny, w kilku miejscach ujrzeliśmy pracujących w ogrodach ludzi.

– Płuczą złoto – objaśnił nam Santos.

Po pewnym czasie miasto zostało w tyle; jechaliśmy z początku Królewską Drogą (Estrada Real), wybudowaną jeszcze za czasów portugalskich, dziś strasznie zniszczoną, jedyną jednak w tamtych stronach nadającą się do ruchu kołowego. Oprócz konnych wozów spotykaliśmy po drodze *tropy* oraz wozy zaprzężone w pięć par wołów, na wielkich drewnianych kołach, niemiłosiernie skrzypiących. Jest to najdawniejszy środek przewozu w kraju; pomimo że bardzo mozolny, nadaje się świetnie w miejscach, gdzie są złe drogi, albo gdzie w ogóle nie ma dróg, mając jeszcze tę zaletę, że jeździ tak samo dobrze po trudnych terenach piaszczystych, błotnistych lub kamienistych i nawet po *picadach*[142] w lesie. Kiedy się posuwa, wydaje charakterystyczny

---

[141] Cia. (port.) – skrót od *companhia*, 'spółka'.

[142] *Picada* (port.) – ścieżka wycięta w zaroślach.

przeciągły i melancholijny dźwięk. Mówią, że im głośniej „śpiewa" wóz, tym jest lepszy. „Nie jeżdżę wozem, który nie śpiewa, taki wóz jest do niczego" – upewnił mnie dumny woźnica.

Dzień był pochmurny, tylko od czasu do czasu słońce pokazywało się w przerwach między chmurami, oświecając skaliste zbocze górskie lub kotliny pokryte zielenią. Widok był nadzwyczajny, lecz nie tyle gór i poszarpanych łomów skalnych, co Tavaresa i Santosa.

W drodze do Inhaí

Tavares, wielki drab potężnej siły, w amerykańskim kapeluszu, kolorowej koszuli, szerokich spodniach, w butach z ostrogami, z rewolwerem przy pasie, z dubeltówką na plecach i ze swymi 92 kilogramami wyglądał imponująco. Zauważyłem, że rewolwer powiesił po lewej stronie. Jak zwykle marynarze, nietęgo jeździł konno. Od samego początku zaczął poganiać swego rumaka głosem i nahajem, zmuszając go do galopowania pod górę. Mówił do niego, prosił, krzyczał, bił.

Santos, stary *garimpeiro*, suchy jak szczapa, wyglądał na Don Kichota; jechał powoli na nie mniej kościstym białym koniu, dziesięciolatku, trzymając pod pachą parasol. Jego szpakowata bródka kiwała się w takt ruchów końskich.

– Ten Portugalczyk zamęcza konia – odezwał się do mnie. – Wciąż galopuje, czy z góry, czy pod górę. Gdy jechałem z nim poprzednim razem, mało brakowało, ażeby koń padł pod nim. Kto wolno zaczyna, ten prędzej kończy – dodał po chwili. – Musimy dziś zrobić cztery mile, a droga bardzo ciężka.

Rzeczywiście, wkrótce zjechaliśmy z Estrada Real i dalej zaczęliśmy piąć się pod górę po skalistej ścieżynie. Niebawem dognałem Tavaresa, którego koń robił bokami i był zupełnie mokry od potu. Portugalczyk zachęcał go słowami, przemawiając doń raz tkliwym, to znów groźnym głosem i – bodąc go ostrogami – przynaglał ruchami obu rąk. Uśmiechałem się dyskretnie, patrząc na jego ewolucje. W pewnej chwili odezwał się do mnie:

– Santos pewnie został za nami o jaką milę, co? Ci *cabocle* ruszają się jak żółwie. Ile ja miałem kłopotu, ażeby skłonić go do szybszej jazdy, gdyśmy wracali, to przechodzi ludzkie pojęcie. Wlecze się ten stary na tej łamadze jak dusza do piekła.

Podśmiewałem się z nich obu w duszy.

– Ale pański koń już porządnie zmęczony – odezwałem się.

Spojrzał na swego konia, następnie rzucił okiem na mego, chcąc jakby porównać.

– Ii! To nic, ten koń wytrzyma.

– Ludzie z dalekiego zachodu w Ameryce Północnej – odezwałem się, spoglądając na jego rewolwer – naszą broń po prawej stronie. Mam wrażenie, że pan się pomylił.

Spojrzał na mnie z takim wyrazem twarzy, jak gdyby nie rozumiał, o co mi chodzi.

– Zdaje mi się, że się pan pomylił, powiesiwszy rewolwer z lewej strony.

– Czy to nie tak się wiesza? – zapytał naiwnie.

– Kowboje – rzekłem – noszą rewolwer po prawej stronie.

– Przecież tak wygodniej – zrobił ruch wyjmując go z pochwy.

– A tak jeszcze wygodniej – rzekłem, wyciągając mój błyskawicznie.

Włożyłem swój z powrotem i pojechaliśmy dalej. Po jakiejś godzinie zauważyłem, że dziwnym zbiegiem okoliczności rewolwer przesunął mu się na prawą stronę i już później nigdy nie widziałem go u niego z lewej.

Droga nasza była nadzwyczaj uciążliwa. Przebrnęliśmy przez kilka górskich strumieni, z szumem pędzących poprzez skały. W niektórych miejscach ścieżka była tak stroma i skalista, że robiła wrażenie krętych schodów. Mój koń dobrze jednak dawał sobie radę. Niezwykła jest zaprawdę wytrzymałość i zręczność tych maleńkich górskich koników. Dziwiłem się, jak on z wytrwałością wdrapywał się po urwiskach, stromych zboczach, po kamieniach śliskich, ociekających wodą, co chwila grożących poślizgnięciem się na gładkiej powierzchni. Upadek groził w najlepszym razie połamaniem kości. Przyznam się, iż – pomimo że sporo włóczyłem się po stanach Parany i Santa Catariny – jednakże nigdy jeszcze po tak podłej drodze nie jechałem.

Wdrapaliśmy się na wierzchołek pewnej góry, gdy wtem widzę, jak jadący przede mną Tavares zatrzymuje konia i ściąga dubeltówkę z ramienia. Wstrzymałem swego konia, wytężając wzrok, ażeby dostrzec coś, co mogło zwrócić uwagę Tavaresa.

Zmierzył z konia. Huk wystrzału rozniósł się echem poprzez górskie doliny. Zeskoczyłem za jego przykładem z wierzchowca.

– Żmija – zawołał. – Zabiłem żmiję – i wskazał ręką na wijący się, poszarpany kadłub.

Wyciągnąłem ją patykiem z rozpadliny skalnej. Była to jadowita *jararacuçu*[143], półmetrowej długości, postrzelona śrutem.

– A gdzie żaba? Gdzie żaba? – dodał Tavares,

– Jaka żaba?

– Żaba, ta żmija trzymała ją w zębach, zdaje się połykała.

Szukaliśmy żaby, lecz nie mogliśmy jej jakoś znaleźć.

Pomimo że Tavares wsiadł na konia z prawej strony, jednak patrzyłem nań z pewnym podziwem, myśląc sobie:

– Strzela jednak dobrze; zawsze z konia rozbić na miazgę żmiję, to też coś warte.

Spuściwszy się na nizinę, jechaliśmy po stepie. Na prawo, na stoku góry, widniała jak gdyby wyspa lesista, ponad którą unosiły się wspaniałe pióropusze palm. Ponad nami wysoko zakotłował jastrząb i usiadł na skraju lasu. Z dala dochodził jego przeraźliwy okrzyk. Tavares, w którym zabicie żmii rozpaliło namiętność myśliwską, ściągnął strzelbę i dał dwa strzały, spudłował jednak. Co prawda odległość wynosiła do pięciuset kroków. Jastrząb załopotał skrzydłami i odleciał spokojnie, niknąc za szarymi zrębami skalnymi.

Teraz popędziłem konia, wyprzedzając obu, i jechałem sam. Wjechałem w wielką dolinę i przejechałem w bród rzeczkę, za którą ciągnęła się blisko kilometrowej szerokości wielka ławica piasku, na którym wyraźnie odcinały się świeże ślady mułów i bosych ludzi *tropy* Tavaresa. Popędziłem konia, gdyż droga za ławicą szła po dolinie, wśród lasu i stepu. Kurz unoszący się na drodze wskazywał, że przed chwilą przeszli tędy ludzie i zwierzęta. Rzeczywiście, zaraz usłyszałem okrzyki i tupot nóg, i ukazał się oczom długi sznur mułów uginających się pod brzemieniem ciężarów oraz kroczących koło nich poganiaczy. Muły szły powoli, postękując, szczególnie ostatni prawie rzęził, włócząc nogami. Widać było, jak mu się muskuły prężyły na nogach. Biedak dźwigał pompę i, pomimo że był najokazalszy, ciężar musiał być

[143] *Jararacuçu* (port.) – *Bothrops jararacussu*, jeden z gatunków węża jadowitego zwanego żararaką, spotykany w niektórych stanach Brazylii, a także w Boliwii, Paragwaju i Argentynie. Jest to wąż agresywny i niebezpieczny. Dorasta nawet do dwóch metrów długości. Prowadzi nocny tryb życia; w dzień wygrzewa się, a że ma barwy maskujące, niezwykle trudno go wypatrzyć.

tak wielki, że robił ostatnie wysiłki, ażeby dowlec się do postoju. Na końcu szedł Chico, na którego koniu jechałem.

Z powodu okropnych dróg tak wolno postępuje rozwój tego kraju. Transport przyrządów i maszyn do kopalń jest połączony z ogromnymi trudnościami i kosztami. Jak mi później opowiadano, transport maszynerii do kopalń Anglików nad rzeką Jequitinhonha trwał półtora miesiąca, pomimo odległości zaledwie 4 mil (mila to 6 km).

Tropa zatrzymała się na nocleg u jakiegoś mieszkańca, a myśmy ruszyli dalej, chcąc zanocować u pewnego fazendera, z którym się Tavares zaznajomił podczas poprzedniej bytności. Już słońce skryło swą złotą tarczę za górami i ciemności szybko zaczęły zapadać. Droga stała się znów nadzwyczaj trudna. Zupełny zmrok zastał nas u podnóża jakiejś góry. Santos, znający już dokładnie te drogi, minął nas na swoim kościstym siwku, trzymając pod pachą nieodstępny parasol. Koń jego biegł truchtem, kiwając uszami.

Zaczęliśmy piąć się w ciemnościach po stromej i kamienistej ścieżynie. Naokoło tysiące żuczków świetlnych (świętojańskich) latało, co dawało fantastyczny widok. Jedne żuczki świeciły brzuszkami, a inne oczyma.

Tavares wyjął latarkę elektryczną i oświetlał drogę. Jechaliśmy jak gdyby w jakimś piekielnym wąwozie, po obydwóch stronach obrośniętym wysokim lasem. Czułem, jak mój koń co chwila przystawał, drżąc, i zdawał się namyślać, na jakim kamieniu postawić nogę. Gdy wracałem potem tą drogą w dzień, dziwiłem się niepomiernie, jakim sposobem przebyłem ją w nocy, gdyż i przy świetle dziennym co chwila groziło runięcie na kamienie i skaliste zręby.

Wreszcie wyjechaliśmy na płaskowzgórze i po godzinnej jeździe ledwo widoczną ścieżką, która co chwila nikła pod gęstwiną paproci, usłyszeliśmy ujadanie psów.

– Ach, nareszcie! – pomyślałem sobie. – Jestem głodny jak wilk.

Tavares też, ożywiony nadzieją ogniska i gorącej strawy, popędził konia uderzeniem nahaja.

Przed domem fazendera kilkanaście sztuk bydła leżało w błocie, przeżuwając, a świnie podrywały się z ziemi z kwikiem przed nadjeżdżającymi. Przez drzwi kuchenne migotało zachęcające światło ogniska.

Przenocowaliśmy u gościnnego fazendera, którego majątek liczył się na blisko pół miliona milrejsów, co mu nie przeszkadzało ubierać się i wyglądać jak każdy inny *caboclo*. W domu jednak znać było zamożność i pewien postęp.

Niewielki salonik był dość porządnie umeblowany, kilka oleodruków i zegar ścienny przyozdabiały ściany. Kolacja była doskonała, podali nam fiżon, ryż, kurę, kartofle i solone mięso. Spaliśmy na łóżkach względnie czysto posłanych.

Na drugi dzień Tavares podarował gospodarzowi lupę i przyglądaliśmy się przez nią sporemu diamentowi, który posiadał fazender.

Stada *periquitów* (małych papużek)[144] z wrzaskiem przelatywały w pobliżu. Tavares zastrzelił jedną z nich. Nieszczęśliwa, usiadła na palmie w pobliżu domu, i to ją zgubiło.

Zasadniczo są trzy najpospolitsze w tych stronach rodzaje papug: Najmniejsze *periquity*, *baitaki*[145] niemówiące i *papagaio*[146], posiadające zdolność naśladowania głosu ludzkiego.

---

144 *Periquito* a. *piriquito* (port.) – papużka; nazwa ta określa każdą papugę niewielkich rozmiarów.

145 *Baitaca* a. *maitaca-verde* (port.) – papuga z rodzaju *Pionus*, obejmującego kilka gatunków, zamieszkujących Amerykę Środkową i Południową. Te średniej wielkości ptaki charakteryzują się krępym tułowiem i krótkim ogonem, a także obwódką nagiej skóry wokół oczu.

146 *Papagaio* (port.) – papuga; podobnie jak w przypadku *periquito* (zob. przyp. 144) nie jest to nazwa konkretnego gatunku.

Wiele słyszeliśmy tam o skalnym króliku, zwanym *mocó*[147], którego mięso uchodzi za najsmaczniejsze. Podobno jest to nadzwyczaj sprytne zwierzątko, które trudno upolować, w czym cała atrakcja i dużo opowiadań na ten temat. Żyje między głazami w miejscach o trudnym dostępie. Należy podejść go w przeciwnym kierunku od wiatru, gdyż węch tego gryzonia jest tak zaostrzony, że może poczuć człowieka lub inne zwierzę na daleki dystans.

Myśliwi używają podstępu, żeby wywabić *mocó* ze szczelin między kamieniami, gdzie się chowa – złamanie gałęzi lub lekki gwizd wystarcza, żeby sprowokować jego ciekawość i chęć zrobienia wywiadu, co się dzieje koło jego nory. To jest moment, kiedy myśliwy, dobrze ulokowany w ukryciu, może go zastrzelić. Znajomość godzin, w których wychodzi, żeby się pożywić, też jest ważna w tej sztuce myśliwskiej. Według znawców, w dni pochmurne *mocó* szuka pożywienia rano i wieczorem, a w jasne dni tylko w nocy.

Po obiedzie, który był o dziewiątej godzinie, osiodłaliśmy konie i wyruszyliśmy do Inhaí, wyjechawszy około jedenastej.

Znowuż przez góry i lasy. Droga nieco dostępniejsza, teraz więcej było lasów i strumieni. Spotkaliśmy po drodze trzech *cabocli*, z których jeden, staruszek około siedemdziesiątki, jechał do Diamantiny, gdyż zapadł na żółtą febrę. Robił bardzo miłe wrażenie swym ujmującym spojrzeniem i uśmiechem. Żółta febra! Ta straszna zmora, która prześladuje nie tylko przybyłych, ale i tamtejszych mieszkańców, nie oszczędziła i miłego staruszka. Jak dowiedzieliśmy się później, zaledwie dojechał do Pinheiro. Na noszach doniesiono go do Diamantiny, gdzie w parę godzin po przybyciu zmarł, opłakiwany i żałowany przez całą okoliczną ludność.

Przejechaliśmy koło domu jakiegoś mieszkańca nad brzegiem rzeczki, gdzie w zagrodzie pełno było bydła – mieszańców rasy zebu, która pochodzi z Indii i wyróżnia się tym, że ma garb i małe rogi, a przede wszystkim, że jest bardzo wytrzymała[148]. Brazylia sprowadziła dużo zebu dla uodpornienia miejscowego bydła od chorób. Koło zagrody spotkaliśmy kilku *cabocli*, a jeden z nich, wysoki i brodaty, handlarz bydła, z nożem za pasem, miał wygląd zbójcy z dawnych czasów.

Jechaliśmy dalej stepami, a następnie przez lasy kokosowe. Wjechaliśmy w drogę o wyschniętej ziemi, pełnej dziur i nierówności. Za jeźdźcami kłęby czerwonego kurzu fantastycznymi zwojami wznosiły się w górę, płynęły, rzednąc w przestrzeni i rozpływały się jak marzenia młodzieńcze, które los jak podmuch wiatru rozwiewa, rozbija, zostawiając jeno pustkę w sercu i twardą rzeczywistość.

Przejechaliśmy przez most na rzece Caeté Mirim i o godzinie trzeciej stanęliśmy w Inhaí.

Wieści z Inhaí

Inhaí, 16 maja 1925 r.

Amigo Euzebio,

Ostatecznie osiadłem, czyli zakończyłem podróż Warszawa – Inhaí. Właściwie niezupełnie, albowiem będę zamieszkiwał rancho, *czyli chatę nad brzegiem rzeczki*

[147] *Mocó* (port.) – moko (*Kerodon rupestris*), gryzoń spokrewniony ze świnką morską, endemiczny dla wschodniej Brazylii. Jego waga dochodzi do kilograma; futerko jest szaro-brązowe. Mieszkańcy terenów, na których żyją moko, często polują na nie w celach spożywczych.

[148] Zebu (*Bos taurus indicus*) – bydło udomowione w Indiach. Prócz wspominanego przez Warchałowskiego garbu ma też worek skórny poniżej gardła. W Brazylii skrzyżowano zebu z odmianą bydła francuskiego, otrzymując rasę *canchim*, o przewadze cech tego drugiego gatunku, odporną na warunki klimatyczne i posiadającą lepsze mięso.

Caeté Mirim[149]*. Dopiero mamy ją wybudować, na razie zamieszkuję razem z Tavaresem, moim chlebodawcą (straszliwy gaduła) pokój u* cabocla, *który będzie kierował robotami, p. Santos. Domek porządny, łóżko czyste, codziennie kura na obiad i kolację. O ile otrzymałeś mój list z Diamantiny, to powinieneś się orientować w osobach i tym, jakim sposobem dostałem się do tej zatabaczonej dziury. Jest to osada składająca się z jakichś pięćdziesięciu domków i kościoła. Gdy pisałem poprzedni list z Diamantiny, wyjazd mój do Inhaí był uwarunkowany znalezieniem rumaka. Otóż Chico Pereira, który podjął się przewiezienia rzeczy i maszyn Tavaresa na 15 mułach, odstąpił mi swego konika, który mi z trudem dostawał do pępka, a sam podjął się iść piechotą. Droga była piekielna, po dołach, górach, kamieniach, przez lasy, parowy, kampy*[150] *itp. Z Diamantiny do Inhaí jest około 8 godzin jazdy. Teren Tavaresa jest jeszcze o jakieś 5 km stąd. Pełno tu wszędzie, nad brzegami rzek i strumieni, opuszczonych płuczek, kup przemytego żwiru lub pracujących ludzi. Mam nadzieję, że można tu będzie dobrze zapolować, gdyż* cabocle *zapewniają że zwierzyny jest dużo: saren, dzikich świń,* capivar[151] *a nawet tapiry*[152]*. W rzekach są podobno krokodylki. Tygrysy bardzo rzadko. Niestety nie mam strzelby. Tavares ma doskonałą bezkurkówkę szesnastkę. Strzela dobrze. Po drodze do Inhaí zastrzelił żmiję, a później* periquitę *na palmie. Ale na myślistwie i konnej jeździe zna się niewiele. Kompletny żółtodziób. Jak ci pisałem, był on uczniem na pilota i mówił, że jeździł na okrętach 5 lat. Dużo widział i jest człowiekiem dość wyrobionym, lecz inteligencji niewielkiej. Najlepszy dowód, że twierdził, iż piorun jest kamykiem!!! Waży 92 kilo, wspaniałe, co?!*

Tutaj jest obfity połów dla ciebie. Pełno różnych małych hymenoptera, lepidoptera[153]*, etc. Postaram się dotrzymać obietnicy i posłać ci różnych egzemplarzy. Trudności z przewozem tylko. Na razie jestem bez moich walizek, gdyż Chico Pereira musiał czemuś wrócić do Diamantiny, a* tropa *gdzieś siedzi po drodze. Bardzo mi brak moich rzeczy, nie mam się nawet czym ogolić i broda mi rośnie.*

A więc kochany Euzebio, przyjaciel twój zrobił się poszukiwaczem złota! Historia zupełnie z Karola Maya, co? Mam ogromną ochotę pojechać do Parany, ale jak wlazłem tutaj, to zdaje się nieprędko się wydostanę. W każdym razie mam osobiste zadowolenie, że dopiąłem swego i że sobie jakoś poradziłem, że nie potrzebuję nikomu siedzieć na karku. Boję się, żeby nie złapać tu żółtej febry. Kupiłem w Rio siatkę na komary i chininę.

Gorsze, a może lepsze, że nie ma tu zupełnie Polaków. O jakieś dwa dni drogi stąd jest jeden Polak, Stanisław Jan Wojciechowski[154]*. Dowiedziałem się o tym od Nevesa w Diamantinie.*

---

[149] W języku portugalskim w Brazylii słowo *rancho* oznacza nie tylko gospodarstwo, ale i szałas, prowizoryczną chatę.

[150] Kampy – spolszczony termin portugalski *campos*, 'step'.

[151] *Capivara* (port.) – kapibara (*Hydrochoerus hydrochaeris*), największy współczesny gryzoń – osiąga ponad metr długości. Żyje na tropikalnych obszarach Ameryki Południowej; świetnie pływa (palce ma spięte błoną pławną). Kapibary są roślinożerne; żyją w stadach.

[152] Tapir (*Tapirus*) – rodzina ssaków o krótkiej trąbie powstałej z nosa i górnej wargi. Ich skórę pokrywa aksamitna sierść. Tapiry żyją w lasach tropikalnych, na terenach bagnistych i blisko rzek; świetnie pływają. Są zwierzętami roślinożernymi, prowadzącymi nocny tryb życia. Mogą ważyć nawet do 300 kg.

[153] Łacińskie nazwy rzędów owadów; *hymenoptera* – błonkoskrzydłe; *lepidoptera* – motyle.

[154] Stanisław Jan Wojciechowski (daty życia nieznane) – urodzony w Paranie wynalazca i konstruktor lotniczy; w pierwszych latach XX wieku eksperymentował z prototypami śmigłowca.

Teraz jest tutaj zima, a pomimo to w południe jest tak gorąco, że trudno wytrzymać, noce za to są strasznie zimne.

Myślę sobie, jak mnie wspominają w Warszawie? Jak się wszyscy miewają? Oczekuję listu.

Twój –
Stach,
poszukiwacz złota.

Santa Ana de Inhaí

W dolinie między górami rozsiadła się osada Inhaí. Małe białe domki zgrupowane wokół obszernego placu, na którym stoi stary drewniany kościółek. Ku północy wznosi się wzgórze Morro de Ferro, gdzie występuje bogata żyła rudy żelaznej, dawniej eksploatowana przez Santosa, do którego należy, lecz później zaniechana z powodu trudności transportowych. Dalej ku wschodowi wznosi się Morro de Ouro, gdzie w czasie deszczowym płuczą złoto. Ku zachodowi wznosi się, jak potężny skalisty traper, Serra de Santa Ana.

Zawsze wracając z roboty podziwiałem przepiękne zachody słońca i gry barw na niebie, rzucające barwne refleksy na skaliste ściany Serra de Santa Ana. Inhaí, osada licząca około 900 mieszkańców, częściowo Murzynów, częściowo mieszańców, posiada dwie szkółki początkowe i kilka sklepów. Monotonne życie bywa przerywane jedynie uroczystościami w dniach św. Piotra, Św. Jana, św. Antoniego i św. Anny, dni te uroczyście obchodzone są nabożeństwem, procesją, mnóstwem rakiet i pijatyką.

Lavra Tavaresa znajduje się o 5 km od Inhaí. Na razie więc zamieszkaliśmy u Santosa, dopóki nie nadejdzie *tropa* z rzeczami naszymi i narzędziami i dopóki nie wybudujemy *rancho*.

Czekaliśmy przez cztery dni na nadejście *tropy*. Tavares wściekał się na opieszałość caboclerską i ja też, gdyż nie miałem moich rzeczy, a ubranie było już straszliwie brudne. Jak się później okazało, główny poganiacz naszej *tropy* był krewnym spotkanego po drodze staruszka i zamiast przypędzić *tropę*, zajął się przetransportowaniem chorego do Diamantiny. Cóż było robić, obżeraliśmy się pomarańczami, których było mnóstwo, wszelkich gatunków, jeździliśmy do *lavry*, badając teren i oznaczając miejsce robót i przyszłego *rancha*, a wieczorami słuchaliśmy chóru dziewczynek w kościółku.

Był to początek czasu suszy. Po zachodzie słońca zimno przejmujące do szpiku kości, dnie zaś pogodne i upalne. Czas suszy trwa od kwietnia do września, potem zaś następuje *tempo das águas* (pora deszczowa), kiedy są częste deszcze i burze, a rzeki wzbierają, zmuszając do zwinięcia i opuszczenia robót kopalnianych.

Roślinność tych okolic występuje zasadniczo w trzech odmianach: *campos* (step) porośnięty niską trawą; niski, rzadki i karłowaty las, gdzie występuje głownie *mangaba*[155] wydająca mleko w rodzaju kauczuku; i wielka, gęsta, oplatana milionami lian i pnączy dziewicza puszcza.

Fauna ma swoich przedstawicieli w sarnach: jeden gatunek stepowy i drugi, mniejszy, żyjący w lasach. Wilk *guará*, który nigdy jednak nie skupia się w lasach, tylko prowadzi nocne życie na otwartych polach i żywi się ptakami, małymi zwierzętami i owocami pewnej rośliny, która

[155] Warchałowski ma tu na myśli drzewo zwane *mangabeira* (*Hancornia speciosa*), z rodziny toinowatych, dorastające do ok. 7 metrów. Drewno ma różowawy kolor, liście są owalne, a kwiaty duże. Wytwarzany przez tę roślinę lateks używany jest do produkcji gumy. Owoc – *mangaba* właśnie – jest jadalny; wykorzystuje się go także do wyrobu soków, sorbetów, słodyczy i napoju podobnego do wina.

rośnie na stepach[156]. Mrówkojady: *tamanduá-bandeira*[157] i mniejszy gatunek zwany *tamanduá-mirim*[158], który woli przebywać na drzewach, a tak samo żywi się termitami, do których dołącza jeszcze pszczoły i inne insekty. Dwa gatunki jaguarów zwane *onça*[159], plamisty i czarny. Puma (*suçuarana*)[160] jest dość częsta w tych okolicach. Wreszcie mnóstwo gatunków dzikich kotów i kilka gatunków małp: czarne wyjce[161], *mico*[162] żyjące w gromadach, bardzo ruchliwe i psotne oraz *guigó*[163]. Te ostatnie często słyszałem wyprawiające koncerty w pobliżu naszego *rancho*. Podczas mego pobytu wyjce raz tylko odwiedziły pole kukurydzy najbliższego mieszkańca, który zabił dwie sztuki. Ponieważ wyraziłem ochotę spróbowania małpiej pieczeni, przeto żona jego przyniosła mi usmażone uda małpie, które spożyłem ze smakiem.

W rzekach znajdują się krokodyle, około jeden do półtora metra długości, a dalej na rzece Jequitinhonha tapiry i do świń podobne *capivary*, przebywające na moczarach; gdy są ścigane, chowają się do wody.

Z ptaków najpospolitsza jest *maria-preta* (czarna maria)[164]. Ożywia stepy, gdzie wyszukuje najrozmaitsze owady na pożywienie, a wyróżnia się swym czarnym upierzeniem o metalicznym połysku. Na drzewach siadają liczne stada dzikich indyków *jacu*[165], a nad brzegami

---

156 *Guará*, t. *lobo-guará*, *lobo vermelho* (port.) – wilk grzywiasty (*Chrysocyon brachyurus*), ssak z rodziny psowatych, zamieszkujący Brazylię, Boliwię i Paragwaj. Przypomina lisa na wyjątkowo długich łapach; dorasta do ok. 80 cm. Przejawia aktywność wieczorną i nocną. Jego pożywieniem są niewielkie zwierzęta – gryzonie, króliki, ptaki – ale również owoce.

157 *Tamanduá-bandeira* (port.) – mrówkojad wielki (*Myrmecophaga tridactyla*), średniej wielkości ssak o wielkim ogonie (nawet do 90 cm!) i charakterystycznym, wąskim i długim pysku, który umożliwia mu łowienie mrówek i termitów. Przednie łapy wyposażone ma w potężne pazury, którymi rozgrzebuje gniazda owadów. Zamieszkuje Amerykę Środkową i Południową.

158 *Tamanduá-mirim* (port.) – tamandua, mrówkojad czteropalczasty (*Tamandua tetradactyla*), ssak mniejszy od mrówkojada wielkiego mniej więcej o połowę, ma też krótszy pysk; zamieszkuje Amerykę Południową – od Wenezueli po południe Brazylii. Podobnie jak jego roślejszy krewniak, żywi się owadami.

159 *Onça* (port.) – jaguar (*Panthera onca*); w rzeczywistości chodzi o ten sam gatunek, z tym, że w ubarwieniu „klasycznym", plamistym, nazywany jest *onça-pintada*, jaguarem kolorowym („malowanym"), a w spowodowanym mutacją genetyczną ubarwieniu ciemnym – *onça-preta*, czyli czarnym jaguarem. Nie należy mylić tego zwierzęcia z lampartem, czyli panterą (*Panthera pardus*), zamieszkującą Afrykę i Azję.

160 *Suçuarana* (port.) – puma, kuguar (*Puma concolor*); największy przedstawiciel małych dzikich kotów. Długość jej ciała wynosi od metra do dwóch; głowa jest niewielka, a futro zwykle żółtobrunatne. Zamieszkuje obie Ameryki; żywi się przeważnie ssakami.

161 Wyjec – największa małpa (z rodziny czepiakowatych) zamieszkująca Amerykę Środkową i Południową. Oprócz czarnych istnieją wyjce rude i płowe. Ich donośne głosy słychać w promieniu kilku kilometrów – dzięki specyficznej budowie gardła. Żyją głównie na drzewach.

162 *Mico* (port.) – nazwa zwyczajowa makaków z rodziny *Cebus*; po polsku nazywa się je też kapucynkami. Żyją w Ameryce Środkowej i Południowej. Największe ledwie przekraczają pół metra wysokości, a ważą 1,3 kg. Żyją na drzewach – w poruszaniu się pomaga im chwytny ogon. Ich pożywienie stanowią części roślin (liście, owoce), a także małe ptaki, pająki czy larwy owadów.

163 *Guigó*, t. *sauá* (port.) – titi maskowy (*Callicebus personatus*), niewielka małpka endemiczna dla Brazylii. Żywi się zwłaszcza owocami, ale nie gardzi też liśćmi oraz insektami. Aktywna jest w dzień, a żyje na drzewach.

164 *Maria-preta* (port.) – wdowik (*Knipolegus*); jest to ptak z rodziny tyrankowatych, którego rozmaite gatunki zamieszkują obie Ameryki. Tutaj – na logikę – może chodzić o wdowika czarnego, choć nazwa „Czarnej Marii" przylgnęła do niemal wszystkich gatunków tych niedużych ptaszków.

165 *Jacu* (port.) – penelopa, podrodzina ptaków z rzędu grzebiących, czyli kuraków, faktycznie spokrewnionych z indykami. Obejmuje 15 gatunków, które zamieszkują lasy Ameryki Środkowej i Południowej

rzek i jezior króluje ciemna *saracura*[166] o czerwonych nogach i długim dziobie. Oprócz tych najpospolitszych, jeszcze jest mnóstwo innych gatunków.

Ze żmij przeważnie znajduje się *jararaca*[167], *jararacuçu*[168] i *cobra coral*[169], ta ostatnia to mała jadowita żmijka pięknie przybrana w czerwone i czarne kręgi. No i jeszcze mnóstwo wielkich pająków i skorpionów.

Cabocli mieszkający w okolicach miasteczka i głębiej w lasach mają chałupy sklecone z kijów dosyć grubych, oblepione gliną. Zamiast okien zostawiają dwie małe dziurki, aby wiedzieć, kiedy jest widno; te otwory jednakże wcale są niepotrzebne, bo w ścianach jest dużo dziur, gdyż suche błoto po trochu odpada, a oni są na tyle leniwi, że nie chce się im naprawiać.

Cabocli śpią na ziemi, na którą kładą sterę[170]. Śpią w tym odzieniu, w którym i chodzą. Gdy jest zimno, palą całą noc ogień i się grzeją. Jedzą przeważnie fiżon z *farinhą*[171] maniokową, także *palmito*, kiedy je w lesie mają, a mięso wtedy, gdy coś upolują. Tutejsi mieszkańcy polują prawie wyłącznie z jedno- lub dwururek nabijanych przez lufę. Pomimo tak prymitywnej broni, strzelają doskonale.

Tavares, lubiący się chwalić na każdym kroku, chciał im zaimponować swoją bezkurkówką i winchestrem[172].

– Dobra to jest strzelba – rzekł jeden z *cabocli* na widok dubeltówki Tavaresa – ale do polowania moja na pewno nie gorsza.

Ponieważ Tavares zaczął pokpiwać z jego grata, więc dotknięty tym *caboclo* oświadczył:

– Możemy się spróbować, która lepsza. Niech pan przywiąże tam do tamtego pala jakiekolwiek żyjące stworzenie, ja gwarantuję, że położę je za jednym strzałem.

Odległość wynosiła ponad pięćset kroków. Ktoś krzyknął – Przywiązać psa! Ponieważ nie było pod ręką żadnego kundla, więc zdecydowano strzelać do *pomba-rola* (dzikich gołębi)[173], których było mnóstwo w pobliżu. Strzelał pierwszy Tavares, no i chybił. *Caboclo* wybrał sobie daleko siedzącego gołębia – i gdy dym z jego kapiszonówki rozwiał się, ptak z rozbitą

(w Brazylii występuje siedem gatunków). Są to duże ptaki – mogą osiągnąć ponad 80 cm wysokości – i, jak indyki, mają czerwone szyje.

[166] *Saracura* (port.) – chruścielak śniady (*Aramides saracura*), ptak z rodziny chruścielowatych. Chruścielowate żyją zazwyczaj nad wodą lub na terenach podmokłych, zawsze wśród gęstych zarośli.

[167] *Jararaca* (port.) – żararaka (*Bothrops jararaca*), wąż z rodziny żmijowatych, jeden z najniebezpieczniejszych w Ameryce Południowej. Dorasta nawet do 160 cm.

[168] Zob. przyp. 143.

[169] *Cobra coral* (port.) – ogólna nazwa jadowitych węży z rodziny zdradnicowatych, rodzaju *Micrurus*. Są one nieduże, do metra długości i – choć silnie jadowite – to zarazem łagodne. Ponadto trudno ich nie zauważyć ze względu na charakterystyczne, pasiaste barwy. Niektóre gatunki innych, niegroźnych węży naśladują ich ubarwienie (mimikra) w celu ochrony przed drapieżnikami. W Stanach Zjednoczonych istnieją nawet specjalne rymowanki ułatwiające rozpoznanie, czy ma się do czynienia z prawdziwym wężem koralowym, czy fałszywym – na podstawie tego, które kolory na jego skórze sąsiadują ze sobą, jednak rymowanki te skuteczne są tylko w niektórych stanach USA i nie można ich zastosować do wszystkich węży koralowych na całym świecie.

[170] Stera – spolszczony termin portugalski *esteira*, oznaczający matę uplecioną z trawy lub innych niewyszukanych surowców.

[171] *Farinha* (port.) – mąka.

[172] Winchester – nazwa karabinów powtarzalnych, których pierwsze udane modele wytwarzał w połowie XIX wieku północnoamerykański konstruktor broni Oliver Fischer Winchester (1810-1880). Karabin powtarzalny to taki, który po oddaniu strzału trzeba zarepetować (przeładować).

[173] Chodzi tu zapewne o któryś gatunek synogarlicy lub turkawki z rodziny gołębiowatych (*Columbinae*).

głową i złamanym skrzydłem leżał na ziemi. Od tego czasu *cabocle* kpili po cichu z Tavaresa i jego strzelby.

W kilka tygodni potem Tavares chciał się pochwalić celnością strzałów z winchestra. Położono na pniaku o 100 kroków kawałek deszczułki. Trzy razy pudłował Portugalczyk, więc stojący koło niego jeden z robotników rzekł:

– Jam nigdy jeszcze nie trzymał w ręku takiej strzelby, ale chcę spróbować. – I, wziąwszy winchester, jednym strzałem przewiercił dziurkę w samym środku deszczułki!

Caeté Mirim

Przybyła w końcu *tropa*!

Następnego dnia o świcie wyjechaliśmy w stronę Caeté Mirim. Dla mnie wynajęli pośpiesznie *matungo*[174] – starego, zmęczonego i źle traktowanego muła. Droga prowadziła w górę i była bardzo ciężka, górzysta, skalista, niebezpieczna, przez bystre potoki i wysokie przełęcze. Tylko muły tam dochodziły – i to nas ratowało, że one są bardzo ostrożne i uważają, gdzie stąpają.

Oddalone od Inhaí o 5 km było osiedle Caeté Mirim, nad rzeką tego samego imienia, dopływ rzeki Jequitinhonha. Tam znajdowała się *lavra* Tavaresa, o 3 km od Caeté Mirim.

Zgodzeni do pracy robotnicy zaczęli oczyszczać teren, rąbiąc i po wysuszeniu paląc las, także rozpoczął się mój pracowity żywot. Wstawałem o świcie, jadłem śniadanie składające się z czarnej kawy oraz gęstej papki z mąki kukurydzianej, gotowanej na wodzie z solą, zwanej *angu*[175], czasem parę jajek lub pomarańcz – i szedłem piechotą na miejsce pracy (godzina drogi). Z początku robiłem cały dzień fakonem i motyką przy oczyszczaniu terenu, potem zaczęło się budowanie *rancho*, gdzie mieliśmy mieszkać. Raymundo, Murzynek, przynosił nam obiad, który spożywaliśmy na miejscu pracy. O piątej wracałem znów piechotą, przychodząc do domu, gdy już się ściemniało. Wracałem tak zmęczony, że nie mogłem się zebrać nawet do pisania listów, zresztą przy świeczce nie było to i tak zbyt zachęcające.

W niedzielę wstawałem nieco później, goliłem się (raz na tydzień) i szedłem na spacer lub pisałem listy na dworze. Po obiedzie szedłem do Inhaí, zachodziłem z wizytą do Santosa lub do Adelina (pomocnik Santosa) i korzystałem, żeby kupić jakieś drobiazgi w *vendzie,* jak tytoń, świece, zapałki, koperty, znaczki lub *rapadura* – cegiełka ciemnego, nieoczyszczonego cukru do osładzania kawy.

Z niecierpliwością oczekiwałem listów od rodziny i znajomych. Pocztę przywozili co osiem dni i wielkie było moje rozczarowanie, kiedy nie było żadnego listu do mnie.

Garimpo

I ja przeżyłem tę wielką przygodę poszukiwacza złota i diamentów.

– I znalazł pan co? – z kolei pytali się mnie później znajomi.

Nie! Ja osobiście nie znalazłem, jedynie mogłem się poszczycić odrobiną złotonośnego piasku minimalnej wartości. W niedziele łaziłem po potokach na własną rękę, *faiscando*[176], jak mówią Brazylianie. Ale trzeba umieć używać *bateia*, drewnianej miski, w której okręż-

---

[174] *Matungo* (port.) – w Brazylii: szkapa, chabeta.

[175] *Angu* (port.) – typowe danie brazylijskie; zamiast mąki kukurydzianej można użyć maniokowej (zob. przyp. 195), a zamiast wody – mleka. Zapewne ma pochodzenie afrykańskie.

[176] *Faiscador* (port.) – poszukiwacz grudek złota; tu mamy do czynienia z czasownikiem oznaczającym tę czynność, *faiscar*.

nymi ruchami płucze się żwir, a jest to praca bardzo ciężka. Raczej zbierałem guzy i rany niż złoto i diamenty.

Za to mogłem się przyglądać, jak zaufany Tavaresa z namaszczeniem wykonywał ostatnią czynność długiego procesu wydobywania żwiru i jego płukania. Gdy chodziło o złoto, to zawartość *batei* coraz bardziej się zmniejszała, ażeby w końcu, na samym dnie zaświeciła odrobina piasku żółtego. Bo niech nikt się nie łudzi, że z miski żwiru wydobędzie garść złota!

Jeśli chodzi o diamenty, to raczej używa się do przepłukania drobniutkiego sita. Po cierpliwym kręceniu w tę i tamtą stronę, by najcięższy żwir zszedł na dno sita, ukoronowaniem ciągłego płukania jest podrzucenie sita z resztą zawartości, którą stanowią jakby małe czarne fasolki. Ta ostatnia czynność przypominała mi, jak ciotka zręcznie podrzucała na patelni bliny, ażeby potem ułożyć je równo na półmisku. O ile diamenty były zawarte w żwirze, to ukazywały się na środku czarnego szutru.

W początkowej fazie prac, jako żółtodziób zapytałem się starego górnika, który właśnie płukał żwir:

– Ale jak odróżnić diament od innych kryształków?

Górnik spojrzał na mnie z ukosa i wycedził powoli przez zęby:

– Nie ma obawy, on się sam prosi, ażeby go podjąć…

Tak, nie ma obawy. O ile sam, bez innych kamieni, diament wygląda całkiem niepozornie, to między innymi kamykami rzuca odblask, który go wyróżnia – i, jak powiedział górnik, sam się prosi o oddzielenie od innych.

Z dziennika garimpeira

25 maja 1925

A więc zajechałem aż do Caeté Mirim. Cholera ciężka, jakaś złośliwa wysypka obsypała moje ciało czerwoniutkimi krosteczkami, które wywołują piekielne swędzenie. Ostatnie noce przewracałem się z boku na bok i drapałem się do krwi. Piekielne męki. Sądziłem, że mi zaszkodziło suszone mięso, więc przestałem je jeść. Nie wiem, czy się gdzieś zaraziłem, czy to aklimatyzacja.

Przyszedł wczoraj jakiś cabocler wieczorem. Czytałem akt podziału mienia po śmierci jego żony. W chwilę potem dowiedziałem się, że ma on pod kolanami jakieś straszliwe rany. Santos powiedział, że pewno syfilis. Momentalnie przypomniał mi się dom na drugim końcu placu, koło którego codziennie przechodzę. Umarł tam trędowaty, jakiś krewny Santosa, który nabawił się trądu w stanie Rio de Janeiro. Dom ów chciano nam wynająć. Ładna historia! Syfilis, trąd, wszystko jedno, równie przyjemne. Wysmarowałem się jodyną, do tego stopnia, że dostałem gorączki, tak mnie piekło. Połknąłem więc parę pastylek chininy, myśląc, że może i febra wzięła mnie w swoje ramiona.

Oprócz jednego listu od Euzebiusza, jeszcze w Rio, nie otrzymałem nic, a taki jestem spragniony jakiejś wieści z Warszawy. Prawdopodobnie skończymy za kilka dni budowę dwóch *ranchów*. Mam zamieszkać tam, z dala od ludzi, a właściwie wśród półdzikich *caboclów*. Jeśli nie zachoruję na febrę i nic nie pokrzyżuje moich planów, to posiedzę tam jakiś czas, oddając się pracy, polowaniu i myślom filozoficznym, i przygotuję się do podróży. Ciekawym, ile caboclerka zażąda za szczeniaka, muszę bowiem koniecznie wychować sobie psa.

Przedwczoraj kąpałem się w rzece, czyżby to ta kąpiel mi zaszkodziła? Przeklęta wysypka. Swędzi mnie całe ciało. Przywykłem już trochę do pracy fizycznej, nie męczę się już tak jak z początku. Sądzę, że muskulatura moja wzrośnie pokaźnie, o ile jej nie zniszczy jaka choroba.

Cabocle mówili, że tutaj krąży po nocy czarna pantera, pokazywali mi ślady. Dziś rano sam spostrzegłem ślady. Łapy wielkiego kota, lecz mieszkaniec najbliższy naszego *rancha*, który mieszka tu 30 lat, twierdzi że to *suçuarana* (puma). Mam wrażenie, że on ma rację.

27 maja

Arre![177] To nie wysypka żadna! Byłem pewny, że już dobrze znam życie leśne w Brazylii, ale okazało się, że każda okolica ma swoje niespodzianki...

Syn Santosa zobaczył moje ciało okryte rankami i pryszczykami i aż krzyknął z przerażenia:

– Panie, przecież pana zjedzą *carrapaty*[178]!

– Jak to *carrapaty*? – zapytałem, zdziwiony.

– To *micuim*[179] pana oblazło.

Znałem dobrze *carrapatos*, kleszcze mnożące się na ulistnieniu niektórych gatunków traw, było tego dużo w Paranie, ale one atakowały – znaczy, przyczepiały się – głownie do bydła. Odczepiałem te kleszcze z koni i psów. Ale w Minas był inny gatunek *carrapatów*, zwany *micuim*, tak drobnych, że ledwo je można dojrzeć; pełno ich było na chwastach przy drodze.

– Niech pan pójdzie ze mną, to pokażę panu *micuim* – rzekł David.

Poszliśmy do ogrodu w miejscu, gdzie rosła wysoka trawa. Przeszliśmy parę razy przez tę trawę i David pokazał mi pod liśćmi kłębiące się, skupione w kulki, miliony tych drobniutkich stworzeń.

– A teraz niech się pan popatrzy na buciki.

Spojrzałem i aż podskoczyłem z przerażenia. Całe buciki, pończochy i nogawice były pokryte miliardami ruszających się stworzonek.

David w tej chwili rozpalił ognisko i trzymał nogi nad płomieniem, dopóki dzięki gorącu nie pozbył się tych miłych napastników. Poszedłem za jego przykładem. Teraz zrozumiałem, dlaczego *cabocli*, wyszedłszy z lasu, strzepują sobie długi czas kijkami nogawice lub – rozpaliwszy ogień – zdają się ogrzewać całe ciało nad płomieniem.

Zrozumiałem też grzeczny gest moich kompanów, którzy – jadąc konno – przepuszczali mnie zawsze naprzód. Kto pierwszy przejeżdżał wąską drogą, otrząsał gałęzie i chwasty i na niego spadała chmara *micuins*, a następni jeźdźcy mieli już bardziej oczyszczoną drogę.

Nasmarowałem potem całe ciało sokiem z liści tytoniowych i tym sposobem złośliwa wysypka znikła.

---

[177] *Arre!* (port.) – wio!; tutaj jako okrzyk wyrażający emocje.

[178] *Carrapato* (port.) – kleszcz.

[179] *Micuim*, a. *carrapato estrela* (dosł. ‘kleszcz gwiazda’), *carrapato do cavalo* (dosł. ‘kleszcz koński’), to portugalskie nazwy kleszcza z gatunku *Amblyomma cajennense*, z rodziny tzw. kleszczy twardych.

30 maja

Dziś przymocowaliśmy kije, przygotowując dach do pokrycia. Bliziutko koło miejsca, gdzie pracowaliśmy usiadł *pica-pau* (dzięcioł) z żółtym brzuchem i wydawał się nas obserwować.

Wróciwszy z pracy wcześniej, jako że sobota, poszedłem razem z Tavaresem wykąpać się w rzece Caeté Mirim i zobaczyliśmy dwie wspaniałe czarne *jacutingas*[180] z białymi czubkami na głowie. Jest to największy i najpiękniejszy gatunek dzikich indyków, które zamieszkują puszcze stadami. Popędziłem po naszą broń, ale jak wróciłem, ptaki zanadto się oddaliły i strzały nie trafiły. Tavares strzelał jeszcze do ptaka *maria-preta*, ale też nie trafił. Wieczorem mieliśmy dobrą kolację, jako że dziś są urodziny Tavaresa. Piliśmy wino Collares, piwo i Fine Moscatel portugalski.

Prawdę mówiąc, Tavares wcale się nie zna na eksploatacji diamentów, wpakował w ten interes pieniądze, nie wiem, czy co będzie z tego miał. Trzeba powiedzieć, że wyekwipował się doskonale, ale na życiu w lasach niewiele się zna. Chcę jakiś czas posiedzieć z Tavaresem, żeby poznać robotę, a później zacznę na własną rękę. Tak mi nawet radził jeden młody *caboclo*, który poszedł z nami na polowanie. Zwierzyny tu bardzo dużo, gdyż to zupełne pustkowia.

31 maja, niedziela

Wyspałem się dziś setnie. Wstałem o ósmej godzinie, ogoliłem się, wykąpałem i wypiłem kawę z dwoma jajkami. Dostałem 44 milrejsy za pracę i Tavares zapłacił wydatki na pensjonat. Pierwsze grosze zarobione w Brazylii.

Adelino zaprosił mnie na obiad w swoim domu w Inhaí, więc wyruszyłem z jego synem, który też tutaj pracuje. José szedł boso, z odświętnymi trepkami w ręku, i opowiadał mi rozmaite historie o *garimpo*. W pewnym momencie zapytał się, czy chciałbym poznać znachora, *velho bugre* (starego Indianina)[181]. Zgodziłem się, zaciekawiony, więc puściliśmy się wąską dróżyną prowadzącą przez las. Po upływie pół godziny znaleźliśmy się przed budą skleconą z łupanych desek, do której weszliśmy przez otwór, gdyż tak naprawdę drzwi tam wcale nie istniały.

Przy ognisku siedział w kucki stary, pomarszczony Indianin, z gęstą jeszcze i czarną czupryną spadającą mu na oczy błyszczące, z wyrazem dzikości i podejrzliwości. W zębach trzymał glinianą fajeczkę z cybuchem zrobionym z *taquary*.

Wnętrze *rancha* zdradzało zatrudnienie jego mieszkańca. Rogi pomieszczenia były zawalone rożnymi ziołami, lianami, zasuszonymi kwiatami. Na ścianach wisiały porobione z tykwy naczynia, na których były wyrzeźbione różne rysunki.

Po przywitaniu poczęstował nas – wedle powszechnego zwyczaju – papierosem ze słomy, ale nie okazał żadnej chęci do rozmowy, tak że niedługo tam zabawiliśmy.

Na obiedzie u Adelina podali bardzo smaczne pieczone gołębie *juriti*[182]. Potem zebrało się trochę znajomych i strzelaliśmy do celu. Kilkoma zręcznymi rzutami

---

[180] *Jacutinga* (port.) – grdacz czarnoczelny, kurak z podrodziny penelop (zob. przyp. 165). Ptaki te mają nie tyle biały czubek, co całą główkę niemal od samego dzioba białą, toteż ich polska nazwa wydaje się nietrafiona. Jeśli chodzi o charakterystyczny czarny element, jest to ciemny pasek przedzielający czerwień podgardla.

[181] *Bugre* (port.) – pejoratywne określenie Indianina z Ameryki Południowej, czyniące aluzję do jego wojowniczości.

[182] *Juriti* (port.) – gołębik białosterny (*Leptotila verreauxi*), ptak zamieszkujący obie Ameryki. Osiąga niecałe 30 cm długości, a barwa jego upierzenia jest szaro-brązowawa, na piersi przechodząca w jaśniejszą.

noża zdobyłem sobie sławę „władacza żelaza", a nawet udało mi się kilka kul celnie wpakować z rewolweru, co jak na mnie jest wielkim czynem.
Wieczorem zebraliśmy się wszyscy naokoło ogniska i Baptista, jeden z *cabocli*, grał na harmonii.

9 czerwca

Po dwóch tygodniach dwa *ranchos* zostały sklecone, jeden dla robotników, *camaradas* (towarzyszy), jak tu ich nazywają, drugi dla nas, znaczy dla Tavaresa, dla zarządzającego i dla mnie. Pomimo że w naszym brakowało jeszcze ścian, przeniosłem się, ażeby pilnować narzędzi. Trzeba przyznać, że mieszkańcy tutejsi są bardzo uczciwi i wypadki kradzieży zdarzają się nadzwyczaj rzadko.
Rancho zostało zbudowane bez innych kosztów oprócz płacy robotników. Drzewa dostarczył las, a powiązano je lianami. Dach i ściany zostały pokryte liśćmi palmowymi. Takie liście dochodzą do 6-8 metrów długości.
Spanie w domku bez ścian nie należy jednak do przyjemności. Budziłem się kilka razy w nocy z powodu zimna i musiałem podsycać ognisko.

16 czerwca

Tavares zrezygnował z zamieszkania tutaj. Jestem z tego bardzo zadowolony, gdyż wcale mnie nie cieszy towarzystwo tego grubego Portugalczyka, czuję się o wiele swobodniejszy. On nadal mieszka w hotelu w Inhaí, dojeżdżając konno do miejsca pracy, gdzie przebywa w dzień i je obiad.
Zaczęliśmy teraz pracować przy otwarciu nowego odłamu rzeki, gdzie będzie się szukać diamentów. Prawie cały dzień znosiłem kamienie pod niemiłosiernie prażącym słońcem. Jeden z *camaradas* zabił żararakę o kilka kroków od miejsca, gdzie chodziłem boso. Miała przeszło metr długości. *Jararaca* jest najpospolitszą żmiją w Brazylii i jedną z najbardziej niebezpiecznych. Jakby tego nie wystarczyło, dzisiaj też zabiłem jadowitego pająka *caranguejeira*[183]. Był wielki, czarny i włochaty, a drugiego znalazłem nieżywego między kamieniami.
Nabrałem dużo carrapatów przy pracy, więc po kolacji natarłem ciało zielonymi liśćmi tytoniu i poszedłem spać. W nocy było bardzo zimno i napastowały mnie senne widziadła.

25 czerwca

Od rana w wodzie z motyką, po południu przy taczkach, wożąc żwir do przemywania. Tam, gdzie pracowałem, zawaliła się w nocy ziemia. Zginąłbym żywcem pogrzebany, żeby to nastąpiło wczoraj.
Dotąd żadnego, choć najmniejszego diamenciku na pamiątkę nie znalazłem, co za brak szczęścia. Czekam z utęsknieniem na listy. Czyż jutro otrzymam?
Po kolacji czułem się okropnie zmęczony. W ciągu dnia upał straszliwy, w nocy piekielnie zimno... Mam wrażenie, że pracuję tu wieki. Tęsknię za domem, za Mamą, za kolegami...

---

[183] *Caranguejeira* (port.) – włochaty brązowy pająk z rodziny ptasznikowatych, dochodzący do 20-30 cm długości. W USA, Brazylii, a także Polsce pająki z tej rodziny nazywane bywają tarantulami, choć tarantula właściwa przynależy do innej rodziny pajęczaków. Pająk, o którym pisze Warchałowski, w istocie wytwarza jad niegroźny dla człowieka, jego włoski mogą natomiast wywoływać alergię.

26 czerwca

Ani jednego listu, cholera! Do południa kamienie, po południu taczki i motyka. Zacząłem pisać list do Markowskiego:

> *Wiesz, Euzebiusz, co tu jest najlepszego? To, że człowiek zmęczony patrzeniem się na ludzi, na ich podłość, na kulturę, cywilizację, teatry, więzienia; na ulice, rynsztoki, urzędy, może sobie uciec na jakiś czas do lasów i dać wytchnienie skołatanej duszy swojej – i chociaż tu ludzie się obmawiają (nie mając nic lepszego do roboty), wymyślają, prowadzą idiotyczne spory i kłótnie polityczne, jednakże nie ma tu nienawiści klasowej, a przynajmniej nie występuje tak wyraźnie. Chciałbym, żebyś mi napisał, jak się zapatrujesz na mój powrót. Może za jakiś czas mi się tu sprzykrzy. Tego nie wiem, jako też jakie będą moje dalsze losy.*

Przerwałem pisanie i znienacka zamigotał mi przed oczyma blask lamp elektrycznych... Połysk wyfroterowanej posadzki... Pary objęte, lekko sunące po tej posadzce... Dźwięki rozkosznego tanga... – i żal ścisnął me serce!

5 lipca

Dziś niedziela, zjadłem na obiad kurczę. Och, jak mi smakowało! Tęsknię prawdziwie za czymś lepszym. Dwa miesiące prawie, jak dzień w dzień jedno i to samo – fiżon, ryż i suszone mięso...

Przyszły listy od Mamusi, Markowskiego, Słabczyńskiego i paczka gazet. Okropnie się ucieszyłem. Poszedłem na skały nad rzeką Caeté Mirim i tam czytałem te listy i rysowałem.

Wieczór spędziłem w towarzystwie trzech Murzynów, którym opowiadałem o cudach stolicy i o życiu w dużym mieście. Słuchali z wytrzeszczonymi oczami, łypiąc białkami, i podkreślali swoje zdumienie okrzykami:

– *Virgem Maria!* Matko Święta! Coś takiego! Naprawdę? Aaaa... Nie może być! Co za dziwy, mój Ojcze Święty!...

12 lipca

Strasznie jest tutaj dużo *bicho-do-pé* – jest to drobniutki owad, ziemna pchła; włazi pod skórę i znosi jajko, które szybko rośnie. Miejsce to bardzo swędzi i można je poznać po czarnym punkciku i białawym obwodzie. Należy skórę rozedrzeć naokoło igłą lub scyzorykiem i jajko delikatnie podważyć, żeby wyjąć je w całości, bo jak pęknie, to się *bicho* rozłazi i kłopot jeszcze większy. *Bicho-do-pé*, nożny owad, jak nazwa oznacza, lokuje się pod stopą i głównie na palcach u nóg, ale dziś miałem go wyjętego z dłoni lewej ręki[184].

Tavares teraz przeniósł się tutaj. Bodaj go cholera! Znów ten przeklęty Portugalczyk koło mnie. Nie mogę go więcej znieść. Wczoraj gadał do późna w nocy i nie dawał spać. Jestem zdecydowany dać drapaka stąd...

---

[184] *Bicho-do-pe* (port.) – pchła piaskowa (*Tunga penetrans*), pasożytniczy stawonóg zamieszkujący zwłaszcza obszar Ameryki Południowej i Karaibów. Dolegliwość, o której pisze Warchałowski, zwana jest tungozą; dłuższe pozostawanie pchły w skórze może prowadzić do stanów zapalnych i powikłań, jak tężec, zakażenie krwi bakteriami czy zgorzel gazowa.

20 lipca

Bydlę Tavares zrobił mi awanturę, że poszedłem się napić kawy w czasie pracy, kiedy wczoraj na to się zgodził i pozwolił. Cały wieczór chodziłem wściekły i tylko myślałem, jak się na nim zemścić. Byłem tak roztargniony, że o mało się nie dostałem w paszczękę pająka *caranguejeiro*.

Po zmroku zaczęła się burza. Błyskawice przecinały ciemności raz po razie. W nocy było okropnie zimno i napastowały mnie koszmarne sny.

24 lipca

Pracowałem tylko do południa, gdyż znowu mam pełno *bichos-do-pé*. Diolino wydłubał mi kilkanaście z nogi, teraz chodzę skacząc i kulejąc, więc resztę dnia spędziłem w łóżku, czytając głupie romansidło *Tristezas à Beira-Mar* (Smutki na Przylądku)[185]. Otrzymałem kartkę od Jerzego na wyjezdnym do Europy i list od Tadeusza Winnickiego. Pokiwałem z żalem głową... Nikt więcej, nawet Matka nie pisze!...

26 lipca

Jako że niedziela, chciałem pójść do Inhaí, ale jeszcze nie mogę włożyć bucika. Wszyscy poszli do miasta, pozostałem sam, ja i myśli moje.

Zapadła ciemna posępna noc bez księżyca, tylko wodospad huczał w dolinie. Koło *rancho*, pomiędzy drzewami, jak duchy tajemnicze przelatywały nietoperze, a po głowie kręciły mi się wydarzenia tego tygodnia – i nie mogłem się od nich oderwać!

Otóż w środę Baptista niezręcznie zamachnął się i przeciął piętę jednego z ludzi siekierą. W czwartek Domingos przeciął sobie nogę. Wczoraj Diolino skaleczył się w rękę. José zabił czarnego ptaka *maria-preta*. Płynie krew! Mam dziwne przekonanie, że przekleństwo zawisło nad tą *lavrą*. Trzy nogi przecięte i jedna ręka. Płynie krew... Pomimo wszystko przeklinam Tavaresa. Moja to zemsta! Jutro muszą przyjść dla mnie listy. Daj Boże, a Tavaresa niech diabli porwą na strzępki... Mam takie wrażenie, że w miejscu, gdzie robimy wydrążenie, nie będzie żwiru, lub tylko na bardzo znacznej głębokości.

W złym nastroju położyłem się spać, ale późno zasnąłem i śniło mi się, że *onça* na mnie napadła.

3 sierpnia

Tavares dał mi polecenie wyciągania motyką ziemi i zwożenia jej taczką na kupę, gdzie *garimpeiro* ją przemywał, bo lepiej jest przemywać tam, gdzie jest bieżąca woda. Starzy *garimpeiros* wiedzą, że w pewnych miejscach, gdzie rzeka się załamuje, zawsze jest złoto i diamenty; mogą one być małe, ale zawsze są. Dlatego należało wykopać właśnie takie urwisko nad rzeką, gdzie były widoczne złoża. Od razu mu powiedziałem, że to niebezpieczne, gdyż ziemia może się zawalić, jak się wykopie głęboką dziurę pośrodku urwiska. On powiedział: *Que nada!* (Co tam!)

---

[185] Autorem książki, która ukazała się w 1866 roku, jest Joaquim Manuel Pinheiro Chagas (1842-1895), pisarz, dziennikarz i polityk portugalski. Wśród jego dorobku literackiego znajdują się liczne romanse historyczne i sztuki teatralne. *Beira-mar* (port.) – wybrzeże morskie, plaża.

i poszedł sobie. Zostałem sam i wziąłem się do roboty. Zniosłem kilka taczek pełnych ziemi i zacząłem się denerwować. Parę razy trochę ziemi się potoczyło, spadły kamyki – odskoczyłem, przestraszony. Zacząłem pracować, trzymając się jak najdalej. Z boku była dróżka, a o sto metrów w górę stało *rancho* z drągów, gdzie była nasza kuchnia. Nie wiedziałem, co robić, bałem się dalej kopać, ale nie chciałem iść do Portugalczyka, mówić mu, że się boję dalej pracować. Z wielką ulgą posłyszałem, kiedy kucharz zaczął bić łyżką w rondel, na znak, że czas na obiad. Zostawiłem taczkę i narzędzia i poszedłem. Zasiadłem z innymi na ziemi, był stolarz, Tavares i innych kilku *garimpeiros*. Kucharz każdemu nałożył do miski fiżon i ryż. Gdy byliśmy w połowie jedzenia, posłyszeliśmy wielki huk. Popatrzyłem na Portugalczyka i powiedziałem:

– Zawaliło się.

Tawares nie popatrzył nawet na mnie, tylko ze spuszczoną głową powiedział uparcie: *Que nada!* Skończyłem prędko jeść i poszedłem z innymi zobaczyć. Urwisko się zawaliło i nie było widać taczki ani narzędzi – wszystko było doszczętnie zasypane!

Koniec przygody

Przez trzy miesiące pracowałem ciężko, jako robotnik, z motyką w ręku – i z odwagą brałem się do każdej pracy. Tavares polecił mi nawet zrobienie łódki. Używało się do tego *enxó*, narzędzia starego typu używanego przez bednarzy i cieśli, którym się wydrążało drzewo na okrągło[186]. Tym właśnie narzędziem o krótkim trzonku i ostrej stalowej blaszce, przez nieuwagę skaleczyłem się w kostkę. Z braku jakiejkolwiek dezynfekcji, zrobiło się zakażenie i była obawa gangreny. Nie było mowy o lekarzu ani o lekarstwach. Podczas gdy inni pracowali, zostawałem cały dzień sam w *rancho*, gdzie byłem zupełnie na ustroniu od innych mieszkańców. Byłem zrozpaczony; śledziłem pogarszanie się zakażenia. Upłynęło parę dni, aż przechodząca kobieta z okolic zlitowała się nade mną i zaczęła przychodzić codziennie z miednicą pełną chwastów, by przemywać mi ranę. Po trochu opuchlizna zmniejszyła się i, jak tylko byłem w stanie wsiąść na konia, zrobiłem rachunki z Tavaresem i wróciłem do Diamantiny. Znowu musiałem jechać z powrotem dwa dni po górzystych i trudnych wertepach, na strasznie tępym pożyczonym mule i już całkiem odechciało mi się życia *garimpeira*. Tego zakosztowałem i miałem dosyć na całe życie!

W Hotelu Barbieri, w Diamantinie, zdusiłem z nienawiścią wszystkie *carrapaty*, które mnie po drodze oblazły, i pożegnałem na zawsze życie poszukiwacza złota. Tej nocy wyspałem się setnie, następnego dnia wypiłem kawę z bułką i masłem (dawno nie widziane!) i wreszcie zjadłem porządny obiad.

Potem znowu pociągiem do Belo Horizonte. Tak pieskich wagonów chyba nie ma na całym świecie! Do tego zatłoczone ludźmi, musiałem stać część drogi, a potem siedziałem na brzeżku ławki całą noc.

Pieniądze ledwo starczyły na podróż drugą klasą pociągiem do Kurytyby, i to przy wielkich oszczędnościach na jedzeniu. Z raną w nodze, która o mało przyprawiła mnie o śmierć, dojechałem zmarnowany do Kurytyby i tam przyszedł mi z pomocą wujaszek Neyman. W jego domu na Bacacheri poczciwi Wujostwo Neymani otoczyli mnie opieką na czas rekonwalescencji.

---

[186] *Enxó* (port.) – rodzaj starodawnego toporka.

Baron w puszczy

I.

Autor w hamaku

Poznałem Saszę w jakimś barze na ulicy 15 de Novembro w Kurytybie. Zaprzyjaźniliśmy się i któregoś dnia, dowiedziawszy się o nowym projekcie kolonizacyjnym w interiorze Parany, wzięliśmy do spółki tak zwaną *empreitada* (robota na komis)[187]. Praca polegała na zdjęciach topograficznych i wyznaczaniu działek olbrzymiego majątku prywatnego Fazenda Santa Bárbara, w dzikiej puszczy nad rzeką Iguaçu. Były to lasy dziewicze, pełne zwierza, a obszary tak wielkie, że robota była podzielona między kilka grup mierniczych, które – jak my – wzięły robotę na komis. Życie na łonie natury i podróż w nieznane pociągały mnie niezmiernie, a jako że miałem dobre techniczne przygotowanie dzięki podstawowym trzem latom na Politechnice Warszawskiej, od razu zainteresowałem się tą propozycją.

Mój wspólnik był z rosyjskiej arystokracji, pochodził z kurlandzkich baronów i nazywał się Alexander von Boethfuhr. Wysoki blondyn, silnie zbudowany, cytował swoje skomplikowane drzewo genealogiczne oraz mówił, że miał prawo do dużego spadku. Kiedy zaczęła się rewolucja komunistyczna w Rosji, był uczniem w szkole kadetów cara rosyjskiego w Petersburgu. Uciekł do Niemiec wraz z siostrą. Ona wyszła za mąż i została tam na stałe, a Sasza zdecydował przyjechać do Brazylii i utrzymywał się, pracując jako miernik. Był człowiekiem nadzwyczaj zdolnym w różnych dziedzinach, także i w kierunku artystycznym, gdyż bardzo ładnie grał na skrzypcach i miał dar do rysunku. Zawsze nosił notes przy sobie i często robił dowcipne szkice z rozmaitych wydarzeń.

II.

Zostawiliśmy kawiarnie, bary i wygodę stolicy Parany, ażeby zabrnąć w lasy i prowadzić prymitywne życie, pełne przygód i niespodzianek. Rzecznym parowcem zjechaliśmy w dół rzeki Iguaçu aż do União da Vitória, gdzie była siedziba przedsiębiorstwa Empresa Colonizadora Santa Bárbara Ltda.[188] Podróż stateczkiem była nadzwyczaj przyjemna. Siedzieliśmy na dziobie, żeby lepiej obserwować piękne widoki po obu górzystych stronach, zarosłych palmami

[187] *Empreitada* (port.) – praca zlecona.

[188] Spółka, założona przez ośmiu udziałowców, powstała w 1924 roku. Zakupiła dwie obszerne działki ziemi, Fazenda Santa Bárbara i Fazenda Santo Antônio do Iratim, by dzielić je na parcele i sprzedawać imigrantom. Pierwszym nabywcą był Miguel Leonartowicz; jego rodzina osiedliła się tam w roku 1925.

i w niektórych miejscach piniorami. Parowiec przecinał spokojne wody rzeki Iguaçu przez dwie i pół godziny i pod wieczór dojechaliśmy do União da Vitória.

Załatwiwszy formalności w biurze, kupiliśmy konie do dalszej drogi, która prowadziła przez Cruz Machado[189] do Santa Bárbara. Zapłaciłem 220 milrejsów za mego konia, ale gdy mieliśmy wyjechać, koń się zaciął i ani rusz. Wsiadłem na niego, lecz zwierzę zaczęło skakać jak szalone, wyginając grzbiet – i spadłem na ziemię. Znowu wlazłem na niego i tym razem uspokoił się, ale miałem potem wiele z nim zachodu, przestraszał się bowiem byle czego i skakał pod niebiosa.

Wyjechaliśmy po obiedzie. Przejechaliśmy rzekę Iguaçu na promie i pojechaliśmy do Porto Almeida, oddalonego o 31 km. Droga szła przez góry pokryte lasami. Przejechaliśmy dwa wodospady, z których jeden, zwany Saltinho (Skoczek), jest bardzo wysoki i piękny. Zajechaliśmy do Cruz Machado, gdy już się ściemniało.

Sasza – baron w puszczy

Spaliśmy w *paiolu* na *pelegach*, z siodłami pod głową, w domu jednego Rusina, którego zaangażowaliśmy do pracy wraz z jego kumem. Następnego dnia wyjechaliśmy we czwórkę do Porto Almeida.

Po drodze wspaniałe widowisko przedstawiało palenie tak zwanej *roçy*[190]. Cabocle stosują gospodarkę rabunkową i w celu sadzenia karczują las, a gdy wyschnie, palą go, ażeby w popiele sadzić ziarna kukurydzy i fiżonu. W nocy były to fantastyczne widoki. Wielkie drzewa okolone morzem ognia, syki płomieni, trzaski palącej się *taquary*, z wiatrem fruwały płonące gałęzie. Absolutnie wtedy nikomu nie przychodziło do głowy, że w przyszłości będą jakieś ekologiczne problemy, że może nawet być zabronione polowanie lub rybołówstwo. Gdyby ktoś powiedział, że ludzkość udusić się może w stertach śmieci lub otruć wodami zatrutymi, to by go uważano za zupełnego wariata. Zresztą w Brazylii było dawniej pojęcie, że puszcza z wszelkimi dzikimi zwierzętami to był nieprzyjaciel, którego należało zniszczyć.

Przyjechawszy do Porto Almeida późno w nocy, czułem się bardzo zmęczony i obolały po jeździe konnej. Na szczęście zatrzymaliśmy się tutaj parę dni, żeby dokonać przygotowań do pracy.

III.

Przyjęliśmy jeszcze pięciu robotników do pracy przy pomiarach, do wycinania *picady* i ścinania drzew siekierą, tak więc mieliśmy dziesięciu ludzi, tzw. *turmę*[191] mierniczą. Oprócz naszych dwóch Rusinów z Cruz Machado było tam dwóch kolonistów z Rio Claro i trzech *cabocli* z lewego brzegu Iguaçu. Poza tym jeszcze kucharz Antônio oraz czarny Euclides,

[189] Cruz Machado – ówcześnie kolonia polska, założona oficjalnie w roku 1910. Nazwa jest hołdem dla prawnika i polityka Antônia Cândido da Cruz Machado (1820-1905), opowiadającego się w senacie za uniezależnieniem prowincji Parana od prowincji São Paulo.

[190] *Roça* (port.) – tu: karczowisko; przez rozszerzenie, termin ten może także oznaczać uprawę zasadzoną na tak przygotowanym polu, jak również tereny wiejskie w opozycji do miejskich.

[191] *Turma* (port.) – grupa, ekipa, zespół.

Obóz nad rzeką Jacutinga

który prowadził *tropę* i miał nam dostarczać żywność z magazynu znajdującego się w lesie, w miejscu przyszłego ośrodka kolonii Santa Bárbara. Dziesiątym był kierowca *turmy*, Polak Tniewicz.

Sasza wrócił jeszcze do União da Vitória, żeby przywieźć dwa namioty, a ja zająłem się sprawdzeniem i dokupieniem potrzebnego nam sprzętu. Zaopatrzyliśmy się tylko w to, co było niezbędne, a więc: dwa kotły, rondel, imbryk i patelnia; chochla, dwanaście talerzy, łyżek i kubków oraz dwie *cuie*[192] do chimarronu. Poza tym wiadro, dwie miednice, dwa kaganki, nożyce i narzędzia do pracy: dwie siekiery, gracka, dwie *foicy* (coś w rodzaju sierpa na długim trzonku, służące do rąbania podszycia i krzaków)[193], dwa fakony (wielkie, ciężkie noże do ścinania gałęzi i otwierania *picady*), *marreta* (duży żelazny młot do wbijania kołków) i kamień do ostrzenia.

Wreszcie wszystko było gotowe do drogi i całą *turmą* w komplecie wyruszyliśmy do Santa Bárbara szeroką *picadą* przeciętą głównie przez puszcze, a niekiedy przez duże przestrzenie zarosłe *taquarą* – jest to żerdź dochodząca do 15 metrów wysokości, która rośnie, dusząc wszystkie słabsze rośliny. *Tropa* jechała z nami, wioząc worki z rzeczami i zapasy żywności.

Sasza i ja jechaliśmy powolnym krokiem, żeby nie oddalić się zanadto od ludzi idących piechotą i od *tropy*, którą popędzał Euclides okrzykami i knutem z plecionej skory. Wyglądał malowniczo w słomianym kapeluszu, łatanych spodniach i z wielkim fakonem przy pasie.

Z Porto Almeida aż do miejsca niedaleko magazynu, skąd miała się rozpocząć praca, było 44 km. Rzadcy mieszkańcy, a droga okropna, gdyż ostatnio sporo padało. Towarzyszyło nam miarowe klaskanie wyciąganych z błota nóg i sapanie mułów. W niektórych miejscach muły z wysiłkiem wydobywały grzęznące po kolana w błocie nogi.

Ale dalej już wąska *picada* prowadziła przez las, w którym przeważały drzewa piniorów, *imbui*[194] i *erva-mate*. Ścieżka często była stroma i kręta, ze śliskim gruntem z powodu panującej wilgoci po deszczach.

---

192 *Cuia* (port.) – tykwa (zob. przyp. 208).

193 *Foice* (port.) – sierp.

194 *Imbu* (port.) – dawna nazwa drzewa *imbuzeiro* bądź *umbuzeiro* (*Spondias tuberosa*), znanego niegdyś także jako *ambuombu*. Jego nazwa pochodzi z języka Indian Tupi i oznacza „drzewo, które daje pić". Rośnie w północno-wschodnim rejonie Brazylii, osiągając wysokość ok. 6 metrów. Jego parasolo-

Tropa mułów dowożących żywność z Santa Bárbara do obozów mierniczych

Pod wieczór wyjechaliśmy na wielki spalony las, który ciągnął się przez jakie dwa kilometry. Niesamowity był widok tych olbrzymich pni, suchych, sterczących pod niebiosa i wyciągających nagie gałęzie, jak ręce ze skargą do nieba.

IV.

Rozbiliśmy namioty nad brzegiem rzeczki Jacutinga, o pół kilometra od nędznego baraku, służącego za magazyn Kompanii – zaczątek przyszłego miasta. Namioty nasze znajdowały się na porębie, przez którą, według projektu, miała przechodzić droga wozowa do Santa Bárbara. Tymczasem jedyną arterią komunikacyjną była wąska ścieżynka, wijąca się między zwalonymi pniami piniorów, którędy będą kursować *tropy* jucznych mułów, dowożących żywność z magazynu *turm* mierniczych.

W wybranym miejscu padły pod siekierą drzewa i gałęzie, otwierając małą polanę, którą robotnicy oczyścili, podczas gdy inni szykowali nasze tymczasowe pomieszczenie. Stanęły dwa namioty, jeden stary, pełen łat, a drugi sklecony z kawałka płótna, gdyż na początek nasze możliwości pieniężne były nikłe. Obok namiotu ludzie zbudowali prosty szałas z *taquary*, powiązany lianami i pokryty liśćmi palmowymi, który służył jako kuchnia i skład żywności. Tam, na deskach opartych o widełki wbite w ziemię, ułożyliśmy nasze zapasy: worki z fiżonem, ryżem i mączką maniokową[195], suszone mięso, puszki z tłuszczem wieprzowym, ciemnym cukrem, solą, kawą oraz *erva-mate*; zwój tytoniu, parę butelek wódki, mydło i nafta. Uzu-

wata korona, która może osiągnąć średnicę do 15 metrów, rzuca głęboki cień. Płytko położone korzenie wytwarzają bulwę, która magazynuje wodę i bywa wykorzystywana w celach spożywczych. Dużą wartość odżywczą posiadają także kwaskowate liście. Niewielkie, słodko-gorzkie owoce stosowane są przeważnie do wyrobu napojów. Gdy dojrzeją, ich miąższ ma konsystencję niemalże płynną.

[195] Mączka maniokowa (kassawa) otrzymywana jest z bulw manioku jadalnego (*Manihot esculenta* Crantz), startych i wysuszonych. Obróbka cieplna usuwa z nich szkodliwy dla zdrowia glikozyd.

pełnianie pożywienia miała nam zapewnić, w miarę możności, puszcza, w formie zwierzyny, owoców, dzikiego miodu i *palmito*.

V.

Pamiętam jak dziś pierwszy dzień pracy przy pomiarach! Dotąd jeszcze nigdy nie użyłem w praktyce moich wiadomości z Politechniki i nie wyobrażałem sobie, jaki trudny będzie początek. Tam, w Santa Bárbara, rozpocząłem moją pierwszą linię, jakieś 12 km pracy z instrumentem[196].

Z planem w ręku, poleciłem Tniewiczowi zebrać ludzi i materiał do lokacji. Osobiście sprawdziłem wszystko dokładnie: instrument, stalowa *trena*[197], trzy *balizy*[198], dwa piony, *marreta* i zapas kołków, biała farba, *foicy* i fakony do oczyszczania terenu.

– Wszystko w porządku. Ruszamy!

Z siedmiu ludźmi wyszedłem w pole. Pierwsza pozycja instrumentem. Kamienie i korzenie naokoło – nogi instrumentu rozłażą się na wszystkie strony. Na domiar złego zbocze góry. Ranek był nawet zimny, a ze mnie lały się strugi potu. Siedmiu robotników wpija we mnie wzrok, czekając na kierunek *picady*. Oby się pod nimi ziemia zapadła, oby piekło ich pochłonęło! Oni się patrzą, śledząc moje ruchy, a ja mam wrażenie, że widzą moje niedoświadczenie, że oczy ich błyskają ironicznym uśmiechem! Tak się pociłem, że żar ode mnie buchał, zimne jeszcze szkła lunety i busoli pokrywały się mgłą. Nie mogłem złapać *balizy*... Co ja przeżyłem w tym okropnym dniu! To był iście piekielny początek.

Po pracy czułem się strasznie zmęczony i głowa mnie bolała. Widząc mój zły humor, Sasza wpisał mi do dziennika:

„Życie jest krótkie i niewiele w nim radości – dlatego, przyjacielu Stanley, wykorzystaj ten cudowny pobyt w pięknym *sertão*, na łonie przyrody!"

VI.

I tak nasze życie potoczyło się spokojnym trybem. Niedziele spędzałem z Saszą, robiąc obliczenia i rysunki pomiarów, a wieczorem wszyscy zbierali się przy ognisku, pijąc *chimarrão* – gorzki napar z *erva-mate* – i gawędząc. Czasem Sasza grał nam na skrzypcach.

Feliciano, jeden z *cabocli*, miał szczególny dar do opowiadania. Znał niejedną miejscową legendę i wiele ciekawych wydarzeń z okolic. Jego wyrazista twarz, powolny, dźwięczny głos i szerokie gesty, którymi podkreślał opowiadanie, przykuwały uwagę wszystkich, robiła się kompletna cisza, tylko drzewo trzaskało niekiedy w ognisku.

Opowiadanie *cabocla*:

– Kilkanaście lat temu była wielka susza. Nad rzeką Capivary był św. Antoni (od deszczów). Jeden z *cabocli* pochwycił figurę na lasso i zaciągnął do rzeki. „Kąp się, *desgraçado* (nieszczęsny), i moknij, dopóki nie sprowadzisz deszczu." Zdarzyło się, że na drugi dzień była burza i rzęsisty deszcz. Woda w rzeczce wezbrała i uwiązany święty wyemigrował.

Mieszkańcy, dowiedziawszy się o losie świętego, zaczęli oburzać się na sprawcę. Szukano św. Antoniego kilka dni, a gdy nie znaleziono, powstało takie wzburzenie, ze pochwycono

---

196 Warchałowski ma tu zapewne na myśli niwelator, wsparty na trójnożnym statywie przyrząd do pomiaru różnic wysokości. Może to także być tachimetr, pozwalający mierzyć zarówno odległość, jak i kąty pionowe oraz poziome.

197 *Trena* (port.) – taśma miernicza, miarka.

198 *Baliza* (port.) – tyczka miernicza; przyrząd geodezyjny w postaci dobrze widocznego z daleka (jaskrawo malowanego) pręta, służący do oznaczania mierzonych punktów w terenie.

sprawcę i tak bito, że po dwóch dniach skonał. Po długim czasie, daleko w dolnym biegu rzeki znaleziono świętego i sprowadzono z wielkimi uroczystościami, biciem w dzwon i mnóstwem rakiet. Wieczorem prosiaka upiekli i bal trwał do rana.

VII.

Manoel Paulista – to człowiek, o którym wiem na pewno, że zabił jaguara (bo czyż dzisiaj można wierzyć jakiemuś opowiadaniu myśliwskiemu?). Przyszedł z Cruz Machado z winchesterem na ramieniu i parą ładnych psów o jasnożółtej sierści.

Pewnej niedzieli wybrałem się powtórnie do naszej siedziby, która na razie ograniczała się do jednej budy skleconej z łupanych desek, gdzie mieścił się magazyn zaopatrujący *turmy* miernicze w żywność. Przed magazynem mieniła się w słońcu plamista skóra jaguara, naciągnięta na *taquary*. Towarzyszyła jej skóra *anty*[199].

– Śliczne polowanie – pomyślałem. Minął już szereg miesięcy, jak zaczęły się wdzierać w dziewicze puszcze Santa Bárbara *turmy* miernicze, a był to pierwszy zastrzelony tygrys. Był to raczej jaguar, gdyż prawdziwych tygrysów w Brazylii nie ma, ale popularnie nazywają go tutaj *tigre*[200], lub z indiańska *onça*[201]. Został upolowany przez Manoela Paulistę tej niedzieli, i to jednego ranka trafiły mu się dwa okazy, jaguar i *anta*.

– Drogo mnie kosztowało to polowanie – opowiadał myśliwy.– Straciłem doskonałego psa, mego ulubionego. Natrafił on na ślad tygrysa i wkrótce dopadł go, prawdopodobnie leżącego na zwalonym pniu drzewa. Był to nadzwyczaj odważny pies i rzucił się na strasznego drapieżnika. Usłyszałem przeraźliwy psi wrzask i od razu domyśliłem się, że tygrys go pochwycił. Gdy przedzierałem się przez gąszcze *caratuvy*[202] i *taquary*, tygrys widocznie opuścił na chwilę swą ofiarę, broniąc się przed suką; poznałem to po zajadłym szczekaniu suki i hałasie *taquar* łamanych przez tygrysa. Powrócił on jednak do psa, bo – gdy go ujrzałem – stał przednimi łapami na jego trupie. Wycelowałem w głowę. Broniąc się przed zaciekłością suki, nie spostrzegł mnie. Widziałem, że dostał kulkę, gdyż pochylił się ku ziemi. Szalonym skokiem rzucił się jednak na sukę, która mu umknęła spod samych łap. Za drugim mym strzałem przewrócił się; korzystając z tego wpakowałem mu trzecią kulę pod lewą łopatkę. Nie ruszył się więcej. To jest mój trzeci tygrys. Gdy wracałem, suka wystawiła *antę*. Rzuciłem skórę, pobiegłem nad rzekę i zabiłem zwierza.

Piękne polowanie. Przeciętnemu mieszczuchowi wydaje się, że wystarczy zagłębić się w puszczę, ażeby spotkać jej mieszkańców. Można żyć i włóczyć się latami po lasach, nie widząc żadnego zwierza, gdyż ogromny hałas, jaki człowiek czyni, przedzierając się przez zwartą gęstwę podszycia, wypłasza z daleka zwierzynę. Pewien Włoch, który żyje w tych stronach już dwa lata, mówił, że przez cały ten czas widział jedną tylko sarnę, którą psy wygoniły na porębę. Trzeba być wprawnym myśliwym i mieć doskonałe psy, ażeby móc przynieść do obozowiska mięso.

Obejrzałem dokładnie piękną skórę, w której trzy dziurki, jedna za uchem, druga przy nasadzie głowy, a trzecia pod lewą łopatką, świadczyły niezbicie, że Manoel Paulista ma pewną rękę i bystre oko. W szczęce brakowało jednego kła, górna warga rozpruta i dotychczas tkwiąca pod nią szczecina dzikiej świni świadczyły, że stary weteran musiał kiedyś być w opałach, nieopatrznie zadzierając ze stadem dzikich świń i okupił tą przygodę stratą zęba.

---

199 *Anta* (port.) – tapir (zob. przyp. 152)

200 *Tigre* (port.) – tygrys.

201 Zob. przyp. 159. *Onça* jest akurat właściwym odpowiednikiem portugalskim nazwy 'jaguar'.

202 *Caratuva* (port.) – *Nastus barbatus*, jeden z gatunków bambusa *taquara*.

Przez długi czas jedliśmy potem doskonałą pieczeń z *anty*, której mięsa mógł każdy wziąć tyle, ile mu się chciało zabrać i ile mógł unieść.

„Intermezzo" w porze deszczowej

I.

Strzygł uszami, spoglądał smętnym wzrokiem na spieniony mętny nurt szumiący w dole, opierał się nogami na skraju spadzistego, oślizgłego zejścia i – raptem zwracał się w bok... Daremna próba, zwarte koło wrzeszczących, wymachujących, bijących ludzi okalało go ze wszystkich stron. Napierali nań i tłukli kijami bezlitośnie, uparcie...

– *Volta, burro!*[203] *Oola! Oola! Burro!*

Ogłupiały od wrzasku i pod naporem sypiących się plag, zsunął się na czterech nogach po pochyłości, aż chlusnęła nań woda, bryznęła piana i zmoczyła go całego. Poślizgnął się na kamieniach, wsparł przednimi nogami. Tylne umknęły mu gdzieś w głąb...

Ludzie stojący na brzegu śledzili jego ruchy niespokojnie. Najsilniejszy muł poszedł na pierwszy ogień, on miał się stać wyrocznią co do możliwości przebycia wezbranej rzeki. Czyżbyśmy tu mieli siedzieć kilka dni, bezradnie wpatrując się w tę głupią rzekę i czekać, aż wody opadną?

– *Burro rodou...* Poszedł w dół... O, płynie!

– Płynie! Płynie! – szeptali ludzie, denerwując się na brzegu.

– To! To! To! – krzyczał czarny Euclides na drugim brzegu, prosząc, błagając muła, ażeby kierował się w jego stronę.

Ku rozpaczy wszystkich, pomimo swych wysiłków muł spływał coraz dalej w dół rzeki, spychany przez szalony prąd.

Kilku ludzi zaczęło posuwać się przy brzegu, w miarę jak muł był unoszony w dół rzeki. Wyłowiono go dalej, na tym samym brzegu, skąd go wparto do wody, ociekającego, drżącego z wysiłku i lęku.

– To nadaremno, dzisiaj się nie przeprawimy. Tutaj rozbijamy obóz – rzekł Tniewicz i zapalił zgasłego papierosa. – Musi się jeszcze dwóch przeprawić po tamtym drzewie, przez które przeszedł Euclides, i zrąbać tamtego piniora. Wy – zwrócił się do dwóch innych – spuśćcie tego tu.

Zawrzał ruch na brzegu rzeki. W mgnieniu oka słup dymu wzniósł się ku niebu, na zielonym tle gąszczu *taquary* zabieliły się płótna namiotów, rozsiodłano konie, mułom zdjęto *cangalhe*. Zarechotały dzwonki, rozbrzmiał gwar ludzki, miarowo dźwięczały echem siekiery na brzegu.

Dwa olbrzymy zadrgały koronami swych konarów i stoczyły się z hukiem jeden po drugim ku sobie, jakby tytany kłoniły się ku ziemi w niskich ukłonach. Oba pękły w połowie i most improwizowany zawiódł w początku swych narodzin. Między jednym a drugim pniem była kilkumetrowa luka. Ha, trudno, *paciência*[204]! Trzeba czekać, aż woda opadnie.

W nocy padał deszcz, a potem w dzień także. Jako że Sasza zranił rękę, został w obozie, a ja poszedłem z ludźmi do pracy. Cały dzień chodziliśmy całkiem zmoczeni, bo ciągle popadywało, otworzyliśmy jednak *picadę* długości około 300 metrów.

Na drugi dzień dwóch kolonistów z Rio Claro podziękowało za robotę.

---

203 *Volta, burro!* (port.) – Wracaj, ośle!

204 *Paciência!* (port.) – Cierpliwości!

– My, panie – mówili – jesteśmy zwyczajni pracować na *roçach*, ale w takim lesie tłuc się po *picadach*! To chodzenie to najgorsze, człowiek drze łachy, moknie ciągiem i traci zdrowie.

Z tobołkami na plecach odeszli no wschód.

Z dziesięciu ludzi *turma* zredukowała się do ośmiu.

Po pięciu miesiącach twardego leśnego życia i pomimo naszych wielkich wysiłków, żeby prędzej zakończyć pracę, zaczęły się w listopadzie nieskończone deszcze, które zatrzymały kompletnie pomiary. Było niemożliwe pracować w lesie przesiąkniętym wodą, pod nieustannym deszczem, który przemaczał nam ubranie, rozmiękczał skórę na butach i wnikał aż do duszy, wprowadzając ludzi w rozpacz. Walając się na pryczach z *taquary*, cierpieli z nudów i liczyli dni, które ciągnęły się smutne i monotonne. Każdego ranka obserwowali gęstą mgłę zawieszoną nad lasami, popularnie zwaną *russo*[205]. Jeśli mgła szła do góry, to był znak deszczu, jeśli się opuszczała, miała być pogoda. Ale „Rosjanin" był uparty, szedł do góry każdego ranka. Czasem potrafił nas oszukać. Robił wrażenie, że się opuszcza i ludzie wybierali się do pracy wzdłuż *picady*, tylko po to, żeby wkrótce wrócić, przemokłszy do nitki. Resztę dnia spędzali zajęci suszeniem ubrań nad ogniskiem, które miało więcej dymu niż ognia.

II.

Podniosłem się z mojej pryczy, rozerwałem kawałek ścierki i cierpliwie zacząłem zatykać dziurę w starym namiocie.

– Zgnijemy tutaj, jeśli dalej będzie taki deszcz, albo zamienimy się w ryby – powiedziałem do towarzysza, który leżał na drugiej pryczy obok, przewracając stronice starego pisma w poszukiwaniu czegoś, co przypadkiem nie było przeczytane ze trzy razy.

– Rzeczywiście – potwierdził Sasza i, patrząc żałośnie na las zaledwie o kilka kroków od namiotu, dodał: – Nie wytrzymam dłużej. Myślisz, że ten deszcz jeszcze będzie długo trwać?

– Bóg wie – odpowiedziałem, przygładzając włosy, które mi zarosły, zakrywając szyję. – Zazdroszczę ludziom w Ceará[206], a oni się skarżą, że tam nie ma deszczu.

Po zatkaniu dziury moje nerwy w napięciu nie wytrzymały – rzuciłem z furią na ziemię resztkę papierosa ukręconego ze słomy i zawołałem:

– Idźmy precz stąd, Sasza! Na kolonii są drewniane baraki. Lepiej tam czekać na koniec tego nieszczęsnego deszczu. Nie uważacie, że mamy prawo do minimum komfortu, baronie? Co? Wracamy?

Sasza skrzywił usta, odłożył pismo, wbił we mnie swe jasne oczy i dobitnym tonem powiedział:

– Proszę cię, nie nazywaj mnie baronem!

– Przecież sam mówiłeś, że twoja rodzina ma ten tytuł.

– Tak, ale to nie jest powód do żartów,

– Ja nie żartuję – odpowiedziałem poważnie.

– W takim razie nie nazywaj mnie baronem. Moja przeszłość już jest głęboko zakopana, rozumiesz?

Sasza przez chwilę nic nie mówił, a potem dodał:

– W każdym razie myślę, że lepiej wydostać się stąd, bo to wygląda na powolną śmierć. Wszystko gnije i dusza w człowieku też.

---

205 *Russo* (port.) – Rosjanin.

206 Ceará – jeden ze stanów na północnym wschodzie Brazylii (region Nordeste), charakteryzujący się klimatem głównie półpustynnym.

Uzgodniwszy wycofanie się, od razu zaczęliśmy robić przygotowania, żeby opuścić obóz. Większość pracowników już powracała do swoich domów; zostało jedynie dwóch ludzi – kucharz Antônio, który nie ukrywał, że był uciekinierem i miał sprawę na policji oraz Andrzej Gruda, kolonista z Parany, którego rodzina mieszkała daleko. Sasza zawołał ich obu i powiedział:

– My wrócimy z końcem deszczów. Chcecie wracać, czy wolicie zostać w obozie?

– *Nós ficamos* (my zostajemy) – odpowiedział Antônio, a Andrzej potwierdził skinieniem głowy.

– W takim razie przyprowadźcie konie.

Konie były blisko obozu. Nie pozwalaliśmy, żeby się oddalały zanadto, gdyż nierzadko napotykało się ślady jaguara na *picadach*.

Widząc, że Sasza wyciąga spod łóżka mocno otarte stare pudło, zapytałem ironicznie:

– Zabierzesz skrzypce? Może spodziewasz się spotkać w magazynie ładne panienki?

– Już zaczęły się rozklejać – odpowiedział Sasza zafrasowanym głosem. – Boję się, że całkiem się popsują, jeśli je tu zostawię.

Starannie owinięte pudełko ze skrzypcami było niemałym ambarasem dla Saszy podczas naszej podróży do magazynu, bo *picady* były bardzo wąskie, ledwo przepuszczały jeźdźca, w dodatku musieliśmy się ciągle schylać pod nisko opadającymi i mokrymi gałęziami *taquary*. Po trzech godzinach uciążliwej jazdy, gdy na *picadzie* zapanowały już ciemności pod gęstym sklepieniem *taquary*, dojechaliśmy do polany otwartej w puszczy, gdzie teraz stały dwa baraki z desek, które służyły jako składy żywności. Dla nas był to szczyt komfortu po zalanym deszczem obozie! Nie wyobrażaliśmy jednak sobie, że oczekiwały nas tutaj całkiem niespodziewane wydarzenia.

– Będziemy mieli towarzystwo – wykrzyknął Sasza, zadowolony, widząc dwóch ludzi stojących przed magazynem.

Jeden z nich był wysoki i szczupły, wyglądał na Niemca, a drugi średniego wzrostu, barczysty, miał bardzo ciemną brodę, która uwydatniała jego jasnoszare oczy.

– *Olá Domingos, você por aqui!*[207]

Zsiadłem z konia i poklepałem brodatego mężczyznę po plecach, według brazylijskiego zwyczaju powitania.

– Znacie kapitana Schloegela? – przedstawił Domingos swego towarzysza.

Zadowolenie było ogólne i, żeby uczcić spotkanie, zaraz zjawiła się butelka *cachaçy*.

Obserwowałem z ciekawością człowieka, którego Domingos przedstawił jako kapitana Schloegela. Mówił po portugalsku z ostrym niemieckim akcentem i miał twardą postawę oficera. Powiedział, że jest Austriakiem i zostawił rodzinę w Kurytybie.

Po wypuszczeniu koni na pastwisko i przygotowaniu posłania z siodeł i *pelegos* na podłodze w składzie, zebraliśmy się wszyscy, żeby wypić typowy dla południa Brazylii *chimarrão*.

– Kto pilnuje składu? – zwrócił się Sasza do Domingosa.

– Jest tutaj taki człowiek, nazywa się Manduca, zdaje się, że jest krewnym Joaquima.

– Ale jego tutaj nie ma?

– Jest tutaj, ale poczuł się źle i poszedł się położyć.

– A Joaquim?

– Joaquim powinien przyjechać dziś albo jutro, o ile zdoła przejść rzeki, bo muły są obładowane cukrem i *farinhą*. Przy wezbranych rzekach może z tego być kasza.

Joaquim Faria to był *tropeiro*, który wydzierżawiał magazyn należący do Kampanii kolonizacyjnej. Jeździł ciągle z *tropą*, przywożąc zapasy z Porto Vitória, małej miejscowości położonej nad rzeką Iguaçu, ostatniego posterunku, dokąd dojeżdżały stateczki. Do Porto Vitória

[207] *Olá Domingos*... (port.) – Cześć, Domingos, ty tutaj!

było bez mała dwa dni jazdy konnej przez góry, po okropnej drodze, na przełaj przez szereg rzek i strumyków, bo nigdzie nie było mostów.

O tym Joaquimie słyszałem już niecoś – mawiali po cichu, że niejednego człowieka wyprawił na tamten świat. Podobno należał dawniej do grupy *caboclów* fanatyków, którzy pustoszyli kolonie w interiorze Parany.

Usiedliśmy we czwórkę w kuchni i pogrążyliśmy się w rozmowie o problemach triangulacyjnych, figurach geometrycznych, mierzeniu kątów itd.

Dziwny był zbiór tych ludzi, tak różnych, ale to było pospolite w naszej pracy, którą przeważnie trudnili się ludzie pochodzący z rozmaitych części świata, wykolejeni ze swego otoczenia przez wojny, rewolucje, miłości, zabójstwa i inne wypadki, albo po prostu pchani żądzą przygód.

Sasza, którego blond włosy świeciły od blasku ogniska, był wychodźcą rosyjskim; jego rodzice zostali zamordowani podczas rewolucji bolszewickiej. W swojej walizce woził fotografie ładnych panien, zasuszone kwiaty i inne pamiątki po swoich miłościach. Do skrzypiec, na których grał po mistrzowsku, była przywiązana błękitna wstążka, na wpół wyblakła, jak twierdził – przywiązana rękami pięknej *gaúcha*.

Domingos był synem kupca z Rio Grande do Sul i, według ogólnego podejrzenia, był wysłańcem grupy kolonistów z tamtego stanu, którzy chcieli zdobyć najlepsze tereny.

Schloegel znajdował się niecały rok w Brazylii i o nim na razie dowiedziałem się tylko tego. że był eks-kapitanem wojska austriackiego i że też prowadził *turmę* mierniczą.

Wreszcie ja, syn Polaków, najmłodszy ze wszystkich, pierwszy raz pracowałem w miernictwie.

Siedzieliśmy na małych stołeczkach naokoło ogniska. Buty mężczyzn były zabłocone, a światło rzucane przez ogień odbijało się w głowniach rewolwerów, które zwieszały się z pasów. Był to ogólny zwyczaj, nigdy się nie rozstawać z bronią, a nawet do snu kłaść ją w pobliżu ręki.

Po skromnym posiłku Sasza wyciągnął z torby *cuię* do chimarronu wykończoną ozdobnym srebrnym brzeżkiem. *Cuie* są robione z wydrążonej tykwy pewnego owocu o bardzo twardej skórze, zwanego *porongo*[208].

Dla Saszy przygotowywanie chimarronu było prawdziwą sztuką i robił to w sposób ceremonialny, upodabniając się do kapłana, z namaszczeniem odprawiającego obrządki. Zaczął szykować napój, wypełniając *cuię* zielonym proszkiem *erva-mate*. Zalał proszek zimną wodą, następnie odsunął na bok papkę, która się z niego zrobiła, i włożył *bombę*, czyli rurkę z metalu, z płaskim, rozszerzonym, dziurkowanym końcem; służyła ona do sączenia napoju. Wtedy dopiero zalał gorącą wodą i spróbował. Z przymrużonymi oczami przez parę chwil ciągnął w milczeniu ten miły napój, który stanowi najlepszy przysmak mieszkańców puszcz południowobrazylijskich i stepów argentyńskich. Przerwał picie, poruszył lekko *bombą*, żeby się nie zatkała, nalał więcej gorącej wody ze stojącego na węglach kociołka i podał siedzącemu obok Domingosowi. W ten sposób *cuia* krążyła z rąk do rąk po kolei.

Za każdym razem, gdy podawano *cuię* Schloegelowi, Sasza nie omieszkał napominać:

– Proszę cię, nie przechylaj *bomby*.

A Schloegel, trzymając nieporadnie *cuię*, jakby to była filiżanka herbaty, za każdym razem niezdarnie skrzywiał *bombę*, na co Sasza jęczał w desperacji, gdyż *bomba* zatykała się drobnym proszkiem *erva-mate*. Schloegel próbował usilnie sączyć płyn, jeszcze bardziej kręcąc *bombą* na wszystkie strony, aż dawał za wygraną i oddawał *cuię* biednemu Saszy, który – klnąc po cichu – musiał poprawiać wszystko na nowo.

---

208 *Porongo* a. *cabaça* (port.) – tykwa. Tykwy to rodzaj tropikalnych roślin pnących z rodziny dyniowatych. Ich zdrewniałe owoce, z natury ozdobne, wykorzystywane są często jako pojemniki i naczynia.

Na dworze wicher szalał jak wściekły, gwiżdżąc niemiłosiernie.

– Fatalna pogoda – rzekł Sasza. – Nawet pies by nosa na dwór nie wytknął.

Zgodnym chórem przytaknęliśmy. Domingos zaklął siarczyście, gdy wicher – wpadłszy przez szczeliny w ścianach – zakręcił kłębem dymu nad ogniskiem i cisnął w naszą stronę snopem iskier.

– Bodajby jasne pioruny taką pogodę! – złorzeczył Domingos, strzepując z ubrania iskry i przecierając załzawione od dymu oczy. Jakby na potwierdzenie tych słów, gdzieś w dali rozległ się przytłumiony wyciem wichru grzmot.

– Straszna!... Okropna!... – mruczeliśmy, mocno zadowoleni, że znajdowaliśmy się z dala od obozu, w pobliżu przyjemnego ciepła ogniska, i mogliśmy spokojnie ciągnąć gorący *chimarrão*.

Cuia obchodziła kółko z rąk do rąk, podczas gdy Domingos opowiadał ostatnie nowiny:

– Wiecie, co stało się z Malkowskim?

Sasza i ja zaciekawiliśmy się.

– Malkowski! – powtórzył Sasza. – Ten, którego spotkaliśmy w Porto Vitória. Co się z nim stało, może zanadto się upił?

– No, to nie byłoby nic ciekawego. Wyobraźcie sobie, że on otwierał *picadę* i postawił aparat przed wielką *imbuią*, która zasłaniała mu widok. Musiał kazać ludziom ściąć drzewo, co sporo czasu zajęło. Kiedy drzewo miało się zwalić, robotnik powiedział: „Lepiej zabrać instrument, bo drzewo spadnie w tę stronę.". Malkowski chciał być mądrzejszy i odpowiedział: „Nie ma niebezpieczeństwa, możesz kontynuować!" Robotnik jeszcze raz starał się uprzedzić, ale Malkowski nie zwracał uwagi. Kiedy *imbuia* zwaliła się prosto na instrument, zupełnie go rozpłaszczyła – Domingos uderzył dłonią żeby pokazać jak to było.

– Toż dopiero – powiedziałem, wielce skonsternowany.

– I co z instrumentem? – zapytał się Sasza.

– Zrobiła się z niego kasza. Jeszcze dobrze, że gałęzie spadającego drzewa nie trafiły w Malkowskiego.

– Biedak, i co on zrobił?

– Podobno resztę dnia przesiedział na pniu *imbui*, rozmyślając nad swoją katastrofą.

– Płaci się drogo za nieroztropność. Tyle pieniędzy straconych w jednym momencie!

Rozmowa przedłużyła się do późna naokoło ogniska, które wesoło skwierczało. *Chimarrão* przechodziło w koło z rąk do rąk, aż zmęczenie wzięło górę i poszliśmy spać na naszych improwizowanych łóżkach. Pomyślałem sobie przed zaśnięciem, że to twarde życie, pełne niebezpieczeństw, miało swoją dobrą stronę, gdyż łączyło ludzi i pogłębiało przyjaźń i solidarność między nimi w obronie przed dziką i nieprzychylną przyrodą. W krótkim czasie zawiązywała się przyjaźń – i czuliśmy się jak jedna rodzina. Rodzina czy też może braterstwo istot, które były same na świecie, w oddali od czułości swych bliskich. Rzeczywistością było życie nadzwyczaj ciężkie i ryzykowne, ale wszyscy żyli jakąś nadzieją, chociażby nawet prostą nadzieją na porzucenie kiedyś tego nieprzychylnego pustkowia. Zostawić w tyle trudy, samotność i niewygody, i znaleźć się w mieście! W mieście, gdzie są wygodne hotele, restauracje, kina, teatry, być w gronie przyjaciół i kobiet. Ach, tak! Tam, gdzie jest dużo kobiet na ulicy, gdzie można im się przypatrywać, ile dusza zapragnie, aż one staną się tak pospolite jak liany, jak drzewa leśne, jak paprocie...

Wreszcie myśli się pomieszały i zasnąłem.

A jednak, przyjaźń i harmonia między tą grupką zebraną w baraku skończyła się następnego dnia...

III.

Z rana zawitał Joaquim ze swoją *tropą* mułów, a razem z nim przyjechała młoda kobieta, która zręcznie zeskoczyła z konia przy drzwiach baraku.

Joaquim wyładował ciężkie worki z grzbietów mułów, zjadł posiłek w milczeniu i, ku zdumieniu wszystkich, pospiesznie z powrotem wyjechał do Porto Vitória, zostawiając Anitę z małą Murzyneczką o imieniu Maricota pod opieką swego krewnego Manduki, który nadal leżał, nie czując się dobrze. Pomimo deszczu i złej drogi, Joaquim razem ze swoją *tropą* znikł jak duch w gęstej mgle. Wszystkim zrobiło się żal chłopca jadącego na *madrinhii*, zmuszonego podróżować bez żadnego wytchnienia, ale nikt nic nie powiedział, bo Joaquim nie był człowiekiem, który usprawiedliwiałby przed innymi swoje uczynki.

Przyglądaliśmy się przez krótką chwilę, jak muły właziły na stromy pagórek przed zniknięciem w leśnej *picadzie*, ślizgając się na czerwonej błotnistej ziemi, niezdarnie wykręcając kopyta, jakby miały się rozpaść. Potem nasza ciekawość i myśli przeniosły się na Anitę. Pomimo że nie była specjalnie ładna, tryskała z niej młodość i miała zalotny i ujmujący uśmiech, którego nie szczędziła, ukazując białe równe zęby, błyszczące na tle śniadej cery. Czarne oczy patrzyły zuchwale na mężczyzn; jeżeli oczy są zwierciadłem duszy, nie było wątpliwości, że dusza tej dziewczyny była opanowana przez demona pokusy.

Byliśmy wszyscy długi czas odłączeni od cywilizacji i od towarzystwa kobiet. Kto w takich warunkach mógłby oprzeć się tym ujmującym oczom, czerwonym ustom o pewnych wargach, z lekko cynicznym uśmiechem? Nikt, oprócz kapitana Schloegela. Nie było wątpliwości, że dla niego Anita była zupełnie obojętna. Tego nie można było powiedzieć o trzech pozostałych mężczyznach, którzy stali się jakby nieprzytomni z nadejściem kobiety.

Nikt nie wiedział, czy Anita była żoną Joaquima, zresztą to nie było ważne na tych wertepach, gdzie królowało prawo narzucone przez siłę i gdzie nikt nie pytał nikogo o przeszłość. Faktem było, że Joaquim przywiózł Anitę i nikt nie myślał pytać się, czy ona była jego prawną żoną czy nie.

W krótkim czasie życie w barakach zmieniło się kompletnie. Schloegel wysłał swego kucharza z powrotem do obozu i Anita zajęła się kuchnią. Po trochu zaczęło się czuć we wszystkim kobiecą rękę, co było bardzo przyjemne. Nawet Maricota wzięła się do zamiatania i została powitana jako bohaterka. Manewrując szczotką większą od siebie, była celem żartów, ale nie zapominała języka w gębie i odpowiadała zuchwale, co wywoływało ogólny śmiech i wesołość.

Sasza cicho podśpiewywał:

Nesta rua, nesta rua	*Na tej ulicy, na tej ulicy*
mora um anjo	*mieszka anioł*
que se chama, que se chama	*który zwie się, który zwie się*
Solidão.	*Samotność.*
Nesta rua, nesta rua	*Na tej ulicy, na tej ulicy*
mora um anjo,	*mieszka anioł,*
que roubou, que roubou	*który ukradł, który ukradł*
meu coração.	*moje serce.*

(pieśń z brazylijskiego folkloru)

Ale potem zajął się żarliwą dyskusją ze Schloegelem na konto wojny rosyjsko-austriackiej na froncie Galicji. Domingos słuchał dyskusji w milczeniu, strategicznie jednak ulokował się w drzwiach, żeby móc obserwować Anitę.

IV.

Pod wieczór zebraliśmy się, Sasza, ja i Schloegel, wokół świeczki, dyskutując nad pewnym zagadnieniem związanym z obliczeniami topograficznymi. Byliśmy tak zajęci tym problemem, który nas interesował, że nie zauważyliśmy braku Domingosa. Dopiero po dłuższym czasie, gdy wstałem, żeby rozprostować nogi, pomyślałem sobie – gdzie się Domingos podział? Ostatecznie to nieważne, ale… A może on jest w kuchni? Otworzyłem drzwi baraku i spojrzałem w stronę budynku, gdzie znajdowała się kuchnia.

Noc była bardzo ciemna i drobny deszcz mżył bez przerwy. Niedaleko od baraku wznosiła się nieprzenikniona bariera puszczy. Nagle coś się ruszyło w ciemności – wytężając wzrok, zobaczyłem na dworze, między kuchnią i magazynem, drobną postać Maricoty i wydało mi się, że popłakiwała. Podszedłem do niej, pytając, co się stało.

– Nie pójdę – powiedziała płaczliwym głosem, patrząc trwożnie na ciemności wokół magazynu, i uderzyła bosą nogą po błocie, które się rozprysło.

Na moje pytania nie odpowiadała; stała jakiś czas ze spuszczoną głową, starannie mieszając błoto dużym palcem od nogi.

Wreszcie, po dłuższym naleganiu, niechętnie wyjaśniła, że Anita kazała jej zebrać bieliznę, która wisiała na płocie, Zapewniłem, że jej w tym pomogę i poszliśmy aż do płotu, ale – pomimo naszych starań – nigdzie tej bielizny nie mogliśmy znaleźć.

Jakiś cień wątpliwości zawisł nade mną i zaczął rosnąć. Zawróciliśmy w stronę kuchni, ale przy drzwiach zatrzymałem się niezdecydowanie.

Z magazynu obok podniosły się głosy męskie i ktoś roześmiał się przeciągle. W tym momencie drzwi od magazynu otworzyły się z impetem i ukazała się sylwetka wysokiego i barczystego mężczyzny. Maricota podbiegła do niego, wyszczerzyła zęby w uśmiechu i, wycierając brudne ręce końcem sukni, zawołała:

– *Seu*[209] Sasza, woda na *chimarrão* jest gorąca!

– Ej, Schloegel! – zawołał Sasza dźwięcznym barytonem do swego towarzysza w magazynie. – Dobra pora na wypicie *mate*.

Przyłączyłem się do nich i wszyscy razem skierowaliśmy się do kuchni. Maricota wsunęła też swą chudą figurkę za grupą mężczyzn.

Spojrzałem podejrzliwie do wnętrza kuchni. Anita rozmawiała po cichu z Domingosem i wyglądali oboje na bardzo zadowolonych.

– Jakże, Domingos! – zażartowałem. – Jesteś tutaj w dobrej kompanii, nie chcesz więcej o nas wiedzieć…

Domingos usiadł na stosie uprzęży końskich, wygładził ręką swoją czarną brodę i, widocznie czując lekką przymówkę w moich słowach, odparł z przekąsem:

– Niektórzy wolą butelki i szklanki. Ja szukam lepszego towarzystwa.

– My wiemy dobrze, że ty nie znosisz towarzystwa butelek, specjalnie, gdy są puste.

Moje słowa wywołały ogólny śmiech. Anita aż zakrztusiła się od śmiechu, co zagniewało Domingosa. Podnosząc patyk z ogniska, żeby zapalić papierosa i ukryć swoje zamieszanie, uśmiechnął się szyderczo i rzucił groźnie w moją stronę:

– Ten śmieje się najlepiej, kto śmieje się ostatni …

Zapadła chwila niezręcznego milczenia, po czym wszyscy zaczęli usadawiać się na małych stołeczkach naokoło ognia, nad którym stał żelazny trójnóg. Drzazgi piniorów trzaskały, a płomyki lizały zawieszony na drucie kociołek, w którym gotował się fiżon. Wdzięcznym ru-

---

[209] *Seu* (port.) – kolokwialna forma zwracania się do rozmówcy.

chem Anita podniosła pokrywę i dolała do fiżonu wody. Zimna woda przytłoczyła parę, która buchnęła – i fiżon uspokoił się na dnie kotła

Z wyraźną satysfakcją Anita królowała między nami. Zdawała się wszystkich kokietować, co nas dezorientowało. Rozczochrane włosy i bose nogi dodawały uroku młodej dziewczynie; patrzyła zuchwale to na jednego, to na drugiego, cyniczny uśmiech grał w kącikach ust i wydawała się mówić:

– Chodź...

Oczy wysyłały nieme zaproszenie:

– Czekam na ciebie...

Miało się wrażenie, że Joaquim w ogóle nie istniał lub że poszedł sobie na zawsze.

Domingos siedział ponury i nie spuszczał z niej oczu. Nagle Anita uśmiechnęła się słodko do Saszy i poprosiła, żeby zagrał coś na tej „małej gitarze". Domingos jeszcze więcej spochmurniał, a Sasza natychmiast wyszedł i zaraz wrócił, wyjmując ostrożnie skrzypce z dobrze zniszczonego futerału. Do skrzypiec, które zaczął stroić, była przywiązana jasnobłękitna wstążeczka.

Domingos, patrząc na wstążkę, ozwał się drwiąco:

– Patrzcie tylko, wstążka wyblakła, dziewczyna wyszła za mąż, lepiej byś zrobił, Sasza, żebyś przywiązał co nowego.

– Jeszcze jesteście zakochany w pannie, która to przywiązała, *seu* Sasza? – zapytała Anita kokieteryjnie.

Nim Sasza zdołał odpowiedzieć, Domingos przeciął mu złośliwie:

– Wstążka nic nie znaczy, on ją po prostu gdzieś kupił!

Wśród zebranych zapanowała cisza, słychać było jedynie syczenie wody w kociołku i wycie wichru na dworze.

Sasza zrozumiał, że gorycz i zazdrość wylewały się z duszy Domingosa. Udał, że nie zwrócił uwagi na prowokację, i zaczął grać. Delikatna melodia wypełniła barak i całe otoczenie zdało się być zaskoczone, przyzwyczajone najwyżej do brzękania gitary i do pijackich chórów.

Słuchaliśmy w głębokim milczeniu. Spojrzałem na Anitę. Skupione oblicze zdradzało wyraźny zachwyt. Maricota przykucnęła u jej stóp i przyglądała się oczami szeroko otwartymi ze zdziwienia, tylko białka błyskały na ciemnej twarzy.

Spojrzałem na Domingosa. Światło ogniska oświecało jego postać i z ciekawością przypatrzyłem się mu uważniej, Niezbyt wysokiego wzrostu, lecz szeroki w barach, hardo trzymał głowę do góry. Twarz oblana światłem płomieni zdawała się płonąć. Spod spadających na czoło kosmyków szare, chmurne oczy rzucały wyzywające spojrzenia. Zaciśnięte wargi i czarna broda dawały wyraz zawziętości. Chyba on jeden nie odczuwał przyjemności ze słuchania muzyki.

Gdy Sasza skończył „Oczy czornyje", Anita dolała wody do chimarronu i, podając mu *cuię*, rzekła gorąco:

– Jakie piękne... Zagraj więcej... Graj jeszcze, proszę!...

Zadowolenie Saszy było widoczne. Pociągnął trochę chimarronu przez *bombę* i zaczął grać cygański romans. Grał z wielkim uczuciem i nie było wątpliwości, że jego muzyka była godna lepszego otoczenia niż ten prowizoryczny magazyn zagubiony w lesie. Wyobraziłem sobie Saszę w pięknym mundurze. Zamknąwszy oczy, widziałem w mojej wyobraźni wypolerowaną posadzkę, odbijającą światło wielu kandelabrów. Naokoło nas siedziały piękne panny w balowych sukniach z tiulu i *voile*[210]. Spódnice były jak balony, suknie wydekoltowane, falujące włosy w lokach ozdabiały główki o porcelanowej cerze. Zgrabne, dobrze utrzymane ręce bawiły się wachlarzami i czasem zakrywały małe, czerwone usta...

---

[210] *Voile* (fr.) – woal.

Skrzypce oddały ostatnie płaczliwe nuty, otworzyłem oczy i zobaczyłem przede mną czarną twarz Maricoty, dłubiącej palcem w swoim przypłaszczonym nosku. Urok prysł i posłyszałem głos Anity:

– Chciałabym, żeby ta muzyka nigdy się nie skończyła!... Ma się ochotę nawet płakać...

– Aj, aj, o mało nie roztopiliśmy się wszyscy we łzach, a dosyć tego błota na zewnątrz – wystąpił Domingos, próbując zlekceważyć i zniweczyć wrażenie, które na wszystkich wywarła muzyka. Szorstki ton wskazywał na prowokację.

Jasne, że taką muzyką można było podbić serce każdej kobiety i nawet wstążka, która zwisała ze skrzypiec, wydawała się połyskiwać żywszą barwą.

Zapadło napięte milczenie; nieprzyjemne uczucie zapanowało. Sasza złym wzrokiem spojrzał na pogardliwy wyraz twarzy i nonszalancką postawę Domingosa. Wyglądało, że już, już mają skoczyć sobie do gardła, gdy nagle wstał Schloegel i powiedział po swojemu, ostro i lakonicznie:

– Dobranoc.

Wykorzystałem moment, żeby też się usunąć, a w moim sercu jeszcze grała tęsknota i smutek. Domingos wyszedł i Sasza schował skrzypce.

IV.

Następnego ranka wszyscy zebrali się znowu w kuchni, żeby pić *chimarrão*.

– Człowiek krzyczał całą noc – rzekł Schloegel z mocnym niemieckim akcentem.

– To Manduca – powiedział Domingos – On się kurczy z boleści, wygląda, że jest bardzo chory.

– Co to może być? – zapytałem.

– Może tyfus – zaryzykował Schloegel z grobową miną.

– Nie myślę – powiedział Sasza. – Widziałem ludzi umierających od tyfusu jak muchy podczas rewolucji. Przeważnie mieli wysoką gorączkę, a nie wygląda, żeby Manduca miał gorączkę. Musiał chyba zjeść coś, co mu zaszkodziło...

Wszyscy umilkli na chwilę, bo z *paiolu* dochodziły jęki.

– Chodźmy go zobaczyć – zaproponował Schloegel. Wstaliśmy, a Maricota, przechodząc obok, powiedziała:

– Manduca ma węzeł w kiszkach.

– Nie mieszaj się, brzydka Murzynko – warknął Domingos. – Ja ci zrobię węzeł na szyi!

Maricota oddaliła się biegiem, a my weszliśmy do *paiolu*. Manduca leżał na łóżku zrobionym z desek, przykryty szarym kocem. Był bardzo blady i miał usta tak zaciśnięte, że nie było widać warg, a oczy zapadnięte, na w pół przykryte powiekami.

– Co tobie jest? – zapytał Sasza.

– Nie wiem, to brzuch, boli, och...

– Zjadłeś coś, co tobie zaszkodziło?

– Nie wiem – zajęczał. – Och, jak boli...

Schloegel położył rękę na głowie chorego i potem próbował znaleźć puls. Wszyscy przykuli wzrok do Austriaka, oczekując jakiegoś wyjaśnienia.

– On potrzebuje dobrego środka przeczyszczającego i będzie w porządku – zawyrokował Schloegel.

– Olej rycynowy!

– Myślę, że lepiej sól Glaubera[211]!

---

[211] Sól Glaubera, t. sól glauberska, mirabilit – siarczan sodu, rzadko występujący minerał, stosowany m.in. w lecznictwie jako łagodny środek przeczyszczający. Nazwa pochodzi od nazwiska Johanna Rudolfa Glaubera, siedemnastowiecznego aptekarza i alchemika.

Wyglądało wszystko na bardzo proste, ale tak nie było. Domingos pospieszył zobaczyć, czy jest w magazynie jakiś środek przeczyszczający, ale wrócił strapiony. Jedyne lekarstwo, które tam znalazł, to była mała buteleczka z resztkami jodyny.

– Co mamy w naszym obozie? – zapytał się mnie Sasza.

– Zdaje mi się, że mamy parę proszków na ból głowy.

– No! Jesteśmy dobrze zaopatrzeni w lekarstwa! Co za wstyd!

– Właśnie! Ale jak ja ci mówiłem, żeby kupić trochę lekarstw, powiedziałeś, że lepiej zabrać butelkę z wódką! – przypomniałem.

Schloegel przerwał naszą dyskusję.

– Ja mam lekarstwa w obozie. Pojadę przywieźć.

Jego obóz był oddalony o kilka godzin konno i, podczas gdy Schloegel przygotowywał się do podróży, poszliśmy złapać konia.

Kiedy Schloegel, owinięty w płaszcz, zniknął na dróżce, byliśmy pewni, że sprawa Manduki już była załatwiona. Niech tylko Schloegel wróci z gorzką solą, Manduca zaraz wyzdrowieje.

Sasza poszedł się położyć. bo mówił, że źle spał w nocy, a ja sobie siadłem na ławce przed barakiem i patrzyłem na niebo zaciągnięte chmurami. Nad lasem, który zaczynał się niedaleko, wznosiły się dumne szczyty piniorów. W oddali słychać było ryczenie *bugios* (gatunek małp)[212], podobne do odgłosu pociągu.

Przez ścianę posłyszałem głos Domingosa w kuchni:

– Anita!

– Co?

– Tęsknisz za Joaquimem?

– Tak.

– A jeśli ja sobie pójdę, będziesz tęsknić za mną?

– Może... Ale ja wiem, że ty będziesz tęsknić za mną!

– *Ora essa*[213], ja już tęsknię teraz, nawet kiedy chwilkę ciebie nie widzę!

Usłyszałem, jak Anita roześmiała się.

Wstałem i ukradkiem zajrzałem przez okno. Anita nalewała do szklanki gorącej *mate* i mówiła do Maricoty:

– Dorzuć drzewa do ognia.

Odrzucając w tył bujne włosy, które spadały jej na twarz, przybliżyła się kokieteryjnie do Domingosa i rzekła, patrząc mu w oczy:

– Nie umrzyj czasem z tęsknoty...

Oddaliła się, patrząc na niego przez ramię z uśmiechem. Wróciłem pospiesznie na ławkę i Anita przeszła koło mnie, niosąc napój dla Manduki.

Wracając, zagadnęła do mnie zalotnie:

– Myślisz o swojej narzeczonej?

Nie czekając odpowiedzi, weszła do kuchni tanecznym krokiem i zapytała:

– Nie umarłeś, Domingos?

– Jeszcze nie, ale moje serce już rozpada się na kawałki.

Srebrzysty śmiech Anity wypełnił pomieszczenie.

Słyszałem całą rozmowę z mojego miejsca i poczułem coś jak zazdrość. Nadstawiłem uszu, ale teraz zaczęli rozmawiać po cichu i słyszałem tylko miarowe uderzenia tłuczka, którym Maricota oczyszczała ryż z łupinek, i od czasu do czasu pojękiwania Manduki.

Sasza wyszedł z baraku, poziewając.

---

212 *Bugio* (port.) – wyjec (zob. przyp. 161).

213 *Ora essa* (port.) – wykrzyknik wyrażający strach lub podziw.

– Nie wiem, co jest ze mną, nie mogę zasnąć.

– Popatrz, Sasza – powiedziałem, owładnięty zazdrością. – Tam jest bardzo romantycznie! – I wskazałem głową drzwi do kuchni.

Przez chwilę obserwowaliśmy parę w środku, tak zajętą, że nas nie zauważyła. Byli tak blisko siebie, że wyglądało, że się całują. Poczułem skrytą satysfakcję z pokazania Saszy tej miłosnej sceny.

Ale Sasza usiadł na ławce, wyjął scyzoryk, ukroił kawałek tytoniu i – roztarłszy między dłońmi – zaczął spokojnie zawijać papierosa ze słomy. Powolnym głosem zapytał:

– Za ile godzin Schloegel może wrócić?

Wtem doleciał nas charakterystyczny odgłos koszy uderzających po bokach mułów. Podnieśliśmy się obaj, próbując dojrzeć coś poprzez zakrywającą wszystko mgłę.. Wielkimi płachtami okrywała drzewa, które wyglądały jak duchy, to znów się rozpływała. Nie było jeszcze widać, kto nadjeżdżał. W głębi duszy poczułem nieokreślone zadowolenie na myśl, że to może jest Joaquim. Wtedy łajdak Domingos musiałby zakończyć swój romans z Anitą. Prawda, że nikt więcej nie miałby szans, ale w tym momencie kto był w kuchni z Anitą, to właśnie Domingos. Myślę, że w głowie Saszy kołatała ta sama myśl; i on wpatrywał się usilnie w drogę.

Po chwili ukazał się na drodze muł z koszami przewieszonymi po bokach, a za nim idących pieszo dwóch mężczyzn.

– Któż to może być? – zapytał Sasza.

Byli to ludzie z *turmy* prowadzonej przez Araujo, który mierzył daleko stąd. Przyszli do magazynu po prowianty.

– Domingos! – zawołałem. – Chodź zobaczyć, kto przyjechał!

Miałem wreszcie pretekst i satysfakcję z przerwania jego flirtu z Anitą – może Domingos przestraszy się, myśląc że to Joaquim przyjechał! Istotnie, słysząc moje wołanie i ruch przy wejściu, wyszedł pospiesznie z kuchni. Widać było z jego oblicza, że sroga niepewność przeszła jak chmura przez jego umysł. Ale upewniwszy się, że to nie był Joaquim, uspokoił się, widząc dwóch przybyłych, którzy – rzuciwszy słowa pozdrowienia – przysiedli w kucki przy ognisku, grzejąc zziębnięte kończyny.

Ale Manduca był chory, więc kto mógł ich obsłużyć? Zdecydowaliśmy, że Domingos wyda im towar, jako że miał praktykę w handlu, i Anita zaaprobowała sugestię.

Przybysze byli zmęczeni i przemoczeni, więc zaraz wzięli się do picia *cachaçy*. Niedługo pijatyka była ogólna na cześć nowo przybyłych.

Potem jeden z nich został w kuchni, żeby wysuszyć ubranie przy ognisku, a Domingos zajął się drugim – niskim człowieczkiem, którego głowa znikała pod wielkim kapeluszem. Zaczęli wyciągać worki z fiżonem, ryżem, *farinhą* i inne towary. Oparłem się o ladę i – nie mając nic innego do roboty – przypatrywałem się tej czynności. Sasza siedział na worku z ryżem i spokojnie ciągnął dym z papierosa.

W pewnym momencie człowiek, który odbierał towar, wyszedł z magazynu, żeby przywiązać muła do pala. Domingos przerwał zapisywanie, mrugnął do nas i powiedział:

– Chcecie zobaczyć, jak łatwo można okraść? Uważajcie, a nic nie mówcie.

Sasza i ja popatrzyliśmy na siebie i Sasza z niesmakiem pokręcił głową. Otworzyłem usta, żeby zaprotestować, ale ciekawość przemogła i słowa zamarły na końcu języka w momencie, gdy człowieczek w dużym kapeluszu wszedł do pokoju. Popatrzył na mnie z lekkim zdziwieniem, bo nie miałem czasu zamknąć ust i wyglądało, jakbym czekał na muchę, żeby ją złapać w powietrzu.

Domingos postawił na wagę worek z fiżonem i, nastawiwszy ciężarki, powiedział:

– 58 kilo. Zgadza się? Właściwie 58 i 200 gramów. Proszę sprawdzić.

Dając kupującemu możność sprawdzenia, zajął się wypisywaniem rachunku. Udając obojętność, przybliżyłem się nieco i popatrzyłem uważnie na wagę, ale nie zauważyłem oszustwa, które Domingos obiecał zrobić. Poczułem się poniżony, jak człowiek, który nie może złapać sensu anegdotki i obawia się być wyszydzonym przez towarzyszy. Popatrzyłem na Saszę, ale on dalej z niewzruszoną miną palił swojego papierosa.

Domingos zdjął worek z fiżonem i postawił drugi na wadze.

– Ryż z Rio Grande. Pierwszej klasy, niech pan patrzy!

Zrobił dziurkę w worku końcem noża i wyjął małą garść, żeby pokazać klientowi.

– 59 kilo, może pan sprawdzić.

Zważył z uwagą i zapisał na rachunku.

Moje usta otworzyły się znowu automatycznie. Człowieczek popatrzył na mnie z ciekawością, moja mina pewno wydała mu się zabawna – i czekał, żebym coś powiedział.

Ale nic nie powiedziałem, tylko wzrok mój przywarł do wagi, która pokazywała 53 kilo i myślałem:

– Do licha ciężkiego, czemu ten człowiek nie spojrzy na wagę, zamiast patrzeć się na mnie!

Domingos podniósł oczy znad rachunku i zapytał:

– Co jeszcze?... Brakuje *farinhii*.

Zdjął worek z ryżem z wagi. Pomyślałem sobie:

– Ten drań rzeczywiście umie okradać!

Domingos poprawił worek z *farinhą* na wadze i powiedział:

– Waży... 48 kilo. Niech pan sprawdzi.

Człowieczek patrzył, ale nie widział, tak jakby był zahipnotyzowany. Domingos zrobił próbę, żeby sprawdzić, czy on znał się na numerach.

– Ile ja powiedziałem? Zna pan numerację wagi?

Wtedy dopiero człowieczek spojrzał uważnie i powiedział:

– Tak, panie, 38 kilo...

– No widzi pan, o mało się nie omyliłem, dlatego lubię, jak kupujący sprawdza.

Spokojnie zakreślił na rachunku 48 i napisał 38. Człowieczek w dużym kapeluszu uśmiechnął się i jego zaufanie do Domingosa wzrosło. A ten odwrócił się do nas i mrugnął. Demonstracja została zakończona.

Drugi człowiek przyszedł i razem załadowali worki na muła, który zajęczał, protestując, gdy zacisnęli mu pas pod brzuchem. Człowieczek w kapeluszu z szerokim rondem, po ostatnim łyku wódki, pożegnał się ze wszystkimi. Kiedy odjechali, zapytałem się Domingosa:

– Gdzie nauczyłeś się tak kraść?

– Byłem sprzedawcą przez długi czas, pracowałem w sklepie mego ojca. To jest psychologia, towarzyszu, to nie jest kradzież. Jeśli będzie o 100 gramów za mało, łatwo ciebie przyłapią i nic cię nie uchroni od miana złodzieja. Ale jeśli zamiast dwóch kilogramów powiesz, że są trzy, to jest po prostu omyłka. A omylić się każdy może. Przeprosisz za błąd i wszystko będzie w porządku.

– Ale ty okradłeś tego człowieka – rzekłem, oburzony.

– To było tylko po to, żeby wam pokazać. Ja na tym nic nie skorzystałem. Kto na tym straci, to Araujo, a kto zarobi, Joaquim. Dla Araujo to nic nie jest, dobrze mu tak, bo źle karmi swoich ludzi.

– Masz bardzo swoisty sposób zabierania jednemu i dawania drugiemu – powiedział Sasza.

Wnet rozogniła się dyskusja. Domingos zirytował się:

– A wy tam w Rosji przypadkiem nie wyzyskiwaliście chłopów? – wykrzyknął.

– Za czasów cara chłopi lepiej żyli niż teraz. Ludzie bez skrupułów zrewoltowali ludność.

– Żyliście na koszt chłopów, którzy byli zmuszani biczem do pracy. Ty byś chciał to samo tutaj zaprowadzić! – wybuchnął z nienawiścią Domingos.

Sasza podniósł się z zaciśniętymi pięściami. Domingos ściągnął czarne brwi, z jego oczu zdawały się sypać iskry, a dłoń spoczęła na rękojeści rewolweru...

Stanąłem między nimi, starając się ich uspokoić.

– Zostawcie takie głupstwa! Co nas interesuje polityka. Jesteśmy wszyscy przyjaciele... Po co kłócić się tutaj, w Brazylii, o to, co działo się tam, w Europie! Lepiej wypijmy *chimarrão*... Chodź, Sasza!

Domingos ze złością warknął na mnie przekleństwo i, odwróciwszy się, poszedł do kuchni. Przytrzymałem Saszę za ramię, przekonując o kompletnej nieużyteczności dyskusji.

VI.

Anita napełniła każdemu talerz fiżonem, ryżem, *farinhą* i suszonym mięsem, ale rozmowa nie kleiła się przy obiedzie. Jakiś cień zmienił braterskie dotąd stosunki między mężczyznami. Rozmowy stały się nudne i kończyły się niezręczną ciszą.

Sasza był pogrążony w myślach, Domingos siadł bokiem do nas i zajął się jedzeniem. Anita tymczasem spoglądała na mnie, pokazywała na nich i robiła rozmaite miny, śmiejąc się przez zaciśnięte usta. Po prostu korzystała z okazji, żeby robić oko do mnie.

Pomyślałem sobie, że każdy z mężczyzn chciałby zostać sam z Anitą, ale było nas za wielu i jeden przeszkadzał drugiemu.

Po obiedzie Domingos usiadł, oparty o stos uprzęży, i zamarł bez ruchu. Wyglądał majestatycznie ze swoją czarną brodą.

Anita krzątała się po kuchni.

Po pewnym czasie weszła Maricota i zapiszczała:

– Czemu tamten pan nie wraca?

– Tak, mógłby już wrócić. Pójdę zobaczyć, jak Manduca się czuje – powiedział Domingos i wyszedł.

Sasza powiedział, że chce sprawdzić, czy konie zanadto się nie oddaliły – i także wyszedł.

Nie mając co robić, poszedłem przyłożyć się na moim łóżku z siodła i *pelegos*, ale myśli przeszkodziły drzemce. Rozumiałem dobrze, że sytuacja, w której się znajdowaliśmy, mogła prowadzić do czegoś bardzo nieprzyjemnego. Los jakby ciągnął wszystkich do niebezpiecznego celu. Anita nic sobie z tego nie robiła, a była jedynym powodem nieporozumienia między ludźmi, którzy żyli dotąd w najlepszej przyjaźni. Prawdę mówiąc, ona była nadzwyczaj powabna i chwilami nawet bardzo ładnie wyglądała. Ale cóż, nigdy nie lubiłem pchać się tam, gdzie była duża konkurencja, a już szczególnie tutaj, gdzie sytuacja była tak naprężona. Przecież jeszcze jest Joaquim, który mógł zjawić się w każdej chwili ... Przypomniała mi się jego ponura twarz, zmrużone oczy błysnęły złowrogo. Ten ci nie będzie miał żadnych skrupułów! Wzdrygnąłem się...

Moje myśli popłynęły dalej, zacząłem wspominać dom rodzinny, moich braci – i smutek opanował duszę, a tęsknota zacisnęła serce. Przypomniały mi się panienki, które znałem, potańcówki u znajomych, zabawy w klubie – i zacząłem przeklinać mój niespokojny temperament, który mnie popchnął w dalekie strony w pogoni za przygodami. Zamiast dokończyć studia i być przy rodzinie, poniewierałem się w lasach, wiodąc takie twarde i niebezpieczne życie.

Pomyślałem o Saszy. Człowiek inteligentny, wybitnie uzdolniony, należał do zupełnie innego otoczenia. Żal mi się go zrobiło. Był on szczerym wielbicielem cara. Miał prawdziwe uwielbienie do reżimu monarchicznego, do dworu z jego wyrafinowaniem, do oddziału królewskiej gwardii, gdzie służył jego ojciec i gdzie on sam teraz by się znajdował, gdyby nie rewolucja.

Nie było dla niego innego wyjścia, jak uciec i szukać w oddali nowego życia. Ale przynajmniej on był zmuszony do tego przez okoliczności.

A Schloegel? Ten znowu po rozbiciu Habsburgów nie mógł żyć dalej w maleńkiej Austrii, gdzie zredukowali wojska do minimum. Musiał szukać nowej ojczyzny i nowego zawodu.

Domingos właściwie był w najlepszej sytuacji. Jego „wysiedlenie" było tymczasowe. Przyjechał tutaj, bo ta nowa kolonia wznieciła zainteresowanie między starymi kolonistami z Rio Grande do Sul i mawiano, że on został przysłany przez grupę kolonistów, w celu wybrania i zakupienia najlepszych terenów.

A co do mnie? – pomyślałem. – Czysta głupota, zakopać się w te pustkowia...

W tym momencie drzwi zgrzytnęły i ocknąłem się z moich myśli. Podniosłem się, opierając na łokciu i zobaczyłem, że Anita wsunęła się cicho do pokoju. Trzymała ostrożnie moją zieloną koszulę, którą powiesiłem, żeby się wysuszyła przy ogniu. Z filuternym uśmiechem wyciągnęła ręce, podając mi koszulę – o rety, wyprasowaną! Co za luksus!

– Zacerowałam tu, gdzie była podarta – powiedziała, słodko patrząc mi w oczy.

– Och, Anita!... Dziękuję... Ależ naprawdę... ty... dziękuję – wyjąkałem, skrępowany, nie wiedząc, co mówię.

Anita oparła się plecami o ścianę, chowając za siebie ręce. Wyglądała powabnie, wzrokiem zdawała się mnie przyciągać. Przez chwilę patrzyłem na jej czarne oczy, gęste, zgrabnie zarysowane brwi, bujne, czarne jak kruk włosy w nieładzie i pełne wargi, lekko rozwarte w jej charakterystycznym ironicznym uśmiechu, z odcieniem wyczekującej prowokacji.

Krew uderzyła mi do głowy, przysunąłem się blisko i z trudem wyszeptałem:

– Jesteś bardzo miła... i ładna, Anita!

Ona spuściła oczy, znowu popatrzyła na mnie i zrobiła lekki ruch w stronę drzwi. Straciłem głowę i chwyciłem ją za ramię. Przez sekundę popatrzyła na mnie, wtem szarpnęła się mocno i jak kot wymknęła przez drzwi.

Stanąłem osłupiały, ciężko dysząc, jakby po walce. Czułem się jak upity, wszystko zawirowało mi przed oczami i siadłem na *pelegach,* trzymając się za głowę.

– Co za historia! – pomyślałem. – To szatan, a nie kobieta!

Rozumiałem doskonale szaleństwo, w które o mało się nie wsypałem i wiedziałem, że to by mnie prowadziło prosto w przepaść, skąd mogło nie być powrotu.

„Kiedy się już leci do przepaści, to warto zobaczyć dno" – przypomniały mi się słowa znajomego z Minas Gerais. Ale jednocześnie bałem się tego dna. Owładnęły mną niesmak i obawa.

VII.

Wyszedłem na dwór, żeby zaczerpnąć trochę świeżego powietrza, i udałem się do *paiolu*, gdzie spotkałem Domingosa siedzącego przy Manduce, którego stan na oczach się pogarszał. Żal chwytał za serce na jego jęki i skargi o boleściach.

– Schloegel jeszcze nie wrócił? – zapytał Domingos.

– Jeszcze nie.

– Powinien już był wrócić...

– Powinien był...

Wyglądaliśmy powrotu Schloegla jak zbawienia. Każdą napotkaną osobę pytaliśmy od razu, czy Schloegel wrócił. Ale godziny się wlokły, Schloegel nie przyjeżdżał i coraz większy niepokój nas ogarniał.

Sasza przyprowadził konia i zaczął go siodłać.

– Pojadę zobaczyć, co stało się ze Schloegelem.

– Znasz drogę?
– Nie.
– Więc jaki sens jechać? Zmokniesz i tyle...
– Nie mogę wytrzymać tego oczekiwania!... Musimy coś zrobić!!
Sasza pojechał, ale gdy się ściemniło, wrócił smętny, zabłocony i przemoczony. Zabłądził i z trudem przedostał się przez błota. Wypuścił konia na paszę i skierował się do kuchni, żeby osuszyć się przy ogniu.
Anita przyjęła go radosnym uśmiechem.
– Pan przemókł, *seu* Sasza; nie widział pan tygrysa po drodze?
– Jeśli to dalej potrwa – rzekł Sasza do Anity – będziemy mieli drugi potop. Wszystko zniknie pod wodami.
– Czy to możliwe? – zaniepokoiła się Anita, gdyż wszelkie nadprzyrodzone rzeczy przejmowały ją zgrozą.
– Może nie – zawahał się Sasza, nie chcąc jej straszyć.
Żeby wydostać garnek, Anita kocim ruchem przecisnęła się koło Saszy, ocierając się z lekka o niego. Sasza chciał się odsunąć, żeby dać jej przejście, ale Anita zatrzymała się przy nim i – patrząc mu prosto w oczy – rzekła przyciszonym głosem:
– Za mało tu miejsca na nas dwoje...
Bawiła się z Saszą jak kot z myszką i z błysku w jej oczach widać było, jak rozkoszowała się tą grą.
W tym momencie wszedł Domingos.
– Gdzie Schloegel? – zapytał ochrypłym głosem. – Już się całkiem ściemniło.
Sasza zakręcił się szybko, odsuwając się w drugą stronę, i wzruszył ramionami.
– Zapalmy latarkę i zanieśmy ją aż do rozdroża, żeby Schloegel nie zmylił drogi – zaproponował Domingos.
Gdy zapalaliśmy starą latarkę, usłyszeliśmy koński tętent. Odetchnęliśmy z ulgą. Rzeczywiście to był Schloegel, cały przemoczony, ale troskliwie dzierżący drogocenne lekarstwo. Uradowaliśmy się niezmiernie i wykorzystaliśmy okazję, żeby napić się wódki na cześć Schloegela, gdyż na to zasłużył.
– Chłopak teraz wyzdrowieje – powiedział Schloegel z taką pewnością, że uspokoiliśmy się wszyscy co do chorego. Nie było żadnej wątpliwości co do cudownego działania gorzkiej soli.
– Droga była trudna, co, kapitanie? – zapytał Sasza.
– Dwa razy zbłądziłem, bo w niektórych miejscach *picady* przecinają się na różne strony.
Jak tylko Schloegel przebrał się, poszliśmy we czwórkę do *paiolu*, gdzie leżał Manduca. Weszliśmy uśmiechnięci i pełni nadziei, ale oczekiwało nas rozczarowanie. Biedny Manduca wymiotował wszystko, co mu się dało.
Chmura głębokiego smutku okrążyła nas. Kiedy wydawało się, że wszystko już jest załatwione, teraz widzieliśmy nieprzebrane trudności. Przejęcie ogarnęło wszystkich.
– Trzeba koniecznie przywieźć tutaj lekarza! – powiedziałem z determinacją.
Wszyscy popatrzyli na mnie jak na wariata.
– To idź go szukać – rzucił oschle Domingos.
– Jaki lekarz by tu przyjechał – z powątpieniem dodał Sasza. – Po takiej drodze...
– Dwa dni drogi, żeby pojechać do miasta, i dwa dni, żeby go tu przywieźć. Manduca nie wytrzyma tyle czasu czekania.
Nasze nadzieje po trochu gasły i wyszliśmy z baraku skonsternowani. Ciemna noc pogłębiała nasze przygnębienie.
– Musimy coś zrobić, bo on rzeczywiście umiera.

– Co można zrobić, Sasza?
– Tutaj nic absolutnie nie można zrobić. Nie ma lekarstw... Nic nie ma...
– Tak, kto tutaj zachoruje, musi umrzeć jak pies.
– Trzeba by jego zawieźć, gdzie są możliwości.
– A gdybyśmy zrobili nosze między dwoma mułami? – zaproponowałem znowu.
– Żadną miarą!... Dwa muły nie przejdą *picadą*.
– A wezbrane rzeki!...
Sytuacja wyglądała beznadziejnie. Znaliśmy wszyscy drogę, która nawet podczas pory suchej stanowiła ciężką podróż. Jeszcze w dodatku ten deszcz... Przeklęty deszcz, który padał prawie bez przerwy, tworząc wielkie bagna...
– Jedyna rada byłaby wziąć Mandukę na nosze i zanieść go. To jedyna możliwość – powiedział stanowczo Domingos.
– Nas jest czterech, moglibyśmy się zamieniać.
– Myślę, że to by nam zajęło trzy lub cztery dni.
Ale Schloegel powiedział, że definitywnie nie był w stanie odbyć takiej podróży. Nogi miał poranione i pełne odcisków, nie wytrzymałby długiego marszu.
– Mamy dwóch ludzi w naszym obozie – przypomniał Sasza. – Mogliby się nam przydać.
Natychmiast zaproponowałem, że po nich pojadę.
– Wyjadę, jak tylko dzień będzie świtał i pod wieczór tutaj będziemy. Przygotujcie nosze przez ten czas.
– O ile Manduca wytrzyma jeszcze tyle czekania...
– Ale to jedyne, co możemy zrobić.
Doszedłszy do tego rozwiązania, poszliśmy się położyć, bo już było późno w nocy.
Leżąc, myślałem o podróży do obozu, która mnie czekała następnego dnia. W gruncie rzeczy głównym powodem mego ofiarowania się była chęć oddalenia się od Anity. Zresztą nastrój w baraku był okropny. Poza ciągłym niepokojem względem chorego, stosunki były naprężone i mężczyźni spoglądali jeden na drugiego z nieufnością. Zazdrość brała górę i tylko patrzeć, jak wybuchnie jakaś bijatyka. Jedynie Schloegel zachowywał się obojętnie, bo nie wiedział nic o wypadkach, które rozgrywały się naokoło niego.
Jednocześnie wyobraziłem sobie, że to ja leżę chory w baraku, bez nadziei na wyzdrowienie. Przerażenie mnie ogarnęło. Okropna rzecz, skończyć w taki marny sposób! Przysiągłem sobie zarzucić to awanturnicze i niebezpieczne życie, postarać się o posadę w mieście, ustatkować się i spokojny żywot prowadzić. Zastanowiłem się, czy i moim towarzyszom też takie myśli przechodziły przez głowę. W tych gorzkich momentach człowiek przypomina sobie matkę i Boga. Szuka pomocy Wszechmogącego. Mówią, że człowiek jest tchórzem i przypomina sobie o Bogu tylko w czasie niebezpieczeństwa lub potrzeby. Ale czemuż ja bym miał być bohaterem? – pomyślałem, próbując się usprawiedliwić. Tej nocy przyrzekłem sobie rozmaite zmiany i ulepszenia, nie wiedząc, że człowiek łatwo zapomina smutne, a nawet tragiczne przejścia. Wystarczy, żeby słońce znów zabłysło na pogodnym niebie i młodzieńcze energie zaczęły się przeładowywać – a wszystkie dobre zamiary i obietnice idą do kosza.

VIII.

Gdy tylko ptaki zaczęły świergotać nad ranem, podniosłem się i obudziłem Saszę. Razem wyszliśmy, żeby złapać konia. Po godzinnym trudzie udało się nam złapać jednego z wierzchowców. Otuliłem się przykrótkim trochę płaszczem, który nie przykrywał mi kolan, i pojechałem błotnistą drogą, skręcając potem na *picadę* prowadzącą do naszego obozu. Koń ślizgał się po czerwonej glinie i tylko patrzyłem, kiedy się przewróci. Wąska ścieżyna ledwo przepuszczała jeźdźca i ciągle musiałem odsuwać opadnięte *taquary*, które tarasowały drogę. Niekiedy złaziłem z konia, żeby obcinać liany i gałęzie małym fakonem. Ocierając się o mokrą roślinność, wkrótce miałem całkiem przemoczone spodnie i poczułem zimno.

Po niejakich trzech godzinach jazdy ujrzałem wreszcie nasz obóz i ucieszyłem się na myśl, że będę mógł ogrzać się przy ognisku i zjeść ciepłą strawę. Na polance stały nasze dwa namioty porządnie połatane oraz szałas z *taquary*, który służył jako kuchnia.

– *Olá!* Antônio! – zawołałem, zsiadając z konia przed kuchnią.

Tylko echo mi odpowiedziało. Cisza zawisła nad obozem, tylko krzyk przelatujących *baitacas*[214] ożywiał pustkowie.

– *Olá gente*[215]! – zawołałem znowu.

Dwa duże ptaki podniosły ciężki lot z gałęzi pobliskiego drzewa i zasiadły na innym drzewie, trochę dalej.

Pchnąłem drzwi do kuchni, która służyła też jako skład żywności i narzędzi. Popiół jeszcze był gorący. Podciągnąłem kawałek drzewa i zacząłem dmuchać. Błysnęły iskry, więc dołożyłem trochę suchych gałęzi i ogień się rozpalił.

– Do diabła, ci ludzie! Gdzież oni poszli?

Wyciągnąłem rewolwer i strzeliłem dwa razy w górę. Przestraszone, dwa duże ptaki uciekły w dal.

Myślałem, że może ludzie poszli polować; posłyszawszy strzały, powinni wrócić. Po godzinie czekania znowu wystrzeliłem dwa razy w powietrze.

Głód dokuczał. Zajrzałem do kuchni. Były tam worki z fiżonem, ryżem, *farinhą* i resztka tłuszczu świńskiego na dnie puszki. Pomyślałem, żeby ugotować trochę ryżu, ale zrezygnowałem z tego. Połknąłem tylko kilka garści *farinhii*, żeby oszukać żołądek. Jeszcze miałem nadzieję, że ludzie, którzy zostali w obozie, zaraz wrócą. Poszedłem nad strumyk, napełniłem imbryk wodą i przygotowałem sobie *chimarrão*. Siadłem na stołku i powoli ciągnąłem *mate*. Czas mijał, aż zmęczony czekaniem, i obawiając się, że nie zdołam wrócić przed zmrokiem, wziąłem kawałek papieru i napisałem: „Antônio – pójdź razem z André jak najszybciej do magazynu. Bardzo was potrzebujemy."

Przyczepiłem kartkę do kuchennych drzwi, zmniejszyłem ogień, rozsuwając kawałki drzewa, i na koń – jak najprędzej z powrotem!

Powrót był ciężki i głód doskwierał, ale przed samym zmrokiem zsiadłem z konia przed barakiem.

Rozczarowanie było wielkie, gdy zobaczyli mnie samego.

– Powinieneś był tam zostać, dopóki ludzie nie wrócili – powiedział przykrym tonem Domingos.

– Ależ ja nie mogłem wiedzieć, czy oni poszli polować, czy też zabrali się i opuścili obóz. Ile czasu musiałbym tam siedzieć?

– Oni by nie opuścili obozu, nie porozumiawszy się z wami.

– Nie wiadomo, co ci ludzie mają w głowie – broniłem się. – Ja zrobiłem, co mogłem. Oni powinni przyjść po przeczytaniu kartki.

Wszyscy byli posępni i przygnębieni. Zły z powodu krytyki Domingosa, poszedłem do kuchni, gdyż umierałem z głodu. Sasza po drodze opowiedział mi, że cały dzień starał się unikać Domingosa, gdyż wiedział dobrze, że jego irytacja była spowodowana zazdrością, która nim owładnęła. Prawie cały czas siedział przy Manduce, którego siły coraz bardziej opuszczały, tak że nawet już nie jęczał.

---

[214] Zob. przyp. 145.

[215] *Gente* (port.) – ludzie.

Noc przykryła las i baraki swoim czarnym płaszczem i posłyszeliśmy krzyki *urus*[216], które szykowały się do snu na brzegach strumyka. Bardzo byłem przygnębiony, szczególnie, że nie zdołałem wypełnić zadania, na które sam się ofiarowałem. Szukając czegoś do zjedzenia, zdziwiłem się, widząc Saszę z wesołym obliczem. Z tryumfem pokazał mi kawałek kiełbasy, którą wynalazł w składzie. Był to rzeczywiście rarytas – i, słysząc okrzyki Saszy, wszyscy zebrali się naokoło niego, przypatrując się z szacunkiem i podziwem tej kiełbasie. Sasza został bohaterem dnia i zabrał się do podsmażenia jej własnoręcznie. Lubił on dobrze zjeść i sam potrafił przyrządzić rozmaite smaczne dania, tylko że normalnie nie było z czego. Przyjemny zapach smażonej kiełbasy wypełnił barak i, podlana *cachaçą*, przyczyniła się do polepszenia ogólnego nastroju. Sasza zaczął nawet podśpiewywać swoim dźwięcznym barytonem „Oczy czornyje" i kto mógł, starał się akompaniować. Następnie Domingos zanucił:

Vem cá mulata	*Chodź tu, Mulatko,*
não vou lá, não.	*Nie pójdę, nie.*
Essa côr de chocolate	*Ten kolor czekolady*
é a côr da minha paixão...	*To barwa mej namiętności...*
Essa côr de rapadura	*Ten kolor* rapadury
é a minha perdição.	*Jest moim zatraceniem.*

Wszyscy zaimprowizowali akompaniament, stukając w pudełka od zapałek, uderzając widelcami o butelki lub pałkami w deski. To nas ożywiło, wesołość wzięła górę, wydawało się, że byliśmy na jakiejś zabawie. Maricota była zachwycona; nareszcie – po tak ponurym nastroju ostatnich dni – teraz było życie i uciecha, śmiała się, pokazując wszystkie zęby i jej czarne oczy błyszczały z radości,

Ale kiedy pieśń skończyła się, posłyszeliśmy przyciszone jęki Manduki. W izbie zapanowało ciężkie milczenie, tylko ogień trzaskał, a wiatr wył na dworze. Wydawało się nam, że to wołanie o ratunek. Cała nasza radość prysła w jednej chwili jak bańka mydlana znika w powietrzu. Smutna rzeczywistość ukazała się w pełni. Nikt już nie chciał śpiewać, z opuszczonymi głowami zapatrzyliśmy się w płomienie, które podnosiły się, błyszcząc i zamierały, zostawiając żarzące się węgle, po trochu rozsypujące się w popiół.

IX.

Sasza i Schloegel podnieśli się i poszli do *paiolu*, gdzie leżał Manduca. Po chwili Domingos też wstał i Anita dała jemu kubek z gorącą *mate* dla chorego. Wyszliśmy razem.

Schloegel spróbował robić masaże. Widać było, że stan Manduki pogarszał się coraz bardziej. Jego brzuch był twardy jak kamień, a jęki wskazywały, jak bardzo cierpiał. Straciliśmy wszelkie nadzieje. Jeden po drugim wyszliśmy z *paiolu* i poszliśmy się położyć. Domingos został, pilnując chorego.

Zdjąwszy buty, Sasza skrzywił się.

– Zdaje mi się, że nie czuję się dobrze – powiedział, pocierając swój brzuch.

---

[216] *Uru* a. *capoeira* (port.) – przepiór brazylijski (*Odontophorus capueira*), ptak należący do rzędu grzebiących. Zamieszkuje niektóre rejony Brazylii, Paragwaju i Argentyny. Ma krępy tułów długości przeszło 20 cm, nakrapiane upierzenie i charakterystyczny czubek na głowie. Żyje wśród gęstej roślinności, stąd jest trudny do zaobserwowania i często jego obecność zdradzają jedynie wydawane przezeń dźwięki. Wszystkie gatunki przepiórów są mocno przetrzebione na skutek polowań oraz wycinki lasów.

Leżałem na *pelegos* z rękami pod głową i nagle – czyżby to przez sugestię? – poczułem dziwne kłucia w żołądku. Krew uderzyła mi do głowy i zimny pot wystąpił na czoło.

– A co, jeśli to przyszła nasza kolej? – straszna myśl owładnęła mą duszą.

Widmo choroby unosiło się groźnie nad naszymi głowami.

– Może to kiełbasa zaszkodziła? – Sasza zdawał się mówić do siebie.

Przemedytowałem z rozwagą te słowa, pomacałem żołądek rękami i z trudem wydałem jakieś ochrypłe dźwięki przez gardło, które się coraz bardziej zaciskało:

– Na pewno kiełbasa! Ja też coś czuję w żołądku.

– Eeee!... – wrzasnął Sasza i przeklął po rosyjsku.

Ból w żołądku powiększył się i włosy stanęły mi na głowie, gdy sobie przypomniałem słowa... Kto to powiedział? „Tutaj tylko zostaje umrzeć jak pies... "

Długo leżałem, przewracając się ciągle z boku na bok, a gdy zasnąłem, straszne sny mnie prześladowały, śniło mi się, że Anita uciekała od Domingosa i – żeby ją obronić – chwyciłem w objęcia. W tym momencie zabrzęczał dzwonek *madrinhii* i *tropa* zaczęła spuszczać się powoli z góry. Chciałem zostawić Anitę i uciec, ale nie mogłem. Miałem wrażenie, jakbym był przykuty kajdanami do niej, a Joaquim coraz bardziej się przybliżał. Zrobiłem ostateczny wysiłek, żeby się uwolnić, chciałem krzyczeć, że nie byłem winny – ale słowa nie przechodziły przez gardło. Obudziłem się, zlany potem, i zobaczyłem w ciemności postać, która się potknęła o ławkę. Rozpoznałem Saszę.

– Co się stało, Sasza?

– Umarł! – odpowiedział krótko i sucho.

Chciałem coś powiedzieć, jakoś wyrazić moje uczucia, ale, jak zwykle w takich wypadkach, nie znalazłem odpowiednich słów – i tylko głupio zapytałem:

– Naprawdę umarł?

– Czy nie masz jakiej świeczki? – ochrypłym tonem zapytał Sasza.

– Nie mam! – odpowiedziałem, pospiesznie nakładając spodnie, jak gdyby pośpiech miał coś pomóc.

Przeszukaliśmy półki w magazynie – bez skutku. Od Schloegela dostaliśmy dwa małe kawałki świecy, które – postawione przy głowie umarłego – wkrótce się wykończyły. Resztkę nocy przesiedzieliśmy tam po ciemku.

Nad ranem zaczęliśmy zastanawiać się nad pogrzebem. Nastrój w baraku był tak smutny, że zaczęliśmy pić od rana. Nawet Schloegel, który przeważnie mało pił, towarzyszył nam tym razem. Najbardziej upił się Sasza.

Dwaj robotnicy z naszego obozu zjawili się, przepraszając za opuszczenie obozu poprzedniego dnia.

– Poszliśmy za stadem dzikich świń – powiedział kucharz Antônio. – Zabiliśmy dwie, ale tylko jedną zanieśliśmy do obozu. Zwierzę było bardzo ciężkie. Daleko zaszliśmy, więc do obozu wróciliśmy prawie po nocy. Nie było możliwe podróżować w nocy, ale wyszliśmy dzisiaj o świcie.

– Zostawiliście drugą świnię w lesie? – zapytał Sasza.

– Tak, zostawiliśmy.

– Jaka szkoda, co?

– *Onça* będzie miała co jeść!

Domingos podszedł do nich i powiedział:

– Pomożecie nam pochować umarłego.

– Kto umarł? – zapytał Antônio, otwierając szeroko zdziwione oczy.

– Manduca – odpowiedziałem. – Potrzebowaliśmy was wczoraj, żeby zanieść go do Porto Vitória. Teraz zaniesiemy go do grobu.

– Biedny – westchnął Antônio.

Pod skleconym krzyżem pozostał na swój wieczny sen biedny Manduca.

– Biedak, umrzeć tak z dala od matki! – powtarzała razy bez liku Anita, popłakując. – Tyle razy wołał swoją matkę! Kto by powiedział, że on naprawdę umrze...

Szlochała, wycierając ręką łzy, które jej spływały po twarzy, i znowu powtarzała swoje lamenty. Maricota też była zmartwiona i patrzyła na wszystkich dużymi, zdziwionymi oczami. W swojej naiwności uważała, że śmierć jest zdarzeniem normalnym jak każde inne, a była smutna, bo widziała, że wszyscy są smutni.

Ale Anita była w złym humorze i widząc, że Maricota kręci się, nic nie robiąc, zawołała:

– *Vem cá, nega ruim!*[217] Powiedziałam ci, żebyś zdjęła fiżon z ognia, słyszysz?

Maricota jeszcze szerzej otworzyła oczy zdziwione:

– A ty sama nie zdjęłaś rondla z ognia, co?

Anita tak była rozdrażniona, że chciała nabić Maricotę. Tak zawsze zdarza się z dorosłymi – kiedy coś im doskwiera, chcą wyładować swoją złość na słabych i niewinnych. Słyszałem, jak Anita gniewała się na Maricotę i pożałowałem małej, ale uwaga moja zwróciła się ku Saszy, który stał przed barakiem z podniesioną ręką.

– Chodźcie zobaczyć – wołał. Wyszliśmy wszyscy, otoczywszy Saszę. – Patrzcież, mgła się spuszcza, będzie zmiana pogody!...

Wszystkie oczy zwróciły się na las. Czubki najwyższych drzew zaczynały się oswabadzać z mgły. Niebo od strony zachodu było jasnozłote i w tym momencie przed naszymi zdumionymi oczami ukazał się promień słońca.

Wszystkich to poruszyło i jednomyślnie zapanowała ogólna chęć, by natychmiast rozpocząć przygotowania do powrotu do pracy.

– Wracam dzisiaj do obozu – powiedziałem stanowczo. – Nie chcę tutaj więcej siedzieć.

Sasza jeszcze chciał mnie namówić, żeby wracać następnego dnia, ale w końcu zgodził się, pomimo, że przyjechalibyśmy późno do obozu. Pamięć o chorobie i pogrzebie Manduki sprawiały, że pobyt w tym miejscu nie był wcale przyjemny.

Jako że Anita i Maricota nie mogły zostać same, Domingos i Schloegel zgodzili się jeszcze poczekać na powrót Joaquima.

Gdy konie były gotowe, pożegnałem się niezręcznie z Anitą. Sasza, żegnając się, przytrzymał rękę dziewczyny o wiele dłużej, niż to było potrzebne, i posłyszałem, jak obiecał wrócić przy pierwszej sposobności.

Stawiałem nogę na strzemieniu, gdy wydało mi się, że gdzieś w oddali rozległ się dźwięk dzwonka. Sasza odwiązywał lejce swego konia.

– Słyszysz, Sasza? – zapytałem.

– Co? – zapytał, wsiadając na konia. – Jedźmy!

– Poczekaj – nastawiłem ucho i wyjąłem nogę ze strzemienia.

Słychać teraz było wyraźnie dzwon *madrinhii* i ukazała się *tropa,* zjeżdżając powoli z góry. Obładowane muły stąpały ostrożnie, robiąc małe kroki po czerwonej glinie.

Rozpoznałem Joaquima, a za nim jechała kobieta, siedząc na koniu dawnym zwyczajem, bokiem; na ręku trzymała małe dziecko.

Koń Saszy niecierpliwił się, podrygując nerwowo.

– Jedźmy! – zawołał znowu Sasza.

– Poczekaj – powtórzyłem.

Maricota stała we drzwiach, patrząc na nadjeżdżających. Wyjąłem monetę 400 rejsów i zawołałem:

– Ej, Maricota, chodź tutaj. Masz, to dla ciebie. – Gdy Murzyneczka podbiegła, zapytałem:

---

[217] *Vem cá, nega ruim!* (port.) – Chodź tu, niedobra Murzynko!

– Znasz tę kobietę, co jedzie z dzieckiem?
– *É dona Nasinha* – oczy małej zabłysły radośnie.
– Kim ona jest?
– To pani Nasinha – powtórzyła.
– Ale ja mówię... to znaczy... Czy to żona Joaquima?
– Tak jest.
– A Anita jest krewną Joaquima?
– Anita jest siostrą *dony* Nasinha.
– Siostrą?
– Tak – Maricota patrzyła, zdziwiona, skąd tyle pytań.

Spojrzałem z ukosa na Saszę. Znad jego wierzchowca niebieskie oczy patrzyły na mnie z ironią.

– Powinieneś był rozpytać się Maricoty na początku, a nie teraz, na odjezdnym – powiedział złośliwie.

– A więc ty wiedziałeś? – zapytałem.
– O czym wiedziałem? Że Anita wpadła ci w oko?

Wsiadłem na konia i ukłułem go ostrogą.

– Nie naprzykrzaj się, Sasza – warknąłem przez zęby.

Samotnie w puszczy

Po powrocie do obozu rozpoczęliśmy znów pracę. Po trzech miesiącach, już przy końcu robót, przewróciłem się na *picadzie*, gdzie sterczały zaostrzone końce obciętych *taquaras*, i zraniłem nogę. Ledwo dolazłem z powrotem do obozu.

– Jak pan pójdzie dalej w takim stanie? – zapytał Tniewicz.

– Nie wiem – jęknąłem, spoglądając beznadziejnie na ranę, która jątrzyła się coraz bardziej.

– Hm! Jesteśmy dość daleko od magazynu, już nawet trudno jest stamtąd przywozić żywność. Na drugim brzegu wybudujemy *rancho*. Pan tu zostanie i będzie doglądał naszego składu. *Tropa* Joaquima będzie dowoziła tutaj żywność z magazynu, a Euclides będzie kursował między nami a panem, innego wyjścia nie ma. Sądzę, że jutro przeprawimy się, woda opadnie. Zgadza się pan?

– No tak!... Przecież innego wyjścia nie ma... Tak.

Następnego dnia zwinięto obóz, muły przeprawiono na lassach przez rzekę. Kosze z pakunkami przeniesiono po zwalonych pniach piniorów. Ulokowałem się w zbudowanym naprędce *rancho* z łupanych pni paproci drzewiastej *xaxim*[218], pokrytym liśćmi *taquary*.

Znowu załadowali muły, które wyglądały jak wielbłądy, uginając się pod garbem koszy, zwiniętych namiotów, rondli.

– Niech się pan tu nie nudzi – rzekł Tniewicz, ściskając na pożegnanie mą rękę – Do widzenia.

– Przypuszczam, że będę się tu bawił nadzwyczajnie – rzekłem ironicznie, uśmiechając się – Do widzenia...

Ściskałem po kolei wyciągające się ku mnie ręce robotników.

[218] *Xaxim* a. *sambambaiaçu* (port.) – paproć drzewiasta z gatunku *Dicksonia sellowiana*. Rośnie w Ameryce Środkowej i Południowej, od Meksyku aż po Urugwaj i Argentynę; spotkać ją można w lasach deszczowych na wysokości przeszło 1.000 metrów n.p.m. Dorasta do ok. 10 metrów, a jej regularne, pierzaste liście mogą znacznie przekroczyć dwa metry długości.

– *Até a volta!* (Do zobaczenia po powrocie!)

W tonącą w półmroku czeluść *picady* zaczęli wsuwać się ludzie i znikać jeden za drugim. Za nimi muły, zaczepiając swymi garbami o opadłe od deszczu *taquary*.

Dzwonek klaczy *madrinha* zaczął stopniowo słabnąć; konało echo krzyków Euklidesa.

– *Olá burro! Volta!*

Zostałem sam z moimi myślami... Siadłem na pniu przy ognisku i ukryłem twarz w dłoniach.

Cisza, głucha cisza... Ależ nie! Przecież słychać szum wody, monotonny huk tłukących się po kamieniach nurtów rzeki. *Taquara* trzasnęła na *picadzie*. Stado papug zerwało się z wrzaskiem z rozłożystej *sapopemy*[219] i poszybowało na drugi brzeg rzeki. Mogłem rozpoznać krzyk *urus* i *saracury* kłócące się nad brzegiem.

Po trochu głowa mi opadła, myśli się pomieszały. Gdy obudziłem się, słońce już było wysoko. Trzeba podsycić ognisko i ugotować coś na obiad...

Pod wieczór zaczął mżyć deszczyk. Ognisko zagasło. Albo będę musiał jutro zbudować dach, albo przenieść ognisko do środka *rancho*.

W nocy jednak naprędce zrobiony dach w rancho zaczął przeciekać, przy czym akurat nad łóżkiem, a raczej barłogiem z *taquary*. Trzeba będzie łóżko przenieść. Nie tak łatwo, trzeba widełki powyrywać. Oj, trudno, trzeba. A rany na nodze pieką...

Sasza z *turmą* powiększoną moimi ludźmi poszedł dalej, kontynuując pomiary. Praca mu się przedłużyła więcej, niż oczekiwał, tak że cały miesiąc przeżyłem jak prawdziwy eremita. Tylko *tropa* mnie ze dwa razy odwiedziła.

Pytano się mnie potem, czy nie byłem przejęty, że Sasza tak się spóźnił, czy się nie denerwowałem. Muszę powiedzieć, że nie, nawet po trosze przyzwyczaiłem się i dobrze się czułem,

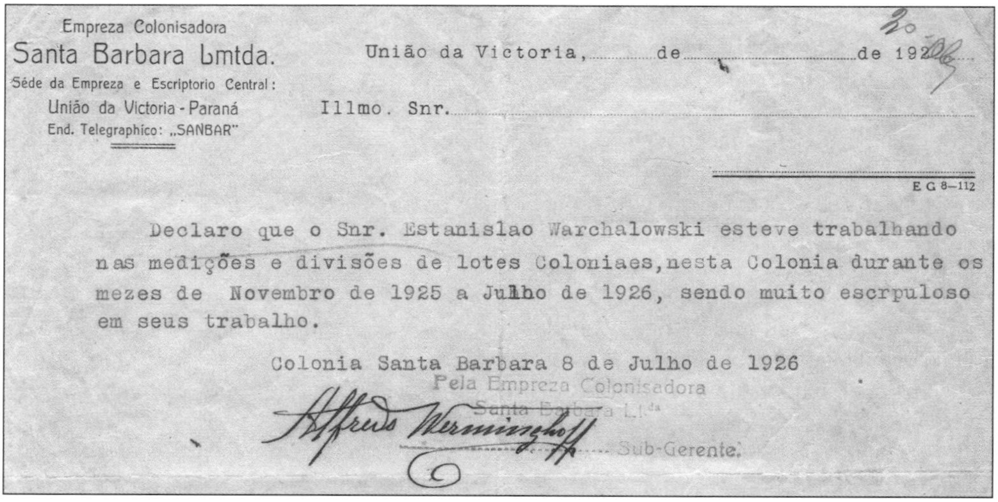

Empreza Colonisadora
Santa Barbara Lmtda.
Séde da Empreza e Escriptorio Central:
União da Victoria - Paraná
End. Telegraphico: „SANBAR"

União da Victoria, ... de ..... de 192..

Illmo. Snr. .....

E G 8—112

Declaro que o Snr. Estanislao Warchalowski esteve trabalhando nas medições e divisões de lotes Coloniaes,nesta Colonia durante os mezes de Novembro de 1925 a Julho de 1926, sendo muito escrpuloso em seus trabalho.

Colonia Santa Barbara 8 de Julho de 1926

Pela Empreza Colonisadora
Santa Barbara L.tda
..... Sub-Gerente.

Oświadczam, iż P. Stanisław Warchalowski pracował przy pomiarach i podziałach dzialek kolonistów w tutejszej Kolonii od listopada 1925 do lipca 1926, będąc w swej pracy nader skrupulatnym.

[219] *Sapopema* (port.) – nazwa zwyczajowa jednego z kilku gatunków drzew, a także określenie zjawiska występującego przy drzewach niezwykle wyniosłych, których system korzeniowy znajduje się częściowo ponad powierzchnią ziemi. Korzenie tworzą potężne, odchodzące od pnia odnogi, rozdzielając przestrzeń u podnóża drzewa.

prowadząc tak prymitywny żywot. Czas mi się nie dłużył, byłem stale zajęty. Rozpalałem ognisko, gotowałem obiad. Był tylko fiżon i ryż oraz trochę suszonego mięsa, które prędko się skończyło. Myłem naczynia, prałem sobie koszulę i bieliznę, przemywałem ranę w czystym potoku niedaleko. Jedynie w nocy trochę się bałem, bo często słychać było stąpania w pobliżu, a barak nie miał drzwi, tylko zastawiałem wejście związanymi pniami.

Nie czułem się samotnie. Tysiącami głosów puszcza żyła wokół mnie. W trawie słychać było cykanie rozmaitych owadów, nad rzeką odzywały się żaby, gdzieś w oddali wyjce, a stale był obecny przeciągły odgłos świerszczy. *Araponga* (ptak kowacz)[220] wystukiwał rytmiczne uderzenia, co mi czasem działało na nerwy, bo od rana do wieczora słychać było ten uporczywy, metaliczny dźwięk. Ale specjalny urok miał zapadający wieczór, gdy ptaki wszczynały prawdziwy koncert, nawołując się wszystkimi głosami. Harmider trwał, dopóki nie ułożyły się do snu, wtedy pomału ucichał.

Obserwowałem dokładnie wszystko dokoła mnie, a szczególnie mrówki najbardziej mnie interesowały, starałem się zrozumieć ich chody i sposób życia.

Nauczyłem się wtedy obserwować drzewa, na których siadają ptaki, specjalnie stada małych papużek *periquitos*. Owoce, które ptaki jedzą, także mogą służyć na pokarm dla ludzi.

Rana po trochu się zagoiła, a gdy Sasza wrócił z *turmą*, robota już była prawie skończona. Za te osiem miesięcy pracy, prawdę mówiąc – w nadzwyczaj trudnych warunkach, zarobiłem sporą sumkę pieniędzy i zdecydowałem się szukać szczęścia w Rio de Janeiro, dokąd w tym czasie wrócił mój starszy brat Jerzy.

Sasza jeszcze został parę miesięcy, żeby wykończyć pracę i narysować plany. Potem też pojechał do Rio de Janeiro, gdzie nieszczęśliwie dostał żółtej febry i umarł. Dziwne są losy ludzkie – w lasach nic mu się nie stało, a zaraził się żółtą febrą właśnie w mieście!...

Spotkanie z królową rzek, czyli moja pierwsza podróż na Amazonkę

I.

Pracowałem jako rysownik techniczny w Rio de Janeiro i mieszkałem w pensjonacie na ulicy Senador Vergueiro, kiedy któregoś dnia roku 1928 oświadczyłem przy kolacji, że jadę – na Amazonkę...

Wszystkie oczy siedzących przy długim stole zwróciły się na mnie i rozmowy zamarły. Wnet wszyscy jednogłośnie wyrazili swe zdanie:

– *Não faça isto!* (Nie rób tego!)

– *Você é doido!* (Zwariowałeś!)

– *É um suicídio!* (To samobójstwo!)

Właścicielka wyjrzała z kuchni z ciekawością i stanęła we drzwiach z wyrazem zdziwienia na twarzy.

Wszyscy zaczęli głośno rozmawiać i w zamieszaniu słychać było tylko oderwane słowa: febra... Indianie... dzikie zwierzęta... komary... żmije...

– *Inferno verde!* (Zielone piekło!) – rzekł ktoś grobowym głosem.

Tak! Rzeczywiście – dorzecze Amazonki nazywano *Inferno Verde*. Mało znane terytoria, niebezpieczeństwa i trudności podróży, nieprzystępne puszcze ciągnące się tysiącami kilometrów,

---

220 *Araponga* (port.) – dzwonnik, ptak z rodziny bławatników, żywiący się owocami. Zamieszkuje tereny lasów zwrotnikowych i podzwrotnikowych Ameryki Środkowej i Południowej, a osiąga wielkość do ok. 30 cm. Znany jest z wydawania bardzo głośnych dźwięków.

labirynt rzek, kanałów i jezior, pełnych krokodyli, stanowiły dla miejskich ludzi przerażające widmo piekielnej grozy.

Pomimo tego, dla mnie już od dziecka Amazonka tchnęła nadzwyczajnym urokiem. Od małego marzyłem o podróżach po tajemniczych puszczach Brazylii, a już Amazonka specjalnie mnie fascynowała.

Miałem akurat dobrą posadę w kanadyjskiej firmie Light & Power, wszelako wystarczyło parę listów mego Ojca, oznajmiających, że szykuje się ekspedycja polska na zbadanie terenów na górnym Ucayali, ażebym zapałał nieprzepartą chęcią wyruszenia razem z zespołem.

Ojciec mój był wówczas naczelnikiem Wydziału Zamorskiego przy Urzędzie Emigracyjnym i dostał od rządu peruwiańskiego koncesję dla Polaków na kolonizację terenów nad rzeką Ucayali. Polska komisja rządowa miała zbadać możliwości kolonizacyjne na tych obszernych i mało znanych terytoriach Amazonki peruwiańskiej.

Znając moją skłonność do wszelkich podróży i przygód, Ojciec przysłał mi pieniądze na bilet okrętowy z Rio do Belém[221], miasta przy samym ujściu rzeki, gdzie miałem się z nim spotkać. Urok zwiedzenia całej Amazonki przechylił szalę losu; rzuciłem posadę, żeby wykorzystać tę okazję i przyłączyć się do ekspedycji na własny koszt.

Była to już moja Czwarta Wielka Przygoda! Podałem się do dymisji w firmie, zwinąłem manatki i wsiadłem na statek Lloydu Brazylijskiego[222], który po dwóch tygodniach dowiózł mnie do Belém do Pará, zatrzymując się po drodze we wszystkich większych portach stanów północnych: Vitória, Salvador, Recife, Natal i innych. Komunikacja lotnicza stawiała wtedy pierwsze kroki i była bardzo kosztowna.

II.

W Belém, stolicy stanu Pará, mieście położonym przy samym ujściu rzeki Amazonki, spotkałem mego Ojca, który przyjechał z Europy, przywożąc mały jachcik z silnikiem benzynowym, zakupiony w Holandii. Stąd jachcik powędrował na pokładzie statku towarowego do Manaus[223], dokąd jechaliśmy sześć dni.

Królowa rzek ma żółtą, mętną wodę. Jej szerokość wynosi 10 km albo i więcej. Niecierpliwie wypatrywałem brzegów, chciałem zobaczyć, jak ta słynna puszcza amazońska wygląda. Ale rzeka jest tak szeroka, że w ogóle nie widać brzegów, płynęliśmy jak po morzu. Czasem z jednej strony ukazywała się linia odległego lasu, ale nigdy nie było widać jednocześnie obu brzegów.

W Manaus, stolicy ogromnego stanu Amazonas, leżącej przy ujściu Rio Negro (Czarnej Rzeki) do Amazonki, zatrzymaliśmy się parę dni. Było tam piekielnie gorąco. Pomimo że tak samo Belém, jak i Manaus są prawie na linii równikowej, wydało mi się, że w Manaus było goręcej niż w Belém, gdzie przynajmniej prawie zawsze po południu padał ulewny deszcz, który trochę orzeźwiał klimat.

---

[221] Belém do Pará – stolica stanu Pará i największy ośrodek miejski Amazonii; w roku 2008 miasto liczyło blisko półtora miliona mieszkańców. Uważane jest za największy ośrodek miejski położony na równiku. Belém zostało założone w roku 1616 jako Feliz Lusitânia („Szczęśliwa Luzytania"). Obszary te zamieszkiwali wówczas Indianie Tupinamba.

[222] Companhia de Navegação Lloyd Brasileiro – nieistniejące już linie okrętowe, utworzone w roku 1890. Najpierw obsługiwały żeglugę przybrzeżną i amazońską (zarówno pasażerską, jak i towarową), potem rozszerzyły działalność na inne rejony świata. Docierały nie tylko do obu Ameryk, ale także do Europy Północnej i na Morze Śródziemne.

[223] Manaus – stolica stanu Amazonas, najludniejsze miasto całej Amazonii – w roku 2008 jego populacja liczyła przeszło 1.700.000. osób. Położone jest u zbiegu rzek Negro (największego lewego dopływu Amazonki) i Solimões; od tego miejsca rzeka nosi już nazwę Amazonki. Manaus zostało założone w 1669 roku jako fort, z którego portugalscy kolonizatorzy strzegli zdobytych obszarów zwłaszcza przed Holendrami.

W Manaus podziwiałem ruchomy port, dzieło słynnego inżyniera polskiego Rymkiewicza[224]. Różnice poziomu wód rzek są znacznie większe, niż to bywa przy przypływie i odpływie morza. Ażeby uniknąć trudności z wyładowaniem czy z załadowaniem statków, które albo znajdowały się nisko przy brzegu, albo bardzo wysoko, Rymkiewicz zbudował rodzaj pontonów, pływających na olbrzymich żelaznych cylindrach, połączonych z brzegiem rzeki przez windy i powietrzne kolejki linowe. Pontony szły do góry lub na dół, zależnie od wysokości wód, a statki w stosunku do samego pomostu były zawsze na tej samej wysokości, oczywiście uwzględniając wysokość samych statków. Ten system pływającego doku oraz głębokość rzeki wynosząca około 50 metrów umożliwiają przyjmowanie normalnych statków oceanicznych.

Manaus znajduje się o 1.700 km powyżej ujścia Amazonki do morza, na lewym brzegu dopływu Negro. Miasto zostało założone w XVII wieku, prawie do końca XIX wieku było ubogie i obskurne, zamieszkałe głównie przez Metysów i Indian. Kiedy od 1890 roku ceny kauczuku na rynku międzynarodowym zaczęły iść stale w górę dzięki wynalazkowi opon i rozwojowi przemysłu samochodowego, do Amazonki zaczęły spływać pieniądze. Wszyscy rzucili się zbierać i eksportować kauczuk – ludzie wzbogacili się, a miasto rozrosło w szalonym tempie. Porobili najrozmaitsze ulepszenia – wielkie zasypy, mosty, kanalizację wodną, piękne fontanny, potężne gmachy. W ciągu 20 lat Manaus doznało oszałamiającego rozkwitu.

Skończyły się jednak czasy łatwych fortun zrobionych na gumie – ceny spadły... Przebrzmiał ten wspaniały okres, gdy właściciele terenów, na których rosły drzewa kauczukowe, zapalali cygara banknotami o nominale 500 milrejsów i wysyłali swe dzieci do szkół w Paryżu i Londynie. Minęły złote czasy, gdy cena kilograma kauczuku wynosiła 20 dolarów. Wówczas byle Murzyn rozbijał sobie butelki szampana na łbie, aż do czasu, gdy Anglicy założyli rozległe plantacje na Półwyspie Malajskim i stworzyli konkurencję, która zabiła produkcję krajową, gdyż tam był łatwy dostęp do drzew, a w Brazylii i Peru należało przedostawać się przez puszczę.

Skończyły się dobre czasy Amazonki. Teraz kauczuk był wart 2 dolary za kilo. Prawie że się nie opłacał. Ludność uciekła z lasów lub przerzuciła się na inne produkty krajowe, jak *castanha-do-pará* (brazylijskie orzechy)[225], kokosy *babaçu*[226], z których wyrabia się olej i margarynę, a także na drzewo czy skóry.

---

[224] Bronisław Rymkiewicz (1849-1907) – inżynier; studiował w Rydze, Zurychu, Akwizgranie i Monachium. Brał udział w budowie linii kolejowych w Grecji, Puerto Rico i Brazylii, a także w konstrukcji Kanału Panamskiego. W roku 1888 osiadł w Brazylii; trwał wówczas tzw. cykl kauczuku, podczas którego ten właśnie surowiec przyczynił się do dynamicznego rozwoju zwłaszcza regionu Amazonii. W latach 1900-1904 Rymkiewicz kierował budową opisywanego przez Warchałowskiego portu handlowego w Manaus; współpracował z nim inni polski inżynier, Aleksander Brodowski. W Manaus odsłonięto ich pomnik, nazwiskiem Rymkiewicza nazwano też jedną z ulic miasta. Po ukończeniu konstrukcji portu Rymkiewicz przeniósł się do Wielkiej Brytanii. (Więcej informacji: *PPB*.)

[225] *Castanha-do-pará* (port.) – owoc orzesznicy wyniosłej (*Bertholletia excelsa*), zwanej też orzesznicą brazylijską lub bertolecją. To potężne drzewo rośnie w Ameryce Południowej, obecnie zwłaszcza w Boliwii i Surinamie. Uznane jest za gatunek zagrożony; niebezpieczeństwo stanowi dla niego m.in. wycinka lasów i polowanie na gryzonie, które roznoszą jego nasiona. Orzech brazylijski, cenny, smaczny i bogaty w składniki odżywcze (ok. 50% to tłuszcz), spożywany jest nie tylko w stanie surowym. Używa się go również do produkcji słodyczy i sorbetów, a ponadto oleju – stosowanego nie tylko w przemyśle spożywczym, ale również do wytwarzania mydła i smarów. Co ciekawe, owoc ten nie przypomina zwykłego orzecha. Jest twardą kulą o wadze do dwóch kilogramów, zawierającą nawet przeszło 20 półksiężycowatych orzeszków w bardzo twardej skorupie.

[226] *Babaçu* a. *babassu, coco-de-macaco* (port.) – atalia, czyli palma brazylijska (*Orbignya phalerata, Attalea speciosa*) z lasów deszczowych Amazonii. Wytwarza jadalny owoc, z którego produkuje się też mąkę i olej, wykorzystywany m.in. w kosmetyce oraz jako biopaliwo. Liści i owoców używa się ponadto w lokalnym rzemiośle.

Dawniej nikt o niczym nie mówił ani niczym się nie zajmował, tylko kauczukiem. Kauczuk był bogiem Amazonki, ale zmieniły się czasy. Mnóstwo eks-milionerów, którzy kształcili swe dzieci w Paryżu, dziś chodzi bez butów. Jako niemy świadek tej wspaniałej przeszłości został piękny budynek teatru opery w Manaus. Niemy dlatego, że przez lata zamknięty, bo nie było już pieniędzy na sprowadzanie kosztownych trup teatralnych i operowych z Europy.

W Manaus Ojciec chciał rozruszać motor jachciku. W tamtych czasach mało kto znał się na motorach spalinowych. Ani ja, ani Ojciec nie mieliśmy pojęcia o funkcjonowaniu silnika. *Starter*, *ignition*, *plugs*, *on*, *off* i labirynt przewodów elektrycznych – było to, jak mawiają Brazylianie, *bicho de sete cabeças*, czyli „stworzenie o siedmiu głowach". Ojciec zwrócił się do kierownika oficyny naprawy statków należących do Amazon River Steam Navigation Co.[227], które kursowały między Belém a Iquitos[228]. Ponieważ motor nie chciał ruszyć, mechanicy zaczęli szukać defektu, rozkręcając cały silnik aż do najmniejszych części. Dzisiaj mogę powiedzieć, że było to robione umyślnie, gdyż po prostu silnik należało naoliwić i rozruszać, załączając dobrą baterię, ponieważ przez miesiąc był nieczynny. Wiadomo, że każdy motor, który postoi dłuższy czas w garażu, potrzebuje czasu na rozruszanie – zresztą w Amsterdamie, jak Ojciec twierdził, silnik pracował wyśmienicie, więc specjalnego defektu nie mogło być.

Straciliśmy parę dni, czekając na zakończenie manipulacji mechaników, aż wreszcie zmontowali silnik z powrotem i – ku naszej radości – motor ruszył. Popłynęliśmy dla próby czarnymi wodami Rio Negro jakieś 20 km aż do ujścia. Ciekawy widok przedstawia miejsce, gdzie spotykają się wody obydwu rzek – czarne z brudnożółtą od niesionego mułu wodą Amazonki. Z początku silny prąd Rio Negro odpycha wody Amazonki, potem z trudem mieszają się i widać ogromne ciemne plamy. W niektórych miejscach tworzą się wiry, gdzie na jaśniejszą toń wydostają się na powierzchnie jakby kłęby atramentu.

Odbywszy zadowalającą próbę, zawróciliśmy, ale nasza radość niedługo trwała. Ojciec zbladł z przerażenia, gdy właściciel oficyny zażądał tak wysokiej zapłaty, że prawie można byłoby kupić używaną małą motorówkę.

Zaczęła się długa dyskusja, a ponieważ w tym miejscu leżały kloce cedru i mahoniu, właściciel oficyny, wysoki drab, jeszcze wlazł na taki kloc, i – będąc górą – zdominował dyskusję. Ażeby uratować nasz honor, wlazłem na jeszcze wyższy kloc, a tylko Ojciec został na dole. Po długim targu i pewnym ustępstwie, Ojciec zapłacił nadal bardzo słony rachunek.

Z Belém do Iquitos kursowały statki rzeczne poruszane kołem, zwane popularnie *vaticano*, należące do angielskiej kompanii Amazon River Steam Navigation Co. Miały trzy pokłady i jechało się ze względnym komfortem. W porównaniu do wszystkich innych mniejszych statków na rzece, były to prawdziwe „pływające pałace", szczególnie takie wrażenie robiły w nocy, gdyż posiadały oświetlenie elektryczne. „Janka" (bo tak był ochrzczony jachcik)[229] została przymocowana do boku statku i wyruszyliśmy do Iquitos. Jechaliśmy około 15 dni, bo wody były wysokie. W czasie powodzi brzegi się obrywają i małe wyspy spływają w dół rzeki, pomału się rozdzielając na mniejsze kawałki i na pojedyncze drzewa. Za dnia było ciekawe przyglądać się spływającym wysepkom lub ogromnym drzewom, gdzie na wysta-

---

[227] Amazon River Steam Navigation Company – brytyjskie linie okrętowe, utworzone w 1911 roku, obsługujące handel lokalny wzdłuż rzeki.

[228] Iquitos – miasto w Peru założone w latach 70. XVIII wieku; stolica Amazonii peruwiańskiej. Jego populacja liczy ok. 400 tysięcy mieszkańców – szacuje się, że jest to największe miasto na świecie, do którego nie prowadzi droga kołowa (posiada połączenie lądowe jedynie z miasteczkiem Nauta). Można się tam dostać statkiem lub samolotem.

[229] Matka autora niniejszych wspomnień miała na imię Janina.

jących gałęziach siedziały nieruchomo czaple. W nocy zawieszano na dziobie reflektor, który oświetlał niewielkie pasmo wody i posuwaliśmy się powoli, na jednej maszynie, przystając niekiedy, żeby przepuścić większe drzewo lub pień płynący w poprzek.

W czasie podróży wysypiałem się wyśmienicie, za to Ojciec czasem do późna przebywał na pokładzie i obserwował spływające drzewa. Musiał być zafrasowany losem „Janki" – gdyby tak jakiś kloc drzewny łupnął ją w bok lub w dziób... Gdyż pomimo ostrożności, w nocy pilot nie zawsze zdążał wymijać potężne pnie, które uderzały o statek, aż cały trząsł się i podrygiwał. Którejś nocy uderzenie było tak silne, że wypadłem z górnej koi na ziemię i rozbiłem sobie bok i nogę. Ojciec prędko narzucił szlafrok, chwycił latarkę i pobiegł na pokład. Poszedłem też, kulejąc, pewny, że z „Janki" zrobił się placek. Ale tym razem szczęście nam sprzyjało, „Janka" nie została nawet tknięta, tymczasem na statku, na którym jechaliśmy, następnego dnia oglądaliśmy ślady uszczerbku.

Statki płynące po Amazonce zatrzymywały się w małych portach, ażeby ładować drzewo do opalania kotłów. Wielkie szczapy prędko i zręcznie ładowali na statki tubylcy o wybitnie indiańskich rysach. Byli to potomkowie Indian lub Metysi, ubrani tylko w spodnie. Kobiety, prawie zawsze obarczone licznymi dziećmi, przyglądały się statkowi i jego załodze, i pasażerom z daleka.

Bardzo rzadko spotyka się na Amazonce Murzynów. O ile są licznie reprezentowani w sąsiedniej Gujanie, o tyle na Amazonce i w jej dorzeczach spotyka się ich mało. Jako że nie było tu ani kopalni złota, ani plantacji kawy, ani młynów wyrabiających cukier z trzciny, nie zaprowadzono niewolnictwa murzyńskiego jak w innych stanach Brazylii.

Na jakimś postoju opadła nas chmara komarów, masami siadały na twarz i na ręce; nawet i potem, jadąc w głąb Ucayali, nie widziałem czegoś podobnego. Wszyscy pasażerowie zawinęli się, w co mieli pod ręką. Włożyłem płaszcz deszczowy na głowę i otuliłem się, zostawiając tylko mały otwór na oczy i nos, i to trzeba było ciągle odpędzać owady, bo wciskały się i gryzły niemiłosiernie.

Dojechaliśmy do granicy brazylijsko-peruwiańskiej i przejechaliśmy dwa małe osiedla: Tabatinga, graniczna forteczka brazylijska, i po kwadransie jazdy, Leticia, punkt graniczny Peru[230]. Rzeka odtąd zowie się Marañón, a szeroka jest na przeszło 1.500 metrów. W Leticia wsiadło kilku mężczyzn, których wieźli do Iquitos, w Peru; byli oni w ostatnim stadium malarii, chudzi i żółci jak chodzące trupy.

Wkrótce po przejechaniu granicy pojawili się Indianie, chociaż zupełnie oswojeni, ale żyjący jeszcze w swych tradycjach, ubiorach i zwyczajach. Podpływali łodziami do statku, ażeby robić handel zamienny. Dzierżyli łuki i strzały i mieli na biodrach rodzaj spódniczek krótkich do kolan, z pęków trawy czy włókien palmowych. Kobiety miały nagie piersi i, o ile to na początku robiło niesamowite wrażenie, po pewnym czasie obcowania z Indianami stanowiło zupełnie naturalny widok.

III.

Dotarliśmy wreszcie do Iquitos, jedynego większego ośrodka peruwiańskiego nad rzeką Marañon. Też miał swój okres dobrobytu dzięki kauczukowi, a potem wszedł w stagnację. Miasteczko dobrze rozplanowane i czysto utrzymane, ma przeszło 20.000 mieszkańców. Domy

---

230 Dziś oba te miasta funkcjonują jak jedno; mieszkańcy mogą swobodnie przechodzić granicę. Położone są w regionie zwanym po hiszpańsku Tres Fronteras, po portugalsku zaś Três Fronteiras, czyli Trzy Granice; spotykają się tu Brazylia, Peru i Kolumbia. Do Tabatinga – jak do Iquitos (zob. przyp. 228) można dostać się jedynie statkiem lub samolotem. Podobnie jest z miastem Leticia, od 1929 roku należącym do Kolumbii; choć oddalone od innych ośrodków kraju, stanowi ważny port handlowy.

przeważnie parterowe, całkiem niezły handel, trochę samochodów na centralnych ulicach. Boczne ulice są porośnięte trawą, a jeszcze trochę dalej od razu zaczyna się puszcza.

Teraz zaczęła się nowa gehenna rozruszania motoru „Janki". To już nie zła wola, jak w Manaus, tylko brak dobrych mechaników nastręczał trudności, które ostatecznie zostały usunięte dzięki pomocy władz peruwiańskich, które zawezwały mechaników z linii lotniczej peruwiańskiej – i ci puścili silnik w ruch.

W Iquitos była już ekspedycja polska, która przyjechała ze strony Limy, składająca się z Lepeckiego[231], znanego podróżnika i autora wielu książek; Zarychty[232], który jak i Lepecki już był w Paranie; prócz tego Fularski[233], Pankiewicz[234], Gadomski[235] i jeszcze paru uczestników. Ekspedycja ta była sponsorowana przez rząd polski, dlatego składała się z ludzi, którzy wtenczas byli autorytetami w sprawach kolonizacji i terenoznawstwa w Ameryce Południowej. Mieli oni za zadanie orzec, czy tereny koncesji udzielonej przez rząd peruwiański w górnym Ucayali oraz nad rzeką Urubamba nadają się na kolonizację polską.

Nie można nie pamiętać postaci oryginalnej i często nawet komicznej Francuza, operatora filmowego, pochodzącego z Algierii i szczycącego się sfilmowaniem walk Legii Cudzoziemskiej na Saharze. Ojciec przez swe kontakty z Francuzami namówił ich na wysłanie operatora i zrobienie filmu z całej tej wyprawy. Było to jedno z udanych przedsięwzięć i Francuz zrobił bardzo ciekawy film, zarówno z Ucayali, jak też z jego powrotnej podróży razem z Ojcem, mułami przez Kordyliery do Limy.

---

231 Mieczysław Bohdan Lepecki (1897-1969) – wojskowy (doszedł do stopnia majora), a ponadto podróżnik i niezwykle płodny, błyskotliwy pisarz. Służył w Legionach, był internowany w Szczypiornie i w Łomży. W 1923 roku został mianowany na stanowisko referenta w Gabinecie Ministra Spraw Wojskowych, co pozwoliło mu znaleźć się wysoko w kręgach ówczesnej władzy – i blisko Józefa Piłsudskiego. W latach 1931-1935 był adiutantem Marszałka; opisał swą służbę w pamiętniku, jako zdeklarowany piłsudczyk przemilczając incydenty, które mogłyby postawić wodza w złym świetle. Pamiętnik ów ukazał się kilkadziesiąt lat później. W swych podróżach zwiedził Lepecki pół świata, od Ameryki Południowej, poprzez Kaukaz i Syberię, aż po Afrykę. Brał udział w opisywanej przez Warchałowskiego wyprawie do Peru, pracował w poselstwie w Bukareszcie, kierował także ekspedycją na Madagaskar, której celem było zorientowanie się w możliwościach pozyskania tej wyspy jako kolonii polskiej, ewentualnie jako terenów kolonizacji żydowskiej (1937 r.). Po wybuchu II wojny światowej przeniósł się do Francji, następnie zaś do Brazylii. Do Polski wrócił w roku 1962. (Więcej informacji: przedmowa A. Garlickiego do *Pamiętnika adiutanta Marszałka Piłsudskiego,* Warszawa: PWN, 1987.)

232 Apoloniusz Zarychta (1899-1972) – geograf, mierniczy, znawca kwestii emigracyjnych, a także oficer. Wykształcony na akademiach wojskowych w Polsce i we Francji, a także na uniwersytetach Warszawskim i Jagiellońskim. Wykładowca uniwersytecki we Lwowie i w Warszawie, członek Instytutu Geograficznego PAN. W Ameryce Południowej przebywał kilkakrotnie; współpracował przy organizacji kolonii polskich w Paranie i na Ucayali, badał interior brazylijski pod kątem geologii, studiował życie plemion indiańskich. Rezultatem jego podróży był doktorat obroniony w 1933 roku i kilka publikacji książkowych. (Więcej informacji: *PPB.*)

233 Autor musiał się pomylić; uczestnikiem omawianej ekspedycji był nie Fularski, ale Aleksander Freyd, lekarz specjalista od chorób tropikalnych.

234 Michał Pankiewicz (1887-1980) – dziennikarz, pisarz, entuzjasta emigracji o przekonaniach lewicowych. Czynił starania o pozyskanie jak największej liczby wychodźców, którzy mogliby stworzyć w Brazylii „Nową Polskę". Przyczynił się do powstania ostatniej fali migracji polskiej do Brazylii przed I wojną światową. Członek organizacji i instytucji związanych z kwestiami emigracyjnymi, jak Towarzystwo Przyjaciół Parany (które sam założył), Towarzystwo Emigracyjne, Państwowa Rada Emigracyjna, Liga Morska i Kolonialna; redaktor pisma „Wychodźca". Pankiewicz jest też jedną z osób odpowiedzialnych za powstanie w Argentynie kolonii polskiej Vistula i za otwarcie w Buenos Aires Domu Polskiego.

235 Feliks Gadomski (ur. 1898) – inżynier; szef opisywanej ekspedycji.

Nie należąc do ekspedycji, znalazłem się w Iquitos jako piąta noga u stołu, przyglądając się raczej z daleka, jak przygotowano ekipę do dalszej podróży. Rząd peruwiański ofiarował do dyspozycji statek patrolowy marynarki wojennej „Cahuapanas". Poza tym ekspedycja dysponowała „Janką", piękną łodzią z kabiną, z motorkiem na benzynę, mającą służyć na badanie mniejszych rzek, gdzie „Cahuapanas" nie mógł płynąć.

Nie mając tutaj nic do roboty, wybrałem się w samotną podróż. Wsiadłem na tzw. *lanchę*[236], mały stateczek rzeczny około 25 metrów długości na 5 szerokości, opalany drzewem, który jechał w głąb rzeki Ucayali. Zawiesiłem mój hamak na pokładzie, gdyż parowczyk miał tylko 6 maleńkich kabin dwuosobowych, które już były zajęte, reszta pasażerów układa się do snu na pokładzie, jedni w hamakach, inni na prowizorycznych posłaniach, gdzie bądź na podłodze. Tu już nie było takiego luksusu jak elektryczność, ciemności nieśmiało i drżąco odpędzały naftowe lampy.

Następnego dnia dojechaliśmy do ujścia wielkiej rzeki Ucayali, prawie równej szerokością jak Marañón. Wjechaliśmy w mętne wody Ucayali i teraz już widać było brzegi, ale nowe rozczarowanie – widziało się tylko zielone pasmo, podróż zupełnie monotonna, jeszcze brzegi za daleko.

Po dwóch tygodniach dojechałem do Pucallpa[237], gdzie było peruwiańskie lotnisko wojskowe; tam zatrzymywały się na aprowizację małe samoloty jednomotorowe, należące do poczty lotniczej peruwiańskiej. W miasteczku tym, a raczej osadzie, dowiedziałem się, że ekspedycja już tu była i pojechała dalej na Urubambę. Zwarłem znajomość z pewnym Peruwiańczykiem, który spławiał tratwy do Iquitos (w ten sposób fazenderzy wysyłali cedr i mahoń do większych ośrodków – robili tratwy, które spływały w dół rzeki) i teraz wracał łodzią w górę rzeki do swej hacjendy położonej blisko Cumaría, miejscowości, gdzie później odbyła się nieudana próba osadnictwa polskiego. Peruwiańczyk ten miał ze sobą pół tuzina Indian ze szczepu Conibos, a łódź jego była duża, więc zgodził się wziąć mnie za niewysoką opłatę.

Wspaniała to była podróż, dni się nie liczyły, przeważnie sypiało się na hamakach w wioskach indiańskich lub po prostu nad brzegami rzeki. Miałem dubeltówkę dwunastkę i karabin typu mauser[238], które Ojciec przywiózł z Polski i dał mi w Iquitos, ale wolałem przyglądać się wszystkiemu, niż polować.

Teraz mogłem przyjrzeć się dokładnie bujnej gęstwinie leśnej nad brzegami rzeki i podziwiać potężne drzewa o rozrosłych konarach, okrytych pasożytami wszelkiego rodzaju. Pomiędzy nimi wystrzelały gdzieniegdzie korony palm rozmaitych odmian, a wszędzie zwieszały się pnącza i liany, tworząc niesamowity gąszcz. Miejscami rzeka podmywała brzeg puszczy, tu i ówdzie znajdowały się niewielkie plaże lub zwały drzew naniesione wodą i częściowo zasypane piaskiem.

W czasie przyboru wód zasadniczo mało się widzi ptaków lub dzikich zwierząt. Raj dla oka i dla myśliwego to susza i niski stan wód. Wtedy ryby się skupiają, a za nimi ptactwo, krokodyle i inne zwierzęta trzymają się brzegów i wysp. Widać stada małpek w ciągłym ruchu

---

236 *Lancha* (port., hiszp.) – łódź; niewielka jednostka pływająca.

237 Pucallpa – stolica departamentu Ucayali, położona nad brzegiem rzeki o tej nazwie; drugi co do wielkości port rzeczny Amazonii peruwiańskiej i ważny ośrodek przemysłu drzewnego. Jest to także jedyne miasto selwy peruwiańskiej, posiadające połączenie drogowe ze stolicą kraju Limą. Jest tu także lotnisko. Pierwsi koloniści zaczęli osiedlać się w tych okolicach w połowie XIX wieku.

238 Mauser – niemiecki karabin jednostrzałowy skonstruowany w 1866 roku przez braci Paula i Wilhelma Mauserów. Wprowadzony do armii pruskiej pod koniec wieku, z czasem także element uzbrojenia armii innych krajów Cesarstwa Niemieckiego. Podstawowa wojskowa broń palna w międzywojennej Polsce.

na drzewach przybrzeżnych, krokodyle wylegują się na brzegach i plażach. Stada czapel, szczególnie czerwonawych z łopatkowym dziobem, literalnie zaścielały łachy piaszczyste, a spłoszone zakrywały niebo różową chmurą. Stada krzykliwych *periquitów* przelatywały w pobliżu albo papugi lub bajecznie kolorowo upierzone *arary*[239], przeważnie parami, szybowały po niebie.

Łódź była zaopatrzona w *pamacari*, półokrągłą budę z liści palmowych, jako osłonę od słońca. Muszę powiedzieć, że jechanie łodzią w górę rzeki, pod silny prąd, to nie byle zabawa. Ażeby uniknąć rwącego prądu na zakrętach (a przecież rzeka płynie samymi zakrętami, zupełnie proste odcinki są bowiem bardzo rzadkie), trzeba było stale przepływać z jednej strony na drugą, przecinając rzekę ukosem, co Peruwiańczycy zwali *chimbar*[240]. Na każdym zakręcie z jednej strony był silny prąd i wysoki brzeg pokryty puszczą, który czasem obrywał się na wielkich odcinkach, co stwarzało duże niebezpieczeństwo dla statków i łodzi. Na przeciwnym brzegu zakrętu były płycizny pokryte wysokimi trzcinami. Na tych płyciznach łodzie były popychane długimi żerdziami, a na nurcie głębokim krótkimi wiosłami, artystycznie malowanymi przez Indian. Wprawiała mnie w zdumienie niesłychana wytrzymałość Indian. Siedzący w kucki na przodzie łodzi potrafił tak wytrwać wiosłując bez przerwy od czwartej rano aż do południa, gdy mnie nogi cierpły po kwadransie w tej niewygodnej pozycji.

W niektórych miejscach, gdzie widocznie przeczuwali obecność ryb, zwalniali bieg łodzi i jeden z nich stawał na samym dziobie i rzucał dzidę z harpunem. Nieraz cierpliwie rzucał setki razy bezskutecznie, ale gdy natrafił na rybę, radość była ogólna.

Obcując dość długo z Indianami i obserwując ich na polowaniu, widziałem, jak słabym uzbrojeniem dysponują. Tylko dlatego zabijają rybę czy ptaka lub jakie zwierzę strzałą, bo jest ich obfitość. Trafić na przykład czarnego indyka na wysokim drzewie nie jest łatwo, a wysiłek ogromny. Poza tym zapas misternie zrobionych strzał był niewielki.

Indianie, u których się zatrzymywaliśmy, mieszkali w szałasach zawsze po stronie bardziej płytkiej. Na ogół należeli do szczepów Conibos i Shipibos, ale popularnie nazywani byli „Chamas", pomimo że nie lubili tej nazwy. Stopień kultury tych Indian był wysoki. Prowadzili tryb życia koczowniczy – przebywali jakiś czas na miejscu, potem porzucali je i przenosili się gdzieś indziej.

Ubierali się w długie, ciemnobrązowe opończe tkane z bawełny przez kobiety. Upiększali nosy i wargi świecidełkami robionymi ze srebrnych *soli*[241], czyli peruwiańskich pieniędzy, tak długo je tłukąc kamieniami, aż robiła się cienka blaszka. Przepadali też za *chaquira*[242], drobnymi różnokolorowymi paciorkami, z których robili misterne bransolety. Krucze ich włosy były obcięte w grzywę tuż nad samymi oczami, a twarze mężczyzn nie miały zupełnie zarostu.

Kobiety owijały się naokoło bioder jakby spódnicą z tkaniny malowanej farbami roślinnymi w piękne desenie na białym lub brązowym tle. Niektóre upiększały się gęstymi zwojami korali, robionymi z czerwonych lub popielatych nasion. Mężczyźni czasem mieli torby tkane z bawełny, udekorowane w czerwone lub brunatne i czarne desenie, które przewieszali na ukos przez ramię.

---

239 *Arara* (port.) – ara, ptak z rodziny papugowatych. Są to duże, kolorowo upierzone papugi z długim ogonem i mocnym, haczykowatym dziobem. Zamieszkują Amerykę Południową. Zarówno po polsku, jak i po portugalsku terminem 'ara' określa się zarówno rodzaj *Ara*, jak i ptasich przedstawicieli innych, spokrewnionych rodzajów papugowatych.

240 *Chimbar* (hiszp.) – w Peru i Ekwadorze czasownik ten oznacza 'przeprawić się w bród'; tu mamy najwyraźniej do czynienia z bardziej żargonowym użyciem terminu.

241 *Sol* (hiszp.) – waluta obowiązująca w Peru w latach 1863-1897 (z wyjątkiem lat 1880-1881), popularnie nazywana *sol de plata* – 'srebrnym solem'. W czasie, gdy w Peru przebywał Warchałowski, w obiegu była *libra peruana*, 'funt peruwiański'. Od roku 1991 peruwiańską jednostką monetarną jest nowy sol (*nuevo sol*).

242 *Chaquira* (hiszp.) – koralik, paciorek. Przez rozszerzenie nazwa ta oznacza także ozdoby wykonywane z owych koralików przez Indian.

Żywili się rybami, a także bananami i maniokiem, których mieli plantacje. Mężczyźni zajmowali się prawie wyłącznie łowieniem ryb i sadzeniem, do kobiet należały wszystkie inne prace, jak zbieranie manioku, gotowanie, tkanie, lepienie z gliny i malowanie garnków, itd.

Widziałem osobiście, jak Indianie łamali spróchniałe drzewo i wyłapywali tam rodzaj karaluchów, które na miejscu chrupali, urwawszy tylko im głowy. Przez resztę życia nie mogłem znieść, jak ktoś blisko mnie jadł sucharki, bo na dźwięk chrupania przypominały mi się owe karaluchy.

Głębiej w lasach znajdowały się zupełnie dzikie szczepy. Widziałem taką wioskę z daleka, ale wiedziałem o niebezpieczeństwie i nie podchodziłem bliżej.

IV.

Płynęliśmy powoli, mozolnie popychając dużą łódź, *chimbując* z jednej na drugą stronę szerokiej rzeki. Około południa krokodyle leżące na brzegu spoglądały na nas z oburzeniem za przerwaną drzemkę i leniwie, a niezgrabnie właziły do wody. Nie przedstawiały one niebezpieczeństwa. Znałem tylko jeden wypadek ugryzienia w nogę przez krokodyla, ale chłopak ten w nocy nastąpił mu na głowę.

Gdzieś nad brzegiem zauważyliśmy *capivary* – zabawne gryzonie podobne do świni. Dalej trafiliśmy na ławicę ryb płynących przyspieszonym kursem w górę rzeki, skacząc ponad wodą, walcząc z prądem, i szereg około trzydziestocentymetrowych wskoczyło nam do łodzi.

I tak po dziesięciu dniach dojechaliśmy do Cumaría. Była to hacjenda należąca do rodziny Dolci, przyszłe centralne osiedle Kolonii Polskiej. Tu zatrzymałem się i czekałem na powrót ekspedycji, która pojechała motorówką jeszcze o 15 dni dalej w górę rzeki, do miejscowości Tamba-Urubamba[243],

Dolci był z pochodzenia Włochem. Posiadał maszynę parową do mielenia trzciny cukrowej i wyrabiał brunatny cukier oraz wódkę, bardzo pożądaną przez Indian. Poza tym miał trochę bydła, plantacje bananów i *yuki* (maniok po hiszpańsku)[244].

Każdy większy *hacendero* peruwiański miał pewnego rodzaju kontrolę nad Indianami, którzy mieszkali na jego terenach, i wykorzystywał ich do wycinania i spławiania kloców cedru i mahoniu, które, szczególnie podczas kryzysu 1930 roku, były jedynymi wartościowymi towarami.

Służba domowa składała się z tzw. *cholos*[245], czyli mieszańców, oraz z Indian z plemienia Campas, którzy zamieszkiwali płaskowzgórze, w pobliżu Kordyliery. Indianie z tego szczepu byli na znacznie niższym szczeblu rozwoju niż Chamasi. Ciekawe, że nigdy nie spotkałem służby z Chamasów, którzy zamieszkiwali brzegi rzeki Ucayali. Ci Indianie, o stosunkowo wysokim stopniu rozwoju i kultury, cenili wolność nad życie i nie wykonywali prac domowych. Żadna kobieta Chamasów by się nie splamiła służbą u ludzi białych i widocznie dlatego Chamasi gardzili Indianami Campas.

Jak długa i szeroka Ucayali, nie było tam lekarza. Stan zdrowotny Indian wymagał opieki lekarskiej; panoszyły się u nich paskudne liszaje i nieraz słychać było kaszel suchotników.

---

243 Warchałowskiemu chodzi zapewne o miejsce, gdzie łączą się rzeki Tambo (!) i Urubamba, by dać początek rzece Ucayali. Dziś znajduje się tam miasto Atalaya.

244 Należy mieć na uwadze, że maniok i jukka to dwie zupełnie inne rośliny. Maniok (zob. przyp. 195) należy do rodziny wilczomleczowatych i pochodzi z Brazylii; po hiszpańsku faktycznie nazywany jest *yuca*, a także *casava*. Jukka z kolei (*Yucca* L.) – też nosząca w języku hiszpańskim nazwę *yuca* – pochodzi z rodziny agawowatych; rośnie w Ameryce Północnej i Środkowej, jak również na Azorach. To właśnie jukkę znamy jako roślinę doniczkową.

245 *Cholo* (hiszp.) – Metys, t. Indianin; termin ten z początku miał negatywne, rasistowskie konotacje, choć w niektórych krajach Ameryki Łacińskiej używany jest obecnie w tonie neutralnym.

W późniejszej fazie kolonizacji lekarz polski miał pełne ręce pracy i zasłużył się bardzo, podnosząc stan zdrowotny okolic Cumaría.

W domu Dolciego były prawie same kobiety, gdyż synowie wyemigrowali, jak zresztą większość młodych mężczyzn na Ucayali. Brak przemysłu nie dawał możności pracy i lepszych zarobków, nie mówiąc już, że istniały tam tylko wiejskie szkółki, więc przyszłość młodych ludzi była ograniczona do wydobywania kauczuku, spławiania drzewa lub rolnictwa, które nie dawało dochodów, gdyż było uzależnione od cen dyktowanych przez lanczerów[246].

Dramatem białych kobiet na Ucayali był prawie zupełny brak młodych mężczyzn, którzy – nie znajdując żadnych możliwości lepszego zarobku – wyjeżdżali w dół Amazonki lub na Pacyfik, do Limy. Ten *exodus* młodzieży skazywał panny na celibat. Dlatego moje zjawienie się w tamtych stronach wywołało sensację i byłem przyjmowany jak książę. Zapraszano mnie co wieczór na potańcówki i zabawy w Cumaría i okolicznych hacjendach i osiedlach.

V.

Będąc w Cumaría zapałałem chęcią zobaczenia z bliska puszczy peruwiańskiej, dla porównania jej z brazylijską. Uzbrojony w rewolwer i maczetę, poszedłem z początku dróżką leśną, którą widocznie Indianie chodzili do jakiejś swojej plantacji *yuki* lub bananów.

Tereny tutaj znajdowały się dobrze powyżej poziomu Ucayali, tak że nie podlegały zalewom i puszcza nie była tak gęsta jak nad brzegami rzeki. Potężne drzewa tak samo były pokryte zwojami lian i porośli, jednak szerzej rozstawione. U góry łączyły się w zielony strop, który mało przepuszczał słońca, przez co przyjemny chłód panował w lesie. Cień głuszył i zabijał rośliny, dlatego podszycie było mniej zwarte. Niekiedy niskopienne palmy skupiały się w trudny do przebycia gąszcz, ale na ogół było luźniej i mogłem posuwać się dość swobodnie, tylko od czasu do czasu używając maczety dla utorowania sobie drogi.

Dwie piękne *arary*, krzycząc głośno, zwróciły mą uwagę i – chcąc je ustrzelić – zboczyłem z dróżki w las. Nie zastanowiłem się nad tym, że nawet, gdybym którąś trafił, to miałbym zapewne trudności, ażeby ją znaleźć między gałęziami i wydostać.

Wtedy jeszcze nie znałem świetnego indiańskiego sposobu znaczenia drogi poprzez łamanie od czasu do czasu gałązek i układanie ich w kierunku, z którego się przyszło. Idąc tu i tam za ptakami, straciłem orientację. Nastało południe i zacząłem być głodny, jak to się mówi, jak pies. Żadne próby wyjścia z labiryntu nie udały się i zdałem sobie sprawę, że naprawdę zabłądziłem… Nie wpadłem jednak w panikę. Wiedziałem, że można się utrzymać przy życiu, ścinając czubki młodych palm, które smakują jak głąb kapuściany. Bez soli nie jest to smaczna potrawa, ale – żując taki czubek palmy – szedłem przed siebie. Kierowałem się na zachód, gdzie powinna się znajdować rzeka Ucayali. Nie było wesoło, gdyż towarzyszyła mi chmara komarów i myślałem o tym, jak te komary będą się radowały, jeśli będę musiał spać w lesie! W puszczy panował półmrok, ale szczęśliwie od czasu do czasu można było zobaczyć światełko słońca. Gdyby dzień był pochmurny, to orientacja byłaby niemożliwa.

Byłem głodny i zmęczony, i posuwałem się stosunkowo powoli. Zdawano mi się, że już chyba noc zapadła, chociaż przypuszczalnie było około godziny czwartej, kiedy do moich uszu doszedł jakiś odgłos. Las był w tym miejscu podmokły i trzeba było krążyć naokoło tej wody. Zobaczyłem cień człowieka i stanąłem bez ruchu. A może to dzicy Indianie? Wiedziałem, że w głębi puszczy były jeszcze szczepy zupełnie dzikie. Długi czas stałem bez ruchu,

[246] Lanczer – spolszczony termin hiszpański *lanchero*, oznaczający przewoźnika lub właściciela łodzi.

ściskając rewolwer w ręku. Zauważyłem, że było dwóch Indian i jeden do drugiego od czasu do czasu coś wołał.

Trzeba było coś robić... Wycofać się cichutko, korzystając że Indianie są zajęci jakąś niezrozumiałą pracą?... Ale to by się równało przekreśleniu jakiejkolwiek pomocy i spędzeniu nocy w lesie z chmarą komarów. Zaryzykowałem więc i, złamawszy kawałek zielonej gałązki, która na ogół była symbolem zgody, a także chowając rewolwer za plecami, zawołałem: *Cumpa! Cumpa!*..., co oznaczało w języku Chamasów: „przyjacielu". Znałem już kilkanaście słów w ich języku. Indianie zaprzestali swych operacji, które – jak się później okazało – były łapaniem krabów i... Zapanowała cisza.

– *Cumpa* – powtórzyłem.

Jeden z nich zabełkotał coś, czego nie zrozumiałem.

Zbliżyłem się do nich i zacząłem powtarzać:

– *Cumpa*, Dolci, *cumpa* Dolci, *hambre* (głód po hiszpańsku) – i pokazałem ręką na usta.

– *Iama, iama* – i jeszcze coś niezrozumiałego dodał Indianin.

Uspokoiłem się, gdyż Indianie nie wykazywali żadnej agresywności. Poszperali cośkolwiek między drzewami, powyciągali jakieś kosze i – wziąwszy łuki i strzały – dali mi znak kiwnięciem głowy, ażebym z nimi szedł.

Gdyśmy wyszli z lasu na ścieżkę, już się robiło szaro. O późnej godzinie dobrnęliśmy do hacjendy Dolciego, gdzie już się zaniepokojono moją całodzienną nieobecnością. Obawiano się, że poszedłem się kąpać i że wpadłem do rzeki.

VI.

W Cumaría doczekałem się powrotu ekspedycji i wróciłem z nimi aż do Pucallpa, gdzie członkowie ekspedycji rozproszyli się. Większość udała się samolotem do Limy, a Ojciec z Pankiewiczem i Francuzem, operatorem filmowym, wybrali się tańszą drogą i przebyli mułami Kordylierę. Francuz miał wielkiego pietra, gdyż przerażano go opowiadaniami o strasznych przepaściach, ale zdołał zrobić z całej tej ekspedycji piękny film, który wywołał sensację we Francji i w Warszawie.

Ojciec dał mi swoje zaoszczędzone na samolocie do Limy pieniądze, ażebym mógł wrócić do Brazylii, i one ledwo mi starczyły na dojechanie do Kurytyby.

W podroży powrotnej poznałem w Iquitos konsula amerykańskiego, który miał piękne zbiory indiańskie, a jako najbardziej wartościowy eksponat – główkę człowieka spreparowaną przez Indian Jivaros, jeden z najdzikszych szczepów zamieszkujący północne dopływy rzeki Marañón.

Głowa była zredukowana do wielkości pomarańczy i robiła niesamowite wrażenie. Koloru ciemnokawowego, twarz prawie ginęła w bujnych czarnych włosach; miała powieki i usta zaszyte cienkim włóknem palmowym, którego końce zwisały, dając makabryczne wrażenie. Te głowy stanowiły trofea zabitych wrogów i były przez Indian używane do obrządków i na uroczystościach.

Czekała mnie długa podróż powrotna do Rio de Janeiro, ale wróciłem jednak zdrowy i cały, tak że przerażenie moich współlokatorów w pensjonacie na ulicy Senador Vergueiro okazało się przesadzone.

Z Rio pojechałem do Kurytyby i na Bacacheri, gdzie znowu poczciwi wujostwo Neymanowie pozwolili mi odsapnąć w ich gościnnym domu, dopóki nie znalazłem nowej pracy, gdyż byłem bez grosza.

Opowiadanie wujaszka

Było to dawno, w roku 1912. Siedzieliśmy w pokoju stołowym po podwieczorku, a wujaszek Stach Neyman właśnie kończył zawijać złocisty tytoń w bibułkę. Nie dla oszczędności kręcił on własnoręcznie papierosy, ale przez to, że – sam je robiąc – palił mniej, niż sięgając po gotowe. Szkodziło mu bowiem za częste palenie papierosów.

– Jezuici paragwajscy – ciągnął dalej swe opowiadanie wujaszek Stach – w XVII wieku założyli nad brzegami rzeki Ivaí, w północno-zachodniej części Parany, dużą osadę, która była stolicą ich państwa.

– To było państwo jezuickie? – zapytał się jeden z chłopców siedzących naokoło stołu.

– Coś w tym rodzaju – odparł wujaszek. – W każdym razie jezuici zorganizowali się tam i rządzili, nie uznając władz brazylijskich. Ludność tamtejsza składała się z szczepu Guarani, którzy dotychczas zamieszkują w głębi Paragwaju. Osada nad rzeką Ivaí, zwana Vila Rica (Bogate Osiedle), była największym w tamtych stronach ośrodkiem i dlatego była uważana za stolicę, a zależna była od władz kościelnych Paragwaju. Było to jakby państwo w państwie[247].

Przysłuchiwaliśmy się wujaszkowi z wielkim zainteresowaniem. Mój młodszy brat Roman siedział na progu w kucki i wpatrywał się swymi zielonymi oczyma w twarz wujaszka, którą zdobiły sumiaste wąsy. Witold i brat jego Tadzio siedzieli przy stole z głowami podpartymi na rękach i słuchali w skupieniu.

Z nas wszystkich tylko Roman urodził się w Kurytybie, reszta przyjechała z Polski jako małe dzieci. Wujaszek, zaciągnąwszy się papierosem, opowiadał dalej:

– W 1628 r. rząd stanu São Paulo wysłał przeciw jezuitom Antônio Raposo Tavaresa[248] wraz z trzema tysiącami regularnego wojska. Był to wódz o zimnej krwi, który już prowadził niejedną wyprawę w nieznanych obszarach, w celu poszukiwania złota i zdobywania Indian do niewoli. Tavares rozniósł w puch Indian i zburzył osady jezuitów doszczętnie. Tysiące Indian wziął do niewoli, innych wyciął w pień, a kto mógł, uciekł naprędce skleconymi tratwami i łódkami po burzliwych i niebezpiecznych falach rzeki Parany. Na ruinach porósł las i dotychczas jest tam puszcza, zamieszkana tylko przez dzikie zwierzęta. Spotkałem kiedyś jednego Brazylianina, który mi mówił, że – zapędziwszy się tam w czasie polowania na *anty* – widział ślady ruin kościoła oraz wielki dzwon, który oplotły potężne korzenie *sapopemy*[249]. Poza tym mówił on, że podobno jeszcze przed napadem jezuici zakopali tam wielkie skarby, których dotychczas nikt nie znalazł...

– Skarby! – zawołał porywczy Witold. – Czy Wujaszek myśli, że tam naprawdę są skarby?

– Kto może wiedzieć – odpowiedział Wujaszek z uśmiechem. – Może i są... Idź tam i sprawdź...

---

247 Właśc. Villarrica, pierwotnie Villa Rica del Espíritu Santo, osada w południowym Paragwaju, założona przez kapitana hiszpańskiego Ruy Díaza de Melgarejo w roku 1570. Ze względu na zagrożenia zewnętrzne, do roku 1683 siedem razy przenoszono ją z miejsca na miejsce. Jest stolicą departamentu Guairá (zob. też następny przypis).

248 Antônio Raposo Tavares (1598-1658) – Żyd portugalski, *bandeirante*. *Bandeirantes* byli członkami wypraw mających na celu eksplorację brazylijskiego interioru w poszukiwaniu złóż mineralnych (zwłaszcza srebra) oraz łowienie Indian do niewoli. Wyprawy te, podejmowane od wieku XVI, przyczyniły się do poszerzenia terytoriów pod władzą Portugalii kosztem Hiszpanii. W czasach, o których opowiada Neyman, *bandeirantes* pod wodzą Tavaresa (choć nominalnie dowodził kto inny) ruszyli do pozostającego pod berłem hiszpańskim regionu Guairá, poszerzając granicę stanu Parana. Twierdzi się, że to oni rozpoczęli proces usuwania jezuitów hiszpańskich z terenów Paragwaju. Dziś na terenie Parany znajdują się miejscowości Vila Rica do Ivaí i Guaíra. (Więcej informacji nt. *bandeirantes* i osad jezuickich – Marcin Kula, *op. cit.*)

249 *Sapopema* – zob. przyp. 219.

Wujaszek Stach podniósł się i, wziąwszy kapelusz, poszedł w stronę cegielni. My zakotłowaliśmy się w pokoju, po czym, wypadłszy na dwór, zaczęliśmy od razu naradzać się nad wyprawą do Vila Rica. Oczywiście tymczasem ta Vila Rica miała być na wzgórzu nad stawem, jezuitami mogły być piniory, a Indianami Guarani leśne ożyny[250] lub inne krzaki. Zamiast w *bandeirantes*[251] przeistoczyliśmy się od razu w dzikich czerwonoskórych, pomalowanych rdzą i proszkiem z cegieł, bo Indianie brazylijscy nie mogli dorównać Siuksom czy Mohikanom. Buffalo Bill i watahy czerwonoskórych na koniach grały żywiej na naszej wyobraźni, niż czające się w puszczach nagie istoty, z krążkami w wargach i uszach, gdyż takie były pocztówki z fotografiami szczepu Botocudos, którzy napadali czasem na kolonistów lub osadników w Paranie.

Opowiadanie Wujaszka i to powiedzenie: „Idź i sprawdź..." zapadły mi głęboko w pamięć i często odzywały się echem w mych snach i marzeniach o tajemniczej Vila Rica. Kilka razy wspólnie z innymi chłopcami organizowaliśmy ucieczki z domu i wyprawy do dawnej stolicy jezuickiej, które nigdy nie dochodziły do skutku, bo zawsze któryś z wtajemniczonych chłopców bał się ukraść ojcu dubeltówkę, a mamie nóż kuchenny.

Po wielu latach i prawdziwych podróżach, w roku 1928 znowu zawitałem do Kurytyby i tak się złożyło, że zaproponowano mi robotę mierniczą polegającą na wytyczeniu granicy wielkich terenów, które kończyły się właśnie niedaleko dawnej Vila Rica. Sny młodości odezwały się i bez wahania zgodziłem się na tę robotę.

Zabawnie wyglądały dawne zapędy chłopców, kiedy w tyle lat później trzeba było jechać przeszło dzień koleją do Irati, stamtąd dwa dni ciężarówką przez Prudentópolis do Guarapuava, dalej znowu wozem dzień i jeszcze konno sześć dni do Campo Mourão, dopiero do miejsca początku roboty. Od tego punktu mieliśmy otworzyć 52 kilometry *picady* przez dziewicze lasy aż do rzeki Ivaí.

Ale zacznijmy nasze opowiadanie od samego początku.

Z Kurytyby do Campo Mourão

I.

Wróciłem z Amazonki przez Rio do Kurytyby i po krótkim postoju na Bacacheri, u Wujaszka, wyruszyłem na daleki zachód Parany. Władek Grabski, brat mego kolegi Janka Grabskiego, zaangażował mnie do robienia lokacji topograficznych w okolicach Campo Mourão, pomiędzy rzekami Ivaí i Pequiri. Chodziło o wytyczenie linii granicznej między dwoma wielkimi majątkami. Linia ta ciągnęła się 52 kilometry przez dziewicze puszcze w stronę starej Vila Rica i miała się zakończyć w pobliżu owego osiedla jezuitów z czasów kolonialnych. Przypomniały się marzenia dziecinne o zwiedzeniu tego tajemniczego miejsca. Takiej więc okazji nie mogłem przepuścić i w ten sposób zaczęła się moja Piąta Wielka Przygoda.

W tych czasach zachód Parany był bardzo mało zaludniony, północno-zachodnia część była jeszcze wielką puszczą, a podróż do Campo Mourão była długa i żmudna.

W poniedziałek, 22 października 1928 r. wyjechałem z Kurytyby o godzinie siódmej, pociągiem do Ponta Grossa i Irati, w towarzystwie Kazimierza Bzowskiego. Był to młody Polak, świeżo przybyły z kraju, próbujący życia mierników w braku innej roboty i przyciągnięty urokiem puszcz dziewiczych. Jechał także z nami „czarny Polak" Gumercindo, wychowany

[250] Tj. jeżyny.

[251] *Bandeirantes* – zob. przyp. 248.

Przewóz poczty między Irati i Guarapuava.
„Preferek" na postoju. Stoi Gałecki,
siedzą Warchałowski, Grabski i Bzowski

w polskim środowisku u pp. Roguskich, który wszystkich wprawiał w podziw podczas podróży, gdyż – będąc Murzynem – wolał jednak mówić po polsku niż po portugalsku.

W Ponta Grossa szukaliśmy pistoletu *garrucha*, starego typu pistoletu nabijanego przez lufę, gdyż Bzowski chciał taką machinę sobie kupić, a do Irati przyjechaliśmy o szóstej wieczorem. Po kolacji spędziliśmy wieczór spacerując po błocie.

Następnego dnia rano przyjechał Władek Grabski z Porto União. O dziesiątej wyjechaliśmy autem ciężarowym Gałeckiego, który miał hotel w Guarapuava i woził pocztę między Irati i Guarapuava. Miał on 160 worków poczty. Jechaliśmy my czterej, dwóch żołnierzy z policji i cabocler z Guarapuavy z synkiem, którego zawiózł do Kurytyby, gdyż został on pokąsany przez wściekłego psa. Droga do Prudentópolis biegnie po terenie górzystym. Ponieważ deszcze długo padały, przeto natrafialiśmy na drodze na dziury i bajora, gdzie auto często lgnęło, lub spotykaliśmy ugrzęźnięte wielkie wozy z *hervą*, zaprzężone w osiem mułów lub koni.

Auto podskakiwało, trzęsło, rzucało, a my we trzech, Władek Grabski, Bzowski i ja, graliśmy w preferansa[252]. Stare auto często się psuło lub nie mogło wleźć pod górę, wtedy musieliśmy pchać lub szliśmy naprzód, siadaliśmy na czubku góry – i preferans szedł dalej. Z radiatora auta unosiła się stale chmura pary i woda gotowała się, co sprawiało wrażenie, jakbyśmy jechali nie autem, lecz maszyną parową. To trzeba było wodę z rzeczek przynosić, to łańcuch się rwał, to coś się psuło w motorze, to stawaliśmy w przydrożnych *vendach*, gdzie stary Gałecki pokrzepiał się wódką, tak że podróż była urozmaicona.

Natrafiwszy raz na ogromny wóz z *hervą*, ugrzęźnięty w błocie, jak podparliśmy plecami, tak ku radości karosera (woźnicy)[253] udało mu się wyjechać z bajora.

Przyjechaliśmy na noc, około jedenastej, do Prudentópolis, kolonii zamieszkanej w większości przez Rusinów. Zaszliśmy jeszcze do dra Nikolskiego, lekarza, z którym długo w noc gawędziliśmy. Rozmowa zeszła na choroby.

[252] Preferans – dawna gra w 32 karty, rozgrywana przez trzy lub cztery osoby.
[253] Karoser – spolszczony termin portugalski *carroceiro*.

– Jest w Brazylii 80% syfilityków – mówił dr Nikolski. – Nie brak też trędowatych. Lecz trąd jest mniej zaraźliwy niż syfilis i, ażeby zarazić się trądem, trzeba mieć skłonność ku tej chorobie. Sporo Rusinów w okolicach Prudentópolis jest chorych na trąd, bardzo zaś dużo trędowatych jest w okolicach Guarapuavy, część już wysłaliśmy do leprozorium pod Kurytybą.

Noc spędziliśmy w hotelu Durskiego, potomka Polaków, lecz kompletnie zbrazylijszczonego, a na drugi dzień wyruszyliśmy około dziewiątej do Guarapuavy. Ubyło worków poczty, lecz przybyła nam kobieta z dzieckiem.

Będąc już dobrze za Prudentópolis, musieliśmy się zatrzymać i wrócić, gdyż okazało się, że Bzowski zostawił portfel pod poduszką w hotelu.

Między Prudentópolis a Guarapuavą leży pasmo gór Serra da Esperança. Trzeba było z kilka kilometrów przejść piechotą, gdyż auto ledwo wlazło samo na góry. Na pociechę mieliśmy możność rozkoszować się pięknymi widokami.

Była już noc, gdy zjeżdżaliśmy z gór. Stary Gałecki co jakiś czas złaził z auta i egzaminował trudne przejścia lub bajora i – rozpędziwszy auto – przejeżdżał je z rozmachem lub musieliśmy wspólnym wysiłkiem wyciągać auto z dziury.

– Kto chce dojechać do Guarapuavy w porze deszczowej, musi wyciągać auto z dziur – rzekł Gumercindo, szczerząc białe zęby.

W pewnym miejscu dziura była tak głęboka, że skrzynka z narzędziami, ulokowana pod spodem, rozbiła się w drzazgi i wszystkie rupiecie rozsypały się na drodze. Blask księżyca oświecał kupę żelastwa.

– Ruiny Vila Rica – zaśmiał się któryś.

Chłód był przejmujący. Przyjechaliśmy po północy do hotelu starego Gałeckiego i zostaliśmy w Guarapuavie przez trzy dni.

II.

Guarapuava jest ostatnim miastem na krańcu cywilizacji. Dalej aż do rzeki Parany ciągną się stepy i puszcze, zamieszkane przez nielicznych ludzi, między którymi panuje prawo Schmidta. Porachunki załatwia się kulą. Sprawiedliwość wymierza się samemu i, jak to mówią *cabocle*, rosną krzyże nad drogami.

Już w drodze do Guarapuavy obijały się o uszy różne historyjki. Pewnemu Polakowi uwiódł córkę jakiś Paragwajczyk. Gdy go policja schwyciła i prowadziła, stary ukrył się za piniorem i położył go celnym strzałem, podczas gdy policjanci uciekli. A przed dwoma tygodniami, postrach okolic Antônio Ribeiro, mający około dziesięciu ludzi na sumieniu, został z zasadzki zabity wraz z Murzynem i jakąś kobietą. Wszyscy razem jechali autem i tylko córce jego kazali, ażeby uciekała, nie oglądając się. Ów Ribeiro przed paru laty wjechał konno do domu komisarza w samym mieście i zaczął strzelać. Głównie jednak zabijał z zasadzek.

W Guarapuavie spotkaliśmy rodzinę Zaleskich. Zygmunta, mego przyjaciela z dziecinnych lat, zabraliśmy ze sobą.

Następnego dnia kupiliśmy serum przeciw ukąszeniu żmii i igłę do zastrzykiwania, i poszliśmy piechotą dwa kilometry do *vendy* Karpińskiego, gdzie czekały na nas wozy jadące na Pitangę. Wyjechaliśmy około wpół do dziesiątej.

Jechaliśmy starą furmanką zaprzężoną w muły przez lekko falujące stepy zarosłe trawą, przecięte niekiedy nieśmiałymi rzeczkami i szerokimi dolinami o łagodnych zboczach. Od czasu do czasu ukazywały się skupiska drzew, jakby wysepki przerywające monotonię pejzażu, lub bujniejsza roślinność wijąca się wstęgą wzdłuż rzek.

Przejechaliśmy kilka rzeczek w bród. Widzieliśmy trzy krzyże nad rzeczką, gdzie został zabity Ribeiro. Zgodziliśmy się, że było to doskonałe miejsce na zasadzkę. O dziewięć kilometrów dalej był krzyż, gdzie Ribeiro zabił z zasadzki Polaka.

Jechaliśmy tak po jednostajnych stepach, aż ciemność zaczęła pokrywać ziemię. Po niebie sunęły z wolna gęste zwały chmur, jeno w oddali widać było kontury gór pokryte dziewiczym lasem. Zajechaliśmy do miejscowości Tigre, gdzie mieszkał nasz woźnica, i zostaliśmy na noc. Stąd zaczynała się podróż konna, ale jeszcze dwa dni musieliśmy przesiedzieć w szopie vendziarza na Tigre, gdyż deszcz padał i błoto było okropne. Z nudów graliśmy w karty, lecz kłótnie nie ustawały.

Wreszcie pogoda się poprawiła i w czwartek, pierwszego listopada, wstaliśmy o wschodzie słońca i przygotowaliśmy konie do podroży. Wyjechaliśmy około ósmej. Droga wiodła po terenie dość górzystym, gdzie rosło dużo *erva-mate*, a także często przejeżdżaliśmy przez malownicze lasy piniorów.

Dojechawszy do vendziarza Polaka, myśleliśmy zatrzymać się na krótki popas; zrzuciwszy lejce z szyi końskiej zwyczajem caboclerskim, tak aby zwisały ku ziemi, wiedzieliśmy, że pozostawione w ten sposób konie nie ruszą się z miejsca. Niestety vendziarz nie miał nic do jedzenia. Właściwie z powodu święta nie chciało mu się nic przygotować i tylko sprzedał nam trochę suszonego wieprzowego mięsa.

Wieczorem przyjechaliśmy do osady nad rzeczką Rio do Meio, gdzie stoi ładna pobielana *venda* należąca do Włocha, a naokoło tuzin brudnych domków. Ulokowaliśmy się w jednym z nich, z którego właściciel wyniósł się, żeby nam go odnająć.

Wieczorna kąpiel w rzeczce orzeźwiła nas, a na kolację przygotowali nam w *vendzie* jajecznicę z polentą.

Po jeszcze pięciu takich dniach jazdy konnej zajechaliśmy do Campo Mourão, gdzie skompletowałem moją *turmę* z dziesięciu ludzi. Poza dwoma Polakami i Gumercindem, reszta była synami kolonistów i *cabocli*.

Historia pewnego diamentu

Rozbiliśmy namioty na polance koło drogi, która wiedzie do Campo Mourão, w miejscowości zwanej Quinze. Mieszkało na Quinze w owym czasie kilka rodzin *cabocli* i kilku Rusinów. Zaleski i Bzowski, pomimo zmęczenia, gdyż przeszli 4 mile drogi, dowiedziawszy się od tropera, że w okolicy mieszkają Rusini, poszli do najbliższego z mieszkańców, którego dom znajdował się o kilometr, po jajka i mleko. Wrócili bez mleka, lecz w każdym razie z tuzinem jajek. Przyszedł z nimi Rusin, u którego pasa błyskała kolba rewolweru i rękojeść noża, bowiem za Pitangą już nierozdzielnie policja, sędzia i więzienie znajdowały się w lufie rewolweru. W owym czasie (1928 r.) budowano drogę wozową do Campo Mourão i miano ją przedłużyć aż do brzegu rzeki Parany.

– Niech pan zobaczy – zwrócił się do mnie Bzowski – ten Rusin przyniósł ze sobą kamyk, o którym twierdzi, że to diament, lecz mnie się zdaje, że to wcale do diamentu niepodobne.

Przybrałem minę człowieka, który całe życie obcował z diamentami, a nie tylko trzy miesiące podczas mojej przygody w Minas, i po wykazaniu na twarzy zupełnej obojętności, jak przystało na człowieka, który przewrócił świat i wie wszystko, powoli wyszukałem węgielek i – zapaliwszy papierosa – zwróciłem się do Rusina;

– Ma pan diament? – Kiwnął potakująco głową. – Chce pan mi go pokazać?

Wyciągnął z kieszeni papierek i ostrożnie go rozwinął. Położyłem sobie kamyczek na dłoni. Był trochę większy od ziarnka grochu, zupełnie okrągły. Oczywiście był to kryształ górski oszlifowany dokładnie przez wodę.

Mieszkańcy lasów są zawsze podejrzliwi względem przybyszów. Któż może bowiem wiedzieć, ile zabójstw ma na sumieniu człowiek, który przybywa z daleka. Powiedzieć coś człowiekowi leśnemu, zawsze przytaknie przez grzeczność, lecz bardzo rzadko uwierzy, a gdy jest o czymś przekonany i ktoś chce mu to odebrać, zawsze dopatrzy się podstępu w chytrym cudzoziemcu.

Twarz Rusina była napięta, wzrok jego obejmował jednocześnie mą twarz i „diament", chciał wyczytać wrażenie moje na widok kamienia i zarazem – uwaga, ci ludzie z czasem umieją różne cuda robić.

Oddałem mu kamień nie rzekłszy ani słowa, zbytnia bowiem pochopność w wyrażaniu swych poglądów świadczy, że człowiek nie myśli głęboko i nie zastanawia się nad tym, co mówi. Zaciągnąłem się głęboko dymem i – poruszywszy głownię ogniska, gdyż dym skierował się w moją stronę – zapytałem:

– Pan w swym życiu kiedy pracował przy diamentach?

– Nie – odparł Rusin.

– Gdyby to był naprawdę diament, to by miał sporą wartość.

– Ile pan myśli?

– O, z parę kontów[254], najmniej,

– Jeden człowiek z Guarapuavy, co tutaj był – rzekł Rusin – także mi mówił, że ten kamień można drogo sprzedać.

– Może być – rzekłem.

Rozmawialiśmy jeszcze z pół godziny na temat diamentów, w końcu krzyki *saracur* dały znać Rusinowi, że słońce już zaszło. Pożegnał się i poszedł

– Śmiać mi się chciało z tego Rusina – rzekł Zaleski. – W domu nie chciał mi dać kamienia do ręki, a idąc z nami, trzymał się z dala, pewno obawiając się, że go zamordujemy. Gdy pan wziął kamień do ręki, nie spuszczał z niego wzroku ani na chwilę. Jest przekonany że znalazł skarb.

– To zwyczajny kryształ oszlifowany przez wodę – potwierdziłem jego podejrzenia.

II.

Po trzech miesiącach jechałem konno z Campo Mourão, udając się do Guarapuavy. Deszcze zmusiły mnie do zatrzymania się w domu Mendesa (naszego tropera) na parę dni. Na drugi dzień siedziałem z nim i jego synami, pociągając *chimarrão*, gdy usłyszeliśmy charakterystyczne klekotanie dzwonka zbliżającej się *tropy*. Wyszliśmy przed dom na ogrodzone podwórko, gdzie na środku tkwił mocno w ziemi wbity pal, do którego przywiązuje się dzikie muły i konie podczas obłaskawiania. Człowiek, który przybył z *tropą*, odznaczał się czarną brodą i małymi latającymi oczkami. Ubrany był po gauczowsku w szerokie *bombachas*[255] w drobne paski, upstrzone na bokach niezliczonymi guzikami, w buty wysokie aż do kolan, z ostrogami. Na głowie miał filcowy kapelusz przytrzymany pod brodą plecionym skórzanym postronkiem,

---

[254] *Conto de réis* (port.) – tysiąc milrejsów, czyli milion reali (zob. przyp. 138).

[255] *Bombachas* a. *bombacha* (port.) – typowe długie spodnie noszone przez *gaúchos* (zob, przyp. 82), zapinane przy kostce i wsuwane w cholewy butów. Co ciekawe, specjalne prawo stanu Rio Grande do Sul z roku 1989 zezwala na noszenie charakterystycznego stroju gauczowskiego zamiast stroju formalnego, zwykle zakładanego na oficjalne okazje.

spadającym długimi końcami na czerwoną chustkę zawiązaną na szyi. Spod marynarki wyglądała lufa rewolweru i koniec pochwy do noża.

Przybysz ulokował się w *paiolu*, który mu Mendes grzecznie wskazał, i – przemywszy grzbiety mułów wodą – przyszedł na pogawędkę. Dowiedzieliśmy się, że przybywa z Rio Grande. Handluje wszystkim i udaje się w tym celu do Campo Mourão. W przybliżeniu szacował przestrzeń, którą już przebył z południa, na jakie 1.200 kilometrów.

Poczułem od razu antypatię do tego człowieka, do jego świńskich oczu i nieprzyjemnego rechotu, którego używał zamiast śmiechu. Musiałem spędzić noc w jego towarzystwie. Poczęstował mnie kubkiem gorącej wody osłodzonej, zapewniając, że cukier był biały, a kawy zabrakło mu na razie. Missioneiro (tak nazywają w Paranie ludzi pochodzących z Rio Grande)[256], plótł mi niestworzone rzeczy o sposobach znajdywania złota i diamentów, mówiąc, że musi sobie kupić taki instrument, który wskazuje, gdzie jest złoto. Zapytałem, jak nazywa się taki instrument. Po długim namyśle powiedział, że nazywa się burola.

– Może busola? – zapytałem.

– Tak, tak, busola – ucieszył się.

Wyjąłem ręczną busolkę, która miałem, i pokazałem mu.

– Czy to ten instrument?

Zapewnił, że ten sam i – wziąwszy niezgrabnie w ręce – długo przyglądał się wahaniom igły. W końcu, zrobiwszy tajemniczą i skupioną minę, rzekł:

– Chce pan zobaczyć coś?

– Czemu nie – rzekłem.

Wyjął kawałek żelaza i przytknął do busoli. Igła oczywiście zmieniła kierunek.

– Ha, ha, ha – zarechotał i spojrzał na mnie wzrokiem pełnym tryumfu i dumy, że jest taki mądry.

– I to tego instrumentu pan używa do odkrywania złota? – zapytałem.

– Tak jest, panie.

– A jakim sposobem?

– Właśnie gdzie jest złoto, tam igła zaczyna zjeżdżać z kierunku, ha, ha, ha.

Słuchałem dotychczas z powagą jego wywodów, lecz na takie *dictum* nie mogłem powstrzymać uśmiechu.

– A czy złoto na pewno przyciąga igłę? – zapytałem.

– Ależ na pewno, panie – zawołał z wielką pewnością w głosie. – Jak taki metal mało wartościowy busola przyciąga, to jasne, że bardziej złoto będzie przyciągać.

– Tak! – rzekłem. – Ale jak pan zauważy, że igła zbacza i pójdzie pan sprawdzić, myśląc, że złoto, a natrafi pan na żelazo?

Zafrasował się trochę, popatrzył podejrzliwie na busolę i po chwili rzekł z dufnością w głosie:

– To trudno, panie, trzeba sprawdzać…

Niech sobie sprawdza, pomyślałem, śmiejąc się w duszy i – złożywszy rewolwer przy głowie – położyłem się spać.

---

[256] *Missioneiro* (port.) – mieszkaniec regionu Missões w stanie Rio Grande do Sul. Obecnie kultywuje się tam tradycje gauczowskie, choć na kulturę Missões składają się obyczaje różnych narodów, których przedstawiciele przybywali do Brazylii – w tym silnie zaznacza się obecność polska. Nazwa regionu wywodzi się od historycznych terenów, na których od XVI wieku istniały redukcje (misje) jezuickie, zakładane w celu chrystianizacji Indian. Obszar ten, leżący na pograniczu dzisiejszych Argentyny, Brazylii, Paragwaju i Urugwaju, po portugalsku zwany był właśnie Missões, po hiszpańsku zaś Misiones.

Na drugi dzień *missioneiro*, rozłożywszy *cangalhe* i siodła na słońcu, które ukazało się na krótki czas, wyjął coś z torby i, trzymając w zaciśniętej dłoni, zwrócił się do mnie i Mendesa:

– Pokażę wam, panowie, kamień, który ma wielką wartość.

Otworzył dłoń i ujrzeliśmy niewielką przezroczystą kulkę, do złudzenia podobną do owego diamentu na Quinze.

– To jest, panowie, diament – oznajmił człowiek z czarną brodą – który ma wielką wartość.

I umilkł, czekając na wrażenie, jakie jego słowa wywrą na nas.

Mendes z grzeczności pokiwał głową, przybierając minę człowieka, który wpadł w podziw.

– To jest diament, panowie, który kupiłem tanio, lecz sprzedam drogo. Niech się pan patrzy – rzekł, zwracając się do mnie. – Może go pan wziąć w palce. Widzi pan, jak się ładnie błyszczy, w szklance z wodą jeszcze ładniej wygląda, szkoda że tu nie ma szklanki, bo bym panom pokazał.

Wziąwszy w palce kamyczek, poznałem w nim diament z Quinze.

– Człowiek, który go znalazł, powiedział mi, że wyrastał ze skały. Co, widzieliście panowie taki kamyczek, żeby wyrastał ze skały, ha, ha, ha.

– Nie – zgodziliśmy się z Mendesem, z największą powagą.

– Właściciel tego kamienia chciał ode mnie *conto*, lecz ja nie chciałem kupić. Targ w targ, spuścił za sto, a w końcu zgodził się oddać za pięćdziesiąt.

Ktoś jednak przekonał Rusina o bezwartościowości kamyka – pomyślałem sobie.

– Co? Widzicie, panowie, ja mam odwagę zapłacić za taki kamyk pięćdziesiąt milrejsów. Ha, ha. Ale go sprzedam znacznie drożej! – dodał po chwili z przekonaniem.

– Sprzeda go pan! – przytaknął Mendes z właściwą *caboclom* powagą, spokojem i grzecznością.

– Ten kamień wart jest parę kontów – rzekł *missioneiro*.

– Wart jest – potwierdził Mendes.

Dusiłem się wewnątrz ze śmiechu z pewności *missioneira* i zarazem podziwiałem poważny spokój Mendesa i skupioną uwagę, gdy słuchał człowieka z czarną brodą i – pomimo że też poznał kamień – nie zdradził tego przez grzeczność, ażeby nie przeczyć cudzoziemcowi, który pod jego dachem szukał gościnności.

Missioneiro schował więc w końcu swój diament, zapewniając, że postara się kupić więcej takich samych, które w Rio Grande sprzeda drogo. Pomimo swojej głupoty, zdradzał jednak wielki spryt w drobnym handlu, sprzedawszy synom Mendesa, po wysokiej cenie, kilka tombakowych pierścionków – i kupując od nich bardzo tanio skórę *anty*, którą właśnie upolowali. Dzień przedtem José, jeden z synów Mendesa, puścił na ślad *anty* psy. Gdy po kilkugodzinnej gonitwie dotarł do miejsca, gdzie z ujadania wnioskował, że *anta* stała w miejscu, oganiając się psom, zastał już dużego samca dogorywającego. Psy z zajadłością rwały twardą skórę i chłeptały świeżą krew. Był to rzadki wypadek, gdy *anta* została zagryziona przez psy, które ją wygoniły z wody, dokąd uciekła – i po długiej gonitwie, gdy zwierzę było osłabione ze zmęczenia, zdołały rozerwać mu podgardle. Dnia tego wyruszył José z dwoma jeszcze braćmi po skórę i mięso.

W dzień potem *missioneiro* dosiadł czarną mulicę, na której zadzie spoczywały zwoje lassa przytwierdzonego do siodła. *Tropa* jego odeszła na zachód, w kierunku Campo Mourão. Za zakrętem drogi zamilkł dzwonek jego *madrinhii*.

III.

Myślałem, że już nigdy więcej nie spotkam człowieka w *bombachach*, z czarną brodą, rechoczącego jak żaba – czym się bynajmniej nie smuciłem – myliłem się jednak. W rok później przez ulice Porto União przeciągała *tropa* złożona z ośmiu mułów jucznych. Na gniadym koniu jechał człowiek z czarną brodą, lecz tym razem nie w *bombachach*, tylko w zwyczajnych spodniach. Pomimo tego przypomniał mi się *missioneiro*, z którym nocowałem w *paiolu* Mendesa. Troper zsiadł przed jedną z *vend*. Przez ciekawość wszedłem i ja do *vendy*. Po głośnym i charkotliwym śmiechu poznałem człowieka z diamentem.

– *Não me conhece, patrício?* (Nie poznajesz mnie, ziomku?) – rzekłem doń.

Patrzył dłuższą chwilę i zauważyłem, że mnie nie poznaje. Przypomniałem mu nocleg u Mendesa.

– Chciałbym u pana kupić ten diament, co mi pan wtedy pokazywał, o ile go pan jeszcze posiada.

Widocznie słowa moje wzbudziły w nim wiele wspomnień, gdyż chwilę patrzył się na mnie, otwierając i zamykając usta. Czekałem cierpliwie, co powie.

– *Não tenho mais, companheiro* (Nie mam go już, towarzyszu) – rzekł z żalem – Człowiek nigdy nie jest za bardzo ostrożny, a na świecie spotyka się ludzi wszelkich gatunków. Gdybym miał ten diament, to bym dzisiaj nie potrzebował ciężko pracować. To był kamień wielkiej wartości, diament, panie. Nawet jeden inżynier mi powiedział, że to diament.

– I co się z nim stało? – zagadnąłem, widząc, że zamilkł, pogrążając się w smutku i wspomnieniach.

– Ukradli mi. Jakiś *desgraçado* (nieszczęśnik), *caboclo* nikczemny mi go buchnął. Bodaj go zastrzelili gdzie za jego zbrodnie. Gdybym spotkał jego krzyż przy drodze, to bym splunął. O ile go żywego gdzie spotkam, to mu pokażę jak smakuje kula 38 z mego schmidta[257].

– A jak to się stało, że panu ukradli ten diament?

– Jak wracałem kiedyś z Campo Mourão i nocowałem na Pitandze, pokazywałem ludziom ten diament, później schowałem go do torby. W *paiolu* nocowała jeszcze jakaś *caboclada* (grupa *cabocli*). Pamiętam, że torbę położyłem koło siebie. To musiał być drań, panie, że buchnął mi torbę i w nocy odjechał. Tylko Marcelino zbudził się, widząc, że wynosił siodło. Zapytał się go, dlaczego tak wcześnie odjeżdża. Ten mu odparł, że musi wyjechać przed świtem, gdyż chce przez dzień zajechać do Guarapuavy. Rano wstałem, piliśmy *chimarrão*, patrzę się, nie ma mej torby. Szukam jej, w końcu Marcelino mi mówi, że jeden wyjechał przed świtem. Osiodłałem czarną mulicę, którą miałem. To była mulica! Jak rano powiedziałem, że być wieczorem o 12 mil drogi, to mogłem się z każdym o to założyć. Wsiadłem na mulicę i powiedziałem: Albo przywiozę dzisiaj torbę, albo jeszcze jeden krzyż wyrośnie nad drogą. Szukałem parę godzin śladu na drogach. Złodziej mądry, pojechał stepem. Na drodze do Guarapuavy powiedział mi karoser (woźnica), że widział jakiegoś człowieka raniutko na szkapie. Przez kilka godzin tego dnia jechałem za śladami jakiegoś jeźdźca na mule. Trzy dni szukałem na próżno.

Odsapnął trochę i ciągnął dalej:

– Diament był w małej skrzyneczce, w torbie. Torba, panie, ze skóry świńskiej, prawie nowa, spodnie, dwie koszule, brzytwa, która kosztowała 15 milrejsów…

Przez kilka chwil wyliczał szereg skradzionych przedmiotów.

Ludzie, którzy przysłuchiwali się opowiadaniu, kiwali ze smutkiem głowami, litując się nad niedolą człowieka z czarną brodą i potakując, gdy z ust jego wypływał potok przekleństw rzucanych na złodzieja diamentu i torby.

Powiedzenie mu, że to nie był diament, nie dałoby pocieszenia temu człowiekowi, a odebrałoby mu możność wspomnień o niedoszłej fortunie, zresztą i tak nie uwierzyłby w żadne argumenty.

Pożegnałem więc *missioneiro*. Idąc ulicą Porto União – która raczej powinna by znajdować się gdzieś w jakiejś mieścinie koło gór Libanu, gdyż prawie wyłącznie było widać twarze

---

[257] Schmidt – właśc. Schmidt-Rubin, szwajcarski karabin powtarzalny, opracowany w 1889 roku i używany przez armię Szwajcarii do roku 1953.

Syryjczyków i czytało się napisy Habil, Kalil, Mansur – myślałem o tym, że ludzie okradają się i mordują nie tylko dla skarbów, lecz wystarczy czasami mały bezwartościowy kawałek kryształu górskiego. Kto wie, jakie są dalsze losy tego „diamentu" z Quinze i czy czasem krew nie zbroczyła już tego małego kamyczka.

Nhô Félix

I.

Rozłożyliśmy obóz nad małą rzeczką. Na jej błotnistych brzegach widziało się dużo świeżych śladów *ant*, krzyżujących się w rozmaitych kierunkach. Ślady z wyraźnie zarysowanymi trzema palcami potwierdzały nazwę rzeczki: Córrego das Antas[258].

Pod wieczór zjawił się w naszym obozie człowiek w starym łachmaniastym ubraniu, ze strzelbą *pica-pau*[259] na ramieniu i małym tobołkiem na plecach. Był bosy i ostrożnie stąpał, bo miał stopy i nogi porządnie poranione. Nie było łatwo chodzić boso po *picadzie* upstrzonej ostrymi pieńkami po ściętych *taquaras*.

– *Boa tarde* – powiedział nieznajomy niskim, ochrypłym głosem i przykucnął przy ognisku.

Rozmowy zamilkły i wszystkie oczy zwróciły się na przybysza w oczekiwaniu, co powie. Było jedenastu ludzi na *turmie*, rozłożonych na ziemi lub siedzących w pobliżu ognia.

Ale przybysz, bez słowa, wyjął z kieszeni wyschły kawałeczek tytoniu i zaczął powoli go skrobać nożykiem.

Patrzyliśmy na niego z ciekawością i zarazem trochę nieufnie. Byliśmy o dwa dni drogi od najbliższych mieszkańców za Campo Mourão, a tutaj były zupełne pustkowia.

– Skąd przyszedłeś? – zapytałem.

Zrobił nieokreślony gest ręką.

– Stamtąd....

– Przyszedłeś z Campo Mourão? – przycisnąłem go.

Ale on udał, że nie posłyszał i zaczął ugniatać tytoń na dłoni. Ciekawość wszystkich zaostrzyła się.

– Szukasz pracy na *turmie*? – próbowałem podejść z innej strony.

– Nie – rzucił niedbale gardłową odpowiedź, zza zaciśniętych zębów.

Widząc, że trudno było wyrwać jakąkolwiek informację od tego gościa w łachmanach, powróciliśmy do przerwanego posiłku. Żal mi się zrobiło człowieka, widząc zmęczenie w jego szarych oczach, zapadniętych i częściowo zasłoniętych włosami dawno nie podciętymi, spadającymi na czoło i na ramiona.

– Aluisio – zawołałem – daj mu coś do zjedzenia.

Nieznajomy przyjął jedzenie i zaczął jeść w taki sam sposób, powolny i obojętny. Przypatrując się jego rysom, pomyślałem sobie, że mógłby być synem kolonistów.

Gumercindo, który był pomocnikiem kucharza, nie mógł powstrzymać swej ciekawości i wrodzonej wścibskości i zaczął bombardować człowieka pytaniami. Ale bez skutku, bo nieznajomy pozostał niemy jak zwalony pień *imbui*, na którym siedział. Lecz w pewnym momencie odezwał się:

– *Caipora*[260] tam czeka. Jeszcze nie mogłem dostać się do skarbu. On nie pozwala.

---

258 *Córrego das Antas* (port.) – Strumień Tapirów. Tapiry mają po trzy palce u tylnych nóg.

259 *Pica-pau* (port.) – dzięcioł (zob. przyp. 29); w Brazylii t. strzelba starego typu, ładowana od lufy.

260 *Caipora* (port.) – postać z mitologii Indian Tupi-Guarani, przedstawiana często jako drobny, ciemnoskóry Indianin dosiadający dzikiej świni, lubiący palić fajkę i pić *cachaçę*. Zamieszkuje lasy, chroni dzikie zwierzęta i przynosi nieszczęście napotkanym osobom – zwłaszcza, gdy polują, kiedy nie powinny.

Na magiczne słowo „skarb" wszyscy nadstawili uszu. Oczy moich ludzi zabłysły ciekawością i zagrała w nich chciwość. Podeszli do niego bliżej, niektórzy poczęstowali papierosem, ktoś przyniósł mu kawę.

– Gdzie jest skarb? – zaczęli się go pytać.

Wszyscy, którzy mieszkali lub pracowali w pobliżu środkowego kursu rzeki Ivaí, znali doskonale opowiadania o starej stolicy jezuitów, o słynnej Vila Rica, której resztki chowały się pokryte puszczą. Prawie każdemu śniło się odnalezienie skarbów, według legendy zakopanych gdzieś przez jezuitów.

– Gdzie jest skarb? – nalegali. – Widziałeś skarb?

Ale człowiek zrobił nieokreślony gest ręką i rzucił niedbale:

– Jest tam...

Więcej nic z niego nie wydobyli. Tak jak przyszedł, w milczeniu odszedł i znikł w ciemnej puszczy...

II.

Kiedy później natrafiliśmy na miejscowych *cabocli*, dowiedzieliśmy się, że znają naszego dziwnego gościa. Mówili o nim, że przez wiele lat włóczył się po drogach i lasach, od Prudentópolis aż hen, na brzegi rzeki Parany, prowadząc zawsze ze sobą jakiegoś na wpół zdechłego konia. Setki kilometrów wędruje obdarty, bosy, odwiedzając mieszkania *cabocli*, czasem tygodniami podróżując samotnie. Żył byle czym i na pewno nieraz przymierał głodem. Był namiętnym czcicielem chimarronu i, siadując przy ogniskach, gdy był w nastroju, opowiadał historie niestworzone, bez związku i sensu. *Cabocli* bawiły te opowiadania i nikt mu nie odmawiał noclegu. O przeszłości jego różnie mówiono; jedni twierdzili, że żona go porzuciła, drudzy, że narzeczoną ktoś uwiódł, nikt zresztą nic na pewno nie wiedział.

Kiedyś znowu zjawił się u nas, przybywszy razem z *tropą*, która dostarczała nam żywność – i wyraził chęć pracowania. Od tego dnia pozostał z nami przez blisko dwa miesiące. Posiadał małego gniadego konika, którego kości słabo trzymały się kupy. Na tę imitację konia *Nhô* Félix nakładał cały swój dobytek w postaci czerwonego koca, skóry z tapira i worka ze szmatami. Podczas podróży i przeprowadzek ciągnął konia za uzdę z wielką cierpliwością. Chodził w podartych spodniach i nie lepszej koszuli. Plecy przykrywała mu marynarka związana zwyczajem Indian rękawami na piersiach. Stary rewolwer 44 i fakon wisiały przywiązane rzemykami u jego pasa i nie zdejmował ich nigdy, nawet podczas snu. Na obozach budował sobie zawsze osobny szałasik i siedział przy swoim ognisku.

O swojej przeszłości nie lubił mówić, jak również, gdy go ktoś zagadnął po rusińsku, odpowiedział po portugalsku. Zdołaliśmy się tylko dowiedzieć, że ma matkę, która mieszka gdzieś koło Prudentópolis.

– Czemu wy, dziadku, *nie chacicie bałakaty pa rusku?*– zagadywał go Bzowski.

– Eu não sei, não conheço, não estive na Europa. (Ja nie wiem, nie znam, nie byłem w Europie).

– A *kuda wasza familia,* dziadku?

– Ja nie dziad – mówił z oburzeniem. – Ja jeszcze młody. Co wy mnie nazywacie dziadem. Ja was nie znam.

– A kiedy się ożenicie? – zagadnął ktoś.

– Trzeba najpierw dojść do Vila Rica. Tam będzie wielki kamp. Dla koni pasza doskonała. Wrócą tłuste. Na kampie jest Caipora. Bardzo niebezpiecznie.

– A ty byś go nie zabił swoim rewolwerem?

Nie wiem, czy ktoś z moich ludzi jeszcze wierzył w Caiporę, ale dawniej była bardzo rozpowszechniona legenda o duchu, który chroni dzikie zwierzęta, a krzywdzi domowe.

– Ja go zabiję, jak się pokaże. Ale to niebezpieczne. Trzeba go trafić w sam brzuch. Widziałem jego ślady – wyraźnie są trzy łapy, a czwarta wygląda jak drewniana, jakby koniec kija.

– Co jeszcze widzieliście tam, w Vila Rica?

– Widziałem *baitatá* w nocy (błędne ogniki)[261]. Można je złapać, trzeba zawiesić różaniec pod drzewem i zaczekać aż do świtu.

Pomimo swojej głupkowatej mowy, *Nhô* Félix był jednak sprytny i w lesie umiał sobie radzić. Wiedział, co było w puszczy jadalnego i umiał wyszukiwać leśne pszczoły.

III.

Po miesiącu pracy posunęliśmy się o dwadzieścia kilometrów. *Nhô* Félix przedstawiał widok godny pożałowania. Koło kolan wisiały mu strzępy spodni, na gołych rękach siadały mu roje *maruim*[262] i *borrachudów* (drobniutkie kąsające muszki)[263], które ze spokojem i flegmą czasami oganiał.

Był to grudzień – czas deszczowy. Całymi dniami przesiadywaliśmy w namiotach, nudząc się piekielnie. *Tropa* z żywnością nie wracała. Pewnego dnia zabrakło nam *farinhii*. Na drugi dzień wypiliśmy ostatnią kawę. Później skończył się ryż. I tak co dnia czegoś ubywało, a *tropa* nie przychodziła. Wsłuchiwaliśmy się ciągle, czy pomiędzy świergotem ptaków lub brzęczeniem komarów nie odróżni się odgłosu dzwonka, zwiastującego nadejście *tropy*.

Minęły dwa tygodnie. Pozostało jedynie trochę fiżonu i soli. Ratowała sytuację upolowana od czasu jaka *jacutinga*. Ludzie zaczęli szemrać.

W końcu trzech wyraziło pragnienie pójścia i pomocy *tropie* w przedostaniu się przez rzekę, gdyż przypuszczaliśmy, że wezbrane wody nie pozwalały jej przedrzeć się do nas.

Odeszli.

Na drugi dzień Félix przyszedł do mnie z prośbą, bym wyciągnął mu kolec, z powodu którego nie mógł chodzić, a chciał również pójść w kierunku żywności. Od czasu, gdy zabrakło *hervy*, przesiadywał smutny i zgnębiony w swoim szałasie i nigdy nie rozpoczynał swoich wywodów. Życie dlań bez chimarronu nie miało uroku. Nogę miał bardzo napuchniętą; kolec siedział gdzieś głęboko i mowy nie było, ażeby go wyjąć.

– Trzeba nożem rozerżnąć nogę, ażeby wydostać kolec – rzekłem, wydobywając dla zabawy wielki nóż.

– *Não, não* – zawołał pośpiesznie. – Nie trzeba. Ja i tak pójdę.

Nałożył manatki na swego wierzchowca, który jakimś cudem dotychczas nie zdechł, i odszedł w ślad za ludźmi.

Fiżon już był na wyschnięciu, a deszcze nie ustawały. Zdecydowałem się zwinąć obóz i wyjść z lasów. Od najbliższego mieszkańca przedzielało nas 6 mil bardzo złej drogi, a właściwie ścieżki wyrąbanej w lesie.

Gumercindo jednak rozciął sobie nogę siekierą i nie mógł chodzić. Inni ludzie wyrazili życzenie poczekania jeszcze kilka dni na *tropę*. Mieliśmy więc iść nazajutrz tylko ja z Zaleskim. Nie mogliśmy już wytrzymać dłużej.

---

261 *Baitatá* a. *boitatá* (port.) – błędny ognik; termin pochodzi z języka tupi-guarani, gdzie oznacza „kobry z ognia" (lub „rzecz z ognia"). Faktycznie, w folklorze brazylijskim *boitatá* może przybierać postać olbrzymiej ognistej kobry, która chroni step i lasy przed podpalaczami.

262 *Maruim* (port.) – owad kąsający z rodziny kuczmanów, podobny do komara, ale mniejszy.

263 *Borrachudo* (port.) – nazwa zwyczajowa owadów kąsających z rodziny meszkowatych.

Po zjedzeniu nieokraszonego fiżonu, raniutko wyszedłem w towarzystwie Zaleskiego. Wędrówka po *picadzie* nie należała do przyjemności. Trzeba było nogi wysoko podnosić, ażeby nie zaczepiać o wystające pieńki i leżące *taquary*. Deszcz zmoczył nas do nitki zaraz na pierwszym kilometrze. Obuwie rozmokłe wykrzywiało się, utrudniając chodzenie po zboczach gór.

W południe głód zaczął doskwierać. Zjedliśmy kilka czubków *palmito* na surowo i szliśmy dalej. Trudno wyrazić naszą radość, gdy – dochodząc do jednego z opuszczonych dawno obozowisk – ujrzeliśmy dymek wznoszący się ku górze. Zbliżywszy się, ujrzeliśmy ognisko, a koło niego, na skórze z tapira, przykryty czerwonym kocem leżał Félix.

– Nie mogę iść dalej, noga mi bardzo spuchła – rzekł.

Nad ogniskiem wisiała wiązka *hervy*. Włożyliśmy kilka *taquar* do ogniska i, gdy woda zagotowała się, wypiliśmy *chimarrão*.

– Uważaj, ażeby w nodze nie zalęgły się robaki[264]. Ludzie będą tędy iść, to cię zabiorą – rzekłem doń, odchodząc. Przedtem nacięliśmy trochę czubków *palmito* i zostawiliśmy mu.

Maszerowaliśmy dalej, od czasu do czasu pokrapiani deszczem. Spotkaliśmy stado *coatis*[265], zwierzątek z ryjkami wydłużonymi jak u mrówkojada i puszystym ogonem w paski; jak koty zeskakiwały z czubków palm. Widzieliśmy *jacutingę* i parę *macucos*[266], wyszukujących robaki na ziemi.

Pod wieczór Zaleski, który szedł przodem, nagle dał susa w tył i pochwycił za wielki drąg, który leżał w pobliżu. Z drąga wnioskowałem, że żmija musiała być duża. Rzeczywiście, przybliżywszy się do bladego z przestrachu Zaleskiego, który po zabiciu żmii stał oparty o drąg, zobaczyłem ogromną *urutu dourado*[267], która mierzyła półtora metra.

– Szedłem schylony pod górę – rzekł do mnie Zaleski zmienionym głosem – gdy na kilkanaście centymetrów przede mną ujrzałem potworny łeb z rozwartą gębą. Co za kiszka, chyba będzie grubości butelki od piwa! Widać źle zmierzyła odległość, że mnie nie dosięgła. Bóg nie chciał.

Przez chwilę podziwialiśmy wspaniały ciemny deseń na złotym tle, który zdobił cielsko żmii.

– Ładna skórka na pasek lub na torbę – zauważyłem.

Poszliśmy dalej. Zaleski, z powodu strachu, jakiego się nabawił, nie chciał iść przodem. Szedłem więc ja.

Szałas, do którego chcieliśmy dotrzeć na nocleg, był jeszcze o kilometr. Ale wyszliśmy na nieco lepsza drogę, przy tym był lekki spadek terenu w dół, więc zacząłem iść szybko, prawie biegłem. Zaleski podążał o kilka kroków za mną.

W pewnej chwili usłyszałem jego okrzyk. Odwróciłem się i dreszcz przeszedł mi po krzyżu. Na środku *picady* powoli poruszał się wielki grzechotnik. Przeszedłem przez niego, nie zauważywszy. Zaleski pochwycił kij i uderzył żmiję parę razy po grzbiecie.

– To mamy piekielne szczęście dzisiaj! – rzekł.

– Piekielne? Ja uważam, że nadzwyczajne. Piekielne by było, gdyby teraz który z nas krzyczał z bólu.

---

[264] Chodzi o larwę muchówki tropikalnej *Dermatobia hominis* z rodziny gzowatych, która żeruje pod skórą człowieka.

[265] *Coati* a. *quati* (port.) – ostronos (*Nasua*), wszystkożerny ssak z rodziny szopowatych, osiągający ok. 70 centymetrów długości; posiada charakterystyczny, wydłużony nos (choć Warchałowski nieco przesadził w jego opisie) i smukły ogon. Żyje w stadach. Znakomicie się wspina, a nocuje na drzewach.

[266] *Macuco* (port.) – kusacz samotny (*Tinamus solitarius*), popielaty ptak z zakrzywionym dziobem, osiągający wielkość ok. pół metra. Zamieszkuje lasy Brazylii, Argentyny i Paragwaju. Żywi się m.in. nasionami i owadami. Gniazduje na ziemi; jego jaja mają kolor turkusowy.

[267] *Urutu dorado* (port.) – inna nazwa węża *jararacuçu* (zob. przyp. 143).

– Bez zastrzyku, bez niczego, na deszczu! Brrr... – wstrząsnął się Zaleski.

Odcięliśmy grzechotki na pamiątkę i poszliśmy dalej, lecz już powolutku i uważnie.

Noc spędziliśmy w szałasie, głodni i zmoknięci. Zaleski skarżył się, że ciągle staje mu przed oczami głowa *urutu*.

Na drugi dzień zbudziliśmy się przed ranem, bo było bardzo zimno i wyruszyliśmy dalej. Każdy bał się pierwszy iść z powodu żmij. Strumienie były wezbrane. Widzieliśmy jedynie gołębie po drodze.

W południe spotkaliśmy *tropę*, która z trudem przeprawiła się przez rzekę Sem Passo (Bez Brodu), jako że była wezbrana. Muły wpław, ładunki po zwalonym pniu drzewa. Wygłodniali byliśmy porządnie, tak że *virado*[268] z kury i *farinhii* maniokowej smakowało nam wybornie.

Dopiero pod wieczór przybyliśmy do *rancho* Guilherma, gdzie znajdował się nasz magazyn. Po zjedzeniu kolacji momentalnie zasnąłem. Już blisko trzy miesiące, jak nie spałem na łóżku. Odzwyczaiłem się również od pcheł, których tu było mnóstwo.

Według zasady, następne dni padał deszcz. Po tygodniu wróciła *tropa* i reszta ludzi z lasu. Byli jacyś smutni i przygnębieni. Zapewne ze zmęczenia. Zauważyłem brak Félixa.

– A gdzie *Nhô* Félix? – zagadnąłem.

– Już przestał istnieć – rzekł troper.

– Jak to? Co się stało? – krzyknąłem z przestrachem.

– To mogłaby opowiedzieć *onça*, która go rozszarpała – odparł troper i ciągnął dalej. – Tego dnia, cośmy się spotkali nad rzeką, przenocowaliśmy nad jej brzegiem. Drugiego dnia przenocowaliśmy w *ranchinho*, tam gdzie panowie nocowali. Następnego dnia znaleźliśmy Félixa. Noga mu spuchła jak bania i sczerniała. Ognisko zgasło. Mówił, że dwa dni nic nie jadł, a dzień przedtem tylko *palmity*. Rozpaliliśmy ognisko i zostawiliśmy mu żywność. Musieliśmy jednak jechać dalej, pomimo że w pobliżu były ślady tygrysa, gdyż nie wiedzieliśmy, co się dzieje z ludźmi, którzy zostali w lesie. Félix twierdził, że tygrys w nocy krążył koło niego.

Tego samego dnia po zmroku byliśmy na obozie. Na drugi dzień zwinęliśmy obóz, niestety deszcz lał i nie zdążyliśmy dotrzeć do miejsca, gdzie leżał Félix. Obawialiśmy się bardzo, że tygrys mógł go w nocy, a nawet w dzień napaść.

Następnego dnia nasze obawy okazały się słuszne. W miejscu, gdzie był Félix, zastaliśmy wygasłe ognisko i ślady krwi. Tygrys musiał nań napaść o zmroku, gdyż krew była dawno zakrzepła. Ognisko musiało mu zgasnąć z powodu deszczu. Chłop widać się bronił, gdyż rewolwer leżał z jedną gilzą pustą i fakon miał ślady krwi. Przypuszczaliśmy, że musiał strzelić, gdy tygrys podszedł blisko i może go zadrasnął. Gdy zwierz się nań rzucił, bronił się fakonem, lecz był słaby i uległ. Ciało jego, a raczej część, gdyż połowa była zjedzona, znaleźliśmy o pół kilometra dalej. Pochowaliśmy zwłoki i zrobiliśmy krzyż z cedry[269]. Stoi tam świeży...

Umilkł na chwilę i dodał:

– Żeby były psy, to byśmy tego drania zgładzili, lecz w deszcz ślady trudno odszukać.

Tak smutno zakończył swój żywot *Nhô* Félix, włóczęga, o którym różnie mówią, lecz nikt nic nie wie na pewno. Jaka to tragedia pomieszała mu zmysły i zrobiła zeń nędzarza-włóczęgę? Zabrał tę tajemnicę ze sobą pod cedrowy krzyż.

---

[268] *Virado* (port.) – potrawa z czarnej fasoli gotowanej z suszonym mięsem lub kurą i zasypanej mączką maniokową, co sprawia, że danie robi się suche i można je przechowywać dłuższy czas. Podróżni brali je ze sobą do worka i jedli rękami. We współczesnej wersji potrawę tę przygotowuje się np. ze skwarkami, cebulą, kapustą, smażoną kiełbasą.

[269] Autor ma zapewne na myśli *cedrão*, drzewo z rodzaju *Guarea*, z rodziny meliowatych, gdyż cedr jako taki w Ameryce południowej nie rośnie.

Nie dotarłem jednak do Vila Rica. W połowie pracy, po 30 kilometrach wyciętej *picady*, zaczęły się wielkie deszcze; drobne rzeczki tak wezbrały, że *tropy* z żywnością, którą nam dowożono, nie mogły zupełnie ich przebyć. Głodni i wycieńczeni, musieliśmy się wycofać z lasów, odkładając na później skończenie pracy, Ja jednakże już nigdy tam nie wróciłem, widocznie nie sądzone mi było sprawdzić, czy ten dzwon otoczony korzeniami *sapopemy* jeszcze naprawdę istnieje…

Na ścieżkach Serra do Mar

I.

Po powrocie z Campo Mourão do Kurytyby pracowałem kilka miesięcy jako rysownik techniczny w biurze stanowego Wydziału Spraw Ziemskich i Kolonizacji. Pensja była niewielka, a praca w biurze mnie nie interesowała, toteż dowiedziawszy się o rozpoczęciu projektów nowej elektrowni, która miała dostarczać prąd dla Kurytyby, postarałem się o pracę u prowadzących to przedsięwzięcie Amerykanów.

W tamtejszych czasach we wszystkich miastach brazylijskich, poczynając od Rio Grande do Sul, a kończąc na Amazonas, tramwaje, światło, telefony były w rękach Amerykanów, i miało to miejsce nie tylko w Brazylii, lecz w większości miast południowej i centralnej Ameryki.

Amerykanie potrzebowali ekspansji swego przemysłu i zdobywali przemysłowe rynki zbytu dla swoich produktów. W jaki sposób? Wnosząc światło cywilizacji u mało kulturalnych narodów. Przecież nikt nie kupi Frigidaire[270], kuchni elektrycznej czy odkurzacza tam, gdzie jest zła elektryczność. Dajmy więc ludziom dobrą elektryczność, a znajdziemy zbyt na nasze produkty. Amerykańskie przedsiębiorstwa przede wszystkim musiały importować potrzebne im maszyny, oczywiście z Ameryki, i w ten sposób podwójnie zarabiały. Rio, São Paulo, Rio Grande do Sul już posiadały swoje potężne elektrownie, teraz były w budowie kolejne – w Paranie, Bahia, itd. Poza tym miały być elektryfikowane koleje Rio-Petrópolis, Kurytyba-Paranaguá i inne. W ogóle Brazylia była w pełni swego dążenia ku rozwojowi, coś jak Ameryka sprzed dwudziestu lat.

Jako że miałem już dość dobre wiadomości praktyczne oraz doskonałą podstawę teoretyczną z moich trzech lat na Politechnice Warszawskiej, nie miałem trudności w dostaniu się do wydziału technicznego Empresas Elétricas Brasileiras[271], a dzięki znajomości języka angielskiego zostałem naznaczony jako asystent amerykańskiego inżyniera Mr. Hacketa do studiów przygotowawczych dla nowej elektrowni.

W tym celu zrobiliśmy kilka większych wypraw na Serra do Mar (pasmo górskie, które ciągnie się wzdłuż wschodniego wybrzeża Brazylii i w Paranie oddziela wyżynę Kurytyby od morza), robiąc badania hydrograficzne. W ten sposób poznałem dużą połać tych gór pomiędzy Paranaguá, Antonina i Guaratuba. Nie są one wysokie, przeciętnie wynoszą 1.200 metrów, ale jest do nich dość trudny dostęp i są zarośnięte dziewiczym lasem.

Droga żelazna, która łączy Kurytybę z Paranaguá, przecina Serra do Mar i ten odcinek przedstawia jeden z najpiękniejszych widoków, jakie kiedykolwiek widziałem. Kolej przejeżdża 13 tuneli i szereg mostów nad fantastycznymi przepaściami skalnymi.

---

[270] Frigidaire – północnoamerykańska firma produkująca sprzęt AGD, założona na początku XX wieku. Jako pierwsza wypuściła na rynek lodówkę. Przez rozszerzenie, nazwa przedsiębiorstwa zaczęła też oznaczać sprzęt, podobnie, jak odkurzacz bywa określany mianem elektroluksu.

[271] Dosł. Brazylijskie Przedsiębiorstwa Elektryczne, firma założona w 1927 roku.

Miałem okazję odnaleźć most, gdzie zostali zabici *barão* do Serro Azul i jego towarzysze, podczas rewolucji Maragatów. Niedaleko mostu, w dolinie, spokojnie toczy się rzeczka po spadnięciu z pokaźnej wysokości pięknym wodospadem. Tam, ukryte przez bujną roślinność, znaleźliśmy ślady starej drogi z czasów kolonialnych, wyłożonej płaskimi kamieniami, na których można było doszukać się śladów zwierzęcych kopyt. Szerokość jej była około dwóch metrów, ale przerywała się w wielu miejscach, gdzie bruk był zepchnięty potężnymi korzeniami olbrzymich drzew. Mało kto wiedział o tej drodze, opuszczonej i zarośniętej. W czasie największego rozkwitu organizacji jezuitów, musiała istnieć komunikacja z Vila Rica do morskich portów i ta droga mogła do tego służyć.

Tak to dzięki naszym wyprawom na badania hydrograficzne mieliśmy okazję odnaleźć stare zabytki, na które wówczas nikt nie zwracał uwagi. Mnie jednak one podniecały imaginację i ciekawość. Wyobrażałem sobie dążące grupy ludzi w dawnych strojach, owiniętych płaszczami, i próbowałem obliczyć, ile dni trwała taka podróż konno aż do Vila Rica.

Mieliśmy też rzadką okazję obejrzenia wspaniałego wodospadu Véu da Noiva[272] na łonie dzikiej przyrody. Dzisiaj to miejsce jest słynnym punktem turystycznym, ale wówczas nie było żadnych ułatwień dojazdu ani też żadnego skalania ludzką zachłannością i niedbalstwem.

II.

Mieliśmy do dyspozycji konie i przewodnika *caboclo*. Drogi przez góry były wąskie i okropne, prowadziły nad przepaściami, to w górę, to w dół, trzeba było uważać, bo pełno było kamieni, wystających korzeni i innych przeszkód.

Razu pewnego jechaliśmy tak we trójkę i zapewne musieliśmy wyglądać jak ilustracja Don Kichota. Ja byłem chudy i wysoki, a Mr. Hacket niski i korpulentny, ważył ze 100 kg. Konie, które nam dali, były odpowiednie do owej słynnej opowieści: stary, zmarnowany koń, chuda klacz i powolny, uparty muł. Podsunąłem Amerykaninowi muła, ale on popatrzył z pogardą, wolał klaczkę, która była ładniejszym wierzchowcem. Ja służyłem za tłumacza między przewodnikiem i Mr. Hacketem, który nie mówił po portugalsku.

Więc wyjechaliśmy w podróż. Nasz przewodnik jechał na przedzie na mule, następnie Mr. Hacket, a ja jechałem na końcu na starym koniu. Droga była wąska i niebezpieczna, dlatego jechało się pojedynczo.

Od młodości bardzo lubiłem konie i znałem się trochę na nich. W połowie drogi zauważyłem, że klacz wytęża nogi i parę razy potknęła się. Nie była ona przyzwyczajona wieźć takie ciężary, bo Brazylianie na ogół ważą 60, 70 kg.

Zwróciłem na to uwagę Amerykaninowi i powiedziałem, że klacz nie wytrzymuje jego ciężaru i że lepiej byłoby zamienić się końmi.

Ale Amerykanin, jak zwykle optymista, odpowiedział:

– *Oh, no. Don't worry!*[273] Wszystko dobrze, jedziemy dalej.

Ale droga była coraz gorsza i niebezpieczna, więc znów zacząłem nalegać, żeby przeniósł się na muła i przewodnik, który zresztą miał dużą wprawę, też przyznał mi rację, tak więc zrobili zamianę i Amerykanin pojechał dalej na mule.

Nie przejechaliśmy 100 metrów, jak na kamienistym odcinku klacz znowu potknęła się i wywalili się oboje, przewodnik i koń, do przepaści. Całe szczęście zahaczyli się o korzenie i gałęzie wielkiej *sapopemy*, która samotnie tam rosła. Mr. Hacket zbladł i wytarł pot z czoła.

---

[272] *Véu da Noiva* (port.) – dosł. Welon Panny Młodej.

[273] *Oh, no...* (ang.) – O nie, nie martw się!

Przewodnik zręcznie wgramolił się z powrotem na ścieżkę, ale mieliśmy dużo kłopotu z wyciągnięciem klaczy i straciliśmy na to wiele czasu. Wydobyliśmy ją jednak, tylko podrapaną i przestraszoną.

Byłem trochę rozczarowany, gdyż Amerykanin nie powiedział ani słowa, a przecież gdyby nie ja, to mogłoby się co z nim stać, bo nie był taki zwinny jak *caboclo*, który zeskoczył z konia. Może właśnie to ten incydent spowodował jednak, że kiedy po paru miesiącach skończyła się robota, Mr, Hacket zaprosił mnie, żebym pojechał z nim na dalsze roboty do São Paulo.

Przez kilka miesięcy robiłem pomiary ilości wody bieżącej w okolicach Ribeirão Preto, w rzekach pomiędzy Araraquara i Franca, a potem zostałem przeniesiony do Bahia, na wykonanie studiów hydrograficznych na rzece Paraguaçu, gdzie firma budowała tamę dla elektrowni.

Migawki z Bahia

Po pięciogodzinnej podroży przez zatokę i po rzece Paraguaçu, parowiec przybił do małego mola przy brzegu Cachoeira. Po obu stronach rzeki leżą naprzeciwko siebie malowniczo położone dwa miasta: Cachoeira i São Félix, połączone mostem kolejowym. Oba te miasta rozwinęły się bardzo dzięki plantacjom i produkcji tytoniu, a tutejsze cygara były uważane za najlepsze w Brazylii.

Z Cachoeira przeprawiłem się łodzią, których kilkanaście przewozi pasażerów z jednego miasta do drugiego.

– *Parlez-vous français, Monsieur? God damn! Bloody hell! Sprechen Sie Deutsch?*[274]

Stary Murzyn, który twierdzi, że ma 106 lat i zwiedził świat od góry do dołu, pcha wiosłem dłubaną łódź, przewożąc mnie z Cachoeira do São Félix, czyli na drugą stronę rzeki Paraguaçu.

– *Wasser!*[275] – mówi z namaszczeniem, uderzając wiosłem o powierzchnię wody. Lubi popisywać się znajomością przekleństw i słów obcych języków, których nauczył się, przewożąc marynarzy.

Wyskakuję na kamienne schodki. Na prawo długi szereg łódek żaglowych, które kursują pomiędzy pobliskimi osadami lub dowożą z Salvador[276] materiał do budowy olbrzymiej tamy w Bananeiras.

Turkocą wózki po kamienistych wybojach. Worki z solą wyładowane z trójmasztowca przybyłego z Salvador jadą do składów. Biedne mulice zaprzężone bezpośrednio do dyszli (po co tam orczyki) prężą swe muskularne, smukłe nogi. Wozy robi się jak najniższe, o pół metra nad ziemią, aby tylko się nie zaczepiały o kamienie, ażeby łatwiej było zrzucać na nie worki.

Przez ulice São Félix suną karawany mułów objuczonych tytoniem. Pakunki z ich grzbietów znikają w składach Costa Penna & Cia., Suerdick lub Dannemana. Kolorowe robotnice

---

[274] *Parlez-vous français*... (fr., ang., niem.) – Czy mówi pan po francusku? Do cholery! Do stu diabłów! Czy mówi pan po niemiecku?

[275] *Wasser* (niem.) – woda.

[276] Salvador – stolica stanu Bahia i pierwsza stolica Brazylii (do roku 1763). Liczy 3 miliony mieszkańców, co czyni ją trzecim co do wielkości miastem tego kraju. Miasto zostało założone w XVI wieku, jako San Salvador da Bahia de Todos os Santos, czyli „Zbawiciel znad Zatoki Wszystkich Świętych". Położone na wybrzeżu, a zarazem na zboczu gór, posiada liczne plaże i dzieli się na miasto „dolne" i „górne". Z powodu dużego odsetka ludności czarnoskórej, w Salvadorze obok katolicyzmu wyznawana jest afro-brazylijska religia *candomblé*. Ludności tej zawdzięcza Salvador również status ośrodka sztuki *capoeira*, będącej połączeniem technik walki, tańca i muzyki.

Bahia, São Félix, 1930

Wozy robi się jak najniższe

spieszą na godzinę ósmą do fabryk. Któż nie zna słynnych cygar bahijskich, będących po hawajskich najlepszymi?

Idzie Murzynka chodnikiem i niesie na głowie trzy banany. Dalej znów inna, spieszy z parasolką, która zwinięta leży na wełnistej czuprynie. W zębach wielkie cygaro. Bóg dał człowiekowi tytoń do robienia cygar, a głowę do noszenia pakunków. Tylko głupi i niepraktyczni *gringos*[277] sądzą, że głowa tylko służy do noszenia kapelusza.

Zdarza się posłać chłopaka do zaniesienia gdzieś listu. Chłopak, naturalnie o ile nie ma wiatru, umieszcza go sobie na gęstej czuprynie i sunie majestatycznie przez ulice, bujając rękami.

Jest upalnie, co nie wpływa dodatnio na rozpraszanie energii fizycznej. Oszczędza się ją więc na różne sposoby.

Kolej sunie wolno, gdyż jest parno i gorąco. Kto widział, pędzić z szybkością 30 km na godzinę w taki upał. Wystarczy zupełnie 10 km. Na stacji sennie i spokojnie. Nikt się spieszyć nie ma zamiaru. Słychać skomlące głosy żebraków.

– *Ioiô!... Ioiô!... Esmolinha para um pobre, pelo amor de Deus!*[278]

Stary Murzyn, zupełnie siwy, stuka kijem o poręcze okien wagonu. Wyjątkowo nie mam drobnych, siedzę więc spokojnie. Znudzony stukaniem i prośbami, stary, widząc moją obojętność, szturcha mnie kijem w ramię.

– *Ioiô!... Pelo amor de Deus!*

[277] *Gringo* (port.) – pejoratywne określenie cudzoziemców, zwłaszcza angielskojęzycznych.

[278] *Esmolinha para um pobre...* (port.) – Jałmużna dla biedaka, na miłość boską! *Ioiô* – określenie, jakiego używali czarni niewolnicy wobec swych panów.

Rogi zwiastują stworzenie rogate. W tym wypadku krowę. Na jej grzbiecie siedzi chłopak. Po bokach uwiązane naręcza drzewa i suchych gałęzi. Za chłopakiem, w blaszanej bańce, klekoce jakiś płyn.

– *Espere um pouco, meu filho.* (Poczekaj chwilkę, synu).

Krowina pociągnięta sznurkiem przystaje.

– Cóż to wieziesz w tej bańce?

– Mleko.

– A skąd masz to mleko?

– A od krowy – odpowiada naiwnie Murzynek i łypie podejrzliwie białkami na ciekawego *gringa*.

– Od jakiej to krowy to mleko?

– Od tej! – I pręcikiem uderza w kościsty zad krowiny.

Oddalająca się para tworzyła ciekawy obrazek, ale żal mi było szczerze biednej krowiny, która własne mleko jest zmuszona odwozić na targ i do tego dźwigać jeszcze chłopca i ciężkie naręcza drewek.

Furmanki chłopskie przed jednym
z kościołów w Paranie

W narożnej kawiarni różnokolorowy tłum zapełniał okrągłe stoliki. Obłoki dymu unosiły się leniwie. Jakiś Murzyn elegancko ubrany, z jaskrawym krawatem i zsuniętym na tył głowy słomkowym kapeluszem, wrzaskliwie coś dowodzi kilku czarniejszym od siebie towarzyszom. Dwóch Niemców cicho gawędzi przy butelce piwa. W głębi kilka postaci gra w kości. Rozgrywają przedobiednie piwo. Jednego z nich poznałem już poprzednio – Mulat i eks-marynarz, uważany był za jednego z najlepszych capoeirzystów w mieście.

Capoeirę widziałem kilka razy i muszę powiedzieć, że zawsze mnie fascynowała. Jest to walka wprowadzona przez niewolników afrykańskich, w której stosuje się przede wszystkim uderzenia nogami. Dawniej trzymali w ręku noże lub brzytwy, dziś jest bardzo popularna w Bahia jako gra zręczności. Widzowie tworzą koło i walka odbywa się przy odgłosie śpiewów, klaskania dłońmi oraz przy akompaniamencie tamburynów i innych typowych instrumentów.

Przeciwnik unika pierwszego ciosu, pada na ziemię, udając potknięcie lub coś w tym rodzaju i nogą podbija przeciwnika, co przy pewnej wprawie bezapelacyjnie obala go na ziemię. Pomimo tak ogromnego dystansu, jaki dzieli Bahia od synów Nipponu[279], osobliwym jest fakt, że *capoeira* i dżiu-dżitsu mają wiele wspólnych cech.

Pracowałem przez rok w Bahia. Była to moja najlepsza posada, zarabiałem doskonale i oszczędziłem sporo pieniędzy.

W tym czasie prowadziłem korespondencję z moją przyszłą żoną i zbierałem pieniądze na podróż do Polski i wzięcie ślubu z mą narzeczoną, ale los inaczej pokierował i – tym razem nie z mojej woli – znalazłem się na drodze do mojej Szóstej Wielkiej Przygody.

Drugi raz na Ucayali

I.

Po zbadaniu warunków na Ucayali przez komisję, Rząd Polski dał zgodę na prywatne przedsięwzięcia, tak więc została założona spółka Towarzystwo Kolonii Polskiej, która miała prowadzić kolonizację.

Tymczasem miałem bardzo dobrą posadę w Bahia i przez dwa lata korespondowałem i zaręczyłem się listownie z Polką, której osobiście nie znałem. Miałem jechać do Warszawy, żeby ją poznać i wziąć tam ślub, na co zbierałem pieniądze. Ale wypadki potoczyły się inaczej.

Ojciec był już w Peru jako dyrektor Towarzystwa Kolonii z pierwszą partią emigrantów. A oto Matka decyduje się jechać też na Ucayali, co pokrzyżowało wszystkie moje plany względem ślubu, gdyż nie zebrałem jeszcze odpowiedniej sumy, a do tego dochodziło moje pragnienie, ażeby ktoś z mojej rodziny był na naszym ślubie.

Matka zdecydowała się jednak z optymizmem, że pojedzie towarzyszyć mężowi w Peru, nie zważając na trudne warunki. Uważała, że w ten sposób doda otuchy i odwagi rodzinom, które miały jechać statkiem na Kolonię, mając przed sobą naturalne trudności związane z adaptacją na nowym gruncie, do nowego klimatu i do ciężkich warunków życia w puszczy amazońskiej.

Odmawiałem wszelkimi siłami Matkę od takiej awanturniczej podróży, znając już warunki prymitywne na Ucayali. Po wielu listach i błaganiu, ażeby nie jechała do Peru, co nie odniosło żadnego skutku, musiałem się zgodzić na alternatywę: ażeby Matka przywiozła narzeczoną. Podałem się do dymisji w amerykańskiej firmie, w której pracowałem i z Bahia pojechałem statkiem do Belém do Pará na spotkanie Matki i narzeczonej.

II.

Pewnego słonecznego ranka roku 1930, kroczyłem nerwowo wzdłuż nadbrzeża portu Belém, co minuta wyciągając chustkę, żeby obetrzeć pot z czoła, co się rozumiało, bo byłem

---

[279] Tj. Japonii.

prawie na równiku. Starannie byłem ubrany – według najlepszej mody miałem ubranie z białego płótna, doskonale nakrochmalone, i nieodzowny płaski słomkowy kapelusz na głowie. Na cóż czekałem? Otóż w oddali ukazała się sylwetka statku „Alban", angielskiej chorągwi, na którym przyjeżdżała moja narzeczona, młoda Wanda. Towarzyszyła swej przyszłej teściowej, a na statku jechało także ze trzydziestu pionierów polskich, z rodzinami, którzy tworzyli awangardę kolonizacji nad rzeką Ucayali.

W miarę jak chodziłem w jedną i drugą stronę długiego, prawie pustego nabrzeża portu, rozważałem całą sytuację. Otóż miałem dobrą posadę w Bahia – i musiałem ją rzucić, żeby tu przyjechać. Prawie dwa lata korespondencji i kilka wymienionych fotografii – to wszystko, co o sobie wiedzieliśmy. A co, jeśli nie będę się podobał mojej narzeczonej? I najważniejsza kwestia – z czego będziemy żyć po ślubie? Miałem tylko dwie możliwości do wyboru: albo od razu pobrać się w pośpiechu i odjechać do cywilizacji na południe, zostawiając Matkę, która musiałaby sama jechać w głąb Amazonki – albo dołączyć się do tego fantastycznego projektu.

Znowu wyciągnąłem chustkę i otarłem pot z czoła, dręczony myślami. Nie zgadzałem się z projektem kolonizacyjnym mego Ojca, gdyż uważałem, że wielkie dystanse, trudności komunikacyjne, tropikalny klimat nie prowadziły do dobrego rezultatu takiego projektu na ziemiach zupełnie dziewiczych. Znałem już dokładnie Cumaríę, Ucayali i warunki tamtejsze i – moim zdaniem – taka impreza miała mało szans powodzenia.

III.

Wkrótce nastało spotkanie z narzeczoną oraz z Matką i dość liczną grupą kolonistów. W grupie tej był ksiądz Franciszek Sokół, były kapelan wojskowy armii generała Hallera we Francji, i długoletni proboszcz w polskich parafiach w USA[280]. W tej partii przyjechali też dentysta i akuszerka, bo lekarz już był na miejscu.

Ponieważ w Belém angielski statek towarowy zatrzymał się tylko parę dni, za krótko, żeby coś zdecydować, nie było innej rady, jak jechać z nimi aż do Manaus. Stamtąd „Alban" miał płynąć wprost do Iquitos, które było końcowym portem dla statków regularnej linii Booth Line, utrzymującej komunikację między Anglią i Peru[281]. Wprawdzie był to czas niskich wód, co dla większych statków stwarzało niebezpieczeństwo osiadania na mieliznach.

W Manaus nie było możliwości przygotowania ślubu, nie mówiąc o tym, że na myśl o naszym opuszczeniu Matki ksiądz Sokół robił tragiczną minę. Odsunęliśmy powrót do czasu przybycia do Iquitos, gdzie Ojciec czekał, a tymczasem… tam się wszystko powikłało! Wyglądało to na ruchome piaski; sam człowiek nie wie, kiedy się coraz głębiej pogrąża.

Z Belém aż do Iquitos statek szedł dwadzieścia parę dni, od czasu do czasu utykając na mieliznach, co dawało możność strzelania do krokodyli, które wyłaziły na łachy piaszczyste, ażeby wygrzewać się na słońcu. Podczas podróży moja narzeczona z podziwem patrzyła na tę olbrzymią płaszczyznę wodną, z ciemną linią lasu daleko na horyzoncie, która czasem w ogóle znikała. Ogrom tej rzeki zadziwia i przeraża, wygląda, jak gdyby nie miała końca. Obserwowaliśmy tez wynurzające się co chwila z wody stada olbrzymich ryb *pirarucu*[282],

---

[280] Franciszek Sokół był też proboszczem parafii we wsi Gdeszyn w okolicach Hrubieszowa.

[281] Booth Line – brytyjskie linie okrętowe, powstałe w 1866 roku i działające pod różnymi nazwami aż do roku 1975, gdy zostały wykupione przez inną firmę. Obsługiwały połączenia z północną Brazylią i Amazonią. Do ich floty należał wspominany przez Warchałowskiego okręt „Alban".

[282] *Pirarucu* (port.) – arapaima (*Arapaima gigas*), zwana też „amazońskim dorszem" (*bacalhau da Amazônia*), największa ryba słodkowodna – rekordowe egzemplarze dochodzą do 4,5 metra długości i 200 kilogramów wagi. Ma spłaszczoną, pokrytą tarczkami kostnymi głowę. Zamieszkuje rejon Amazonki i Orinoko. Oddycha zarówno tlenem rozpuszczonym w wodzie, jak i powietrzem atmosferycz-

Wanda Ginalska
– wówczas narzeczona Stanisława

W podróży do Peru. Na angielskim statku do Cumaría nad Ucayali: ks. F. Sokół, J. Warchałowska, W. Ginalska i trzech młodzieńców

dochodzących do dwóch metrów, które stanowią podstawowe pożywienie biednej ludności nad Amazonką.

Z emigrantami jechała na Kolonię grupa młodzieńców, wszystkich rozweselając swymi dowcipami i dobrym humorem. Byli pełni nadziei na jakieś nierealne przedsięwzięcia, które sobie uroili. Jeden z nich np. robił wielkie plany, że się dorobi na skórach jaguarów, krokodyli, żmij i innych, które miał wysyłać do Polski. Nic z tego nie doszło do skutku, gdyż tylko krokodyli było wszędzie pod dostatkiem. Ciągłe spławianie tratw, a poza tym, chociaż jeszcze rzadki, ale hałaśliwy stukot maszyn na *lanchach* płoszył zwierzynę, która się wycofała w dalsze okolice. W dodatku, jak się potem okazało, ani w Peru, ani w Brazylii nie wyprawiano skóry krokodyli. Jedynie można było to zrobić w Szwajcarii – i na tym cały projekt się zachwiał.

W Iquitos zatrzymaliśmy się wszyscy w skromnym hoteliku, gdzie spotkał się z nami mój Ojciec i teraz dopiero okazało się, że konwojent tej grupy nie przywiózł żadnych pieniędzy na dalszą podróż z do Cumaría. Podróż tą *lanchą* trwała dwa tygodnie, tak że przejazd przeszło 30 osób nie stanowił małej sumy.

Ojciec wpadł w rozpacz, gdy się o tym dowiedział. Zarząd Kolonii powinien był przysłać pieniądze na opłacenie dalszej podroży i nie wiadomo było, co robić. Przez całą noc debatowali

nym; w okresie suszy zagrzebuje się w piasku lub błocie. Jest drapieżnikiem. Samice składają od 40 do 50 tysięcy jaj, z których wykluwa się narybek długości ok. 11 centymetrów – potomstwa pilnuje samiec. Według mitologii Indian, Pirarucu był doskonałym acz zuchwałym i okrutnym wojownikiem indiańskim, którego bogowie za karę zamienili w rybę.

nad tą sprawa. W końcu zaczęło się mobilizowanie potrzebnej sumy. Teraz, zamiast wziąć ślub i wycofać się do Brazylii, jak zamierzałem, musiałem do sumy złożonej przez księdza i prywatnych pieniędzy mej Matki dodać moje oszczędności, gdyż inaczej część kolonistów musiałaby pozostać w Iquitos.

Moje plany powrotu do Brazylii spełzły na niczym, teraz – bez pieniędzy – było to niemożliwe. Do rozczarowania dokładał się mój pesymistyczny nastrój, bez żadnych nadziei na przyszłość, gdyż uważałem, że cała ta sprawa z kolonizacją się załamie, chociażby z powodu braku koordynacji działalności biura w Warszawie z dyrekcją nad Ucayali. W Warszawie sądzono, że w tropikalnym kraju kokosy wystarczają wyśmienicie na utrzymanie... Poza tym nie orientowano się tam w olbrzymich odległościach czy trudnościach komunikacyjnych.

Ale zamiast być puszczykiem, należało teraz przyłączyć się i swe losy rzucić na szalę. Tam był Ojciec, jechała Matka; jeśli chodzi o narzeczoną, to nie bardzo orientowała się w całej tej sprawie i była gotowa na objechanie ze mną łódką całego świata.

Następnym powodem utrapienia i rozpaczy Ojca była różnorodność tej grupy nowych kolonistów. A więc – zaledwie kilka rodzin rolników, którzy posprzedawali swoje gospodarstwa w Kraju. Reszta to byli młodzi dziennikarze, robotnicy fabryczni spośród polsko-niemieckich osadników w Łodzi, adwokat, urzędnicy, paru młodzieńców, z którymi rodzice nie mogli sobie dać rady i dlatego ich wysłali w tę podróż, wdowa z kilkorgiem dzieci... Wszyscy jechali upojeni ogromnymi obszarami ziemi w peruwiańskich puszczach, gdyż warunki umowy z rządem peruwiańskim ustalały, że każdy kolonista dostanie na własność odłam terenu, który zdoła zabudować i obsadzić.

Transport na rzece Ucayali

Trzeba jednak zaznaczyć, że byli też między nimi dentysta, ksiądz, akuszerka, geodeta, a więc też ludzie fachowi, którzy bardzo się przydali, chociażby ksiądz, który potem dał nam ślub.

Jadąc następnie *lanchą* w górę Ucayali, obserwowaliśmy spływające po rzece tratwy, kierowane długimi żerdziami przez Indian ubranych w długie brązowe opończe i ze świecidełkami w nosie i wargach. Bawiły nas też delfiny wyskakujące z wody. Tylko z daleka było widać las, zresztą był on bardzo monotonny.

Na naszym parowcu jechała indiańska dziewczynka, w wieku może 13 lat, pod strażą dwóch policjantów. Postarałem się dowiedzieć, o co chodziło. Otóż ona uciekła od fazenderów, gdzie pracowała i policja ją teraz z powrotem odstawiała. Dowiedziałem się wtedy niebywałej rzeczy: w Peru panowało niewolnictwo, pomimo że było ono już dawno oficjalnie zniesione. Fazender, który miał swoich Indian, traktował ich jak towar, sprzedawał, zamieniał, kupował – i nie wolno im było uciec; policja była na usługi fazenderów.

Pod wieczór wszyscy pasażerowie zbierali się na pokładzie, żeby podziwiać zachody słońca, tak piękne, jakich dotąd nikt nie widział. Na szerokiej rzece barwy nieba odbijały się w wodzie i zatracała się linia horyzontu; niebo i woda zlewały się w jedno malowidło o coraz to nowych. nadzwyczajnych kolorach. Wszystko tonęło w najrozmaitszych odcieniach złotych, czerwonych, różowych barw.

Co kilka godzin *lancha* dobijała do brzegu w celu załadowania drew lub zaopatrzenia ludności okolicznej w produkty pierwszej potrzeby jak sól, nafta, mydło, płótno. Z parowca rzucali na ląd wąską kładkę i na gwizd syreny zbierali się mieszkańcy. Na którymś postoju przybiegły chłopaczki Metysi, mające na sprzedaż piękne wachlarze z kolorowych piór *arary*. Wandzia potem taki wachlarz wysłała dla swej siostry w Polsce, co wywołało wielki zachwyt.

Po dwóch tygodniach dotarliśmy do celu podróży – i w ten dziwny sposób znalazłem się powtórnie w Cumaría.

Cumaría

Cumaría była hacjendą Dolciego, leżącą na prawym, wysokim brzegu Ucayali, niedaleko ujścia dopływu Cumaría. O jakieś 100 km na zachód była granica brazylijskiego terytorium Acre, ale cały ten obszar był pokryty nieznaną puszczą.

Na początek tereny Dolciego zostały wydzierżawione Kolonii Polskiej i koloniści zamieszkali w ogromnym baraku, który tam się znajdował. Z czasem Kolonia miała szukać terenów w lesie i osiedlić kolonistów na terenach państwowych, na co mieli pozwolenie od rządu peruwiańskiego. Kiedy przyjechaliśmy, było już sporo kolonistów mieszkających w baraku.

Cały teren był zalesiony; od brzegu szła mała drożyna, jakieś 10 metrów w głąb, aż do polany, na której stał barak – a obok niego chatka z dzikiej trzciny cukrowej, gdzie z początku zamieszkali zarządzający i dentysta. Dalej prowadziła dróżka znowu jakieś 15 metrów do miejsca, gdzie znajdował się jedyny dom świeżo wybudowany i całkiem gotowy, należący do pp. Niedenthalów. Pani Maria Bochdan-Niedenthal[283] była pisarką, zamożną właścicielką ziemską z Galicji wschodniej, odznaczającą się zamiłowaniem do krajów tropikalnych. Ładny mieli domek, wybudowany w otoczeniu leśnym, na wysokich palach, jak nakazywał tamtejszy zwyczaj, dla bezpieczeństwa przed zwierzętami i owadami. Na drzewie koło domu wisiał leniwiec; całymi dniami siedział na gałęzi lub wisiał bez ruchu. Jeszcze dalej w głąb znajdował się duży dom rodziny Dolciego.

Państwo Niedenthal ofiarowali pokój na strychu dla mej Matki i narzeczonej, do czasu wybudowania dla rodziców nowego domu. Ojciec i ksiądz Sokół spali na stateczku „Janka", należącym do Kolonii, który miał kabinę dość wygodną, na dwie osoby. Ja rozwiesiłem hamak

---

283 Maria Bochdan-Niedenthal (ok. 1910-1972) – córka ziemiańskiej rodziny z Kresów, pisarka. Poznała Kanadę, Rodezję, Brazylię, dwa lata mieszkała też w Peru, na terenie kolonii, którą opisuje tu Warchałowski. Adoptowała wówczas małą Indiankę, ratując ją od śmierci. Owocem tego pobytu była książka *Ucayali – Raj czy Piekło nad Amazonką* (Warszawa: Dom Książki Polskiej, 1935).

Dom osadników w Cumaría

pod spodem domu pp. Niedenthalów, gdzie już mieściła się menażeria egzotycznych zwierząt, z małpką na czele, dostarczonych przez Indian w zamian za różne przedmioty. Dzięki poprzedniej podróży byłem już przyzwyczajony do spania w hamaku, tak że dla mnie nie była to nowina.

Po przyjeździe zająłem się robieniem dla Kolonii zdjęć topograficznych, ażeby mieć dokładne rozpoznanie terenów powyżej ujścia rzeki Cumaría, dopływu Ucayali. Wracałem późno, często po nocy, wychodząc raniutko.

Z czasem wyszukałem sobie pomocnika do drobnych robót, jak noszenie wody i inne. Był to chłopiec około trzynastu lat, Metys o indiańskich rysach i czarnych gładkich włosach ściętych nad samymi oczami. Chodził ubrany w stare spodnie, bez koszuli, w drewnianych chodaczkach na nogach.

Dom Ojca był w budowie i po paru tygodniach już był gotowy. Domki na ogół były budowane z rozszczepionych bierwion i pokryte liśćmi palmowymi.

Uciekinier

Zaraz po przyjeździe naszej grupy koloniści, którzy już byli na miejscu, podzielili się z nami ostatnimi nowinami, z których najciekawsza była ta, że pewien Indianin, niewolnik należący do okrutnego podobno hacjendera Pancho Vargasa, uciekł od swego pana, przypłynął na tratwie do Cumarii i schronił się pod opiekę Kolonii Polskiej. Koloniści opowiadali, że zjawiła się policja peruwiańska, żądając oddania zbiega, ale Polacy twardo się postawili, a jako że prawo nie było po stronie policji, gdyż oficjalnie niewolnictwo było zniesione, zostawiła kolonistów w spokoju i Indianin został na Kolonii.

Na tym się jednak nie zakończyło, bo akurat w kilka dni po naszym przyjeździe Pancho Vargas nasłał swoich ludzi, którym udało się porwać i uprowadzić Indianina w czasie, gdy koloniści oddalili się na roboty. Naturalnie wielkie było oburzenie i wnet zebrała się grupa ochotników zdecydowana na odbicie ofiary. Na czele stanął młody hrabia Dąbski, człowiek wysoki, przystojny i odważny. Tak jak i niektórzy inni bogaci ludzie, przyjechał po prostu z ciekawości, żeby poznać Amazonkę.

Przyłączyłem się także do wyprawy mającej na celu odbicie Indianina, potajemnie przed narzeczoną, nie chcąc jej tak od razu w pierwszych dniach przestraszać takimi wydarzeniami. Dopiero po fakcie dowiedziała się o wszystkim.

Mieliśmy szczęście, bo akurat jechała *lancha* w górę rzeki. Przyczepiliśmy naszą łódź do burty, a sami wsiedliśmy na parowiec. W ten sposób wyminęliśmy po drodze ludzi Vargasa, niezauważeni przez nich. Wysiedliśmy spory kawał dalej i przygotowaliśmy zasadzkę, zagradzając im drogę. Byliśmy wszyscy dobrze uzbrojeni, a widząc naszą stanowczą postawę, przeciwnicy widocznie nie chcieli z nami zadzierać i bez dyskusji oddali związanego Indianina. Sine pręgi na jego ciele świadczyły, że go porządnie zbili.

Wróciliśmy do Kolonii, tryumfalnie prowadząc Indianina, jak bohaterzy po wojennej wyprawie!

Co do hrabiego Dąbskiego, dziwny był jego los! Otóż przebył blisko rok w Peru, odbył szereg wycieczek po rzece, miał wiele niesamowitych przygód. Prawdziwym cudem ocalił życie przy rozbiciu się i zatopieniu tratwy na rzece Cumaría, i to w nocy. Ten młody i bogaty człowiek wyszedł bez szwanku z puszcz peruwiańskich, a wkrótce po powrocie do Polski zginął na promenadzie na Alejach Ujazdowskich[284] w Warszawie, gdy koń, na którym jechał, spłoszył się i wpadł pod samochód...

Jak mówią Brazylianie, „gdzie jest człowiek, tam jest niebezpieczeństwo" – innymi słowy, kto przeżył tysiące przygód w „zielonym piekle", wcale nie jest bezpieczny na równej drodze.

Warunki życia nad Ucayali

Czy jest wielka różnica między Brazylią a Peru, a specjalnie między Paraną a Montañą peruwiańską? (Puszcze w dorzeczu Amazonki zwali Peruwiańczycy „Montaña".)[285]

Jak wiadomo, w Brazylii mówi się po portugalsku, a w Peru po hiszpańsku; są to języki bardzo zbliżone. Klimat na samej Amazonce jest dużo bardziej wilgotny i gorący niż na południu Brazylii. W Iquitos było jednak już mniej gorąco niż w Belém czy Manaus, a w Cumaríi nikt nie skarżył się na gorąco. Indianie na Ucayali noszą opończe, bo noce często bywają chłodne. Co było bardzo dokuczliwe, to deszcze, które w trwającej pół roku porze deszczowej padały często całymi tygodniami, bez przerwy.

Puszcza sama w sobie jest podobna, chociaż gatunki drzew są inne. Tak samo tu i tam trzeba puszcze trzebić i palić, ażeby wytrzebić mrówki i inne szkodniki, i wtedy dopiero sadzić. Płody rolne są podobne, chociaż na Ucayali bardziej zbliżone do pasma nadmorskiego w Paranie, to znaczy – banany, trzcina cukrowa, maniok, ananasy, pomarańcze, itd. Choroby są wspólne tropikalnym krajom, tak że ludzie wychowani w Brazylii, a szczególnie w środkowej i północnej Brazylii, nie odczuwają wielkich różnic.

Mylny był panujący pogląd, że malaria jest wszędzie. W górnym biegu Ucayali malarii zasadniczo nie było, albo występowała bardzo rzadko. Komary są jednak straszliwą plagą i zawsze trzeba było spać pod rozwieszanymi na tyczkach moskitierami.

---

284 Aleje Ujazdowskie – szeroka arteria, wytyczona w XVII wieku i stanowiąca część stołecznego ciągu komunikacyjnego na osi północ-południe, zwanego Traktem Królewskim. W Alejach Ujazdowskich mają swe siedziby ambasady i poselstwa, a także Kancelaria Prezesa Rady Ministrów. W okolicach znajduje się gmach Sejmu, Ogród Botaniczny, Park Łazienkowski oraz Zamek Ujazdowski, mieszczący Centrum Sztuki Współczesnej.

285 Peru geograficznie dzieli się na trzy odrębne strefy: Costa – czyli wybrzeże Pacyfiku, Sierra – czyli wysokie Andy oraz Montaña lub Selva – czyli obszar puszczy amazońskiej.

Tylko brzegi rzek były bardzo z rzadka zaludnione. Na wysokich brzegach były hacjendy. Po drugiej stronie, na niskich brzegach, były wioski *cholos*, czyli Metysów lub Indian spacyfikowanych i raczej usposobionych dobrodusznie, ale trzymających się swych prymitywnych zwyczajów.

Peru robiło wrażenie kraju dobrze zorganizowanego. W każdej najmniejszej osadzie była *preceptora*, czyli nauczycielka ucząca czytać i pisać. Po rzece snuli się policjanci peruwiańscy, elegancko ubrani na wzór policji konnej kanadyjskiej, w mundurze *caqui*[286], sztylpach i kapeluszu skautowskim. Zawsze czyści, zachowywali się z pewną rezerwą.

Co najbardziej utrudniało życie, to olbrzymie przestrzenie. Dróg kołowych oczywiście nie było żadnych. Uniwersalnym środkiem komunikacji były czółna nazywane *montaria*, czyli dosłownie „wierzchowiec"[287]. Poza tym raz na dwa, trzy tygodnie do Cumaríi przybywał parowiec. Cała ludność nadrzeczna była zależna od *lancherów*, którzy tworzyli pewnego rodzaju monopol skupu oraz sprzedaży produktów. Na trzykrotny gwizd syreny nadciągającego parowca wybiegali wszyscy z domów i grupowali się przy brzegu w oczekiwaniu nowin i podstawowych produktów – jak soli, narzędzi, nafty, sukna, itd. Parowiec przywoził pasażerów, pocztę i trochę przestarzałych gazet.

Władze peruwiańskie starały się pomagać we wszystkim polskim kolonistom, a ze strony ludności peruwiańskiej odczuwać można było przychylność, gdyż wszystkim zależało, ażeby te strony znalazły drogę do rozwoju i wyszły z impasu, w jakim trwały od lat po spadku cen na kauczuk.

Hay chancho?

W parę miesięcy po naszym przyjeździe zabrakło mięsa dla kolonistów. Przeważnie Kolonia kupowała świnie od najbliższych hacjenderów, rzadko udawało się kupić byka. Ale tym razem nie było w pobliżu żadnej sztuki na sprzedaż, trzeba było gdzieś dalej poszukać prosiaka i mi przypadło to zadanie. Wziąłem ze sobą jednego z kolonistów oraz Juanita i wyjechaliśmy małą otwartą motorówką należącą do Kolonii.

Jeszcze trwał okres niskiego stanu wód, kiedy wychylały się białe plaże i mnóstwo ptactwa przelatywało z jednego brzegu na drugi lub nagle zrywało się do lotu z wielkim krzykiem.

Mijaliśmy długie odcinki bez śladu życia ludzkiego, gdzieniegdzie zaglądaliśmy do rzadkich osiedli. Wreszcie natrafiliśmy na jakąś większą hacjendę. Zostawiłem człowieka w łodzi i poszedłem z chłopcem spróbować szczęścia.

Dom był obszerny i jakieś postaci wysunęły się na werandę, więc z daleka zawołałem *buenas tardes* (dobry wieczór)[288]. Nikt nie odpowiedział, co mnie trochę zdziwiło, bo Peruwiańczycy są nadzwyczaj grzeczni i gościnni.

Na werandę wybiegło jeszcze parę kobiet, wszystkimi oknami wyglądały dzieci, a kilku mężczyzn zgrupowało się na przedzie. Jakoś nie wyglądali bardzo przyjaźnie, zauważyłem, że niektórzy trzymali dłonie na rękojeściach rewolwerów.

– Juanito – zapytałem chłopca – czy wiesz, kto jest właścicielem tej hacjendy?

– Pancho Vargas – odpowiedział.

Nogi osłabły pode mną, ale postarałem się utrzymać miarowy krok. Nie sposób było teraz się cofnąć, co robić? Myśli błyskawicznie przelatywały przez moją głowę. Wiedziałem jedno – że nie mogłem okazać najmniejszego wahania.

---

286 *Caqui* (hiszp., port.) – khaki.

287 *Montaria* (port.) – w Brazylii: m.in. wierzchowiec; ogólnie w Ameryce Łacińskiej: czółno z wydrążonego pnia drzewa.

288 *Buenas tardes* (hiszp.) – powitanie używane po południu (po dwunastej) i wieczorem; *tarde* oznacza ‘popołudnie' lub ‘późno'.

Zatrzymałem się o pięć metrów od werandy i powtórzyłem pozdrowienie mocnym i pewnym głosem:

– *Buenas tardes, Hay chancho*[289]? (Czy macie świnię – rozumie się, na sprzedaż.)

Dłuższą chwilę trwali w milczeniu. Potem starszy mężczyzna wskazał ręką świnię, która kręciła się między drzewami.

Wyjąłem rewolwer i podniosłem do góry. Czułem wszystkie oczy wlepione we mnie. Rozpaczliwie starałem się skoncentrować. Zacisnąłem zęby; musiałem trafić, w tej sytuacji było to strasznie ważne. Powoli zacząłem spuszczać rewolwer, prostując ramię.

Z hukiem wystrzału zwierzę podskoczyło w górę i, padając, zaryło ryjem w ziemię, wydając przenikliwy kwik.

Odetchnąłem. Pot ze mnie ściekał ciurkiem.

Zapłaciłem należność i posłałem chłopca po kolonistę, żeby pomógł nam zaciągnąć świnię do łodzi.

W drodze powrotnej zastanawiałem się nad tym wydarzeniem i w jaki sposób wszystko się dobrze ułożyło. Pancho Vargas mógłby się na nas zemścić za odbicie Indianina. Czemu tego nie zrobił? Oni od razu mnie poznali i nie mogli przypuszczać, że ja nie wiedziałem, że jestem przed domem zamożnego i potężnego Pancho Vargasa. Któż by tego nie wiedział? Przypuszczam, że zdezorientowała ich śmiałość cudzoziemca, moja pewność siebie (z trudem nadrabiałem miną) – i na koniec celny strzał.

Tartak

Ojciec pojechał do Iquitos, gdyż miała przybyć nowa partia kolonistów, a poza tym oczekiwał na przyjście maszyn do tartaku. Otóż Ojciec zainteresował grupę Francuzów sfinansowaniem tartaku na terenach Kolonii. W górnym biegu Ucayali było jeszcze moc cedrów[290] oraz mahoniu, tak bardzo poszukiwanego w Europie. Mahoń to było słowo magiczne, a Amazonka tym bardziej. Te dwa słowa razem, a dodatkowo jeszcze guma, która już przestała być wyśmienitym interesem, ale jeszcze z tradycji przyciągała fantazję ludzką, wabiły Polaków i inne narodowości, które leciały jak muchy do miodu. Poza tym był to początek największego światowego kryzysu i zastoju we wszystkich interesach. A może Amazonka będzie tym magicznym lekiem na kryzys?

Tak czy owak, Francuzi wysłali maszyny tartaczne, pięknie opakowane, do Iquitos. Ojciec, dowiedziawszy się o przybyciu maszyn, pojechał, ażeby je odebrać. Jadąc do Iquitos zgodził się na wyszukanie i kupno używanej łodzi z doczepianym motorem dla pana Niedenthala, na co dostał od niego pieniądze.

Z Cumaría do Iquitos jechał dwa tygodnie *lanchą* po rzece Ucayali. W Iquitos zastał nową partię kolonistów, ale znacznie mniejszą, zaledwie kilka rodzin. Ponownie z Warszawy nie przysłali żadnych pieniędzy. Pieniądze na podróż do Cumaría? Po co pieniądze? Pewnie można wozem zawieźć kolonistów na Ucayali...

Władze peruwiańskie uwolniły maszyny od cła importowego, jako że to na pionierskie przedsięwzięcia, ale okazało się, że trzeba było zapłacić wydatki za magazynowanie towaru, a lanczer wcale nie chciał wieźć maszyn na kredyt. Trzeba było też zapłacić za podróż tych nowo przybyłych kolonistów. Ponownie zabrakło pieniędzy i Ojciec był w wielkim kłopocie, jak to załatwić.

---

289 *Chancho* (hiszp.) – świnia; określenie używane w Ameryce Łacińskiej.

290 Zob. przyp. 269.

Ponieważ płaci się wysoką opłatę za magazynowanie, nie było mowy o powrocie do Cumaríi i zostawieniu maszyn, gdyż groziło to ich sprzedaniem na licytacji. Nie było innego wyjścia, jak użyć pieniędzy przeznaczonych na łódź z motorkiem, która mogła poczekać, inaczej istniała groźba utraty tartaku, więc Ojciec wykupił maszyny i – wróciwszy – przedstawił sprawę panu Niedenthalowi. Z czasu, który spędziłem na Kolonii, był to najbardziej przykry incydent, jakiego tam doświadczyłem. Pertraktacje co do uregulowania sprawy łodzi trwały dość długo i uczestniczył w nich ksiądz Sokół. W rezultacie część pieniędzy dostał p. Niedenthal w postaci maszyn tartacznych, a część długu na własne jego życzenie zostało przepisane na Towarzystwo Kolonii Polskiej.

Gdy maszyny przybyły do Cumaríi i ze stateczku wyładowano szereg wielkich pak, wzbudziło to sensację nie tylko wśród kolonistów, ale i rodziny Dolciego, a nawet Indian siedzących w kucki na brzegu i przyglądających się wyładowaniu skrzyń.

– To tartak! Maszyny i piły – powtarzano z ust do ust.

Ojciec polecił mi zmontowanie tartaku, dając do pomocy bardzo kompetentnego mechanika, Dziewę, który był już w Ameryce Północnej. Ten nadzwyczaj wartościowy człowiek później uratował nam od zatonięcia „Jankę". Zdarzyło się to, kiedy jechaliśmy zdobyć mięso dla Kolonii, tym razem w czasie wielkiej powodzi. Jechaliśmy w górę rzeki, gdy nagle motor stanął. Groziło nam roztrzaskanie się o spływające zwały drzew i należało błyskawicznie się decydować. Dziewa, nie bacząc, że z wnętrza statku by się nie wydostał, natychmiast skoczył w głąb do maszyn. W najbardziej groźnej chwili, w parę sekund przed zderzeniem, gdy ja i kilku ludzi załogi mieliśmy już skakać do wody, Dziewa zdołał puścić motor w ruch. Dzielny ten człowiek, jak się dowiedziałem, w kilka lat później stracił rękę, pracując na tartaku Anglików koło Iquitos.

Razem z Dziewą w parę tygodni zmontowaliśmy maszyny oraz mechaniczny wyciąg linami kloców z wody i – o dziwo – wnet zaczęły wznosić się stosy desek.

Generalnie zainstalowanie tartaku w Kolonii uznano za rzecz pozytywną w długim szeregu zawodów i braków. Deski były potrzebne do rozmaitych rzeczy, między innymi ksiądz Sokół wybudował z nich kapliczkę na wzgórzu.

Ślub w dżungli

Wreszcie i mój domek stanął na niziutkich palach, trochę na uboczu, w lesie. Wziąłem robotników na swój koszt i wybudowaliśmy go z patyków i kory, pokrywając liśćmi palmowymi; własnoręcznie skleciłem parę najpotrzebniejszych mebli i wtedy zaczęły się przygotowania do ślubu.

Cywilny ślub dał nam państwowy urzędnik na miejscu, został on potem zatwierdzony w Iquitos. Jako że jeszcze nie było kaplicy, na tę uroczystość ksiądz Sokół przygotował ołtarz w domu rodziców.

Matka była w niemałym kłopocie i nawet rozpłakała się z tego powodu – jak urządzić przyjęcie w lasach, kiedy wszystkiego brak? Pomimo że Ojciec pojechał specjalnie do Iquitos, żeby przywieźć coś lepszego na tę okazję, możliwości były bardzo nikłe. Na dwa dni przed ślubem pojechałem łodzią, zatrzymując się przy każdej hacjendzie przy brzegu – ominąwszy tylko z daleka Pancho Vargasa – i udało mi się zakupić prosiaka, kury i leśnego indyka o delikatnym białym mięsie.

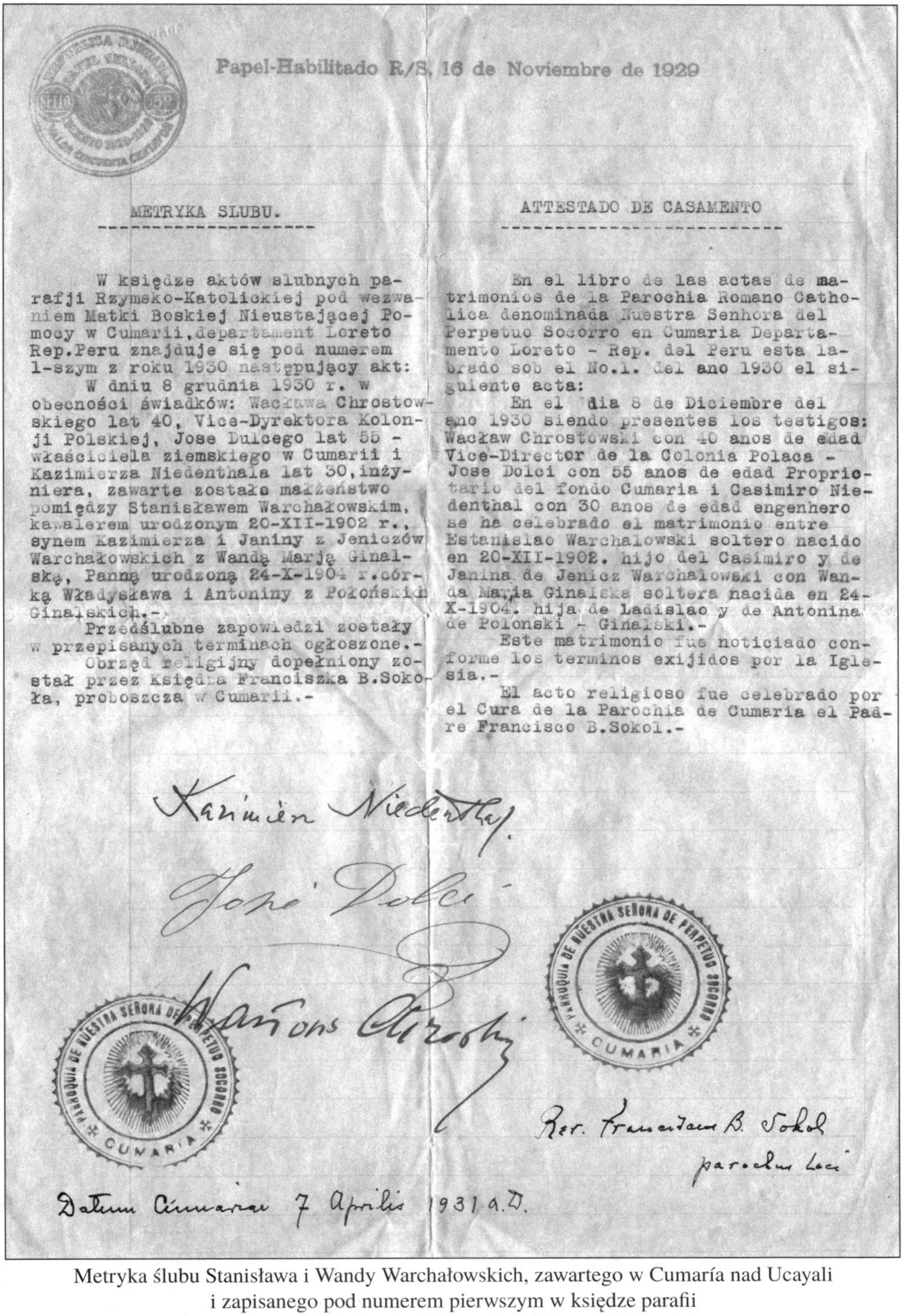

Papel-Habilitado R/S. 16 de Noviembre de 1929

METRYKA SLUBU.

W księdze aktów slubnych parafji Rzymsko-Katolickiej pod wezwaniem Matki Boskiej Nieustającej Pomocy w Cumarii, departament Loreto Rep. Peru znajduje się pod numerem 1-szym z roku 1930 następujący akt:

W dniu 8 grudnia 1930 r. w obecności świadków: Wacława Chrostowskiego lat 40, Vice-Dyrektora Kolonji Polskiej, Jose Dulcego lat 55 - właściciela ziemskiego w Cumarii i Kazimierza Niedenthala lat 30, inżyniera, zawarte zostało małżeństwo pomiędzy Stanisławem Warchałowskim, kawalerem urodzonym 20-XII-1902 r., synem Kazimierza i Janiny z Jeniczów Warchałowskich z Wandą Marją Ginalską, Panną urodzoną 24-X-1904 r. córką Władysława i Antoniny z Połońskich Ginalskich.-

Przedślubne zapowiedzi zostały w przepisanych terminach ogłoszone.-

Obrzęd religijny dopełniony został przez Księdza Franciszka B. Sokoła, proboszcza w Cumarii.-

ATTESTADO DE CASAMENTO

En el libro de las actas de matrimonios de la Parochia Romano Catholica denominada Nuestra Senhora del Perpetuo Socorro en Cumaria Departamento Loreto - Rep. del Peru esta labrado sob el No.1. del ano 1930 el siguiente acta:

En el dia 8 de Diciembre del ano 1930 siendo presentes los testigos: Wacław Chrostowski con 40 anos de edad Vice-Director de la Colonia Polaca - Jose Dolci con 55 anos de edad Proprietario del fondo Cumaria i Casimiro Niedenthal con 30 anos de edad engenhero se ha celebrado el matrimonio entre Estanislao Warchalowski soltero nacido en 20-XII-1902. hijo del Casimiro y de Janina de Jenicz Warchalowski con Wanda Marja Ginalska soltera nacida en 24-X-1904. hija de Ladislao y de Antonina de Polonski - Ginalski.-

Este matrimonio fue noticiado conforme los terminos exijidos por la Iglesia.-

El acto religioso fue celebrado por el Cura de la Parochia de Cumaria el Padre Francisco B. Sokol.-

Kazimierz Niedenthal

José Dolci

Wacław Chrostowski

PARROQUIA DE NUESTRA SEÑORA DE PERPETUO SOCORRO * CUMARIA *

Rev. Franciscus B. Sokol
parochus loci

Datum Cumariae 7 Aprilis 1931 a. D.

Metryka ślubu Stanisława i Wandy Warchałowskich, zawartego w Cumaría nad Ucayali
i zapisanego pod numerem pierwszym w księdze parafii
pod wezwaniem Matki Boskiej Nieustającej Pomocy, 8 grudnia 1930

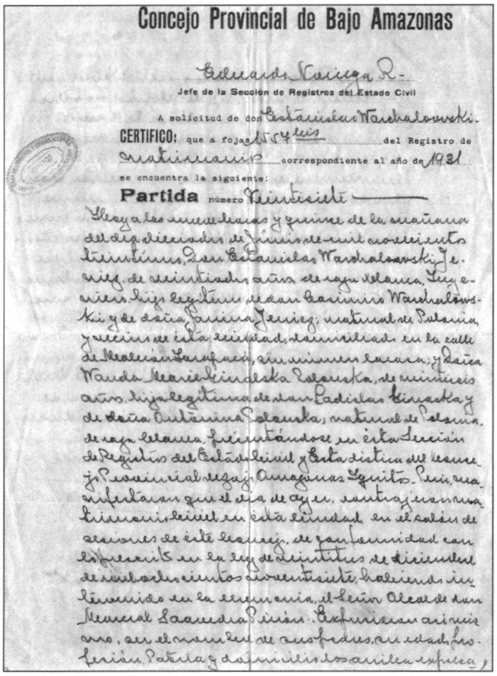

Concejo Provincial de Bajo Amazonas

Jefe de la Sección de Registros del Estado Civil

A solicitud de don

CERTIFICO: que a fojas del Registro de correspondiente al año de

se encuentra la siguiente:

Partida número

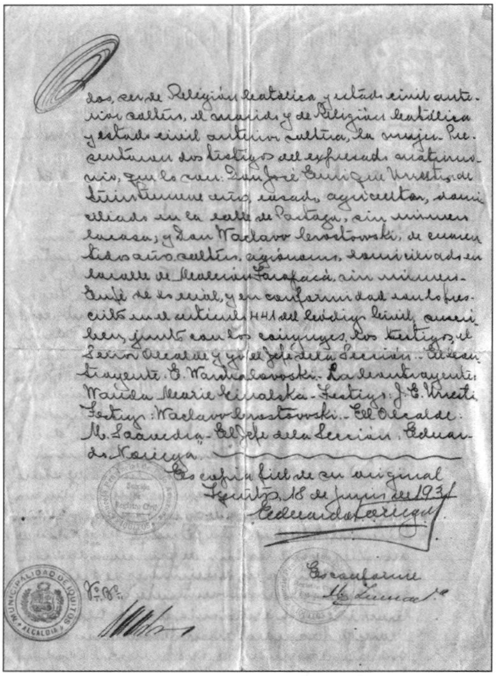

Świadectwo ślubu cywilnego Stanisława i Wandy Warchałowskich, wydane przez Urząd Stanu Cywilnego w Iquitos, 18 czerwca 1931 (powyżej) oraz jego tłumaczenie na j. portugalski (poniżej).

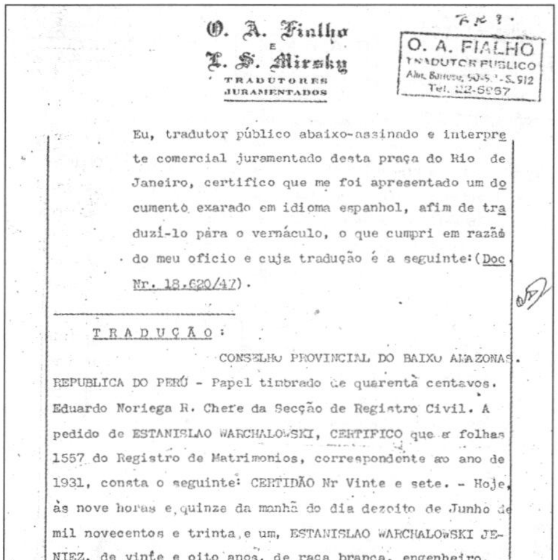

O. A. Fialho
e
L. S. Mirsky
TRADUTORES
JURAMENTADOS

O. A. FIALHO
TRADUTOR PUBLICO
Alm. Barroso, 90-9.° - S. 912
Tel. 22-5967

Eu, tradutor público abaixo-assinado e interprete comercial juramentado desta praça do Rio de Janeiro, certifico que me foi apresentado um documento exarado em idioma espanhol, afim de traduzí-lo pára o vernáculo, o que cumpri em razão do meu oficio e cuja tradução é a seguinte:(Doc. Nr. 18.620/47).

TRADUÇÃO:

CONSELHO PROVINCIAL DO BAIXO AMAZONAS.
REPUBLICA DO PERÚ - Papel timbrado de quarentà centavos. Eduardo Noriega R. Chefe da Secção de Registro Civil. A pedido de ESTANISLAO WARCHALOWSKI, CERTIFICO que a folhas 1557 do Registro de Matrimonios, correspondente ao ano de 1931, consta o seguinte: CERTIDÃO Nr Vinte e sete. - Hoje, às nove horas e quinze da manhã do dia dezoito de Junho de mil novecentos e trinta e um, ESTANISLAO WARCHALOWSKI JENIEZ, de vinte e oito anos, de raça branca, engenheiro, filho legitimo de Casimiro Warchalowski e de Janina Jeniez; natural da Polonia e residente nesta cidade, domiciliado à rua Maleión Faragacà, sem numero; e WANDA MARIE GINALSKA POLONSKA, de vinte e seis anos, filha legitima de Ladislao Ginalska e de Antonina Polonska, natural da Polonia (segue palavra ilegivel), apresentando-se a esta Secção de Registro Civil e Estatistica do Conselho Provincial do Baixo Amazonas, Iquitos-Perú, manifestaram que no dia de ôntem contrairam matrimonio civil nesta cidade, no salão de sessões deste Conselho, de acordo com as prescrições legais

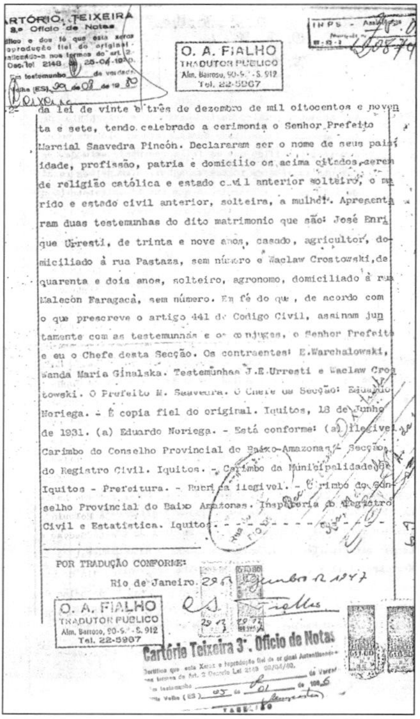

CARTÓRIO TEIXEIRA
3.º Oficio de Notas

O. A. FIALHO
TRADUTOR PUBLICO
Alm. Barroso, 90-9.° - S. 912
Tel. 22-5967

-2- da lei de vinte e três de dezembro de mil oitocentos e noventa e sete, tendo celebrado a cerimonia o Senhor Prefeito Marcial Saavedra Pincón. Declararam ser o nome de seus pais; idade, profissão, patria e domicilio os acima citados, serem de religião católica e estado civil anterior solteiro, o marido e estado civil anterior, solteira, a mulher. Apresentaram duas testemunhas do dito matrimonio que são: José Enrique Urresti, de trinta e nove anos, casado, agricultor, domiciliado à rua Pastaza, sem número e Waclaw Crostowski, de quarenta e dois anos, solteiro, agronomo, domiciliado à rua Malecón Faragacà, sem número. Em fé do que, de acordo com o que prescreve o artigo 441 do Codigo Civil, assinam juntamente com as testemunhas e os conjuges, o Senhor Prefeito e eu o Chefe desta Secção. Os contraentes: E.Warchalowski, Wanda Maria Ginalska. Testemunhas J.E.Urresti e Waclaw Crostowski. O Prefeito M. Saavedra. O Chefe da Secção: Eduardo Noriega. - É copia fiel do original. Iquitos, 18 de Junho de 1931. (a) Eduardo Noriega. - Está conforme: (a) ilegivel. Carimbo do Conselho Provincial do Baixo-Amazonas - Secção do Registro Civil. Iquitos. - Carimbo da Municipalidade de Iquitos - Prefeitura. - Rubrica ilegivel. - Carimbo do Conselho Provincial do Baixo Amazonas. Inspetoria do Registro Civil e Estatistica. Iquitos.

POR TRADUÇÃO CONFORME:

Rio de Janeiro,

O. A. FIALHO
TRADUTOR PUBLICO
Alm. Barroso, 90-9.° - S. 912
Tel. 22-5907

Cartório Teixeira 3.º Oficio de Notas

Ostatecznie przyjęcie udało się wspaniale jak na leśne stosunki i nawet był tort weselny z brazylijskich orzeszków *amendoim*[291], przełożony kremem z mleka skondensowanego. Panna młoda miała suknię z welonem, którą przywiozła z Polski. Obecni byli nie tylko koloniści i rodzina Dolciego, ale mieliśmy jeszcze dużo innych gości, którzy wyglądali zza drzew. Nowina o ślubie rozeszła się nadzwyczaj szybko między Indianami. Jadąc po rzece, roznieśli wieści o przygotowaniach do uroczystości między białymi – i w naznaczonym dniu od rana całe bractwo przypędziło zobaczyć to niecodzienne wydarzenie. Z początku patrzyli z daleka, a jak się trochę oswoili, zasiedli na skraju polany i bardzo uważnie wszystko obserwowali, zachowując się cicho.

Dnia ósmego grudnia 1930 r., po mszy świętej i ceremonii ślubnej, został wpisany w księdze aktów ślubnych parafii pod wezwaniem Matki Boskiej Nieustającej Pomocy w Cumaríi, pod numerem pierwszym, akt naszego ślubu!

Nastąpił obiad – dla ważniejszych gości w domu rodziców, a na polanie dla wszystkich kolonistów i nawet Indianie dostali poczęstunek. Goście zebrani w środku niemało się przestraszyli, gdy w pewnym momencie dom zachwiał się na palach i o mało nie przewrócił, gdy nieopatrznie większość ludzi skupiła się z jednej strony.

Wyprawa po rzece

I.

Po ślubie przeczekaliśmy jeszcze kilka miesięcy deszczowych i – gdy tylko pogoda się ustaliła – wybrałem się z Wandzią na wycieczkę w głąb jednego z dopływów rzeki Ucayali. Za maczetę i kawał schabu kupiłem łódkę od Indian, wyżłobioną z jednego pnia prymitywnym sposobem: siekierką i ogniem. Miała 4 metry długości, ale była wąska i bardzo chybotliwa. Wandzia, co prawda, ani za grosz nie umiała pływać, ale byliśmy młodzi i nie przyszło nam do głowy zastanawiać się nad tym.

Przygotowania do drogi były proste. Zabraliśmy skromne zapasy: puszka z płatkami owsianymi, sucharki, rodzynki, trochę bananów i wodę. Poza tym fakon, który był niezbędnym narzędziem w lasach, i nieodzowna moskitiera, czyli siatka z tiulu, którą się okrywa łóżko lub hamak; w dzień komary rzadko napastują, ale w nocy są bardzo dokuczliwe.

Na nogi ciężkie buty z cholewami, żeby zabezpieczyć się od żmij, co w razie upadku do wody jeszcze bardziej utrudniało ratowanie się. Na głowę wielki słomiany kapelusz, chroniący przed mocnym słońcem. No i zapas pieniędzy, oczywiście tamtejszych „pieniędzy" na zamiany: kolorowe paciorki zwane przez Indian *chaquira*, z których robili bransoletki i opaski na szyję; poza tym scyzoryki, noże, wstążeczki i tym podobne.

Na początku wziąłem mego pomocnika Juanita do wiosłowania, ale wkrótce go odprawiłem i sam wiosłowałem. Pogoda była piękna, dni słoneczne, gorące. Rzeka rozprzestrzeniała się przed nami odludnie, czasem tylko widzieliśmy w oddali tratwę z szałasem z liści palmowych albo małe łódeczki Metysów, zwane *montaria*. Kraj w górnym biegu Ucayali jest piękny i atrakcyjny. O dzień drogi za Cumaría już widać dalekie pasma zarysowanych błękitem Kordylierów.

Dopóki jechaliśmy w górę rzeki Ucayali, krokodyle stale nam towarzyszyły. Pospolity był widok tych płazów[292] spokojnie grzejących się na brzegach albo płynących w wodzie jakby prądem niesiony kawał drzewa. Miejscami bywało ich bardzo dużo, czasem mogliśmy naliczyć

[291] *Amendoim* a. *cacauete* (port.) – orzech ziemny (arachidowy).

[292] Oczywiście krokodyl należy do gadów.

aż ze dwadzieścia takich ciemnoszarych bestii pokrytych grubą łuską naokoło naszej łódki. Na szczęście normalnie one nie atakują, chyba, że czują zapach krwi.

II.

Dopiero następnego dnia, po przenocowaniu u hacjenderów mieszkających nad rzeką, wjechaliśmy w dopływ o połowę węższy niż Ucayali, ale jeszcze dostatecznie szeroki i głęboki. Krokodyli już na tej rzece jednak nie było.

Płynęliśmy powoli, otaczała nas spokojna, niezamącona niczym atmosfera. Na brzegach zbity las. Gdy się człowiek uważnie przypatrzył, można było czasem zobaczyć małpki skaczące po gałęziach pokrytych pnączami i paprociami, czasem przelatywała wielka barwna *arara* albo zachwycaliśmy się jakimś wspaniale kwitnącym drzewem. Ale były to raczej rzadkie okazje, na ogół ciągnęła się jednostajna zielona puszcza.

Brzegi, mocno zarośnięte drzewami najrozmaitszego gatunku, tworzyły jeden zrośnięty splot, oplatany lianami zwisającymi z gałęzi. Wandzia poszła o zakład ze mną, że potrafi wejść w głąb lasu, kiedy ja twierdziłem, że nie zdoła zrobić dziesięciu kroków bez pomocy fakonu. I tak się stało – z trudem rozsuwając rękami liany i gałęzie, nie postąpiła więcej jak trzy kroki i wycofała się, mocno podrapana.

Czasem jechaliśmy, godzinami nie widząc żywej duszy. Niekiedy spotykaliśmy łódź z Indianami, ale ci przejeżdżali zupełnie obojętnie, nie zwracając na nas uwagi. Nie omieszkałem natomiast zawołać do nich, wybierając parę słów z mego niewielkiego repertuaru języka indiańskiego, naśladując ich charakterystyczną intonację, gdy porozumiewali się na odległość:

– *Hauku pipunare cumpaaaaaaaaaaaaa?*... (Skąd idziesz, przyjacielu?)

Odpowiedź, której przeważnie nie rozumiałem, rozlegała się na rzece, ton wznosił się na końcu, przeciągał ostatnią zgłoskę i powoli zamierał.

Płynęliśmy sobie spokojnie, nie troszcząc się, co będziemy jeść ani gdzie będziemy spać. Godziny nie istniały. Kiedy czuliśmy głód, sięgaliśmy po garść surowych płatków owsianych lub po rodzynki. Pod wieczór zatrzymywaliśmy się, gdzie byli ludzie.

Jeśli to była hacjenda, chętnie nas przyjmowali i gościnnie częstowali kolacją. Nie było mowy o zapłacie, byłaby to niesłychana obraza. Zresztą oni byli tak samotni i odcięci od świata, że dla nich była to uciecha, jak ktoś przyjeżdżał. Gość był wielką rozrywką i okazją do dowiedzenia się jakichś nowin.

Domy na Ucayali były budowane na palach, około metra wysokości albo i więcej, dla uchronienia od wilgoci, żmij, owadów. Były pokryte liśćmi palmowymi, a ubikacje znajdowały się poza domem.

Na froncie duża weranda ze stołem i długimi ławami służyła do przyjmowania gości. Jedzenie nie było bardzo urozmaicone, zależało od tego, co hacjenda produkowała. Czasem mieli świńskie mięso, jak nie, to zabijali kurę, przy czym podawali dużą patelnię ze smażonymi jajkami. Poza tym mamałyga z mąki kukurydzianej lub *yuca* – mączysty korzeń zwany w Brazylii *aipim*[293] – i olbrzymie banany gotowane lub pieczone. W ogóle banany były powszechnie używane przez Peruwiańczyków. Rano jedli banany zamiast chleba, często było to główne danie też na obiad i kolację. Zakupy robili tylko raz lub dwa razy na miesiąc, kiedy przejeżdżała *lancha*.

W większości posiadłości ziemskich głównego dochodu dostarczała cukrownia, która wyrabiała brunatny cukier, oraz wyrób wódki, której wielkimi konsumentami byli Indianie.

---

293 *Aipim* (port.) – maniok (zob, przyp. 194, 243)

Zamożniejsi *hacenderos* mieli maszyny parowe, a inni poprzestawali na kieracie ciągnionym przez konie lub woły.

Na hacjendzie często zostawały same kobiety z dziećmi i służba składająca się z Metysów i Indian. Mężczyźni zawsze byli gdzieś w rozjazdach. Dla gości były miejsca na wieszanie hamaków na werandzie albo pod jakimś daszkiem. Spać należało zawsze pod moskitierą, albowiem komary stanowiły istną plagę. Gdy wieczorem rodzina peruwiańska rozsiadała się na pogawędkę, każdy trzymał ręcznik lub chustkę i bezustannie opędzał się nimi od komarów.

III.

Kiedy zatrzymywaliśmy się w wioskach przybrzeżnych Indian Conibos lub Shipibos, przyjęcie nie było tak serdeczne jak na hacjendach. Indianie w ogóle nie zwracali na nas uwagi. Trzeba było podejść i zagadać do nich, wtedy pertraktowaliśmy zamianę i dostawaliśmy banany i świeżą rybę, którą piekło się nad ogniskiem i jadło rękami, jak Indianie. Kiedy był sezon, można też było dostać wielkie, słodkie, pachnące ananasy, które Indianie uprawiali na małych plantacjach.

Na noc wieszaliśmy hamaki między dwoma drzewami, pod gołym niebem, niedaleko od Indian, dla bezpieczeństwa przed dzikimi zwierzętami, przykrywając się zawsze moskitierą, przyczepioną do gałęzi albo podtrzymaną przez dwie tyczki ścięte na poczekaniu i wbite w ziemię.

W nocy Indianie siedzieli w kucki naokoło ogniska, do późna gadali i ciągle chichotali, przy czym uderzali się po ciele ręką lub gałązką, żeby odpędzić komary. Układali się potem do snu przeważnie na ziemi, niektórzy w starych hamakach nabytych w drodze handlu wymiennego od białych. Komary ich w nocy nie atakowały, nie wiem, z jakiego powodu, może się czymś smarowali.

Rano Indianie wstawali, kiedy dzień zaczynał widnieć. Nic nie jedli, bo trzeba było dopiero zebrać się, żeby coś złowić lub upolować. Raz na dzień, mniej więcej w południe, jedli ciepłą strawę – przeważnie rybę i *ciapo*, czyli zmiażdżone banany ugotowane w garnkach o pięknych deseniach. Każda rodzina robiła dla siebie. Mężczyźni jedli osobno, siedząc w kucki, kobiety z dziećmi, siedząc z podwiniętymi nogami. Potem już tylko podjadali, co popadło, najczęściej jakiś owoc.

Z bananów także robili napój alkoholowy zwany *masato*. Była to specjalność starych kobiet, które siedziały godzinami wokół dużego garnka, żuły banany i spluwały do naczynia, powodując w ten sposób fermentację[294]. Pomimo że był to wielki nietakt, odmówić poczęstunku, nigdy nie mogłem się przemóc, żeby spróbować tego specjału o szarym kolorze.

Cały ich dobytek składał się z koszy z wikliny, glinianych garnków, wioseł oraz opończy własnoręcznie tkanych, wszystko pięknie ornamentowane. Poza tym mieli rozmaite ładne drobiazgi, jak bransoletki czy naszyjniki, robione z *chaquira*, drobniutkich kolorowych paciorków.

Broń stanowiły łuki i strzały trzcinowe zakończone ostrzem z nadzwyczaj twardego drzewa, z pięknie wyciętym, urozmaiconym uzębieniem, przeważnie z jednej strony. Mieli także harpuny z żelaznym ostrzem.

---

[294] *Masato* (hiszp.) – napój alkoholowy z Ameryki Łacińskiej, wyrabiany z manioku, ryżu, kukurydzy czy ananasa. Wśród Indian w Peru tradycyjnie przyrządza się go w sposób opisany przez Warchałowskiego. Nie jest to zresztą jedyny trunek produkowany w ten sposób; w znanej książce Wojciecha Cejrowskiego *Rio Anaconda* (Poznań: Zysk i S-ka 2006) można znaleźć opis podobnego napoju, zwanego *chicha*.

Gdy deszcze padały, rzeki wzbierały i było niebezpiecznie wychodzić, biali siedzieli w domach, ale Indianie chodzili po deszczu normalnie, tak jak konie, i zajmowali się swoimi sprawami.

Indianie nie są ponurzy, przeciwnie, śmieją się z byle czego, jak małe dzieci. Jeżeli ktoś się potknie, przewróci albo spadnie z drzewa, cała gromada pokłada się ze śmiechu, dopiero potem poważnieją, zdawszy sobie sprawę, że towarzysz potłukł się lub skonał.

Najciekawszym ich obyczajem było kształtowanie głów noworodków, którym zakładano rodzaj siatki uplecionej z cienkich drzazg bambusowych z bawełną i deszczułkami na czoło i z tyłu głowy. Dzieci nie płakały, więc widać, że robili to z doświadczeniem. Gdyby nieprzyjacielski szczep ukradł im dziecko, mogli zawsze je rozpoznać, tak samo po czaszkach zabitych łatwo było odróżnić, czy należeli do ich szczepu. Tak na wygląd nie było widać specjalnej różnicy, którą ukrywały gęste, gładkie, czarne włosy, spadające na ramiona, a ścięte grzywką tuż nad oczami.

IV.

Były okazje, kiedy nieoczekiwanie natrafialiśmy na widoki tchnące niezapomnianym pięknem. Kiedyś, obserwując brzeg, zauważyliśmy ujście małego strumyka, okolone delikatnymi pióropuszami młodych palm. Miejsce było tak czarujące, że podjechałem bliżej i skierowałem łódź w głąb. Wjechaliśmy jak do zaczarowanej krainy. Strumyk, niemający więcej jak trzy metry szerokości, bezszelestnie toczył swe roziskrzone od słońca wody do rzeki. Za zakrętem zatrzymaliśmy się, zachwyceni niezwykle pięknym widokiem.

Maleńka plaża tworzyła malowniczy zakątek. Cicha woda seledynowego koloru, całkiem przezroczysta, ukazywała czyste dno, a wokół brzegu latały dziesiątki wielkich, błękitnych, cudownych motyli, jakby w radosnym tańcu. Są to największe i najpiękniejsze motyle na Amazonce, ale nigdzie nie widzieliśmy tylu naraz.

Siedząc w łódce, długo wpatrywaliśmy się w ten sielski widok. Cisza i spokój panowały dookoła, słuchać było tylko cykanie owadów i od czasu do czasu odzywały się ptaki.

Z żalem odjechaliśmy z tego pięknego zakątka.

Innym razem rzeka przed nami rozdzieliła się na dwie odnogi, przedzielona wyspą. Gdy ją objeżdżaliśmy, oczom naszym ukazało się wielkie stado śnieżnobiałych czapli, zwanych *garça-real*, czyli królewskie czaple, posiadające egrety[295]. Obsiadły gęsto krzaki i niższe gałęzie drzew na wyspie, było ich tam chyba setki. Niektóre siedziały nieruchomo, inne latały nad wodą.

Gdy nasza łódź podpłynęła, stado nagle zerwało się z wielkim łopotem, jak biała chmura zakołowało nad wyspą i bez pośpiechu odleciało. Widok był cudowny, żałowałem braku aparatu fotograficznego.

V.

Wieczór zbliżał się, trzeba było się pospieszyć z powodu komarów, które o zmroku chmarą atakują, więc uważnie wypatrywaliśmy jakiego bądź znaku ludzi na brzegach.

---

[295] *Garça-real* (port.) – czapla modrolica (*Pilherodius pileatus*), nieduży ptak o długim, niebieskawym dziobie i jaskrawoniebieskiej skórze wokół oczu. Zamieszkuje obszar od Panamy po południową Brazylię i Paragwaj. Zwykle spotykana jest pojedynczo, więc Warchałowskiemu mogła pomylić się z innym ptakiem. Jest to o tyle prawdopodobne, iż pisze, że widziane przezeń ptaki posiadały egrety – czyli ozdobne pióra godowe, spotykane u czapli z rodzaju *Egretta*, a nie *Pilherodius*. Później pojęcie to zaczęło oznaczać kitę z piór (lub jej imitację) noszoną jako ozdobę kobiecego nakrycia głowy lub fryzury. Autorowi mogło więc chodzić np. o powszechną na świecie czaplę białą (*Egretta alba*).

Nagle przed nami na rzece woda wezbrała, burzy się, pieni, tworzą się fale. Stanęliśmy przy brzegu i zastanawiamy się, co robić? Nie sposób przejechać, nasza łódź wywrotna jak łupina. Patrzymy bezradnie na tę kotłującą się wściekle wodę, a tu niebo zaczyna już dobrze różowieć nad lasem i ukazują się komary. Nie ma gdzie nocować, sytuacja zaczyna być rozpaczliwa. Biedziliśmy się tak jakiś czas, gdy nagle posłyszeliśmy głosy, plusk wioseł i wkrótce ukazała się długa łódź, a w niej ze sześciu Indian. Patrzymy, co będzie – a oni nic, obojętnie skierowali łódź prosto na niebezpieczne wiry... i z łatwością przejechali. Zdumiony, powiedziałem sobie: no, jak oni potrafili, to i my możemy spróbować...

– Trzymaj się mocno, Wandziu! – krzyknąłem i z determinacją poszedłem za ich przykładem. Okazało się, że miejsce to było zupełnie płytkie, można było dostać wiosłem do dna i właśnie dlatego powstawały fale i woda burzyła się, robiąc tak niebezpieczne wrażenie!

VI.

Jechaliśmy sobie spokojnie aż do południa i akurat, gdy głód zaczął dokuczać, zauważyliśmy łódeczkę przymocowaną do pala i dróżkę prowadzącą w głąb lasu. Wyciągnęliśmy naszą łódź na brzeg i tuż za drzewami znaleźliśmy obozowisko Indian. Zapytałem się, czy nie mają ryby – i wyciągamy paciorki, tasiemki, lusterka, jakieś niepotrzebne drobiazgi, wszystko im się podoba, radują się i śmieją ze wszystkiego. Mają niewielkie ognisko, przynosimy naszą rybę i podprażamy ją na patyku. Świeżutka ryba smakuje wyśmienicie, potem nam ofiarowują *ciapo*.

Korzystając z wycieczki, przy okazji zbierałem rozmaite wyroby indiańskie na pamiątkę. Zacząłem teraz pertraktacje z Indianinem, żeby mi sprzedał bransoletkę z małpich zębów, która ozdabiała mu przedramię. Pokazywałem mu, co najlepszego miałem do wymiany, ale on ciągle przeczył głową. Nic nie mogło go skłonić do zamiany, zrozumiałem, że to był amulet, który przynosi szczęście. Dałem za wygraną, gdy nagle jego oczy rozbłysły na widok Wandzi w czerwonej odzieży. Indianie uwielbiają czerwony kolor. Na migi dał znać, że zgadza się na zamianę – i w ten sposób za starą bluzkę dostaliśmy cenny amulet. Zupełnie nieoczekiwane były reakcje Indian i ich ocena wartości. Kiedyś Indianie pochwycili stare gałgany, którymi wyłożyliśmy dno naszej łódki – i koniecznie chcieli, żeby im właśnie to dać.

Nasi Indianie upolowali dzika *sajino*[296]. Zakupiłem więc u nich pół szynki i wyruszyliśmy znowu w podróż z parą bardzo starych Indian, których zgodziliśmy się podwieźć kawałek. Obserwowaliśmy ich z ciekawością, gdyż rzadko spotyka się takich starych Indian, przynajmniej ci, którzy maja kontakt z cywilizacją, wymierają znacznie wcześniej, przede wszystkim dlatego, że nie mają odporności na choroby, które biali przywlekli.

Jechaliśmy środkiem rzeki, małżeństwo siedziało w łodzi w milczeniu i przez długi czas, ale raptem jakby ocknęli się i zaczęli coś pokazywać w oddali. Nie wiedzieliśmy, o co im chodziło, tymczasem oni coraz bardziej byli podnieceni. Bardzo szybko mówiąc, pokazywali wciąż w stronę, w którą jechaliśmy. Wysilaliśmy wzrok na marne, nic specjalnego nie zdołaliśmy dojrzeć. Dopiero gdy przepływaliśmy na wprost miejsca, które z daleka pokazywali, naszym niedoświadczonym oczom ukazało się olbrzymie, stalowego koloru cielsko *anacondy*, ogromnego węża dusiciela[297]. Leżała na pochyłym brzegu w trawie i była bardzo gruba pośrodku, ścieniając się ku szyi i ogonowi. Robiło to wrażenie, jakby połknęła jakieś

---

[296] *Sajino* a. *saíno* (hiszp.) – pekari obrożny (*Pecari tajacu*), nieduża dzika świnia, zamieszkująca Amerykę Południową. Na szyi ma białą obwódkę. Żywi się roślinami, a także drobnymi bezkręgowcami i kręgowcami.

[297] *Anaconda* (hiszp.) – anakonda (*Eunectes murinus*), potężny i agresywny wąż z podrodziny boa. Dorasta zwykle do 5-7 metrów długości (rekord to 9), przy czym samce są dużo mniejsze. Anakonda

zwierzę. Chwyciłem za strzelbę, gruchnął strzał, ale nie trafiłem w olbrzyma. Powoli, leniwie, falistym ruchem mieniącego się długiego cielska, zsunął się do wody i znikł.

Pod wieczór dojechaliśmy do obozowiska Indian Chamas, Zamieniłem trochę soli na jajka i Indianka upiekła nam szynkę i banany.

VII.

Łódź na przystani – znak, że są ludzie. Dobra pora na odpoczynek, zatrzymaliśmy się więc i, ku naszemu zdumieniu, spotykamy znajome małżeństwo – leżą sobie przy brzegu i opalają się. Należeli do Kolonii, ale odłączyli się, mając zamiar na własną rękę zająć się ścinaniem i spławianiem mahoniu do Belém, wziąwszy Indian do pracy.

Przywitaliśmy się serdecznie i przypatrzyłem się im z ciekawością, gdyż dotąd mało miałem z nimi kontaktu. Mężczyzna był chudy, z wąską, opaloną twarzą i szarymi oczami spoglądającymi spod ronda miękkiego kapelusza. Żona jego, bardzo przystojna blondynka, miała okrągłą, powabną twarz, krótkie włosy ze ściętą grzywką nad czołem. Wiedziałem, że on jest awanturnik i że oboje mocno pili. Chodziły nawet słuchy o jakiejś sprawie sądowej, w którą byli zamieszani w Kraju.

Zaprosili nas do swej chaty skleconej w lesie, na zupełnym odludziu. Wisiały tam dwa hamaki i leżało trochę skrzyń ze sprzętami.

Wstąpiliśmy do nich na pogawędkę i, po zaspokojeniu ich ciekawości co do ostatnich nowin z Cumarii, przy butelce wódki, którą mój znajomy zaraz skądsiś wyciągnął, rozmowa przeszła na temat, który widać go interesował głęboko, mianowicie skarb Atahualpy.

Wiadomo z historii peruwiańskiej, że król Inków Atahualpa, uwięziony przez Hiszpanów, kazał swym poddanym napełnić celę złotymi przedmiotami, żeby okupić swą wolność. Ale to mu nic nie pomogło, bo chciwość najeźdźców nie miała granic i nie dotrzymali słowa. Widząc, że został oszukany, Atahualpa kazał potajemnie schować resztę złota, co jego poddani tak dobrze zrobili, że do dziś dnia nikt nie zdołał go znaleźć[298]. W 1930 r. jeszcze opowiadano historie o tym skarbie i krążyły fantastyczne wieści o rozmaitych miejscach, gdzie mógłby się znajdować. Pomimo że większe ekspedycje, jak też i pojedyncze próby odnalezienia skarbu nie udawały się, nikt nie wątpił, że gdzieś on był ukryty i zainteresowanie stale trwało.

Otóż mój znajomy, nazwijmy go Tadeusz, poznał starego Indianina, który opowiadał o jakiejś nadzwyczajnej i nieznanej grocie, skąd wypływało źródło. Tadeusz twierdził, że zapadła grota w środku puszczy była doskonałym miejscem na ukrycie skarbu i że warto było sprawdzić.

Oczywiście taka rozmowa podnieciła moją wyobraźnię. Tajemnicza grota, poszukiwanie skarbu w jakimś zupełnie dzikim miejscu... Była to za wielka pokusa, abym mógł się oprzeć! Gotów byłem zaraz wyruszyć na tę wyprawę. Aby uspokoić wątpliwości, które zdrowy rozsądek podsuwał, zapytałem się Wandzi, co o tym myślała, ale ona – widząc mój niepohamowany entuzjazm – powiedziała z rezygnacją: „Idź, jak chcesz, to idź..." Nie potrzeba było powtarzać. Zaraz zajęliśmy się przygotowaniami do wyprawy.

---

zamieszkuje Amerykę Południową; znakomicie pływa i wspina się na drzewa. Ofiary połyka w całości – proces trawienia trwa do kilku tygodni.

298 Atahualpa, ostatni władca Inków, został uwięziony przez hiszpańskich konkwistadorów pod wodzą Francisca Pizarro. Oskarżony m.in. o zdradę i ukrycie skarbu, za swe uwolnienie obiecał wypełnić jedną z komnat złotem (według niektórych podań, także dwie inne srebrem), do miejsca, gdzie mógł sięgnąć ręką. Choć dotrzymał słowa, Hiszpanie i tak postanowili go stracić. Dano mu wybór: chrzest i uduszenie garotą albo spalenie żywcem. Zdecydował się przyjąć chrzest. Wyrok wykonano w 1533 roku.

Indianin zgodził się zaprowadzić nas na miejsce w zamian za fakon, garść *chaquira* i kilka metrów czerwonego płótna.

Zostawiliśmy nasze żony w domu, czyli w tej chatynce w środku lasu, i rozpoczęliśmy długi marsz za Indianinem poprzez bujną puszczę, pomiędzy drzewami okrytymi paprociami, zwojami lian i pnączy, potykając się o wystające korzenie i plątaniny roślin. Byliśmy wszyscy uzbrojeni – ja miałem mój rewolwer, Tadeusz winchestera 44, a Indianin łuk i strzały.

Z coraz większym trudem przedzieraliśmy się przez gęstwę dziewiczej puszczy. Z olbrzymów leśnych zwieszały się sploty lian, ciągnąc się po ziemi, jak potworne węże kładąc się na drodze śmiałkom, którzy chcieli wniknąć do duszy tajemniczego boru...

Po drodze nasz przewodnik pokazał z daleka obóz zupełnie dzikich Indian, którzy nigdy nie obcowali z białymi. Było to jednak za daleko, żeby coś ciekawego zobaczyć.

Gdy prawie się ściemniło, doszliśmy do brzegu głębokiego wąwozu pomiędzy dwoma wzgórzami. Gdzieś na dnie wąwozu słychać było huk wodospadu. Wybraliśmy na przenocowanie dość strome i nie bardzo zarośnięte miejsce i ułożyliśmy się do snu możliwie najwygodniej między wystającymi korzeniami.

Indianin jeszcze próbował trafić strzałą do ptaków. Całe stado *jacus* gaworzyło i latało, usadawiając się do snu na szczycie wysokiego drzewa. Ale zmęczył się i nie trafił w żadnego, więc poszliśmy spać z pustymi żołądkami, co nie przeszkodziło, że nas głęboki sen nawiedził. Byliśmy tak zmęczeni, że nawet nie poczuliśmy, czy były komary.

Gdy tylko słońce pokazało się następnego dnia, zaczęliśmy schodzić po stromej ścianie urwiska. Huk stale potężniał, aż wspaniały widok nas zaskoczył: potężny mur z granitu, przybrany gdzieniegdzie festonami zieleni. Z ciemnego otwarcia pomiędzy wielkimi kamieniami wytryskał potok i rzucał się, spieniony, spadając pięknym wodospadem kilkanaście metrów w dół. Nad nim w oparach zawisła tęcza – i wszystko się mieniło, śpiewało i huczało. Zatrzymaliśmy się wszyscy troje na ten niesamowity widok. Przyszło mi na myśl, że tęcza ukazała się po to, aby obronić sekrety tej pięknej groty.

Ocknęliśmy się jednak z naszego oczarowania. Z trudem, przytrzymując się lian i zarośli, okrążyliśmy parę olbrzymich głazów, ale ledwo doszliśmy do otwarcia, zorientowaliśmy się od razu, że niedaleko mogliśmy zajść bez latarek lub pochodni, bo mieliśmy przed sobą głęboką jaskinię, w której królowały ciemności. Po wahaniu weszliśmy do groty i zaczęliśmy ostrożnie brnąć w wodzie, obchodząc duże kamienie i zagłębialiśmy się, dopóki dzienne światło nam pozwalało. Dalej nie sposób było iść po ciemku.

Ochłonąwszy nieco, zdałem sobie sprawę, że to wszystko był miraż i fantazja. Gdzie w tej mokrej jaskini szukać skarbu? Wygramoliliśmy się z powrotem na górę i – kierowani przez Indianina – tą samą drogą wszczęliśmy nasz powrót.

Teraz dopiero całkiem otrzeźwiałem i zacząłem sobie wyrzucać, że tak lekkomyślnie zostawiłem Wandzię. Jak można było iść na taką zwariowaną wyprawę i zostawić dwie kobiety na przenocowanie w środku puszczy, na zupełnym otwarciu? Może je napadli Indianie, zaatakowały jaguary, żmije!!!... A gdyby nam się przydarzyło jakie nieszczęście, jak one by się stamtąd wydostały? Zimno mi się zrobiło na myśl, jak ta przygoda mogła się zakończyć. Przyspieszyłem kroku, rozmyślając o tym szaleństwie.

VIII.

W drodze powrotnej do Cumarii z utęsknieniem marzyliśmy o gorącej herbacie i o wygodach domowych, nie wyobrażając sobie, że jeszcze nas oczekiwała przygoda. Wjechawszy na szeroką rzekę Ucayali, byliśmy już o dzień drogi od Cumaríi, kiedy napotkaliśmy dwie rodziny polskich kolonistów, którzy rozbili obóz nad brzegiem rzeki.

Zobaczywszy nas, zaczęli błagać, żeby ich zabrać do ośrodka kolonizacji w Cumaría, gdzie był lekarz, bo jeden z mężczyzn miał wysoką gorączkę. Nie było mowy, żeby ich wszystkich zabrać, więc wzięliśmy tylko chorego. Z nowym pasażerem i jego bagażem łódź niebezpiecznie zanurzyła się, wystając zaledwie cztery palce nad wodę. Na szczęście jechaliśmy w dół rzeki, co ułatwiało podróż.

Po pewnym czasie na wschodzie zaczęły gromadzić się chmury i zrobiło się ciemno, a o trzeciej godzinie zerwała się burza z wiatrem. Rozkołysały się drzewa, na rzece powstały fale bijące z przodu i woda zaczęła wlewać się do naszej ledwo wystającej łodzi,

– Wandziu, wylewaj wodę! – zawołałem, sam wiosłując z trudem.

Z braku czego lepszego, Wandzia chwyciła mój kapelusz i nim zaczęła wylewać wodę, która pomimo tego szybko się zbierała w łodzi. Chory człowiek, który dotąd był wpół przytomny, teraz ocknął się ze strachu i zdobył energię, żeby też swoim kapeluszem pomagać Wandzi, a ja wiosłowałem, starając się trzymać łódź pod kątem prostym w stosunku do fal. Jakiekolwiek odchylenie – i fale wywróciłyby łódź, która huśtała się, wznosząc się raz po razie na falach i opadając gwałtownie podczas gdy deszcz chłostał nas ze wszystkich stron.

Byliśmy dość daleko od brzegu i teraz przedstawiał się dylemat: czy kontynuować podróż, czy też szukać schronienia na brzegu? Deszcz był coraz nieznośniejszy, bił na ukos, rzucany silnymi podmuchami wiatru, a fale kołysały naszą łodzią jak łupinką. Sytuacja zaczęła być dramatyczna, tak że zdecydowałem się dotrzeć do brzegu; nie była to rzecz łatwa, gdyż musiałem łódź obrócić pod wiatr.

Czekałem odpowiedniej chwili i wreszcie udało mi się, między jedną i drugą falą, zręcznie skierować łódź do brzegu. Ale przy tym manewrze łódka przechyliła się gwałtownie i więcej wody wlało się do niej, tak więc posuwaliśmy się jeszcze wolniej. Dobrnęliśmy jednak do niskiego brzegu zarosłego trzcinami i z trudem wydostaliśmy się na stały grunt, zupełnie przemoczeni.

Wyciągnąłem łódź na brzeg pokryty szerokolistną trawą i wysoką trzciną, która wszystko zasłaniała. Na szczęście deszcz urwał się raptownie, ale wieczór się zbliżał, wkrótce powinno zacząć ściemniać się na dobre.

Teraz mieliśmy przed sobą trudne zadanie wyszukania jakiegoś miejsca na nocleg. Co tu robić? Ziemia przemokła i śliska, komarów obfitość, ubrania mokre, głód dokuczał – i w dodatku chory człowiek...

Zacząłem fakonem wycinać ścieżkę poprzez dziką trzcinę i powoli posuwaliśmy się w głąb. Nagle w oddali posłyszeliśmy szczekanie psa, znak, że gdzieś w pobliżu była hacjenda. Zaczęliśmy we trojkę krzyczeć, ale zupełnie bezskutecznie, nawet pies przestał szczekać. Nie było rady, jak dalej otwierać *picadę* fakonem i od czasu do czasu z całej siły krzyczeć.

Traciliśmy wiele czasu, obchodząc zalewy, tak że postępowaliśmy powoli, przynajmniej wydawało się nam, że z kilka godzin tak szliśmy. W końcu jednak nas posłyszeli i zjawiło się dwóch Peruwiańczyków. Wytłumaczyłem nasze trudności, a oni zaprowadzili nas do hacjendy, gdzie na podwórzu przy ognisku wysuszyliśmy ubrania. Naszemu pasażerowi woda nie dostała się do torby, więc mógł od razu włożyć suche koszule i uniknąć zapalenia płuc.

Następnego dnia dojechaliśmy do Cumaríi i oddaliśmy chorego lekarzowi.

Leśne gospodarstwo

Wróciwszy do Cumaríi, rozgospodarowaliśmy się w naszej leśnej chatynie; pomimo że prymitywna, była zupełnie zadowalająca. Jedynie w nocy niepokoiłem się, kiedy przebiegały stada dzików. Słychać było wyraźnie ich tupot i chrzęszczenie. Te niebezpieczne dzikie świnie, gdy się czegoś przestraszą, stłaczają się raptownie i ruszają kupą do ucieczki, mogąc wtedy z łatwością roznieść nasz słaby domek.

Odżywialiśmy się przeważnie bez mięsa, najwyżej była to kura, Poza tym jajka, fasola, ryż, placuszki z mąki kukurydzianej, konserwy, smażone banany i dużo bardzo smacznych ryb, których stale nam dostarczali Indianie drogą handlu wymiennego. Przynosili też ananasy, najwspanialszy z tamtejszych owoców. Nigdy więcej w Brazylii nie widziałem takich ananasów jak nad Amazonką i Ucayali – ogromne, żółte, soczyste i nadzwyczaj słodkie!

Juanito był nam bardzo pomocny. Przynosił wiadrami wodę do zbiornika, rąbał drzewo i załatwiał rozmaite drobne posługi. Ten chłopak miał na nodze ranę, która od roku nie goiła się, spowodowana ugryzieniem krokodyla, na którego nieuważnie nastąpił.

Kiedyś nam Juanito przyniósł malutkiego krokodylka, ze 25 cm długości. Włożyłem go do głębokiej studzienki i karmiliśmy go kawałkami ryb, ale po dwóch dniach uciekł, nie wiadomo w jaki sposób, gdyż ściany studzienki miały przeszło metr wysokości.

W dzień i w nocy przenikliwy odgłos świerszczy i cykad przypominał nam o bliskim sąsiedztwie puszczy. Czasem miewaliśmy w domu nieproszonych gości. Wandzia znalazła skorpiona w buciku; nie zdążył ugryźć, zaledwie go dotknęła, ale to miejsce potem ją mocno piekło. Innym razem miała spotkanie ze żmijką, która wisiała na ścianie. Maleńka, piękna, zielono-złota żmijka. Z bliska popatrzyły na siebie i Wandzia, przestraszona, uciekła. Widocznie żmijka tak samo zareagowała, gdyż pomimo starannego przeszukania już jej nie znaleźliśmy więcej.

Powrót do cywilizacji

Osiem miesięcy przeżyliśmy nad Ucayali, co było prawdziwą odyseją. Jeszcze dobrze było, dopóki panowała pora sucha; kiedy zaczęły się deszcze, które lały cały dzień, całą noc, bez przerwy, to rzeczywiście Ucayali przemieniło się w zielone piekło. Wszystko niszczyło się, wilgotniało. Były przerwy i znów deszcz zaczynał padać, a co gorsza, rzeka zalała grunta, gdzie koloniści zaczęli się osiedlać. Wszczęły się kłótnie, nieporozumienia, zarzuty. Wobec tego Ojciec podał się do dymisji i przyjechał nowy dyrektor, Kurowski. Rodzice postanowili wracać do Polski. Część kolonistów, chcących opuścić Kolonię, dostała środki na pojechanie do Parany.

Dopiero teraz mogłem dostać z powrotem pieniądze, które pożyczyłem Ojcu w Iquitos na przejazd kolonistów. Poza tym, za wykonanie zdjęć topograficznych rzeki Cumaría, zmontowanie tartaku, za kilkakrotne, tak bardzo niebezpieczne wyjazdy łodzią za aprowizacją w czasie wielkiego wylewu i inne prace w ciągu tych ośmiu miesięcy – dostałem od Ojca, gdy przed wyjazdem najpierw wypłacił należności innym, zaledwie sumę 100 dolarów oraz opłatę za podróż powrotną do Rio de Janeiro.

Wandzia, którą los mimo woli cisnął w te niesamowite przygody, nie miała bynajmniej zamiłowania do podróży ani żadnego zainteresowania Indianami i krokodylami. Jej natura była zupełnie inna – wrażliwa, delikatna, z zamiłowaniem artystycznym, nadająca się do życia miejskiego, a nie do tych twardych, prymitywnych warunków, muszę jednak powiedzieć, że przeżyła wszystko z nadzwyczajną odwagą i determinacją. Z wielką ulgą jednak opuściła Amazonkę i później w życiu nawet nie bardzo lubiła wspominać ten okres.

Kiedy odjeżdżaliśmy z Cumaríi, największym naszym marzeniem była kawa z mlekiem i bułka z masłem, ale na to musieliśmy jeszcze trochę poczekać. W podróży *lanchą* do Iquitos zdążył się wypadek, który o mało nie zakończył się tragicznie.

Zatrzymaliśmy się na przystani, gdy zaczęła się nagła burza i straszna wichura. *Lancha*, przymocowana liną do brzegu, zaczęła kręcić się na miejscu z wielką szybkością. Przerażonym naszym oczom ukazywał się to jeden to drugi brzeg, przy tym stateczek rzucał się i pochylał okropnie, gdyż lina zakręciła się pod nim. Wszyscy zamarli na miejscu, nawet kapitan stracił głowę. Chwytał za koło, nie wiedział, co robić, chwytał się dwoma rękami za głowę, to znów za koło. Udało mi się zachować zimną krew. Podsunąłem Wandzię pod jedyne koło ratunkowe na statku, a sam skoczyłem na dół kabiny, po walizeczkę z naszymi dokumentami i po małego żółwia, który z nami wszędzie jeździł.

Na szczęście znalazł się jeszcze ktoś, kto nie stracił głowy. Metys, na wpół Indianin, skoczył do koła i zaczął nim kręcić. Ludzie, którzy prowadzą statki i łodzie na rzece, są bardzo wprawni; potrafią nawet po ciemku w nocy jeździć na rzece. Nasz Metys zręcznie rozmotał statek i uratował wszystkich. Gdyby nie on, jeszcze chwila, a pewne byłoby wywrócenie się parowca na okropnie wzburzonej rzece.

Wróciłem z Peru do Rio de Janeiro w czasie ogromnego kryzysu, żonaty, obdarty, z niewielkim zapasem oszczędności. Sami rodzice, którzy sprzedali dom pod Warszawą, żeby włożyć swoją część kapitału na założenie Towarzystwa, teraz wrócili trzecią klasą do Polski i potem dłuższy czas tam biedowali.

Szczęśliwie wyszliśmy zdrowo z tych przygód, ale okupiliśmy to z żoną długoletnią biedą. Po powrocie nie mogłem nigdzie się urządzić, gdyż wielki kryzys, zapoczątkowany krachem na giełdzie nowojorskiej, trwał dobrych kilka lat i zastój wszędzie był ogromny. Imałem się różnych dziedzin i nawet malowałem zabawki w fabryce daleko na przedmieściu miasta, z płacą zwykłego robotnika, mając na obiad jedynie szklankę kawy z bułką, Takie były blaski i cienie tej fantastycznej amazońskiej przygody!

Dlaczego kolonizacja się nie udała

Dwa razy byłem na Ucayali. Pierwszy raz w roku 1928, gdy ekspedycja polska badała tereny na górnym Ucayali, i drugi raz w 1930 r., w czasie nieudanej próby osadzenia kolonistów polskich. Obydwa razy pozostawałem na uboczu, nie należałem bowiem do ekspedycji ani nie byłem członkiem Towarzystwa Kolonii Polskiej. Nie miałem też żadnych korzyści materialnych, oprócz pomocy od Ojca na pokrycie kosztów podróży. Za pierwszym razem wykorzystałem okazję przeżycia „Wielkiej Przygody"; za drugim razem zostałem wciągnięty w wir tych wydarzeń przez przyjazd mej narzeczonej.

Wspomnienia te dotyczą tylko moich przeżyć i przygód, a nie są wcale historią nieudanej próby kolonizacji polskiej. Nie mogę jednak pominąć kilku słów o tych wypadkach.

Rząd peruwiański wydał dwie koncesje Polakom. Jedną, na górnym Ucayali, przyznano memu Ojcu, który do spółki z kilkoma zamożnymi Polakami założył Towarzystwo Kolonii Polskiej. Druga, jeszcze bardziej w głąb Peru, na rzece Urubamba, została przyznana Polsko-Amerykańskiemu Syndykatowi Kolonizacyjnemu[299], w którego skład weszło także szereg zamożnych ludzi.

Zgoda Rządu polskiego na udzielenie pozwolenia na emigrację do Peru zależała od ekspedycji badawczej, która miała orzec, czy tereny koncesji nadawały się na kolonizację polską. Uczestnicy ekspedycji byli autorytetami w sprawach kolonizacji i terenoznawstwa w Ameryce Południowej, którą już znali z poprzednich podróży, i wydali opinię przychylną.

Rząd polski był zainteresowany emigracją, a był to początek wielkiego kryzysu. Prawie wszystkie republiki amerykańskie zamknęły granice dla masowych emigracji, naśladując politykę północnoamerykańską. W zasadzie tylko specjaliści i fachowcy zaangażowani do rozmaitych prac, lub osoby, które dostały wezwanie od rodzin, mogły emigrować do południowej Ameryki. Gdy więc rząd peruwiański udzielił koncesji memu Ojcu i drugiej Syndykatowi, otworzyły się okna dla chętnych do emigracji. Dlatego też jechali na Cumaríę chłopi, urzędnicy, robotnicy, rzemieślnicy wszelkiego autoramentu, ludzie żonaci, z dziećmi i samotni. Do dziś dnia nie wiem, dlaczego przyjechała na Kolonię wdowa z siedmiorgiem małych dzieci, z których najstarsze było zaledwie podrostkiem.

Oprócz kolonistów przyjeżdżali też na Kolonię ludzie z umiłowaniem przyrody lub przygód, jak hrabia Dąbski. Przewinęli się tam dziennikarze, grupa młodzieży. Po prostu Amazonka i jej dopływy fascynowały ludzi swym ogromem i tajemniczością, a urok dziewiczych puszcz pełnych zwierza i Indian urzekał umysły nie tylko Polaków. Amazonka to było magiczne słowo, do którego ludzie lgnęli jak ćmy do światła, nie bacząc na przeciwności i niebezpieczeństwa.

Żaden człowiek, przejechawszy się po rzece i zobaczywszy, jak o zachodzie słońca tysiące czapli czerwonych, białych i innych obsiada wyspy piaszczyste, jak Indianie długimi żerdziami spławiają olbrzymie tratwy cedru i mahoniu; zobaczywszy ogromne kiście bananów na karkach Indian, maniok lub słodkie kartofle ogromnych rozmiarów i półmetrowe ananasy – żaden człowiek, z ręką na sercu nie mógłby orzec, że ziemie te nie nadają się na osadnictwo. A gdy zobaczy, jak Indianie chwytają ogromnego, metrowej średnicy żółwia lub harpunem trafiają w ludzkich rozmiarów rybę *paiche* (w Brazylii *pirarucu*)[300], to może nawet określić, że są to ziemie miodem i mlekiem płynące.

Że takie ziemie można określić jako krainę miodem i mlekiem płynącą, to nie ma dwóch zdań, ale jednocześnie jest to *inferno verde*. To kraina bezkresnych odległości, gdzie chmury komarów nie dawały spokoju człowiekowi, gdzie brzegi rzeki stale się obrywały, gdzie panował monopol skupu towarów przez lancherów i gdzie wszystkie lepsze tereny były już zajęte przez białych i *cholów*, czyli Metysów.

Nie czytałem sprawozdań członków ekspedycji, nie znam ich opinii. Czy uważam, że ziemie tamtejsze nadają się na kolonizację? Odpowiadam: nie. Bo nawet dzisiaj, to jest po 40 latach i w czasie olbrzymiego i śmiałego przedsięwzięcia budowy przez rząd brazylijski autostrady Transamazônica[301], trudności są tak olbrzymie, że mogą być pokonane tylko dzięki wspaniałej

---

299 Polsko-Amerykański Syndykat Kolonizacyjny – spółka utworzona w 1924 roku przez finansistów i bogatych ziemian z Małopolski; w roku 1928 dostała koncesję na skolonizowanie 1 miliona hektarów w Peru; miała tam sprowadzić 3 tysiące rodzin w ciągu czterech lat (Kazimierz Warchałowski otrzymał koncesję na 350 tys. ha i w takim samym przedziale czasowym miał sprowadzić do Peru tysiąc rodzin). Podróż osadników miał sfinansować rząd w Peru. Akcji nawet nie rozpoczęto – zawiniła ignorancja organizatorów i brak funduszy. (Zob. „Rodzina Warchałowskich…". Więcej informacji: Jerzy Mazurek, *Kraj a emigracja*, Warszawa: Instytut Studiów Iberyjskich i Iberoamerykańskich, Muzeum Historii Polskiego Ruchu Ludowego, 2006.)

300 Zob. przyp. 282.

301 Rodovia Transamazônica (BR-230) – trzecia co do wielkości droga Brazylii, licząca 2.300 km długości i przebiegająca przez stany Piauí, Maranhão, Pará oraz Amazonas. Budowano ją na przełomie lat

organizacji i ogromnemu kapitałowi. Osobiście nie miałem żadnych nadziei na powodzenie kolonizacji, gdyż znałem doskonale trudności, które trzeba było pokonać. Ale nigdy nie wiadomo. Ostatecznie istnieje przysłowie: *Audaces fortuna iuvat*[302]. Nie należy zapominać, że Juscelino Kubitschek stworzył stolicę Brasílię na bezludziu, pomimo że miał wielkie trudności i tysiące przeciwników i oskarżycieli.

Nie zawsze wojny są przegrywane. Japończycy w nieco późniejszym czasie zrealizowali kolonizację dolnej Amazonki, gdzie z sukcesem zaczęli sadzić pieprz. Za to próba założenia plantacji kauczuku przez Forda załamała się.

Najbardziej udany był system japoński, który polegał na kupowaniu (a nie staraniach o koncesję) dużych połaci dobrej ziemi i osadzaniu osadników w ramach kooperatyw. System ten przyjęli również Holendrzy. Polskie próby zaś, z powodu braku większych kapitałów, opierały się na koncesjach rządu, czyli użytku jedynie ziemi jeszcze niezajętej i dotąd nieuprawianej przez tubylców. Jasne było, że najlepsze ziemie zawsze już były zajęte i pozostawały raczej nieużytki, albo ziemie o trudnym dostępie.

Jak wiadomo, kolonizacja nie udała się tak samo ze strony Kolonii Polskiej, jak i Syndykatu nad rzeką Urubamba. Wiele się na to złożyło przyczyn. Eksperymenty, które się udawały w południowej Brazylii, nie mogły mieć zastosowania nad ogromną rzeką, jaką jest Ucayali. Tam trzeba było złamać monopol stworzony przez *lancherów*, którzy zdominowali handel rzeczny.

Poza tym biali hacjenderzy zagarnęli wszystkie urodzajne grunta. Trudno było też przypuszczać, że nawet wysokie tereny, oddalone od rzeki, mogły być nawiedzane powodziami.

Trzeba jeszcze pamiętać, że był to rok 1930, rok straszliwego kryzysu, który swymi mackami powoli obejmował cały świat, powodując spadek cen na drewno, kauczuk i inne płody dorzecza Amazonki. Nawet Indianie, nie mając pracy przy wydobywaniu drzewa i wobec tego pieniędzy na kupno prochu, odstawiali swe kapiszonówki nabijane przez lufy i wracali do łuków i strzał.

Organizacja Kolonii szwankowała na każdym kroku. Ludzie w Warszawie, od których zależała decyzja, nie orientowali się w ogromnych odległościach i trudnościach, czego dowodem było wysłanie ludzi z biletami opłaconymi tylko do Iquitos. Wreszcie fatalny wybór ludzi i brak potrzebnych na takie przedsięwzięcie kapitałów, których w Polsce nie było, dopełniają litanię powodów upadku kolonizacji.

Niewątpliwie dużo ludzi było poszkodowanych z powodu nieudanego eksperymentu kolonizacji polskiej na Ucayali. Wiadomo, że tak jak każda przegrana wojna, tak samo każde nieudane przedsięwzięcie ciągnie za sobą ofiary, zarzuty, oskarżenia itd.

Jest zrozumiałe rozżalenie wielu ludzi, którzy wieszają na organizatorach przysłowiowe psy. Nie jest słuszne jednak opierać się na opowiadaniach ludzi rozżalonych i robić zarzuty, niesłusznie ukazując w negatywnym świetle działalność mego Ojca, jak i to się zdarzyło. Trudności na każdym kroku miał tysiące, a ostatecznie tylko tego się nie krytykuje, kto nie działa. Można zarzucić Ojcu, że wziął się do wyczynów zbyt fantastycznych, ale jakiekolwiek zarzuty co do uchybień w sprawach finansowych są zwykłym szkalowaniem. Cała jego przeszłość wykazuje, że jako patriota i działacz społeczny był poza zasięgiem jakiegokolwiek podejrzenia.

---

60. i 70. XX wieku, a wymagało to wówczas tytanicznej wprost pracy, polegającej m.in. na trzebieniu puszczy. Z powodu trudności przy jej konstrukcji, nie cała droga została wybrukowana, ponadto nie zrealizowano ambitnych planów, w myśl których miała mieć długość 8 tys. kilometrów i łączyć Brazylię z Peru i Ekwadorem. Inauguracji dokonano w 1972 roku.

[302] *Audaces fortuna iuvat* (łac.) – śmiałym szczęście sprzyja (Wergiliusz).

Reszta życia

I.

Zakończyła się Szósta Wielka Przygoda w mym życiu i pozostało długoletnie ciężkie zmaganie się z losem.

Wróciwszy do Rio do Janeiro, zastaliśmy panoszący się kryzys i ogólne zwalnianie ludzi z posad. Chwytaliśmy się wszystkiego, ażeby przeżyć. Żona – nie umiejąc gotować – próbowała wydawać obiady. Co do mnie, jedyną pracą, którą znalazłem, było malowanie zabawek w fabryce na dalekim przedmieściu, za bardzo niską zapłatę. Przez miesiąc tam pracowałem, ale potem – mając podstawy z młodych lat, ze szkoły rysunków w Kurytybie – spróbowałem pracować na własna rękę jako rysownik w dziedzinie propagandy i reklamy. Oczywiście zarobek był tylko wtedy, kiedy miałem obstalunek, ale po trochu wyrobiłem sobie klientów. Uczestnicząc w konkursach plakatów na Targach Międzynarodowych w Rio de Janeiro zdobyłem dwa razy trzecią nagrodę, a także drugie miejsce w konkursie urządzonym przez prefekturę Rio de Janeiro na projekt strojów na bal karnawałowy. Tuż przed wojną byłem budowniczym pawilonu polskiego na Targach Międzynarodowych, według projektu inż. Kolendy, oraz standu dla wielkiej firmy Light & Power, która posiadała tramwaje i telefony w Rio przed ich nacjonalizacją.

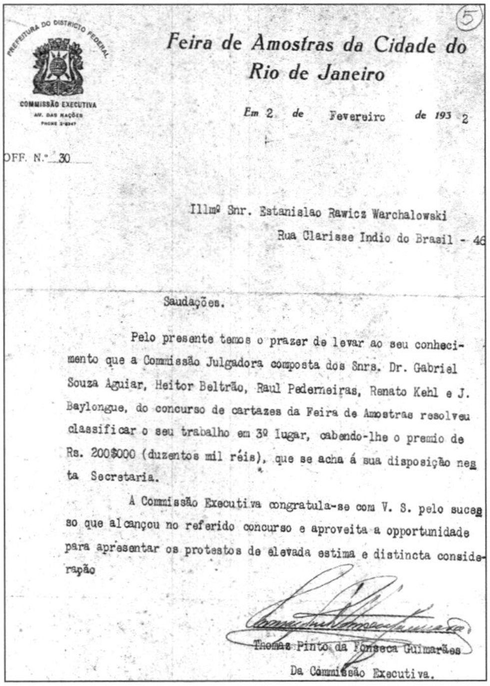
(5)

PREFEITURA DO DISTRICTO FEDERAL

COMMISSÃO EXECUTIVA

AV. DAS NAÇÕES

PHONE 2-6347

Feira de Amostras da Cidade do Rio de Janeiro

Em 2 de Fevereiro de 1932

OFF. N.° 30

Illmº Snr. Estanislao Rawicz Warchalowski

Rua Clarisse Indio do Brasil - 46

Saudações.

Pelo presente temos o prazer de levar ao seu conhecimento que a Commissão Julgadora composta dos Snrs. Dr. Gabriel Souza Aguiar, Heitor Beltrão, Raul Pederneiras, Renato Kehl e J. Baylongue, do concurso de cartazes da Feira de Amostras resolveu classificar o seu trabalho em 3º lugar, cabendo-lhe o premio de Rs. 200$000 (duzentos mil réis), que se acha á sua disposição nesta Secretaria.

A Commissão Executiva congratula-se com V. S. pelo successo que alcançou no referido concurso e aproveita a opportunidade para apresentar os protestos de elevada estima e distincta consideração

Thomaz Pinto da Fonseca Guimarães

Da Commissão Executiva.

List gratulacyjny za zdobycie trzeciego miejsca w konkursie plakatu

Wybuch wojny i wielka potrzeba fachowych sił technicznych sprawiła, że zakończyłem swą karierę artystyczną rysownika i wróciłem do pracy na polu technicznym, tym razem w potężnym przedsiębiorstwie Vale do Rio Doce, które było głównym eksporterem rudy żelaznej w Brazylii[303].

Nie mogę nazwać Siódmą Wielką Przygodą 20 lat pracy przy przebudowie kolei ze stanu Espírito Santo do wielkich złóż rudy żelaznej w Itabira w stanie Minas Gerais, gdyż była to już żmudna, codzienna, ciężka praca, pomimo że obfitowała również w różne przeżycia często nie mniej niebezpieczne. Cudem uchroniwszy się w tylu stronach Brazylii i Peru od malarii, tak w owych czasach powszechnej, przy pracy kolejowej zapadłem dwa razy na tę chorobę, ale medycyna współczesna dość prędko mnie wyratowała.

---

303 Companhia Vale do Rio Doce (CVRD) – największe przedsiębiorstwo górnicze w Brazylii (a drugie w świecie), założone w 1942 roku; dziś firma prywatna, popularnie zwana po prostu „Vale". Dzierży palmę pierwszeństwa w wydobyciu żelaza i drugie miejsce w wydobyciu niklu.

II.

Ruda żelazna pochodząca z kopalni Itabira, położonej w stanie Minas Gerais, o 570 km od portu Vitória, występuje w trzech zasadniczych odmianach: *hematita compacta*, która zawiera średnio 67% żelaza i jest uważana za jedną z najlepszych na świecie; *hematita branda* i *itabirito*. Ta ostatnia ma niższy procent żelaza.

Dzisiejsze olbrzymie ilości wyciąganej rudy, które dają wielkie dochody dla kraju w dolarach, wymagały również ogromnych wysiłków, gdy została wybudowana pierwsza droga żelazna w latach 1905-1915, w czasach, gdy trzeba było trzebić puszcze i walczyć z malarią. Miała ona różne defekty spowodowane oszczędnościami i niezbędnymi wówczas uproszczeniami w jej budowie. Sam widziałem, jak lokomotywa parowa, z powodu zamoczonego drzewa, którym opalano kocioł, przez godzinę rozpędzała się pod wzniesienie, którego nie mogła pokonać, ciągnąc tylko jeden wagon z trzydziestoma tonami rudy żelaznej. W całym roku 1944 zostało przewiezione zaledwie 200 tysięcy ton, co w późniejszych czasach zabierał jeden statek do swych ładowni.

W 1944 roku zacząłem pracować przy przebudowie tej kolei. Trzeba było wytyczać nowe trasy, aby powiększać promień krzywych i zmniejszać wzniesienia.

Na niektórych odcinkach grasowała jeszcze malaria i bywało, że miałem kilku ludzi zapadłych na febrę. Kiedy dochodziła jedenasta godzina, trzęśli się z zimna, owinięci kocami w pobliżu kuchennego pieca.

Wytrzymałem to ciężkie życie przez dobrych 20 lat i mogę powiedzieć, że przez ten czas faktycznie całą trasę, przeszło 500 km, przeszedłem na piechotę.

Karierę techniczną w firmie Vale do Rio Doce zakończyłem na stanowisku kierownika robót topograficznych, a dwa ostatnie lata byłem *Public Relations Man*[304], oprowadzając gości i turystów zagranicznych po instalacjach tej Kompanii, a specjalnie po nowym, największym na świecie porcie służącym eksportowi rudy żelaznej, całkowicie zautomatyzowanym.

Aż przyszedł czas zakończenia walki o życie. Na emeryturze, sięgam teraz pamięcią w minione czasy…

Krótkie opowiadania z czasów pracy na Vitória-Minas

Pierwotna trasa kolei Vitória-Minas, wykoncypowana przez inż. Pedro Nolasco[305], który też kierował budową zaczętą w 1903 r., była robiona z wielkim poświęceniem. Opowiadano rozmaite historie z tych czasów, porównując ją nawet do budowy słynnej drogi Madeira-Mamoré, na granicy z Boliwią – mówiono, że tutaj także poległo tylu ludzi, że każdy *dormente*[306] mógł reprezentować życie zmarłego robotnika. Niewątpliwie była to przesada, ale rzeczywiście choroby, a przede wszystkim żółta febra, skończyły z wieloma ludźmi. Jeszcze w 1943 roku, na samym początku rekonstrukcji drogi, dużo ludzi zachorowało, ale śmiertelność była niewielka, gdyż Amerykanie zorganizowali sprawną obsługę lekarską. Trzeba przyznać, że większość lekarzy nie szczędziła trudów, jeżdżąc pociągami towarowymi i lokomotywami,

---

304 *Public Relations Man* (ang.) – rzecznik prasowy.

305 Pedro Augusto Nolasco Pereira da Cunha (1865-1935) – inżynier, syn zamożnej rodziny, która zapewniła mu gruntowne wykształcenie, Był nie tylko słynnym w Brazylii budowniczym kolei, ale również przemysłowcem i dyrektorem Banku Rio de Janeiro.

306 *Dormente* (port.) – dosł. 'ten, który śpi'. W brazylijskiej odmianie języka portugalskiego: podkład kolejowy. Dzięki tej dwuznaczności, metafora przytoczona przez Warchałowskiego staje się tym silniejsza.

a takie podróże wtedy były bardzo uciążliwe, przerywane z różnych powodów, gdyż często były wielkie opóźnienia.

Między stacjami Ipaba i Ipatinga, oddalonymi od siebie o 18 kilometrów, rozprzestrzeniały się pustkowia pokryte bagnem i lasami. Takie nieprzychylne były te wertepy, że uważano je za najgorsze miejsce na linii i przerażenie ogarniało ludzi, kiedy musieli tam obozować, szczególnie tych bardziej przesądnych. Pokazywano mi miejsca, gdzie mówili, że był cmentarz robotników zmarłych przy pierwszej konstrukcji drogi. Nie wierzyłem w fantastyczne liczby pochowanych, o których mówiono, i widziałem tam tylko trochę starych krzyży. Ale że konstrukcja tej drogi była zrobiona z dużą ofiarą ludzkiego życia, to nie ma dwóch zdań.

Praca kiedyś nas zmusiła do przebycia tam paru dni i, po jej ukończeniu, zapakowaliśmy wszystko, żeby przenieść się z tych pustkowi jak najszybciej na inne miejsce. Transport mógł się odbyć tylko pociągiem towarowym, ale te, które z rzadka przejeżdżały, nie chciały sięczemuś zatrzymać, pomimo naszych usilnych sygnałów. W ten sposób przebyliśmy tam dwie noce, z całym naszym materiałem gotowym do załadowania na pociąg. Zimno było i mżył deszcz. Było nas osiemnastu i czekaliśmy bezczynnie, śpiąc na namiotach na wpół zwiniętych, jedząc cokolwiek ugotowanego w pośpiechu, w stałym pogotowiu. Byłem zdenerwowany nie tylko tą sytuacją, ale i opóźnieniem, z jakim mieliśmy zacząć następną pracę, która na nas czekała.

Mój niwelator, Gama, powiedział:

– Czekajcie! Zobaczycie, że następny pociąg nas nie ominie!

Gama gdzieś zabił małpę, wsadził jej głowę na kij owinięty białą ścierką i postawił to na skraju drogi. Widok był horrendalny, przypomniał mi ową zachowaną ludzką główkę zmniejszoną przez Indian, którą widziałem na Amazonce. Moje nerwy tego nie wytrzymały i pomimo protestów Gamy kazałem wyrzucić ów szatański wizerunek.

II.

Niwelator Gama był zamiłowanym myśliwym, ale nie dorównywał José Antôniowi Pinto. José Antônio nigdy nie wracał z lasu z pustymi rękami. Pracował dawniej jako drwal i już przed wejściem do *turmy* był doskonałym myśliwym i rybakiem. Może przez to miał nadzwyczaj rozwinięty zmysł orientacji w lesie. Dzięki niemu szereg razy uniknęliśmy noclegu w puszczy, w czasie kiedy robiliśmy badania między Cachoeira Escura i Ipatinga, na wskroś lasów. Trzeba dodać, że kiedy nie ma słońca, szalenie łatwo jest zgubić się w lesie.

Pamiętam, że kiedyś zrobiłem taką próbę z moimi ludźmi: wycinaliśmy *picadę* w lesie i przypomniałem sobie, że parę godzin wcześniej przeszliśmy w pobliżu *paiolu* jakiegoś *cabocla*. Ja naturalnie znałem kierunek, jaki obraliśmy i – wykalkulowawszy, z której strony był *paiol* – nastawiłem odpowiednio aparat i podniosłem lunetę do góry. Wtedy zapytałem się moich ludzi, z której strony znajdował się *paiol*.

Stanisław Warchałowski
z czasów pracy na Vitória-Minas

Wszczął się ogólny śmiech, gdyż każdy pokazywał w inną stronę, pomimo że wszyscy byli wychowani na wsi.

– José – zwróciłem się do naszego łowczego. – Pokaż ty, gdzie jest *paiol*.

José Antônio bez wahania nastawił rękę w którymś kierunku.

– Zniż lunetę aparatu – powiedziałem mu.

Sprawdziło się dokładnie, luneta pokazała w ten sam kierunek.

Ekipa robotników mierniczych
w Companhia Vale do Rio Doce, 1945

Przy rekonstrukcji linii kilkanaście *turm*, czyli oddziałów inżynieryjno-topograficznych, pracowało, porozrzucanych na rożnych odcinkach. Każdy oddział składał się z 15 do 20 ludzi, którzy biwakowali na trasie kolei. Kucharz pozostawał sam w namiotach, gdy pomocnik jego szedł po wertepach często jeszcze dziewiczych lasów z menażkami i przynosił ludziom już zimny pokarm, składający się z fiżonu, ryżu i kawałka kiełbasy z *farinhą*. Kawy nie mogło brakować i jedynie dla jej rozgrzania rozpalano ogień. Przy posiłkach towarzyszyły nam tłumy komarów lub dokuczliwych muszek.

Między stacjami było przeważnie od 15 do 30 kilometrów, a nowa trasa przecinała bagna i zalewiska. Niektóre odcinki zostały powierzone wynajętym ludziom z okolicy, którzy robili nasypy z ziemi przywożonej wózkami ciągnionymi przez muły. Jako że te nasypy były za mało ubite i po pewnym czasie zapadały się i zaczynały rozpływać z powodu deszczy i przypływów, zdecydowano oddać prace amerykańskiej firmie Morrison Knudsen[307], żeby zrobili poszerzenia i nasypy maszynowo, na większą skalę. Pojawiły się potężne *bulldozers*[308] i *scrapers*[309] i Amerykanie zainstalowali *rock crusher*[310] w miejscu zwanym Lage, gdzie też wybudowali czasowe pomieszczenia dla swoich robotników. Moc ludzi

[307] Morrison Knudsen Company (MK) – wielkie przedsiębiorstwo inżynieryjno-budowlane, założone na początku XX wieku przez Harry'ego W. Morrisona i Morrisa Hansa Knudsena. Obecnie działa w przeszło 30 krajach, m.in. w takich dziedzinach gospodarki jak przemysł, górnictwo, energetyka, transport.

[308] *Bulldozer* (ang.) – buldożer.

[309] *Scraper* (ang.) – zgarniarka.

[310] *Rock crusher* (ang.) – kruszarka (do skał).

tam pracowało i zaczęło być dość trudno o prowianty w okolicy. Specjalnie brakowało jajek i kur, i dlatego żona kierownika, chcąc mieć świeże jajka dla swoich dzieci, zakupiła i trzymała u siebie kurę.

Któregoś dnia byłem w pobliżu obozu i zobaczyłem, jak wyszła z improwizowanego kurnika z widocznym zadowoleniem, trzymając dwa jajka.

– Ma pani dużo kur? – zapytałem.

– *Oh, no!* – odpowiedziała. – Mam tylko jedną, która znosi dwa jajka dziennie.

– W takim razie radzę pani zabrać tę kurę do Stanów, bo pani tam ją sprzeda jako fenomen za wiele dolarów!

Jej oczy zaokrągliły się ze zdziwienia i zapytała:

– Dlaczego? Kury nie mają zwyczaju znosić dwóch jajek dziennie?

– Czasem znoszą jajko z dwoma żółtkami, ale tak oddzielnie nigdy nie widziałem!...

Niestety nie wiem, co dalej się stało i czy ta nadzwyczajna kura pojechała do Stanów...

IV.

W Tamanduá zacząłem lokację w lesie, gdzie rosło wiele drzew kakao, była to dawno opuszczona plantacja. Wszyscy się rozkoszowali, wysysając dojrzałe owoce o słodkawym smaku, które wyrastają przyczepione do samego pnia tych niewysokich drzew.

Mieszkaliśmy oczywiście w namiotach. Jedzenie było marne, gdyż w Tamanduá nie było nawet najmniejszej *vendy*, nawet papierosy musiały być sprowadzane z Pedra Corrida albo z Governador Valadares.

W nocy siedziałem w moim namiocie, przy lampie naftowej, sprawdzając obliczenia albo czytając. Ludzie, po kolacji, rozmawiali przy ognisku. Jeden z młodych *cabocli* miał zwyczaj podchodzić do mojego namiotu, opierając się o kij podtrzymujący płótno i przypatrywać się, co robiłem. Pierwszy raz sterczał tak z 15 minut. Drugi raz chyba z pół godziny. Stał nieruchomo, obserwując każdy mój ruch.

– Chcesz ze mną mówić?

– *Não, senhor.* (Nie, proszę pana.)

Po pewnym czasie:

– Może coś chcesz?

– *Não, senhor.*

Kilka chwil później:

– Jeżeli coś chcesz, możesz powiedzieć bez obawy.

– *Não quero nada* (Nic nie chcę)

Poskrobałem się w głowę i myślę, co zrobić, żeby się pozbyć intruza, nie obrażając go, bo potrzebowaliśmy robotników, którzy przeważnie byli ludźmi z interioru; jak tylko coś im się nie podobało albo z powodu ostrzejszego słowa czy tonu, zaraz opuszczali pracę.

– Nie lubisz rozmawiać z towarzyszami?

– Lubię.

W głębi ducha miałem ochotę wrzasnąć: „To idź sobie stąd, do wszystkich diabłów!" – ale przełknąłem ślinę i powiedziałem słodko:

– Zdaje się, że pogoda będzie dobra...

I wyszedłem z namiotu. Spacerując przez jakiś czas wzdłuż linii kolejowej, z daleka widziałem, że jeszcze stał z jakieś pięć minut, a potem poszedł spać.

Następnego dnia powtórzyłem strategię i krępujące wizyty ustały.

V.

Mieszkańcy miast czują tak wielki strach przed żmijami, że często przesadzają, myśląc, że w puszczy za każdym drzewem czai się wąż.

Wszystkie nasze *turmy* lokacyjne miały komplet materiału ratunkowego, włącznie ze strzykawką i surowicą przeciw żmijom, ale na szczęście ani razu nie potrzebowaliśmy ich użyć. Jedyna śmierć w okropnych męczarniach, od ukąszenia żmii, jaką widziałem, miała miejsce lata wstecz, kiedy pracowałem na zachodzie Parany.

Czasami przez długi czas nie widziało się żadnej żmii. Za to były miejsca, gdzie znajdowało się ich dużo. Tak było w lesie koło Cachoeira Escura, gdzie z przerwą dwóch godzin zabiliśmy dwie wielkie *surucucus douradas*[311], największe jadowite żmije w Brazylii, żółtawego koloru, jak wskazuje nazwa *dourada* (złota). Zdjąłem ich skory i posłałem do wygarbowania w Rio.

Między *caboclami* krążą najbardziej fantastyczne historie o żmijach albo o metodach ratowania życia ugryzionego. Zauważyłem, że przeważnie nie odróżniają węży jadowitych od niejadowitych, szczególnie w przypadku żmii *coral*, które dwa gatunki są prawie identyczne[312]. Dlatego myślę, że często cudowne kuracje są po prostu dowodem tej nieznajomości.

Jadowite żmije można rozpoznać przez to, że mają powolne ruchy, tak że nawet wielce jadowitą *jararaca* w wielu miejscach nazywają *preguiçosa* (leniwa).

Między wielu opowiadaniami, które słyszałem, było takie, że istnieje pewna żmija, która atakuje, jeśli człowiek ucieka w dół pagórka. Żmija zwija się wtedy w koło, trzymając w paszczy swój ogon, i w ten sposób toczy się w dół z wielką szybkością, aż złapie uciekającego. Na pewno musiałoby to być bardzo ciekawe widowisko. Tak samo słyszałem niezliczoną ilość razy opowiadania o takich żmijach, które gryzą jednakowo od strony głowy jak i ogona.

Mówiono mi, że jeśli trzymać żmiję zwieszoną za ogon i wstrząsnąć ją do góry lub w dół, jej kręgi pacierzowe zostaną wytrącone z miejsca i nie będzie w stanie unieść głowy, nie przedstawiając w ten sposób niebezpieczeństwa dla tego, kto ją trzyma. Sprawdziłem akuratność tego poglądu, oczywiście na niewielkiej żmijce.

Gdy kiedyś rozmawiałem ze spotkanym Indianinem w pobliżu kolonii Apucarana i zapytałem się go, co Indianie robią, gdy ich ugryzie żmija – mając nadzieję że opowie o jakichś specjalnych lekach – popatrzył na mnie z powagą i spokojnym tonem odpowiedział: Umieramy…

VI.

W jednym z naszych obozów zabiliśmy sporą żmiję *jararaca*. Zdjąłem jej skórę sposobem rękawiczki, czyli ściągnąłem ją bez cięcia, na odwrotną stronę. Potem przeciąłem przez długość nożyczkami i rozciągnąłem na desce, żeby wyschła.

Postawiłem deskę opartą o wejście do namiotu. Było już późno i po kolacji wlazłem pod moskitierę, bo było tam bardzo dużo komarów. Zmęczony i po ciemku, przypuszczalnie nie zatknąłem porządnie siatki pod siennik.

---

311 *Surucucu dourada* (port.) – inna nazwa żararaki (zob. przyp. 143) albo grożnica niema (*Lachesis muta*), wąż jadowity z rodziny żmijowatych, posiadający na ogonie kolec. Występuje w Ameryce Południowej.

312 W rzeczywistości chodzi o gatunki niejadowitych węży należących do zupełnie innych rodzin, które udatnie naśladują umaszczenie koralówki (zob. przyp. 169), chcąc zasygnalizować potencjalnym wrogom, że są dla nich groźne.

Obudziłem się w nocy, czując coś bardzo dziwnego. Po chwili zrozumiałem, przerażony, że mrówki opadły mnie całkowicie, od stop do głowy. W rozpaczy wyskoczyłem z łóżka, ale przy potrząśnięciu moskitierą cały deszcz mrówek spadł na mnie, kąsając niemiłosiernie ze wszystkich stron.

Chciałem zapalić lampę naftową, ale ukąszenia były bolesne i zauważyłem, że ziemia też była pokryta mrówkami. Skacząc jak wariat wybiegłem z namiotu, wołając o ratunek. Ludzie obudzili się i przyszli mi na pomoc; po zapaleniu lampy mogłem uwolnić się od mrówek. Była to napaść słynnych mrówek *correição*[313], które – przyciągnięte zapachem skóry żmii – lawą naszły na mój namiot.

W późniejszych latach miałem okazję obserwowania w nocy z latarką tych ciekawych owadów. Tworzą one prawdziwe szeregi i idą do ataku, jakby to były wojska z wysokim pojęciem strategii. Widzi się doskonale, że muszą podlegać jakiejś komendzie, wykonując rozkazy z dyscypliną. Potem znikają, a każdy szereg obiera inny kierunek. Te mięsożerne mrówki atakują nawet małe zwierzęta i zdarza się, że napadają na chaty w interiorze. Jedyna rada wtedy to wyjść z domu i przeczekać, aż wojsko mrówek przejdzie, zostawiając dom oczyszczony z wszelkich insektów, szczurów, itd.

Podczas mego długiego życia w interiorze Brazylii obserwowałem często mrówki i doszedłem do przekonania, że są jednym z najbardziej nadzwyczajnych owadów. Widziałem wojny między mrówkami odmiennych gatunków, które byłoby nadzwyczaj ciekawie udokumentować na filmie (dawniej się o tym nie marzyło).

Bywają na przykład takie malusieńkie mróweczki, które atakują *saúvas*[314] lub inne gatunki wielkich mrówek. Jedna taka mróweczka łapie *saúvę* za nogę i ta już czuje trudność w chodzeniu. Wtedy druga włazi jej na kark i szuka wrażliwego miejsca do ukąszenia, powodując śmierć przeciwnika dziesiątki razy większego niż ona.

VII.

Będąc już na emeryturze, stanąłem któregoś dnia przy ladzie kawiarni, czekając na podanie *cafezinha*[315], bez którego w Brazylii żyć nie można.

W pewnym momencie podszedł do mnie facet w średnim wieku i stanął przy mnie, wyciągając dłoń.

– Chciałem prosić pana o wybaczenie – rzekł, uśmiechając się z lekkim zażenowaniem.

Zdziwienie mnie ogarnęło na takie dziwne powitanie, patrzyłem na niego zdumiony, nie mogąc odgadnąć, o co chodziło – i ani rusz nie mogłem przypomnieć sobie, kto to był.

Ów człowiek przyszedł mi z pomocą w rozwikłaniu zagadki:

– Jestem tym konduktorem, który przed wielu laty odmówił panu wzięcia na pociąg worków z żywnością…

Od razu rozjaśniło mi się w głowie i jak żywa przypomniała się dyskusja na małej stacyjce Alfredo Maia. Było już pod wieczór; od rana czuwałem z dwoma ludźmi, czekając, aż ja-

---

313 *Formigas-correição* (port.) – określenie ok. 200 gatunków mięsożernych mrówek koczujących (legionowych), które nie budują trwałych gniazd, lecz żyją w ciągłym ruchu, okresowo przemieszczając się stadami z miejsca na miejsce.

314 *Saúva* (port.) – jedno z wielu określeń obejmujących ok. 200 gatunków mrówek z Nowego Świata, żywiących się grzybami, które same hodują na cząsteczkach ścinanych przez siebie liści. W Brazylii takie mrówki stanowią prawdziwą plagę dla rolnictwa.

315 *Cafezinho* (port.) – kawka; Brazylijczycy namiętnie pijają przy wszystkich okazjach maleńką, mocną i słodką kawę.

kiś pociąg towarowy zmiłuje się i zabierze kilka worków z żywnością, aby dowieźć je aż do miejsca, gdzie stały nasze namioty.

Trudności polegały na tym, że – po pierwsze – w tamtych czasach pociągi chodziły bardzo rzadko, a po drugie – że pociąg musiał stanąć po drodze na chwilę, żeby wyładować pakunki, gdyż w biegu nie można było zrzucić worków, bo by się porozdzierały. Ale, ażeby pociąg stanął chociaż na chwilę, powinien mieć pozwolenie z centrali ruchu albo też zdawać później raport o wypadku, który zmusił maszynistę do zatrzymania składu.

Sprawa skomplikowana, a szczególnie, jak kontrolerem pociągu był wielki służbista, który teraz właśnie stał przede mną, tłumacząc swoje racje na odmówienie przewozu dwadzieścia lat temu. Był niedługo w pracy jako kontroler i obawiał się, że – pozwoliwszy, ażeby pociąg się zatrzymał dla wyładowania tych kilku worków – mógł narazić się na podejrzenia o jakieś zakulisowe sprawy. Przy tym nie znał nas i nie wiedział, co zacz za ludzie chcą transportować jakieś tam worki. Dlatego też odpowiedź była szorstka:

– *Não posso, é contra o regulamento.* (Nie mogę, przepisy nie dozwalają.)

Nie pomogły perswadowania i dowody, że my też jesteśmy pracownikami na tej samej kolei, że mamy obóz ustroniu, między stacjami, przy linii kolejowej, i że kilkunastu ludzi cierpi głód, bo nie mają co jeść, gdyż te worki żywnością zostały wyładowane przez pomyłkę tu, na stacji – i już są o dzień spóźnione, a teraz będziemy musieli czekać do rana na następny pociąg.

Ku naszej rozpaczy, agent stacji wybił trzy uderzenia w dzwon, który wisiał na peronie i, ciężko sapiąc, pociąg towarowy zaczął posuwać się naprzód.

– Będziesz pan miał wyrzuty sumienia za nasz głód! – zawołałem, jak minął mnie wagon, na którym stał kontroler.

Wspomniawszy o tym incydencie na stacyjce Alfredo Maia, przypomniałem sobie wszystkie trudności tego twardego życia. Pokiwałem głową, zamyślony – i spojrzałem na przyjazny uśmiech i wyczekujące oblicze mego towarzysza. Siedliśmy razem w kawiarni, żeby pogawędzić o minionych czasach.

Podróżnik polski

Stanisław Przyjemski był szatynem niskiego wzrostu, o nerwowej twarzy i spiczastym nosie. Nosił stale okulary. Jeśli chodzi o dziwaka, to był nim w całym słowa tego znaczeniu. Zapalony myśliwy, podróżnik, naturalista, pisarz, spec od radia, no i włóczęga. W książce dra Korabiewicza (niestety nie pamiętam tytułu) o podróży do Mato Grosso w czasie II wojny światowej opisuje autor wspólną ich wyprawę na wielkie polowania[316].

Poznałem Przyjemskiego zdaje się w 1927 roku, gdy przyjechał do Rio de Janeiro z Belgii, gdzie studiował na uniwersytecie. Przywiózł ze sobą wspaniały ekwipunek, łącznie ze sztucerem belgijskim z lunetą. Ponieważ miał listy polecające od muzeum w Belgii, dla którego miał wysyłać okazy brazylijskie, władze i komora celna przepuściły jego broń, co na tutejsze

[316] Wacław Korabiewicz (1903-1994) – poeta, reportażysta, lekarz, etnograf, a ponadto obdarzony fantazją i tupetem podróżnik. W ciągu swego burzliwego życia m.in. popłynął kajakiem do Turcji, Grecji oraz Indii; był lekarzem na „Darze Pomorza" (wraz z jego załogą został internowany w Sztokholmie, gdy wybuchła II wojna światowa); był założycielem Koła Opieki nad Żołnierzem w Londynie; z Brazylii organizował pomoc dla polskich jeńców wojennych; pojechał do Afryki jako delegat rządu londyńskiego RP. W krajach afrykańskich pracował też jako lekarz i badacz folkloru. Jest autorem licznych publikacji. Warchałowskiemu chodzi zapewne o książkę *Mato Grosso. Z notatek wypychacza ptaków*, wydaną w 1948 roku przez Horyzont pod pełnym tytułem, a potem wznawianą przez wydawnictwo Czytelnik pod skróconym tytułem *Mato Grosso*.

S. Przyjemski fotografujący ptaki – fotografia z dedykacją

stosunki, można powiedzieć, że było dlań sukcesem.

Pamiętam, jak pieczołowicie wyjmował broń z futerałów, ażeby mi pokazać. Podobno kupił w demobilu w Belgii szereg wagonów z podręcznymi apteczkami dla wojska i zrobił na tym interes, co mu pozwoliło zakupić ekwipunek i przyjechać do Brazylii.

Fantastyczne projekty wypraw w białe plamy na mapie w głębi kraju fascynowały mą wyobraźnię i znajdywały we mnie oddźwięk, gdyż i ja czułem zawsze pociąg do podróży w nieznane. Nasze drogi stykały się jednak tylko sporadycznie i nigdy wspólnie nie wybraliśmy się na wyprawę.

Przyjemski, którego cechowała wybitna inteligencja, odwaga, pracowitość, miał jednak i swoje wady i dziwactwa, o których wspomina dr Korabiewicz w swej książce. Pamiętam, że był nadzwyczaj oszczędny, stawał w najlichszych hotelikach. Za to na ekwipunek, naboje, filmy fotograficzne nie żałował pieniędzy.

Przyjemski był pierwszym, który zwiedził i opisał stare kolonie polskie w Espírito Santo, jako też był w wioskach Indian Botocudos w tym samym stanie. W tym czasie zajmował się on naprawą odbiorników radiowych, na czym dobrze zarabiał, bo ludzi obeznanych z radiem było wtedy bardzo mało. Z jego pomocą skonstruowałem radyjko z kryształu galeny[317]. Słuchało się wtedy oczywiście ze słuchawkami na uszach, co było dość niewygodne.

Po kilku podróżach po stanie São Paulo, Przyjemski skierował się do stanu Mato Grosso, gdzie znalazł jak najbardziej odpowiednie do swych myśliwskich wypraw tereny; tam też pozostał.

Naśladując znanego w tamtych stronach Estończyka Saszę, który organizował polowania dla amerykańskich milionerów i był słynny ze swych łowów na jaguary, często nawet z oszczepem, Przyjemski zaczął też organizować podobne wyprawy, ale łodzią motorową na rzekach. Jedna z takich wypraw była właśnie z drem Korabiewiczem.

W roku 1944, gdy zacząłem pracować przy przebudowie kolei z Vitória do Itabira dla przewozu rudy żelaznej, opuściłem Rio de Janeiro i wszelki kontakt z się zerwał. Po kilku latach ktoś mi powiedział, że umarł on gdzieś marnie w interiorze i to na jakąś paskudną chorobę.

Wiem jednak, że Przyjemski pisał pamiętnik i, jako naturalista, badał życie zwierząt i ptaków. W roku 1938, będąc w Rio de Janeiro, czytał pewnego wieczoru kilka rozdziałów swej książki memu Ojcu. Bardzo ciekawe i dokładne opisy przyrody brazylijskiej stwarzały z jego książki dzieło wartościowe. W dodatku miał wspaniały album z fotografiami. Co się stało z tym rękopisem? Nie wiem zupełnie, ale wielka szkoda, jeśli został zniszczony.

[317] Galena – inaczej galenit lub błyszcz ołowiu, miękki, łupliwy minerał tworzący kryształy z metalicznym połyskiem. Jest to główna ruda ołowiu. W pierwszej połowie xx wieku galena stosowana była jako półprzewodnik. Pozwalała też na skonstruowanie radia niewymagającego zasilania.

Znowu Belém do Pará

Belém, stolica stanu Pará, leży przy samym ujściu Amazonki do oceanu Atlantyckiego i ma bardzo specjalny klimat dzięki temu, że jest położona prawie że na równiku. Ludność miejscowa stosuje się do zegarka natury. Spotkania są umawiane przed deszczem lub po deszczu, gdyż regularnie, mniej więcej o tej samej porze po południu, pada krótki i silny deszcz – mówią znawcy, że spowodowany przypływami.

Należy też do ciekawych rzeczy w Belém słynna *pororoca*. Kiedy przypływ morza wstrzymuje ujście wody rzecznej, tworzą się wielkie fale spowodowane zderzeniem się brudno żółtych wód Amazonki ze słonymi i ciemnozielonawymi wodami oceanu, co stwarza fantastyczny widok[318].

Belém do Pará, jak nazywają stolicę, była wówczas przyjemnym i spokojnym miastem. Ulice były wysadzane bardzo rozłożystymi drzewami *mangueira*[319], dającymi dużo cienia oraz smaczne owoce, które spadały na bruk. Uwaga jednak, przechodniu, w czasie dojrzewania mango; nie było pożądane, by owoc rozpłaszczył się na jasnym lub białym ubraniu, które mężczyźni często nosili!

Znałem już poprzednio to miasto z moich podróży po Amazonce, a teraz w 1944 r. jeszcze raz przyjechałem, bo miałem propozycję pracy dla rządowego SESP – Serviços Especiais de Saúde Pública[320], amerykańsko-brazylijskiej organizacji do walki z malarią. Należało przeprowadzić studia topograficzne do prac związanych z wytępieniem malarii.

Belém było najważniejszą placówką handlową nad Amazonką. Można tam było znaleźć ludzi wszelkiej narodowości i widziało się wiele dziwnych typów, a i kontrabandzistów niemało, gdyż to była trasa do Guianas, specjalnie do Francuskiej. Pełno też było amerykańskich marynarzy, bo wojna jeszcze się nie skończyła.

Przypadkiem spotkałem tam znajomego Polaka z Rio de Janeiro, przystojnego, atletycznego mężczyznę; przyjechał do Belém, żeby się wykurować z malarii, którą nabył na drodze Madeira-Mamoré, gdzie pracował od strony Boliwii jako pośrednik w sprzedaży gumy dla wojska amerykańskiego.

Kiedy go poznałem w Rio, był ożeniony z elegancką kobietą, która wolała jednak rozwód niż awantury w dalekich puszczach. Teraz miał nową żonę i oczekiwał właśnie jej przyjazdu. Była to Amerykanka, pokazał mi fotografię. Jane Sheyla nie była ładna, ale miała pewien urok i widać, że posiadała indywidualność i dużo temperamentu.

Mój znajomy Edward miał nadzieję dostać posadę w Belém przez Konsulat Amerykański, ale to mu się nie udało. Teraz oczekiwał z niecierpliwością na przyjazd żony i na pieniądze pożyczone od bogatego wujaszka, które właśnie Jane miała przywieźć. Wszystko to

---

318 Fala, o której pisze Warchałowski, może osiągać wysokość nawet 4 metrów i wedrzeć się w głąb lądu na 13 kilometrów, z prędkością od 30 do 50 kilometrów na godzinę, *Pororoca* na Amazonce cieszy się dużym powodzeniem wśród amatorów surfingu, choć bywa bardzo niebezpieczna, jako że woda zmiata z brzegów wiele rozmaitych szczątków, nawet całe drzewa.

319 *Mangueira* (port.) – mangowiec, mango (*Mangifera* L.).

320 Serviços Especiais de Saúde Pública (port.) - dosł. Służba Specjalna Zdrowia Publicznego, fundacja założona w czasie II wojny światowej celem poprawienia zdrowotności Amazonii i doliny Rio Doce, skąd pochodziły kauczuk i żelazo – kluczowe dla północnoamerykańskiego wysiłku wojennego. Fundacja zajmowała się też kształceniem personelu medycznego, od lat 50. rozszerzając obszar swej działalności. Od roku 1990 przestała istnieć jako samodzielna organizacja, wchodząc w skład Fundação Nacional de Saúde (FUNASA) – Narodowej Fundacji Zdrowia.

listownie pozałatwiał i niecierpliwiło go opóźnianie się przyjazdu żony, bo pieniądze mu się już wykańczały.

Wreszcie nadszedł oczekiwany dzień przybycia. Mieszkaliśmy w tym samym hotelu, więc towarzyszyłem Edkowi na spotkanie żony. Był to ostatni moment, Edward nie miał grosza i w dodatku jeszcze nawet nie dostał wizy na pobyt w Brazylii, jako że przyjechał z Boliwii. Nie dziw, że ostatnie dni był raczej naprężony i nerwowy, ale dziś rozchmurzył się, poweselał i pojechał pięknie ogolony i z paru kwiatkami w ręku.

Na stopniach samolotu Jane zaczęła machać radośnie i wylądowała niosąc szereg jakichś pudełek o dziwnych kształtach. Edward, zdziwiony, skonstatował, że w pudełkach było *dernier cri*[321] paryskiej mody. Okazało się, że Jane była pewna, iż Edward już jest dobrze ulokowany na posadzie – i wydała wszystkie pieniądze na kupno kapeluszy i innych fatałaszków. Miała specjalną słabość do kapeluszy, które zresztą w tych czasach były nieodzownym uzupełnieniem kobiecej elegancji. Popatrzyłem na Edka i przeczułem burzę w powietrzu. Poczułem się jak piąta noga u stołu i jak najszybciej pożegnałem się, twierdząc, że mam pilną sprawę do załatwienia.

Wieczorem mieliśmy z góry obstalowaną w hotelu kolację na cztery osoby, na przyjęcie Jane. Czwartym był nasz wspólny znajomy, też przebywający w tym samym hotelu, którego nazywaliśmy Bing Crosby[322], bo lubił śpiewać modne romantyczne piosenki przy byle jakiej okazji.

Małżeńska para przyszła na kolację mocno spóźniona. Jane paradowała w ślicznym modelu kapelusza z wiśniowego filcu, nadzwyczaj twarzowym, ale Edek widać nie oceniał tego należycie; był chmurny i małomówny. Próbowaliśmy, Bing i ja, na wszelkie sposoby załagodzić sytuację i staraliśmy się ich rozbawić, ale Jane nie ukrywała zirytowania i rozmowa wcale się nie kleiła.

Kiedy położyłem się do łóżka w nocy, nie mogłem zasnąć, rozważając tę sprawę, aż nagle posłyszałem krzyki. Wyjrzałem na korytarz i zobaczyłem inne drzwi półotwarte i wyglądające rozczochrane głowy, zdziwione twarze, a na samym końcu korytarza stał w piżamie mój przyjaciel Edek. Nigdy nie zapomnę tej sceny. Edek stał oparty o ścianę, bez ruchu, a w niego waliła pięściami wściekła Jane, z krzykiem wymyślając mu okropnie, na szczęście po angielsku. Scena wyglądała na wpół komicznie – rozczochrane głowy zamarłe w osłupieniu, patrzące na furię Amerykanki, która nie dorastała do ramion atletycznego męża, nieruchomo i ze stoickim spokojem wytrzymującego razy.

Bing Crosby rzucił się do pomocy, próbując delikatnie odciągnąć Jane:

– Spokój, ostrożnie, w ten sposób zniszczysz takie piękne paznokcie…

Wtedy inni też ruszyli się i wspólnie odprowadzili Jane do pokoju. Zajrzałem do środka i zobaczyłem cały szereg kapeluszy rozrzuconych po ziemi. Jane nadal była wielce podniecona, więc zabrałem Edka, żeby się przespał u mnie w pokoju.

Naturalnie niewiele było spania, rozmawialiśmy prawie do rana. Mój przyjaciel był porządnie podrapany i potłuczony, i to mnie zdziwiło.

– Przecież mogłeś ją przynajmniej unieruchomić, już nie mówię – oddać parę szturchańców, co w moim pojęciu zupełnie jej się należało.

– Kobiety nie powinno się uderzyć nawet kwiatem – odpowiedział ponuro, ale dumnie.

Popatrzyłem na niego uważnie. Czy rzeczywiście miałem przed sobą aż tak szlachetny i rzadki okaz? Dać się kopać i drapać bez zmrużenia oka dla szlachetnych i eleganckich zasad? Nie

[321] *Dernier cri* (fr.) – ostatni krzyk [mody].

[322] Harry Lillis „Bing" Crosby (1903-1977) – niezwykle popularny piosenkarz i aktor północnoamerykański doby jazzu i swingu, który inspirował takie sławy, jak choćby Frank Sinatra. Jednym z jego największych hitów była piosenka „White Christmas".

bardzo się przekonałem. Przypomniałem sobie, że to była obywatelka amerykańska – niechby się poskarżyła w konsulacie na fizyczne złe traktowanie, to by mu już i wizy do Stanów nie dali. Ej, ludzie są ludźmi! Prawdziwych idealistów jest niewielu…

Nie wiem, czym się zakończyła ta historia, bo następnego dnia wyjechałem z Belém; zrezygnowałem z pracy w tych stronach i wróciłem do Rio.

Maria Sapeba

Na plażach i zalewiskach w okolicach Vitórii, malowniczo położonej stolicy stanu Espírito Santo[323], nie brak dziwnych stworów, które swym widokiem wzbudzają zachwyt, zdziwienie, a czasem obrzydzenie.

Kto by sobie wyobraził na przykład, że taka niepozorna rybka zwana *baiacu*[324], gdy jest wyjęta z wody, piszczy, skrzeczy i nadyma się, aż robi się z niej zupełna kulka. Wtedy przestaje już piszczeć i pozornie godzi się z losem. Gdy ją jednak wrzucić z powrotem do morza, po kilku minutach powraca do normalnego stanu i szybko odpływa.

O różnych brzydkich rakach już nie mówię, bo co rak, to nie ryba, ale weźmy na przykład takiego dziwnego stwora, którego tubylcy zowią *cação viola*, czyli „rekin viola". Nie! To nie jest taki rekin, który zjada ludzi. Stanowczo jest na to za mały. Ale pozornie należy do ich rodziny, gdyż nie składa ikry, tylko wydaje małe na świat, tak jak, według tutejszych rybaków, wszystkie rekiny. Jeśli chodzi o *cação viola*, to byłem naocznym świadkiem takiego porodu[325].

O, długo by tu można pisać o różnych dziwnych morskich stworach… Złośliwych, kąsających węgorzach *murucutu*[326] lub o kulistych jeżozwierzach, które się w pewnych okresach przykrywają kamykami. Jest ich mnóstwo przylepionych do skał na wybrzeżu morskim w miejscach uczęszczanych przez ludzi; dla obrony, czy raczej dla kamuflażu, pokrywają się one drobnymi kamuszkami, przynoszonymi przez fale.

A nasza bohaterka, Maria Sapeba? Nie jest to dziewczyna, ani blondynka, ani brunetka. Jest ona rybą… i to brunetką z góry, a blondynką z dołu. Jej prawdziwa nazwa brzmi z indiańska *maraçapeba,* którą ludzie przekręcili na *maria sapeba*[327]. Najdziwaczniejsze jednak jest to, że ma, szelma, gębę nie na swoim miejscu, albo też oczy pomylone, bo – patrząc z profilu – zamiast jednego oka widzimy dwa.

Otóż któregoś dnia, a było to w słoneczną niedzielę, po udanej wyprawie na ryby wysypałem z torby sporo różnych rybek, a pomiędzy nimi było kilka niewielkich Marysiek. Muszę się tu pochwalić, że kiedyś złapałem Maryśkę dwukilową, ale to już inna historia.

---

[323] Vitória leży na kilkudziesięciu wyspach u wybrzeży Oceanu Atlantyckiego (prócz głównej wyspy municypium tworzą łącznie 34 inne, część miasta znajduje się też na lądzie). Została założona przez Portugalczyków w 1551 roku, jako nowa stolica regionu, ponieważ starą – położoną bardziej na południe i zwaną Vilha Velha, dosł. 'Stare Miasto' – nękały ataki Indian, Francuzów oraz Holendrów. W roku 2008 populacja miasta nieco przekraczała 300 tysięcy mieszkańców.

[324] *Baiacu* (port.) – potoczne określenie niektórych gatunków ryb z rodziny najeżkowatych; prócz cech wymienionych przez autora wspomnień dodać należy, że są one trujące, a ich ciało porośnięte jest kolcami.

[325] *Cação viola* (port). – rocha (*Rhinobatos horkelii*), nietypowa płaszczka podobna do rekina, jajożyworodna. Zamieszkuje głównie w wodach przybrzeżnych.

[326] Możliwe, że Warchałowski coś pomylił, gdyż *murucutu* nie jest nazwą ryby, lecz ptaka – puchaczyka żółtobrzuchego (*Pulsatrix perspicillata*).

[327] *Maraçapeba* a. *linguado* (port.) – nazwa zwyczajowa ryb z rzędu flądrokształtnych. Charakteryzują się niesymetrycznym ciałem, po jednej stronie jasnym, po drugiej zaś ciemnym.

Żona moja, której na drugie imię też Maria, z uznaniem przyglądała się owocom mojego połowu siecią własnoręcznie zrobioną, gdy... wtem... jedna z tych Marysiek kiwnęła ogonem.

– Ona się rusza! – zawołała żona z wielkim przejęciem.

– Ale gdzież tam, wydaje ci się tylko... – starałem się ją uspokoić, będąc pewny, że to są ostatnie manifestacje rybiego życia.

Jednak to paskudne rybsko znowu zamajtało ogonem, a jednocześnie druga i trzecia... a tych Marysiek było aż sześć!

– Mówiłam! Mówiłam! – zawołała z podnieceniem żona. – Prędzej, wody! Daj wody!... Biedactwa mogą umrzeć!...

Trudno mi było mówić, że nic się nie rusza, bestie, jak na złość, zaczęły podrygiwać.

Wandzia gorączkowo chwyciła miskę, nalała do niej wody i nagliła mnie do ratowania biednych rybek, sama bojąc się ich dotknąć.

– No tak... – powiedziałem, kładąc do miski sześć tych poczwar. – Ale one są z wody słonej, więc w słodkiej wodzie pewno nie będą się czuły dobrze...

Bodaj bym tej głupiej uwagi nie zrobił, bo żona zaczęła się znowu gorączkować.

– Prędzej! Prędzej! Trzeba je odwieźć natychmiast do morza. Gdzie sól? Daj soli!

Sama wyciągnęła solniczkę z szafy i, pochwyciwszy łyżkę, zaczęła nasypywać sól do miski.

– Powiedz, ile? Dosyć czy więcej?

– A bo ja wiem! – rzekłem z niesmakiem. – Nasyp tyle, co do rosołu, może trochę więcej...

– Zobacz! Spróbuj!... Ty powinieneś wiedzieć.

– Co ty myślisz, że ja piję wodę morską?

Zacząłem się trochę niecierpliwić, jednak przyznałem w duchu, że wina była moja, bo żywych stworzeń nie przynosi się do domu, ażeby je później mordować lub czekać cierpliwie, aż zdechną. Tymczasem Wandzia była zdecydowana:

– To najlepiej odwieziemy biedactwa do morza. Ja poniosę miskę i otworzę bramę. Wyprowadź auto.

Wszystko wydawało się żonie bardzo jasne i proste. Mnie przeciwnie. Masz ci los! Zamiast chrupać podsmażone świeże rybki, trzeba teraz jechać aż do plaży, przy tym wyprowadzać wóz z garażu, znowu wprowadzać, zamykać bramę, otwierać bramę, znowu zamykać... i to teraz, gdy człowiek głodny, chce się coś smacznego zjeść i położyć się spać!

– Hę! – zacząłem protestować – Ależ Wandziu, przecież wiesz, że ledwo wróciłem do domu. Tym rybkom nic się nie stanie, jak poczekają. Przecież to nasze auto to stary grat. Bateria słaba... Trzeba korbą kręcić, a mnie ręka boli... Jedna z opon prawie pękła, jak wracałem... Benzyny na pewno nie wystarczy...

Nic nie pomogło! Chcąc nie chcąc, musiałem fordzinę wyciągnąć z garażu, nakręcić korbą i jazda nad morze.

Niedaleko plaży zatrzymałem się koło kanału świeżo wykopanego.

– A ta woda słona? – pyta się żona.

– No widzisz, że kanał idzie do morza, więc woda musi być taka sama jak tam.

– To wpuśćmy je tutaj, ale prędzej, bo biedactwa pewno cierpią okropnie.

Widzę z ukosa, jak te paskudniki pływają sobie w najlepsze w misce, którą żona pieczołowicie trzyma na kolanach – i czuję do nich wielką niechęć.

Żona uporała się z klamką drzwiczek, które się zacinały i, nie czekając na mnie, pobiegła w stronę kanału.

– Jeszcze tego brakowało, abym dla tych ryb pędził na oślep – pomyślałem sobie, ale na wszelki wypadek poszedłem za żoną.

Z oddali zobaczyłem, jak Wandzia z wielkiego rozpędu potknęła się, zbiegając do kanału, i mało nie wpadła do wody. Miska wyleciała jej z rąk i ryby rozsypały się po brzegu.

Rzuciłem się wobec tego ratować ryby, gorliwie zacząłem je zbierać i wrzucać do wody, aż tu słyszę krzyk:

– Stachu! Chodź tutaj, podaj mi rękę!

– Poczekaj... Przecież ratuję ryby...

– Jak to, widzisz przecież, że tonę!...

Wszystko to razem trwało jedną chwilę, ale wystarczyło, ażebym poniósł konsekwencje mego współczucia dla małych biednych rybek, bo żona zrobiła mi gorzką wymówkę:

– Ty tylko myślisz o rybach...

Podałem jej czym prędzej rękę, a ona swą tonącą nogę wyciągnęła na brzeg.

– O mało się nie utopiłam... A ty nic...

– Ależ kochanie, tylko nogę zamoczyłaś...

– Ale mogłam się utopić! Nie mogłam?

– No tak. Oczywiście... Co prawda jest tutaj dość płytko. Lepiej zdejmij mokry bucik i jedźmy prędzej do domu, ażebyś się nie przeziębiła...

Ford unosił nas prędko z powrotem i wszyscy byli zadowoleni. Żona – że uratowała rybki, ja – że uratowałem żonę, a najwięcej skorzystały Marie Sapeby, które odzyskały życie i wolność, i mogły sobie pływać w wodzie ani za słodkiej, ani za słonej.

Postęp cywilizacji

O jedenastej godzinie autobus wyruszył ze stacji w Vitórii w stronę Domingos Martins, miasteczka w górach, popularnie nazywanego Campinho. Jadę tam odprężyć się, bo stałem się ofiarą owej choroby cywilizacyjnej zwanej *stress*. Dawniej nazywało się to neurastenią[328]. Neurastenik był człowiekiem, który się o byle co irytował, bez widocznego powodu. Nikt takiego człowieka nie lubił i jeśli on został usunięty lub sam się usunął, wszyscy dawali chwałę Bogu! Ale dzisiaj ofiary dynamizmu nowoczesnego życia, nadmiaru hałasu i zanieczyszczenia, zaczęły się pomnażać. Nazywa się ich neurotykami i patrzy się na nich z większą sympatią, gdyż każdy normalny obywatel jest obecnie kandydatem albo na raka, albo na nerwicę.

Domy i apartamenty blisko siebie położone, cienkie ściany przepuszczające wszystkie hałasy, za wąskie, zatłoczone ulice, przepełnione autobusy, hałas i pośpiech, dziesiątki formalności do załatwienia, kolejki, intensywna i niezbyt ciekawa praca w biurze, niesympatyczny szef... Ot, i kończy się na naprężonych nerwach. Przytłoczony tym wszystkim, jadę szukać spokoju i ciszy. Czy zdołam je znaleźć?

– Oczywiście. Campinho jest idealnym miejscem! Tam jest cicho, bardzo spokojnie – twierdzi mój sąsiad w autobusie.

Podróż po wspaniałej asfaltowanej drodze trwała godzinę. Ledwo wjechaliśmy w góry z pięknym widokiem – i już jesteśmy w Campinho (ileż to czasu dawniej trzeba było podróżować konno...).

Hotel Imperador, najlepszy w miasteczku, w szwajcarskim stylu, postarzał się. Byłem tu dziesięć lat temu i było jakoś inaczej. Zjadłem obiad. Jedzenie wydało mi się skromne: sałata, befsztyk obsmażony w jajku, ryż i purée z kartofli. Na deser kompot z brzoskwiń z puszki.

---

[328] Neurastenia – najczęstsza postać nerwicy. Jej objawy to nadmierna pobudliwość, niepokój, brak koncentracji i szybkie męczenie się, jak również bóle głowy, mięśni, bóle w klatce piersiowej czy zaburzenia pokarmowe. Neurastenicy nie potrafią też zrelaksować się i odpocząć.

Po obiedzie poszedłem się położyć, ale coś mnie obudziło po pewnym czasie. Dochodził do mego pokoju hałas muzyki – i to coś w rodzaju *heavy metal rock*, niezbyt wskazany na odprężającą kurację. Wyjrzałem przez okno. Chłopak myje samochód – i nastawił radio, żeby sobie uprzyjemnić pracę. Zawołałem, prosząc, żeby ściszył muzykę. Chłopak popatrzył ponuro na mnie, pewno pomyślał: „Co za nudny facet!" – ale trochę ściszył głośnik.

Nie mogłem już jednak zasnąć, więc zrezygnowałem z dłuższej drzemki i poszedłem przejść się po mieście.

Przed hotelem był plac ładnie obsadzony różami i innymi kwiatami. Po jednej stronie placu wznosił się kościół luteranów; ktoś poinformował mnie, że został wybudowany 103 lata temu.

Idąc dalej, natrafiłem na inny placyk, gdzie była krynica, z której płynęła woda świeża i czysta, prosto ze źródła. Woda z Campinho jest rozsyłana w butelkach na całą Brazylię. Nad kranem przyklejony druk z fotografią zachęcał: „Głosujcie na Pedro Américo." Co prawda, wybory dawno już przeszły...

Starałem się rozerwać, ale tamten drobny incydent z chłopakiem stale wracał mi na myśl przy akompaniamencie szalonego taktu muzycznego. Zmartwiony, siadłem na ławeczce i pogrążyłem się w myślach. Dzisiejszy człowiek nie wyobraża sobie życia bez szeregu maszyn i urządzeń, z których korzysta. Nie ma wątpliwości, iż rozwój techniki sprawia, że człowiek lepiej mieszka, może wytworzyć więcej żywności – i jest to naturalna ludzka potrzeba, dążenie do ulepszania wszystkiego. Od łuku do karabinu maszynowego. Od siodła do wygodnego i szybkiego auta. Prawdziwe szczęście człowieka absolutnie nie zależy jednak od wygody. Czyż ludzie, którzy korzystali wyłącznie z trakcji konnej, byli mniej szczęśliwi niż obecni? Harmonia to świętość, wyrzeczenie się wszystkiego; a gdzie postęp? – Ambicja!

Człowiek sięga księżyca i gwiazd, w magazynach gromadzi bomby atomowe, które mogą zmienić naszą ziemię w ruinę. I co dalej? Czy szczęście człowieka będzie większe, gdy będzie otoczony maszynami, które zastąpią mu wysiłek, gdy maszyny elektroniczne będą myśleć za niego? Czy jest jaki kres rozwoju techniki? Jak długo i jak daleko zajdziemy, z zapałem pędząc ku dalszemu rozwojowi?

Wróciłem do hotelu dopiero na kolację. Mało było ludzi, zresztą było jeszcze wcześnie, więc tylko dwa stoliki zajęte; przy jednym siedziało starsze małżeństwo, przy drugim trzech mężczyzn z zapałem dyskutowało o meczu futbolowym.

Po kolacji przeszedłem się znów po pięknym placu przed hotelem. Jest tam małe sztuczne jeziorko, na brzegu wody parę białych czapli... ale z kamienia. Zauważyłem, że są identyczne jak te, które znajdują się na naszym placyku w dzielnicy, gdzie mieszkamy. Brawo dla naszej cywilizacji! Kończymy z lasami i ptakami na wolności – i robimy im apoteozę z cementu!!... Niech żyje przyroda z zimnego kamienia, bez duszy. Przyszłe generacje, jeśli nie polegną od zanieczyszczenia, będą miały przynajmniej pojęcie, jak wyglądały dawniej czaple!

Po obejściu kilka razy placyku dookoła poszedłem przygotować się do snu, w międzyczasie w holu na dole już nastawili telewizję – czemu tak głośno? No trudno, pomyślałem sobie, jeszcze jest wcześnie, moi towarzysze z hotelu muszą się trochę rozerwać. Powinienem być cierpliwy...

Przeszło pół godziny, godzina... Kręciłem się na łóżku, próbując się uspokoić i wmówić sobie, że to nie może przecież długo trwać. Przeszła jeszcze godzina, podczas której sam sobie tłumaczyłem, że powinienem się cieszyć, że ludzie mają okazję widzieć, słyszeć i korzystać z tego nadzwyczajnego wynalazku. Aż wreszcie zerwałem się – nie mogłem ani sekundy więcej wytrzymać tego nieznośnego hałasu! Ubrałem się i zszedłem zły do portierni. W holu, gdzie telewizja krzyczała, nikogo nie było, oprócz zarządcy, który – tyłem obrócony do aparatu – spokojnie robił rachunki. Na moją prośbę popatrzył zdziwiony, ale natychmiast wyłączył telewizor.

Odetchnąłem z ulgą – i tak zakończył się mój pierwszy dzień odpoczynku.

Obudziłem się rano, czując się doskonale. Świeże powietrze robi jednak swoje. Po kawie poszedłem na przechadzkę. Co za cudny dzień, jakie niebieskie niebo, bez żadnej chmurki! Odnalazłem źródełko. Co za nadzwyczajna woda, taka świeża, czysta! Napiłem się jej do syta. Taka woda na pewno działa jak lekarstwo.

Trochę dalej napotkałem samotnego starszego człowieka i zagadnąłem go. Był to emeryt wojskowy, który brał udział w II wojnie światowej, kiedy Brazylia wysłała swoje pułki do Włoch. Okropności wojenne, na które się napatrzył, roztrzęsły mu nerwy – i do dziś dnia cierpiał na nerwicę, nie mógł znieść hałasów, itp. Poczułem wielką sympatię do tego człowieka, mieliśmy dużo wspólnego... Tylko że mój *stress* pochodził nie z wojny, ale ze zwykłego codziennego życia!

Wróciwszy, zjadłem obiad z apetytem i poszedłem się przespać.

Ocknąłem się ze wstrząsem. Popatrzyłem na zegarek – spałem zaledwie 20 minut. Obudził mnie ostry odgłos maszyny pracującej w pobliżu. Wyjrzałem na korytarz – służąca froteruje podłogę. Zirytowany, ubrałem się i zszedłem ze skargą do zarządcy.

– Panie – mówię, zrozpaczony. – Przyjechałem tutaj, żeby znaleźć trochę spokoju...

– A co panu to przeszkadza, przecież musimy dbać o higienę hotelu.

– Ależ nie o tej porze!

– Nie ma innej pory. Nie możemy tego robić rano, bo goście muszą się wyspać. Pan chce absolutnej ciszy – dodał. – To jest niemożliwe.

Widząc, że przegrałem bitwę, wyszedłem z hotelu strapiony i zacząłem iść przed siebie, żeby się uspokoić. Zboczyłem z głównej ulicy i długo szedłem, aż wyszedłem za miasto.

Tutaj siadłem na kamieniu. Nareszcie jestem sam, nikogo w pobliżu nie ma, żadnych hałasów. Tylko lekki wiatr szumiał między liśćmi i ptaki odzywały się gdzieniegdzie. Zawładnęło mną uczucie spokoju. Wsłuchałem się w śpiew *sabiá*[329].

KONIEC

---

329 *Sabiá* a. *tordo* (port.) – zwyczajowa nazwa ptaków z podrodziny drozdowatych; wiele gatunków charakteryzuje się pięknym śpiewem.

Spis ilustracji

Jeśli nie zaznaczono inaczej, materiały pochodzą z archiwum Beatriz Warchałowskiej, córki autora niniejszych wspomnień.

Indeks

Spis treści

Część druga: W pogoni za przygodą

Do składu użyto następujących krojów pisma:
TeX Gyre Termes & Schola – http://www.gust.org.pl/projects/e-foundry/tex-gyre
Antykwa Toruńska – http://nowacki.strefa.pl/torunska.html
IM FELL DW Pica PRO by Igino Marini – www.iginomarini.com
IM FELL FLOWER 2 by Igino Marini – www.iginomarini.com